le Guide du routard

Directeur de
Philippe G
Cofon
Philippe GLOAGUE
Rédacteur en chef
Pierre JOSSE
Rédacteur en chef adjoint
Benoît LUCCHINI
Directrice de la coordination
Florence CHARMETANT
Rédaction
Yves COUPRIE, Olivier PAGE,
Véronique de CHARDON, Amanda KERAVEL,
Isabelle AL SUBAIHI, Anne-Caroline DUMAS,
Carole FOUCAULT, Bénédicte SOLLE
et André PONCELET

LONDRES

2000
―――
2001

Hachette

Hors-d'œuvre

Le GDR, ce n'est pas comme le bon vin, il vieillit mal. On ne veut pas pousser à la consommation, mais évitez de partir avec une édition ancienne. D'une année sur l'autre, les modifications atteignent et dépassent souvent les 40 %.

Chaque année, en juin ou juillet, de nombreux lecteurs se plaignent de voir certains de nos titres épuisés. À cette époque, en effet, nous n'effectuons aucune réimpression. Ces ouvrages risqueraient d'être encore en vente au moment de la publication de la nouvelle édition. Donc, si vous voulez nos guides, achetez-les dès leur parution. Voilà.

Nos ouvrages sont les guides touristiques de langue française le plus souvent révisés. Malgré notre souci de présenter des livres très réactualisés, nous ne pouvons être tenus pour responsables des adresses qui disparaissent accidentellement ou qui changent tout à coup de nature (nouveaux propriétaires, rénovations immobilières brutales, faillites, incendies...). Lorsque ce type d'incidents intervient en cours d'année, nous sollicitons bien sûr votre indulgence. En outre, un certain nombre de nos adresses se révèlent plus « fragiles » parce que justement plus sympas ! Elles réservent plus de surprises qu'un patron traditionnel dans une affaire sans saveur qui ronronne sans histoire.

Spécial copinage

– *Restaurant Perraudin :* 157, rue Saint-Jacques, 75005 Paris. ☎ 01-46-33-15-75. Fermé le samedi midi, le dimanche, le lundi midi et la 2ᵉ quinzaine d'août. À deux pas du Panthéon et du jardin du Luxembourg, il existe un petit restaurant de cuisine traditionnelle. Lieu de rencontre des éditeurs et des étudiants de la Sorbonne, où les recettes d'autrefois sont remises à l'honneur : gigot au gratin dauphinois, pintade aux lardons, pruneaux à l'armagnac. Sans prétention ni coup de bâton. D'ailleurs, c'est notre cantine, à midi.

– Un grand merci à *Hertz*, notre partenaire, qui facilite le travail de nos enquêteurs, en France et à l'étranger. Centrale de réservations : ☎ 01-39-38-38-38.

IMPORTANT : le 36-15, code ROUTARD, a fait peau neuve ! Pour vous aider à préparer votre voyage : présentation des nouveaux guides ; « Du côté de Celsius » pour savoir où partir, à quelle saison ; une boîte à idées pour toutes vos remarques et suggestions ; une messagerie pour échanger de bons plans entre routards. Nouveau : notre rubrique « Bourse des vols » permet désormais d'obtenir en un coup d'œil tous les tarifs aériens (charters et vols réguliers). On y recense tous les tarifs de 80 voyagistes et 40 compagnies pour 400 destinations. Fini le parcours du combattant pour trouver son billet au meilleur prix ! Et notre rubrique « Docteur Routard » ! Vaccinations, protection contre le paludisme, adresses des centres de vaccination, conseils de santé, pays par pays.
Et toujours les promos de dernière minute, les voyages sur mesure, les dates de parution des GDR... et une information détaillée sur Routard Assistance.

Hôtels, pensions, restos... mode d'emploi

En raison de l'inflation galopante dans une majorité de pays, il n'est plus possible d'indiquer les prix des hôtels et des restos. Souvent, en moins d'un an, la différence entre les prix relevés et ceux en vigueur au moment de la première diffusion du guide peut être très importante. Aussi avons-nous adopté le système des fourchettes de prix en instituant des catégories : bon marché, prix moyens et plus chic. Ces catégories varient selon les pays. Si les hôtels pas chers d'un pays se situent autour de 15 F, ceux qui s'affichent à 50 F appartiendront bien sûr à la rubrique « Prix moyens », et ceux qui coûtent 100 F et au-delà à celle « Plus chic ». Il est évident que pour un pays débutant à 100 F pour ses hôtels les moins chers, les autres rubriques seront décalées d'autant.

Avantage : l'inflation étant la même pour tout le monde, s'il y a élévation globale du coût de la vie, les prix augmentent simultanément. La seule chose imprévisible, c'est qu'un hôtel ou un restaurant change de standing (en bien ou en mal) et passe donc dans une autre catégorie. Dans ce cas de figure, assez rare il faut le dire, nous sollicitons bien sûr l'indulgence légendaire de nos lecteurs.

Le contenu des annonces publicitaires insérées dans ce guide n'engage en rien la responsabilité de l'éditeur.

© **HACHETTE LIVRE (Hachette Tourisme), 2000**
Tous droits de traduction, de reproduction
et d'adaptation réservés pour tous pays.

© **Cartographie** Hachette Tourisme.

TABLE DES MATIÈRES

COMMENT ALLER À LONDRES ?

- En train 20
- En voiture 22
- En bateau 22
- En car 24
- En avion 28
- En stop 30
- Les organismes de voyages 30

GÉNÉRALITÉS

- Adresses utiles, renseignements et formalités 53
- Argent, banques, change ... 59
- Arrivée aux aéroports 60
- Avertissements 61
- Boissons 61
- Budget 62
- Climat 63
- Cuisine 63
- Droits de l'homme 65
- Électricité 66
- Fêtes, festivals et jours fériés 66
- Hébergement 67
- Heure locale 71
- Histoire de Londres 71
- Homosexuels 74
- Learning English 75
- Livres de route 77
- Londres, cité féodale 78
- Marchés 78
- Médias 78
- Monuments et balades 79
- Musées 80
- Parcs 80
- Poids et mesures 81
- Population 82
- Poste 84
- Pourboire 84
- Les pubs 84
- Les punks 86
- Santé 87
- Savoir-vivre, coutumes 88
- Shopping 88
- Spectacles et sorties 91
- Sport, jeu et « fair play » ... 92
- Téléphone 94
- Transports londoniens 95
- Visites guidées 99
- Orientation et quartiers de Londres 101

LE CENTRE TOURISTIQUE : SOHO, PICCADILLY, COVENT GARDEN, OXFORD CIRCUS

- Où dormir ? 106
- Où manger ? 106
- Les bars à vin 114
- Les pubs, bars et cafés 115
- Où boire un verre après 23 h ? 116
- Où prendre le thé ? 116
- Où boire un vrai café ? 117
- Où surfer sur Internet ? ... 117
- Où écouter du rock, du jazz, du blues, de la country... ? 118
- Concerts classiques 118
- Où danser ? 119
- Théâtre 120
- Cinéma 120
- Shopping 120
- Marchés et marchés aux puces 125
- Galeries et musées 125
- Monuments et balades 132
  • Le Londres commerçant : Piccadilly, Mayfair et Oxford Street • Le Londres « branché » : Soho et Covent Garden • Le Londres politique

PIMLICO (AUTOUR DE VICTORIA), WESTMINSTER ET SAINT JAMES'S PARK

- Où dormir? 136
- Où séjourner plus longtemps? 137
- Où manger? 138
- Shopping 139
- Galeries et musées 139
- Monuments et balades 141
  • Le Londres politique : Trafalgar Square, Whitehall et Westminster • Le Londres royal : Saint James's

BROMPTON, CHELSEA ET SOUTH KENSINGTON

- Où dormir? 150
- Où séjourner plus longtemps? 151
- Où manger? 151
- Pubs et bars 153
- Concerts classiques 154
- Cinéma 154
- Shopping 155
- Marché 156
- Galeries et musées 156
- Monuments et balades 163
  • Le Londres résidentiel : South Kensington, Brompton, Knightsbridge et Belgravia • Le Londres des artistes : Chelsea

EARL'S COURT, FULHAM ET WEST BROMPTON

- Où dormir? 169
- Où manger? 170
- Pub 171

HAMMERSMITH ET SHEPHERD'S BUSH

- Où dormir? 172
- Où manger? 173
- Où boire un verre et écouter du jazz? 174
- Où danser? 174
- Théâtre 174
- Marché 174

HOLLAND PARK ET KENSINGTON

- Où dormir? 175
- Où manger? 176
- Bar à vin 176
- Où boire un verre après 23 h? 176
- Où prendre le thé? 177
- Shopping 177
- Monuments et balades 177

NOTTING HILL (PORTOBELLO) ET BAYSWATER

- Où dormir? 178
- Où manger? 179
- Où boire un verre? 181
- Où boire un verre à Kilburn? 182
- Où surfer sur Internet? 182
- Où danser? 182
- Shopping 183
- Marché aux puces 183
- Galeries et musées 183

PADDINGTON ET MARYLEBONE

- Où dormir?............... 185
- Où manger?.............. 186
- Où prendre le thé?........ 186
- Théâtre................... 186
- Shopping................. 187
- Galeries et musées........ 187
- Monuments et balades..... 190
  • Le Londres bourgeois : Marylebone, Regent's Park et Little Venice

BLOOMSBURY, KING'S CROSS ET EUSTON

- Où dormir?............... 192
- Où manger?.............. 196
- Où surfer sur Internet?..... 197
- Où écouter du rock, du jazz, du blues, de la soul, du funk, du rap, etc.?...... 197
- Où danser?............... 197
- Théâtre................... 198
- Shopping................. 198
- Galeries et musées........ 199

CAMDEN TOWN

- Où dormir?............... 209
- Où manger?.............. 209
- Où boire un verre?........ 210
- Où boire un verre après 23 h?................... 210
- Où écouter du rock, du jazz, du blues, de la soul, du funk, du rap, etc.?...... 210
- Où danser?............... 211
- Shopping................. 212
- Marché aux puces......... 212

ANGEL ET ISLINGTON

- Où dormir?............... 213
- Où manger?.............. 213
- Où boire un verre?........ 214
- Où danser?............... 215
- Théâtre................... 215
- Shopping................. 215

HOLBORN, FARRINGDON ET CLERKENWELL

- Où manger 24 h/24?...... 216
- Où manger? Où boire un verre? 216
- Où écouter du jazz?....... 218
- Où danser?............... 219
- Shopping................. 219
- Marché................... 219
- Galeries et musées........ 219

LA CITY, TOWER BRIDGE ET LES DOCKLANDS

- Où dormir?............... 220
- Où manger?.............. 220
- Pubs..................... 220
- Concerts classiques....... 221
- Marché................... 221
- Galeries et musées........ 221
- Monuments et balades..... 223
  • Le Londres des traditions et de la finance : Holborn, la City et Tower of London • Le Londres futuriste : les Docklands

WHITECHAPEL, SPITALFIELDS ET HOXTON

- Où manger? Où boire un verre? 231
- Où danser?............... 233
- Théâtre................... 233

TABLE DES MATIÈRES

- Cinéma 233
- Shopping 233
- Marchés aux puces 234
- Galeries et musées 234
- Monuments et balades 235
  • Le Londres des faubourgs : l'East End

SOUTH BANK

- Où dormir? 238
- Où séjourner plus longtemps? 238
- Où manger? 239
- Où boire un verre? 239
- Concerts classiques 240
- Où danser? 240
- Théâtre 240
- Cinéma 241
- Marchés 241
- Galeries et musées 241
- Balade 243

BRIXTON

- Où manger? 245
- Où boire un verre? 245
- Où écouter du rock, du rap, du funk...? 246
- Où danser? 246
- Shopping 247
- Marché 247

LES AUTRES QUARTIERS DE LONDRES

- GREENWICH 248
- Comment y aller? 248
- Adresses utiles 248
- Où dormir? 248
- Où manger? 249
- Monuments et balades 249
  • Cutty Sark • Gipsy Moth IV • Queen's House • National Maritime Museum • Old Royal Observatory • Thames Barrier
- HAMPSTEAD ET HIGHGATE 253
- Comment y aller? 254
- Où dormir? 254
- Où manger? 254
- Les pubs 255
- Monuments et balades 255
  • Fenton House • Hampstead Heath • Kenwood House • Cimetière de Hampstead • Highgate Cemetery
- Dans les environs de Hampstead 256

LE GRAND LONDRES

- Monuments et balades 257
  • Windsor Castle • Le collège d'Eton • Legoland • Hampton Court Palace • Kew Gardens • Richmond Park • Dulwich Picture Gallery • La vallée de la Tamise : Marlow, Henley-on-Thames, Reading, Sonning • Osterley Park
- Quitter Londres 262

INDEX GÉNÉRAL

- Hôtels 278
- Campings 279
- Restos 279
- Bars, salons de thé, cybercafés 281
- Discothèques, boîtes, concerts 282
- Théâtres, cinémas 282
- Shopping 283
- Marchés et marchés aux puces 284
- Quartiers de Londres 284
- Galeries, musées, monuments et balades 285
- Cartes et plans 287

LES GUIDES DU ROUTARD *2000-2001*

(dates de parution sur le 36-15, code ROUTARD)

France

- Alpes
- Alsace, Vosges
- **Aquitaine (mars 2000)**
- Auvergne, Limousin
- Banlieues de Paris
- **Basse-Normandie (mars 2000)**
- Bourgogne, Franche-Comté
- **Bretagne Nord (fév. 2000)**
- **Bretagne Sud (fév. 2000)**
- Châteaux de la Loire
- Corse
- Côte d'Azur
- **Haute-Normandie (mars 2000)**
- Hôtels et restos de France
- Junior à Paris et ses environs
- Languedoc-Roussillon
- **Lyon et ses environs (nouveauté)**
- Midi-Pyrénées
- **Nord, Pas-de-Calais (avril 2000)**
- Paris
- **Paris à vélo (mars 2000)**
- **Paris des amoureux (janv. 2000)**
- Paris exotique
- **Pays basque (France, Espagne) (avril 2000)**
- Pays de la Loire
- Poitou-Charentes
- Provence
- Restos et bistrots de Paris
- Tables et chambres à la campagne
- **Vins pas chers (fév. 2000)**
- Week-ends autour de Paris

Amériques

- Argentine, Chili et île de Pâques
- Brésil
- **Californie et Seattle (janv. 2000)**
- Canada Ouest et Ontario
- Cuba
- États-Unis, côte Est
- Floride, Louisiane
- Guadeloupe, Saint-Martin, Saint-Barth
- Martinique, Dominique, Sainte-Lucie
- Mexique, Belize, Guatemala
- New York
- **Parcs nationaux de l'Ouest américain et Las Vegas (mars 2000)**
- Pérou, Équateur, Bolivie
- Québec et Provinces maritimes
- **Rép. dominicaine (Saint-Domingue) (nouveauté)**

Asie

- Birmanie
- **Inde du Nord (nov. 99)**
- **Inde du Sud (nov. 99)**
- Indonésie
- Israël
- Istanbul
- Jordanie, Syrie, Yémen
- Laos, Cambodge
- Malaisie, Singapour
- **Népal, Tibet (nov. 99)**
- **Sri Lanka (Ceylan) (nov. 99)**
- Thaïlande
- Turquie
- Vietnam

Europe

- Allemagne
- Amsterdam
- Angleterre, pays de Galles
- Athènes et les îles grecques
- Autriche
- **Barcelone, Catalogne, Baléares (janv. 2000)**
- Belgique
- Écosse
- Espagne du Centre
- Espagne du Sud, Andalousie
- Finlande, Islande
- Grèce continentale
- Hongrie, Roumanie, Bulgarie
- Irlande
- Italie du Nord
- Italie du Sud, Rome
- Londres
- Norvège, Suède, Danemark
- Pologne, République tchèque, Slovaquie
- Portugal
- Prague
- **Sicile (fév. 2000)**
- Suisse
- Toscane, Ombrie
- Venise

Afrique

- Afrique noire
  Mali
  Mauritanie
  Burkina Faso
  Niger
  Côte-d'Ivoire
  Togo
  Bénin
  Cameroun
- Égypte
- Île Maurice, Rodrigues
- Kenya, Tanzanie et Zanzibar
- **Madagascar (avril 2000)**
- Maroc
- Réunion
- **Sénégal, Gambie (oct. 99)**
- Tunisie

et bien sûr...

- Le Guide de l'expat
- Humanitaire
- Internet
- **Des Métiers pour globe-trotters**

NOS NOUVEAUTÉS

INDE DU SUD (nov. 99)

Les Zindes!... Oui, mais pas n'importe lesquelles. Des ethnies en grande quantité, oui, quelques millénaires d'histoire, oui, des religions en veux-tu en voilà, des vaches sacrées à tous les coins de rues, oui toujours... Et puis, et puis... L'Inde du Sud ce sont surtout les paysages superbes du Kerala, état où l'analphabétisme est pratiquement inexistant, les rizières, les arbres à palmes, la végétation tropicale, les réserves d'animaux, mais aussi des plages gigantesques qui vous en mettent plein les yeux, les palais dravidiens, les éléphants... les saris multicolores, les odeurs, les marchés, la cuisine très épicée. Et puis, c'est « Bollywood » (Bombay, quoi!), la capitale du cinéma indien, celle qui offre à des milliers d'amateurs un nombre impressionnant de films *masala,* histoires à l'eau de rose entrecoupées de chants, de danses et de scènes d'action parfaitement stéréotypées; Madurai, la capitale du pèlerinage hindou, la cité la plus ancienne et la plus sainte du Sud, qui renferme l'un des temples les plus fascinants du pays. Tellement de richesses qu'un seul voyage ne vous suffira pas.

INDE DU NORD (nov. 99)

Bienvenue au pays des Mille et une Nuits! Du Rajasthan au golfe du Bengale, en passant par l'Himalaya et la vallée du Gange, de Jaisalmer à Āgra et de Darjeeling à Jaipur, voici l'Inde éternelle, celle des éléphants et des palais de maharajahs, des saddhus et des temples jaïns, des fêtes multicolores et du Taj Mahal. Voici aussi l'Inde des mégalopoles (Delhi, Calcutta), mélange indescriptible de Moyen Âge et de modernité, avec ses cortèges de misère et ses embouteillages! Voici encore l'Inde de toutes les folies et de tous les fantasmes, de toutes les croyances et de toutes les ferveurs, hallucinant pays où se côtoient mystiques, néo-hippies et commerçants prospères, mendiants et vaches sacrées. Une Inde d'une telle richesse et d'une telle diversité que vous n'en reviendrez pas intact!

NÉPAL-TIBET (nov. 99)

Minuscule pays de légende coincé entre deux géants, carrefour mythique sur la route du sel, de la soie et des beatniks, le Népal est une terre où se côtoient, dans la paix et la tolérance, une multitude d'ethnies parlant 75 langues ou dialectes différents. Aucun pays au monde n'offre une telle variété dans un espace si restreint. C'est aussi ici que naquit le Bouddha, que réside l'unique déesse vivante au monde et que vit, paraît-il, « l'abominable homme des neiges » (le yéti, quoi!). Royaume magique où le quotidien est encore fait d'histoires de rois et de princesses, de divinités qui se transforment en animaux, de serpents qui se changent en dieux, de géants, démons et autres sorcières. Le charme de ce pays merveilleux, qui se ressent jusque dans l'amabilité et la chaleur de ses habitants, vous enchantera à jamais... Vous l'aurez compris, vous y reviendrez. Nous, en tout cas, on connaît peu de routards qui n'en soient pas revenus amoureux.

Avec Club-Internet, découvrez l'Internet et le *Web du Routard*

www.routard.com

Les avantages de Club-Internet :

- **UNE ASSISTANCE TECHNIQUE GRATUITE*** 7 JOURS / 7
- **NOUVEAU : LE COMPTEUR INTERNET**** pour maîtriser au jour le jour le coût de votre facture téléphonique
- **EXCLUSIF : CHOISISSEZ VOTRE NAVIGATEUR :** Netscape Communicator™ ou Microsoft Internet Explorer 4™ **
- Une vitesse de connexion plébiscitée par tous les bancs d'essai
- 5 adresses e-mail et 10 Mo pour héberger vos pages personnelles
- **L'EXPÉRIENCE ÉDITORIALE DE HACHETTE ET LE SAVOIR-FAIRE TECHNOLOGIQUE DE MATRA**

*hors coût téléphonique
**uniquement sur versions Windows 95/98

Le Web du Routard,
le site officiel du Guide du Routard.

Le Web du Routard permet au «Routarnaute» de préparer gratuitement son voyage à l'aide de conseils pratiques, d'itinéraires, de liens Internet, de chroniques, de livres et de disques, de photos et d'anecdotes de voyageurs...

- Une sélection de 40 destinations, avec une montée en charge d'une destination par mois.
- Le Manuel du Routard (tout ce qu'il faut savoir avant de prendre la route, de la taille du sac à dos à la plante des pieds) et la Saga, pour mieux connaître les petits veinards qui font les Guides du Routard.
- L'espace «Bons Plans», qui propose tous les mois les meilleures promotions des voyagistes.
- Des rubriques à votre libre disposition : l'espace forum, l'espace projection et les petites annonces.
- Enfin, une boutique pour les plus fortunés....

Le Web du Routard est une co-édition Routard/Moderne Multimédias.

PROFITEZ VITE DE CETTE OFFRE EN NOUS RETOURNANT VOTRE BULLETIN D'ABONNEMENT (voir au verso)

www.routard.com

| www.club-internet.fr
le club le plus ouvert de la planète

Club-Internet vous réserve les meilleures offres pour découvrir l'Internet...

Pour recevoir un kit de connexion Club-Internet :
- appelez tout de suite le N°Azur 0 801 800 900 *PRIX APPEL LOCAL* et indiquez le code : ROUTARD
- ou renvoyez ce coupon-réponse dûment complété.

COUPON-RÉPONSE

à compléter et à retourner, sous enveloppe affranchie au tarif en vigueur à :
Club-Internet - Service Clientèle - 11, rue de Cambrai, 75927 Paris Cedex 19

☐ **Oui, je souhaite recevoir un kit de connexion offert* par Club-Internet**

*abonnement hors coût des communications téléphoniques locales

Voici mes coordonnées :

Société : _____

Nom : _____ Prénom : _____

Adresse : _____

Code Postal : |_|_|_|_|_| Ville : _____

Tél. personnel : _____

Tél. professionnel : _____

Télécopie : _____

Configuration minimum :

- PC compatible 486 DX2 66 sous Windows 3.x, 95 et 98
- Macintosh avec un système 7.5 minimum
- Un lecteur de CD-Rom
- 12 Mo de mémoire vive
- Un modem 28 800 bps

Offre non cumulable valable jusqu'au 30/11/2000, réservée à toute personne n'ayant jamais bénéficié d'un accès gratuit à Club-Internet.

GROLIER INTERACTIVE

UNE SOCIÉTÉ DU GROUPE LAGARDÈRE

Club-Internet
11, rue de Cambrai - 75927 PARIS Cedex 19
Web : http://club-internet.fr
E-mail : info@club-internet.fr
N°Azur 0 801 800 900 *PRIX APPEL LOCAL* - Fax : 01 55 45 46 70

En route pour la France.

Plus de 4 350 adresses sélectionnées pour :

- *la chaleur de l'accueil*
- *la qualité de cuisine*
- *le charme du décor et la douceur des prix.*

Une France où il fait bon vivre.

Le Guide du Routard.
La liberté pour seul guide.

Hachette Tourisme

NOS NOUVEAUTÉS

BASSE-NORMANDIE (mars 2000)

La Basse-Normandie semble prête à poser pour la photo souvenir : des ports débordant de charme (Honfleur, Barfleur), l'inimitable silhouette du Mont-Saint-Michel, une litanie de stations balnéaires qui traversent les siècles sans se départir de leur élégance (Deauville, Cabourg, Granville). Et, dans une campagne pur jus, des chaumières qui croulent sous les années et les fleurs, des prairies piquetées de pommiers, des vaches placides et des pur-sang un brin snobs, des petits réconfortants de derrière les fagots (calva, pommeau) et des villages dont rien que le nom embaume (Camembert, Livarot, Pont-l'Évêque). Enfoncez-vous dans le bocage, les marais ou au plus profond des forêts du Perche encore sauvages, poussez jusqu'au bout de la pointe de La Hague, Irlande en miniature. Et, du cimetière américain d'Omaha Beach à Saint-Lô, « capitale des ruines », ne pas oublier que cette région a été marquée dans sa terre et dans sa chair pour que l'Europe recouvre sa liberté.

HAUTE-NORMANDIE (mars 2000)

Laissez-vous séduire par cette région si proche de la capitale qu'elle en est déjà considérée comme la banlieue. Pourtant, quelle personnalité ! Quelle virtuosité ! Belle, avec ses majestueuses demeures seigneuriales, ses cités médiévales aux maisons à colombages, ses imposantes falaises d'albâtre, ses abbayes quasi millénaires, son fleuve qui la traverse de bout en bout dessinant une vallée romantique et épousant ses méandres, ses petites routes de campagne ondulantes qui, au détour d'un pré et sous le regard impassible de vaches pas si folles que ça, nous a-t-il semblé, surprennent encore le conducteur urbain...
Au-delà de ses clichés et de ses sites « à ne pas manquer », la Haute-Normandie est aussi un pays de cocagne où la gastronomie au goût prononcé de crème fraîche, de beurre doux et de pomme flambée au calva le plus souvent, se débusque et se savoure sur un coin de toile cirée dans un estaminet perdu loin des grands axes.
Il y a mille manières de visiter cette Normandie, quelle que soit votre méthode, elle sera la bonne ! Bonne route...

Les Chaussures du ROUTARD by A.G.C.

IROQUOIS

ANNAPURNA

OKLAHOMA

VIZZAVONA

KATMANDU

BOTSWANA

Les chaussures du Routard sont distribuées par les chausseurs et en VPC, par la **CAMIF** (téléphone du lundi au samedi de 8 à 20h : 0803 060 060 - web CAMIF : www.camif.fr).

La collection complète et la liste des points de vente sont visibles sur Internet **www.club-internet.fr/routard**

Pour tout renseignement complémentaire :

Tél. +32 71 82 25 00 - Fax +32 71 81 72 50
E-mail : joe.garot.agc@skypro.be

NOS NOUVEAUTÉS

BARCELONE, CATALOGNE, BALÉARES (janv. 2000)

La plus branchée des villes espagnoles, Barcelone la chaleureuse, la bouillonnante, vous emportera dans un tourbillon de sensations, d'odeurs et d'émotions. Des sombres ruelles du quartier gothique au bord de mer qui s'ouvre sur l'horizon, en passant par les *ramblas* ombragées et effervescentes, le port, le passeig de Gràcia (les Champs-Élysées de la ville). Partout, des palais extraordinaires cachés derrière les façades décrépites des immeubles marqués par l'architecture incroyable de Gaudí, des terrasses où il fait bon s'asseoir et se laisser vivre un instant, des places arborées et pleines d'un charme vraiment propre à cette merveilleuse cité qui se visite à pied. Et puis c'est aussi la *cuina* (« cuisine » en catalan) : la morue, les escargots, les champignons, la crème catalane... et la vie nocturne. Ah! la vie nocturne à Barcelone. Ce n'est plus un secret, la nuit, la capitale catalane s'éclate comme une folle.

SICILE (fév. 2000)

La Sicile, c'est la plus grande île de la Méditerranée. Ce fut aussi le point de rencontre de nombreuses cultures, ce qui lui vaut de s'être forgé une atmosphère bien à elle. Sous un même soleil éclatant, se retrouvent de fabuleux vestiges grecs, des cathédrales et des châteaux normands, des jardins arabes, des palais et des églises au baroque hispanisant. Les artistes siciliens ont su enrichir ces courants artistiques venus d'ailleurs, créant un art propre à cette île, et très original. La Sicile, c'est également un art de vivre particulier, une façon décalée de voir les choses, parfois bien déroutante pour un étranger. Une âme profonde et secrète. Et puis, en vrac, c'est l'Etna, les anchois, le marsala...

SRI LANKA (CEYLAN) (nov. 99)

« Le paradis terrestre existe, je l'ai rencontré. » Marco Polo. Quand on évoque cette île magique, des images surgissent immédiatement : plages d'une beauté à couper le souffle, véritable paradis pour ceux qui aiment la mer, éléphants, jungle, ventilateurs, sourires, chaleur, rizière, varans, temples, cannelle, arcs-en-ciel, pluie chaude, thé, cocotiers... La nature est magnifique et abondante, les gens sont beaux, généreux et accueillants. Une fleur de lotus en guise de bienvenue, un rayon de soleil pour sourire... Voilà, le décor est planté. Autant de trésors qui vous donneront envie de partir à la découverte de ce merveilleux pays. Comme ils ont, de la même façon, donné envie à toute l'équipe de lui consacrer un guide entier.

Les bagages "Le Routard"

Les bagages doivent être simples, astucieux, solides, légers et pas chers...

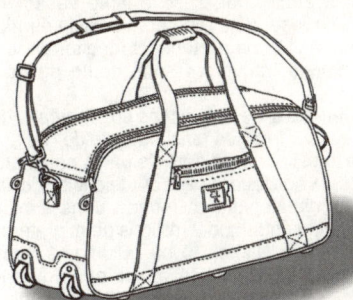

Le Cargo (roulettes)
cm. 70(L)x32(l)x36(h)

Même après 20 ans d'expérience, nous ne les avons toujours pas trouvés !

Le Baroudeur 30 litres
cm. 35(L)x22(l)x40(h)

Alors nous avons imaginé et conçu ces bagages pour vous... et pour nous.

Le Voyager (extensible)
cm. 60(L)x30(l)x30(h)
+30cm.(L)

En vente chez tous les Maroquiniers, Papetiers et en Grandes Surfaces
Points de vente au
02 47 91 80 80

Comme le guide, compagnons de nos découvertes, ils deviendront : "l'indispensable".

le ROUTARD

NOS NOUVEAUTÉS

SÉNÉGAL-GAMBIE (oct. 99)

De Saint-Louis, ancienne capitale d'un passé colonial prospère, à la fois africaine et cosmopolite, à Ziguinchor, l'accueillante casamançaise, en passant par Gorée, l'île rose, déjà réputée au siècle dernier pour la douceur de son air et son charme un tantinet méditerranéen, les amateurs de balades urbaines trouveront sans doute de quoi s'émouvoir.

Fous de nature, vous serez tentés par des curiosités comme celle du Lac Rose, qui décline sa couleur sur tous les tons, ou celle de l'île aux coquillages de Fadiouth. Mais aussi par les différents parcs nationaux du pays. Par manque de temps, il vous faudra sans doute choisir : celui du Djoudj, la troisième réserve ornithologique du monde, dans la mangrove du delta du fleuve Sénégal, où quelque 3 millions de migrateurs aiment faire escale ; ou bien le parc du Niokolo Koba, où de gros mammifères vagabondent au cœur de la savane. À moins que vous ne jetiez votre dévolu sur le parc naturel du Sine Saloum et son fouillis inextricable d'îles et bancs de sable, paradis là encore des oiseaux et des pêcheurs. Mais paradis aussi des campements-hôtels privés, harmonieusement intégrés dans la vie locale, auxquels on accède en pirogue.

Cependant, un des points forts du Sénégal, c'est sa population, véritable mélange d'ethnies plutôt métissées, dont les principales qualités sont le sens de l'hospitalité, l'humour et la communication. Les marchés se révèlent des grands moments de vie : palabres lors du marchandage, sourires, chatoiements et vêtements multicolores résument le charme irrésistible de ce peuple.

LYON ET SES ENVIRONS (paru)

Au cœur du Rhône, Lyon, étape entre Nord et Sud ? Embouteillages interminables ? Trop facile !

Au-delà des clichés habituels, on découvre une perle rare, une ville émouvante. Capitale des Gaules, de la gastronomie, de l'imprimerie, de la soie et des murs peints, Lyon ne se lasse pas d'être capitale.

Puis, plus on la découvre, plus elle se découvre. Alors on l'aime comme une jolie femme, d'un coup de foudre ; comme une vieille maîtresse aussi, qu'on apprécie avec le temps. Lyon a su se confectionner depuis 30 ans de nouveaux habits... des habits de soie évidemment.

À deux pas de là, le fascinant pays Beaujolais, où l'on se penche sur le berceau de cet étonnant breuvage qui, chaque 3e jeudi de novembre, est le centre d'une convivialité bachique et mondiale. Dans les monts du Lyonnais, on prend un grand bol d'air ; dans la Dombes, on s'attable à un bon buffet campagnard.

Le bon vin au nord, l'air pur à l'ouest, la bonne table partout. Quand on habite Lyon, il suffit de tendre le bras et piocher. Et c'est bonne pioche à tous les coups !

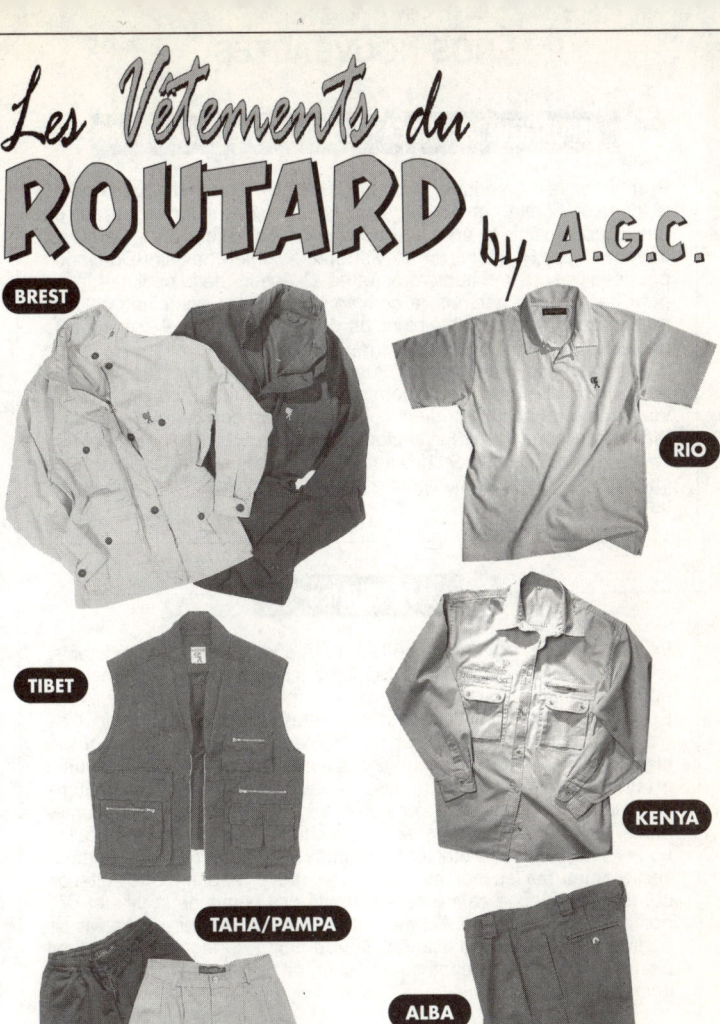

Les vêtements du Routard sont distribués par les détaillants textiles et sports et en VPC, par la **CAMIF** (téléphone du lundi au samedi de 8 à 20h : 0803 060 060 - web CAMIF : www.camif.fr).

La collection complète et la liste des points de vente sont visibles sur Internet **www.club-internet.fr/routard**

Pour tout renseignement complémentaire :

Tél. +32 71 82 25 00 - Fax +32 71 81 72 50
E-mail : joe.garot.agc@skypro.be

NOS NOUVEAUTÉS

RÉPUBLIQUE DOMINICAINE, SAINT-DOMINGUE (paru)

Premier pays d'Amérique, où furent construits la première cathédrale, le premier hôpital, la première université... Saint-Domingue est en passe de devenir la première destination touristique des Caraïbes, devant Cuba. Pourtant, on ne vient pas vraiment à Saint-Domingue pour ses trésors architecturaux (rares en dehors de la capitale), mais pour ses trésors naturels, à commencer par ses centaines de kilomètres de plages de sable blanc bordées de cocotiers. Ajoutez à cela beaucoup de soleil, quelques verres de rhum, l'omniprésente musique locale *(bachata, merengue),* des villages de pêcheurs, des baleines, des crocodiles, le plus haut sommet des Caraïbes (Pico Duarte)... et vous aurez tous les ingrédients pour des vacances de rêve !
Mais ce qui vous séduira avant tout, c'est cette subtile atmosphère africaine, faite de petites tranches de vie, de sourires éclatants, de regards chaleureux, d'images multicolores et d'une gentillesse de chaque instant.

ISTANBUL (paru)

Ici finit l'Europe, ici commence l'Asie... À cheval sur deux continents, Istanbul se souvient qu'elle fut la Byzance des Grecs, la Constantinople de l'Empire romain d'Orient et la capitale des sultans ottomans. Et vous serez séduit, à votre tour, par cette fabuleuse concentration de richesses et d'histoire, qui a ébloui l'humanité entière durant neuf siècles... À İstanbul, toutes les provinces et métiers de Turquie se fondent en un grouillement coloré : paysan anatolien poussant ses moutons entre les immeubles, Kurde en salvar venu voir la ville, artisans arméniens, portefaix et vendeurs d'eau, marchands et colporteurs de toutes sortes. Des dizaines d'ethnies différentes se bousculent dans les quartiers animés, sur les marchés et dans les ruelles étroites. Une agitation qui tranche avec le calme et la sérénité des palais de la ville et des nombreux lieux de culte. Autant de trésors qui vous donneront envie de partir à la découverte d'İstanbul, la ville aux mille facettes, sous l'œil bienveillant des dômes immenses et des minarets qui s'élèvent comme des chandeliers.

Le Web du Routard

Retrouvez le *Guide du routard* sur Internet, en version interactive et multimédia !
Pour chaque pays : nos meilleures adresses par type de famille, une sono mondiale, des photos, les anecdotes de l'équipe du *Routard*, des liens vers les meilleurs sites, des conseils pour mieux voyager, les bons plans des agences de voyages...
Mais aussi : la saga du Routard, le quiz « Quel routard êtes-vous donc ? », les infos médicales, une météo mondiale, des petites annonces gratuites et des forums de discussions ouverts à tous !

www.routard.com

Nous dédions cette nouvelle édition à François-Xavier Magny, notre Fanfan trop tôt disparu.

Nous tenons à remercier tout particulièrement Thierry Brouard, François Chauvin, Michèle Georget, Jérôme de Gubernatis, Fabrice Jahan de Lestang, Pierrick Jégu, Bernard-Pierre Molin, Patrick de Panthou, Jean-Sébastien Petitdemange et Philippe Rouin pour leur collaboration régulière.

Et pour cette chouette collection, plein d'amis nous ont aidés :

Cécile Abdesselam
Isabelle Alvaresse
Didier Angelo
Marie-Josée Anselme
Émilie Barian
Arnaud Bazin
Nathalie Bec
Clémentine Bélanger
Cécile Bigeon
Anne Boddaert
Philippe Bordet et Edwige Bellemain
Gérard Bouchu
Hervé Bouffet
Jacques Brunel
Sandrine Cabioche
Vincent Cacheux et Laure Beaufils
Guillaume de Calan
Danièle Canard
Jean-Paul Chantraine
Bénédicte Charmetant
Laurent de Chavagnac
Claire Chiron
Sandrine Copitch
Maria-Elena et Serge Corvest
Sandrine Couprie
Valentine Courcoux et Jean-Christian Perrin
Grégory Dalex
Franck David
Laurent Debéthune
Agnès Debiage
Christian del Corso
Christelle Deshayes
Sophie Duval
Hervé Eveillard
Didier Farsy
Mathieu Faujas
Perrine Fernagut
Alain Fisch
Lisa Foucard
Carole Fouque
Laetitia de Froidefond
Dominique Gacoin
Bruno Gallois
Cécile Gauneau
Adelie Genestar

Edouard Genestar et Guillaume de Bourgoing
Alain Gernez
Hubert Gloaguen
Colline Godard
Hélène Gomer
Jean-Marc Guermont
Axelle Halfon
Xavier Haudiquet
Claude Hervé-Bazin
Bernard Houlat
Christian Inchauste
Carine Isambert
François Jouffa
Jacques Lanzmann
Grégoire Lechat
Raymond et Carine Lehideux
Géraldine Lemauf-Beauvois
Jean-Claude et Florence Lemoine
Juliette Lepeu
Valérie Loth
Marie Lung
Aymeric Mantoux et François-Régis Gaudry
Pierre Mendiharat
Anne-Marie Minvielle
Xavier de Moulins
Alain Nierga et Cécile Fischer
Michel Ogrinz et Emmanuel Goulin
Franck Olivier
Alain et Hélène Pallier
Martine Partrat
Odile Paugam et Didier Jehanno
Bernard Personnaz
Jean-Alexis Pougatch
Michel Puysségur
Anne Riou
Guilaume de Rocquemaurel
Frédérique Scheibling-Sève
Jean-Luc et Antigone Schilling
Régis Tettamanzi
Marie Thoris et Julien Colard
Christophe Trognon
Isabelle Vivarès
Cyril Voiron
Anne Wanter

Direction : Isabelle Jeuge-Maynart
Contrôle de gestion : Dominique Thiolat et Martine Leroy
Direction éditoriale : Catherine Marquet
Édition : Catherine Julhe, Anne-Sophie du Cray, Yannick Le Bihen et Fabienne Travers
Préparation-lecture : Elizabeth Guillon
Cartographie : Fabrice Le Goff et Cyrille Suss
Fabrication : Gérard Piassale et Laurence Ledru
Direction artistique : Emmanuel Le Vallois
Direction des ventes : Francis Lang, Éric Legrand et Ségolène de Rocquemaurel
Direction commerciale : Michel Goujon, Cécile Boyer, Dominique Nouvel, Dana Lichiardopol et Sylvie Rocland
Informatique éditoriale : Lionel Barth
Relations presse : Danielle Magne, Martine Levens et Maureen Browne
Régie publicitaire : Carole Perraud-Cailleaux et Monique Marceau
Service publicitaire : Frédérique Larvor et Marguerite Musso

COMMENT ALLER À LONDRES ?

EN TRAIN

En Eurostar

Avec un train par heure, Eurostar relie directement **Paris-Gare du Nord** à **Londres-Waterloo International** en 3 h, par le tunnel sous la Manche.
Eurostar relie aussi :
– *Lille et Londres* (environ 10 allers-retours par jour. 2 h de voyage) ;
– *Lille et Ashford* (5 allers-retours par jour. 1 h de voyage) ;
– *Calais-Frethun et Londres* (3 allers-retours par jour. 1 h 40 de voyage) ;
– *Bruxelles et Londres* (8 allers-retours par jour. 2 h 40 de voyage).
Pour vous rendre en Eurostar à Londres ou Ashford au départ de la province, rien de plus simple que de prendre Eurostar à Lille ou à Paris. Les TGV province-province et Eurostar sont en correspondance à la gare de Lille Europe. Vous pouvez aussi vous rendre en train jusqu'à Paris où Eurostar vous attend. Des promotions pour des voyages aller-retour sont proposées régulièrement au départ d'Angers, Avignon, Bordeaux, Lyon, Le Mans, Marseille, Montpellier, Nancy, Nantes, Reims, Rennes, Rouen, Strasbourg, Tours...

– **Renseignements et réservations de billets :** dans plus de 200 gares SNCF ainsi que dans les agences de voyages agréées SNCF.
– Vous pouvez aussi vous renseigner et réserver de chez vous :
• grâce à *Ligne Directe Eurostar* : information et vente grandes lignes 7 j/7, de 7 h à 22 h. ☎ 08-36-35-35-39 (2,23 F/mn).
• sur *Minitel* : 36-15, 36-16 ou 36-23, code SNCFEUROSTAR (1,29 F/mn).
• sur *Internet* : informations horaires et tarifaires sur le site www.sncf.fr
En achetant votre billet par téléphone ou par Minitel, vous pouvez le faire envoyer sans frais à domicile. Il vous suffit de régler par carte bancaire et de passer votre commande au moins 4 jours avant le départ.
– **BritRail :** Maison de la Grande-Bretagne, 19, rue des Mathurins, 75009 Paris. ☎ 01-44-51-06-00. Fax : 01-42-66-40-43. Minitel : 3615 ou 3623, code BR.
• Internet : www.britrail.com
Ouvert du lundi au vendredi de 9 h 30 à 18 h et le samedi de 10 h à 17 h. Cette agence dispose d'un espace d'information et de réservation Eurostar, ce qui permet de préparer son voyage et d'acheter ses billets Eurostar dans le même lieu.
– **Les meilleurs prix :** nombreuses promotions renouvelées tout au long de l'année et prix Jeune, au départ de Paris et de Lille.

En train, puis bateau

Les lignes ferroviaires ne desservent plus les gares maritimes françaises. On conseille donc cette formule aux habitants du Nord, aux claustrophobes (sous le tunnel) et à ceux qui ont vraiment le temps. Dorénavant, il faut prendre le train pour Calais, Boulogne ou Dieppe. À l'arrivée, des navettes sont assurées avec les gares maritimes d'embarquement. Pour les traversées, se reporter à la rubrique « En bateau ». Côté britannique, de nombreux trains relient les villes portuaires à Londres.

EN VOITURE

Avec la navette d'Eurotunnel via le tunnel sous la Manche

Le terminal français est situé à Coquelles, près de Calais, et connecté directement aux autoroutes A16, A26, A1 ; 50 km plus loin, le terminal anglais est à Folkestone, relié directement à l'autoroute M20 qui mène à Londres.

La liaison **France-Angleterre** est assurée par des navettes ferroviaires qui transportent les véhicules. Il vous suffit de rester au volant à lire votre guide préféré, et, 35 mn plus tard, vous ressortez sur la terre ferme.

Fréquence : jusqu'à 4 navettes par heure aux périodes de fort trafic. Les navettes fonctionnent tous les jours et 24 h/24. Vous avez le choix, soit acheter votre billet directement à l'enregistrement le jour de votre voyage, soit le réserver à l'avance.

– **Renseignements et réservations :** à Paris, ☎ 01-47-42-50-00 ; à Calais, ☎ 03-21-00-61-00. Ou sur Minitel : 36-15, code EUROTUNNEL, dans les agences de voyages ou encore à la Maison de la Grande-Bretagne, boutique BritRail, 19, rue des Mathurins, 75009 Paris. ☎ 01-44-51-06-00.

Tarifs selon la saison, l'heure de votre passage et la durée de votre séjour, quel que soit le nombre de passagers par véhicule. Pour bénéficier de promotions, réservez au moins 1 jour à l'avance.

EN BATEAU

▲ **BRITTANY FERRIES :** centre de réservation : ☎ 0803-828-828 ou 0803-829-829 (pour les groupes). Fax : 02-98-29-28-91. Minitel : 36-15, code FERRYPLUS.
• Internet : www.brittany-ferries.fr

Demande de brochures : ☎ 08-36-68-28-38. À Paris : Maison de la Grande-Bretagne (19, rue des Mathurins, 75009), borne d'informations et vente au comptoir de British Rail. Également en vente dans toutes agences de voyages.

4 lignes directes vers le sud de l'Angleterre :
– *Roscoff-Plymouth :* 6 h de traversée ; jusqu'à 3 départs par jour.
– *Saint-Malo-Portsmouth :* 8 h 45 de traversée ; jusqu'à 1 départ par jour.
– *Cherbourg-Poole :* 4 h de traversée ; jusqu'à 2 départs par jour.
– *Caen-Ouistreham-Portsmouth :* 6 h de traversée ; jusqu'à 3 départs par jour.

À noter : Portsmouth-Londres : seulement 117 km par autoroute.

Propose aussi des séjours à Londres : *Bed and Breakfast*, hôtels, appartements ; la *Visitor's Travel Card* ; le bus (compagnie *National Express*).

▲ **CONDOR FERRIES :** gare maritime de la Bourse ou du Naye, BP 99, 35412 Saint-Malo Cedex. ☎ 02-99-20-03-00. Fax : 02-99-56-39-27.
– *De Saint-Malo à Poole,* via Guernesey en 5 h 40.
– *De Saint-Malo à Weymouth* en 4 h 15.

▲ **HOVERSPEED :** Hoverport International, BP 412, 62226 Calais. Renseignements et réservations à Douvres : ☎ 0800-90-17-77 (appel gratuit). Fax : 0800-90-16-57. Minitel : 36-15, code HOVERSPEED (2,23 F/mn).
– *De Calais à Douvres :* 35 mn en aéroglisseur, 12 départs par jour en haute saison ; 50 mn en *SeaCat* (catamaran à grande vitesse), 5 départs par jour.
– *De Boulogne à Folkestone :* 55 mn en *SeaCat*, 4 départs par jour en haute saison.
– *De Ostende (Belgique) à Douvres :* 1 h 45 en *SeaCat*, 7 départs par jour.
– *De Dieppe à Newhaven :* 2 h 15 en *Super SeaCat*, 2 à 3 départs par jour.

Tarifs très avantageux pour des allers-retours dans la journée, pour piétons ou voitures, ou 5 jours en voiture.

BritRail

Le train, pour découvrir la Grande-Bretagne autrement
Angleterre, Pays de Galles, Ecosse

Billets touristiques aller-retour à prix réduit
Tourist Return

Cartes de libre circulation sur tout
ou partie du réseau ferroviaire britannique
*BritRail Consecutive Pass, BritRail Flexipass, BritRail SouthEast Pass,
Freedom of Scotland Travelpass*

Transferts aéroports-centre de Londres par trains directs
Heathrow Express, Gatwick Express, Stansted SkyTrain

Making London Simple

Pour vos déplacements dans LONDRES, le billet **VISITOR TRAVELCARD**
vous donne libre accès aux transports publics (métro et bus), soit sur
la totalité du réseau (6 zones), soit au centre de la capitale (zones 1 & 2).

Eurostar

Londres à seulement 3 heures de Paris avec Eurostar
Jusqu'à 17 départs dans la journée
Nombreuses promotions régulièrement renouvelées
tout au long de l'année

*Tarifs Escapade, Séduction, Sourire, Loisir, Groupe, Senior, Jeune...
Tarifs spéciaux pour les titulaires d'un BritRail Consecutive Pass
ou d'un BritRail Flexipass*

Tous titres de transport disponibles auprès de :
BritRail
Maison de la Grande-Bretagne
**19, rue des Mathurins - 75009 PARIS
Tél 01 44 51 06 00 - Fax 01 42 66 40 43
Minitel 3615 BR ou 3623 BR** (2,23 Frs/mn)
Internet www.britrail.com

Agence ouverte du lundi au vendredi de 09h30 à 18h00 et le samedi de 10h00 à 17h00.
Réservations/renseignements téléphoniques du lundi au vendredi uniquement.

▲ **P&O PORTSMOUTH** : central billetterie : n° Indigo 0-803-013-013. Maison de la Grande-Bretagne, 19, rue des Mathurins, 75009 Paris. ☎ 01-44-51-00-51. Minitel : 36-15, code POFERRY.
• Internet : www.poportsmouth.com
P&O Portsmouth assure des traversées sur les lignes suivantes :
– *Le Havre-Portsmouth* (durée : de 5 h à 5 h 30 de jour et de 7 h à 8 h 30 de nuit).
– *Cherbourg-Portsmouth* (durée : de 5 h à 5 h 30 de jour et de 7 h à 8 h 30 de nuit pour les ferries, cabines standard et club disponibles pour les traversées de nuit. 2 h 45 avec le navire rapide *SuperStar Express*).
– *Portsmouth-Bilbao* (durée : de 30 h à 35 h en ferry croisière).
Cette compagnie propose aussi des séjours combinés voyage + hébergement (hôtel, B & B, pub-auberge), grâce à sa filiale *Big Ben Tours*.
Forfait voiture et passager et forfait hébergement sur certains départs (ex. : séjour en *cottage* traditionnel, location et traversées aller-retour comprises).

▲ **P&O STENA LINE**
– **Réservation centrale de Calais** : 41, pl. d'Armes, 62226 Calais Cedex. ☎ 0-802-010-020 (0,79 F/mn). Forfaits Big Ben Tour, ☎ 0-802-051-051. Minitel : 36-15, code POSTENA.
• Internet : www.posl.com
– **Maison de la Grande-Bretagne** : 19, rue des Mathurins, 75009 Paris. ☎ 01-44-51-00-51. Fax : 01-42-66-03-94.
P&O Stena Line assure la liaison *Calais-Douvres* avec 35 départs par jour pour une mini-croisière de 75 mn seulement, à bord de 7 *superferries* entièrement réaménagés. Départs toutes les 30 mn.
P&O Stena Line propose également des allers-retours d'une journée pour Londres ou Canterbury, la pittoresque cité médiévale, à combiner avec la liaison Calais-Douvres.

▲ **SEAFRANCE-SEALINK** : 23, rue Louis-Le-Grand, 75002 Paris ; 2, pl. d'Armes, 62100 Calais et 11, pl. du Théâtre, 59800 Lille. Pour toute la France, n° Indigo pour renseignements et réservations ferry et séjours : 0803-04-40-45 (0,99 F/mn). Minitel : 36-15, code SEAFRANCE (2,23 F/mn). Également présent à la Maison de la Grande-Bretagne, 19, rue des Mathurins, 75009 Paris.
– Traversées en ferry de Calais à Douvres : 75 mn, 30 traversées par jour.
SeaFrance propose aussi des séjours à Londres, en Angleterre, en Écosse, en Irlande et à Jersey et Guernesey. Reportez-vous à la brochure *Outre-Manche* de *SeaFrance Voyages* : tous les circuits et types d'hébergement en hôtels de 2 à 5 étoiles, en *B & B, cottages*... Acheminement en ferry, Eurostar ou avion. Renseignements et réservations dans les agences de voyages.

▲ *En Belgique,* **SNCM SEAFRANCE** : rue de la Montagne, 52, Bruxelles 1000. ☎ (02) 549-08-80.
– Assure 15 allers-retours quotidiens *Calais-Douvres* (1 h 30).
S.N.C.M. Seafrance propose également des forfaits pour la Grande-Bretagne, l'Irlande, les îles Anglo-Normandes (Jersey, Guernesey).

EN CAR

En car, puis en bateau

▲ **CLUB ALLIANCE** : 99, bd Raspail, 75006 Paris. ☎ 01-45-48-89-53. Fax : 01-45-49-37-01. M. : Notre-Dame-des-Champs. Spécialiste des week-ends

"Conseil de routard pour Londres ?"

"Prenez KLM, c'est direct !"

The Reliable Airline KLM
Royal Dutch Airlines

LES BONS PLANS DE KLM VERS LE ROYAUME-UNI

KLM vous offre, en association avec KLM uk et Régional Airlines, pas moins de 21 destinations au Royaume-Uni au départ de 10 villes de France et quotidiennement 4 Paris-Londres directs.
Bons plans : les prix KLM… surveillez les promos très fréquentes sur le Paris-Londres.
L'aéroport de Stansted, situé au Nord-Est de Londres. Moderne et très fonctionnel, il vous propose la liaison la plus rapide et la plus confortable (Stansted Skytrain) vers le centre de Londres…

Tuyau : le programme de fidélisation de KLM vous permet de gagner des points, et très vite des billets gratuits, quel que soit le prix du billet (valable même sur les promos KLM).
Pour les routards chevronnés : le World Navigator, le billet "Tour du monde" de KLM et de ses partenaires : le plus économique et le plus souple pour réaliser votre Tour du Monde via le Royaume-uni.
KLM, le service d'une grande compagnie… à prix "routard".

Pour en savoir plus : votre agence de voyages, KLM Réservations au 01 44 56 18 18, www.klm.fr ou 3615 KLM (2,23 F/mn).

COMMENT ALLER À LONDRES ?

à Londres, dans le Kent, en Cornouaille et dans le Yorkshire. Brochure gratuite sur demande.

▲ EUROLINES
– *Paris :* gare routière internationale de Paris-Gallieni, 28, av. du Général-de-Gaulle, BP 313, 93541 Bagnolet Cedex. ☎ 08-36-69-52-52. Fax : 01-49-72-51-61. M. : Gallieni.
– *Paris :* Eurolines BSA, 55, rue Saint-Jacques, 75005. ☎ 01-43-54-11-99. Fax : 01-43-54-80-58. M. : Maubert-Mutualité. (Spécialiste des formules car + hébergement).
– *Versailles :* 4, av. de Sceaux, 78000. ☎ 01-39-02-03-73. Fax : 01-39-51-85-51.
– *Avignon :* gare routière, 58, bd Saint-Roch, 84000. ☎ 04-90-85-27-60. Fax : 04-90-85-56-08.
– *Bayonne :* 3, pl. Charles-de-Gaulle, 64100. ☎ 05-59-59-19-33. Fax : 05-59-26-55-20.
– *Bordeaux :* 32, rue Charles-Domercq, 33800. ☎ 05-56-92-50-42. Fax : 05-56-92-57-84.
– *Dijon :* 38, rue Jeannin, 21000. ☎ 03-80-68-20-44. Fax : 03-80-38-08-86.
– *Lille :* 23, parvis Saint-Maurice, 59000. ☎ 03-20-78-18-88. Fax : 03-20-51-04-63.
– *Lyon :* gare routière, centre d'échanges de Lyon-Perrache, 69002. ☎ 04-72-56-95-30. Fax : 04-72-41-72-43.
– *Marseille :* gare routière, pl. Victor-Hugo, 13003. ☎ 04-91-50-57-55. Fax : 04-91-08-32-21.
– *Montpellier :* gare routière, pl. du Bicentenaire, 34000. ☎ 04-67-58-57-59. Fax : 04-67-58-86-33.
– *Nantes :* gare routière Baco, allée Maison-Rouge, 44000. ☎ 02-51-72-02-03. Fax : 02-51-72-04-05.
– *Nîmes :* gare routière, rue Sainte-Félicité, 30000. ☎ 04-66-29-49-02. Fax : 04-66-29-18-82.
– *Perpignan :* 10, av. Charles-de-Gaulle, 66000. ☎ 04-68-34-11-46. Fax : 04-68-34-60-70.
– *Strasbourg :* 5, rue des Frères, 67000. ☎ 03-88-22-73-74. Fax : 03-88-22-73-70.
– *Toulouse :* gare routière, 68, bd Pierre-Sémard, 31000. ☎ 05-61-26-40-04. Fax : 05-61-26-85-07.
– *Tours :* 76, rue Bernard-Palissy, 37000. ☎ 02-47-66-45-56. Fax : 02-47-20-08-45.

Leader européen des voyages en lignes régulières internationales par autocar vers 1 500 destinations en Europe (26 pays), à partir de 80 points d'embarquement en France. *Eurolines* propose également des formules « car + hébergement », des *passes* pour voyager dans toute l'Europe, des formules « Cercles Magiques » et des tarifs spéciaux pour déplacement de groupes ou mini-groupes.

Toute l'année, plusieurs départs par jour de Paris, et des départs réguliers de nombreuses villes de province à destination de Londres. Des séjours à thèmes, notamment pour des événements spéciaux, un concert des Stones ou le carnaval de Notting Hill, par exemple. Correspondance à Londres avec tout le réseau *National Express* (1 200 destinations à travers le Royaume-Uni).
Sur Minitel : 36-15, code EUROLINES (2,23 F/mn). Également sur
● Internet : www.eurolines.fr

▲ VOYAGES 4A
– *Lyon :* 3, pl. Louis-Pradel, 69003. ☎ 04-72-07-45-45. Fax : 04-72-07-45-46.

LONDRES

et toute la Grande-Bretagne

WEEK-ENDS
SÉJOURS
CIRCUITS
B & B
HOTELS
MANOIRS

Branchez-vous sur la ligne verte

PARIS
Tél. : 01 42 71 44 44 - Fax : 01 42 71 45 45
4, Quai des Célestins - 75004 PARIS

TOULOUSE
Tél. : 05 62 30 56 60 - Fax : 05 62 30 56 69
5, rue des Lois - 31000 TOULOUSE

Brochure sur demande - Lic. 075 96 0188

– *Nancy* : 8, pl. Saint-Epvre, 54000. ☎ 03-83-37-66-66
– *Strasbourg* : 8, rue des Veaux, 67000. ☎ 03-88-24-90-90.
– *Paris et autres villes de province*, inscriptions au réseau USIT Voyages. Infobus : ☎ 03-83-37-66-66.
● Internet : www.voyages4a.com
Le voyage en bus économique et convivial à destination de toutes les grandes cités européennes. Londres en liberté ou avec programme (parcours éducatifs pour les enfants, les ados), le *Notting Hill Gate Carnaval*, les grandes expositions, les grands concerts... Courts et moyens séjours à petits prix au départ des grandes villes françaises. Tarifs préférentiels pour les groupes. Également réservation d'hébergement.

En car via Eurotunnel

▲ **EUROLINES** propose un service à destination de Londres. Du 24 juin au 6 septembre, départs tous les jours de Paris à 11 h, arrivée à 17 h 30 (heure locale) et pour le retour, départ à 11 h de Londres, arrivée à 19 h 15.
– À partir de la gare routière internationale de Paris-Gallieni, 28, av. du Général-de-Gaulle, BP 313, 93541 Bagnolet Cedex. Réservations : ☎ 08-36-69-52-52. M. : Gallieni.

EN AVION

▲ **AIR FRANCE** dessert Londres-Heathrow au départ de Roissy-Charles-de-Gaulle à raison de 19 vols par jour du lundi au vendredi et 12 vols les samedi et dimanche. Le London City Airport est relié à l'aéroport Roissy-Charles-de-Gaulle 2 par 4 vols par jour, du lundi au vendredi.
Londres est également relié au départ de Bordeaux, Brest, Caen, Deauville, Le Havre, Lyon, Nantes, Nice, Strasbourg et Toulouse.
– *Air France* : 119, av. des Champs-Élysées, 75008 Paris. Renseignements et réservations : ☎ 0-802-802-802. Minitel : 36-15, code AF. M. : Charles-de-Gaulle-Étoile. Et dans toutes les agences de voyages.

▲ **BRITISH AIRWAYS** : 13-15, bd de la Madeleine, 75002 Paris. Fax : 01-44-77-23-17. Ouvert du lundi au samedi de 9 h à 19 h. Ou n° Indigo : ☎ 0-802-802-902 (0,78 F/mn, du lundi au vendredi de 8 h 30 à 20 h, les samedi et dimanche de 9 h à 18 h). Minitel : 36-15, code BA ou BARESA (2,23 F/mn). M. : Madeleine. Et bureaux dans de nombreuses grandes villes de province.
Au départ de Paris (Orly et Roissy-Charles-de-Gaulle), British Airways propose 119 vols par semaine à destination de Londres (Gatwick et Heathrow). Également plus de 700 vols par semaine entre la France et le Royaume-Uni (vols quotidiens au départ de Bordeaux, Lyon, Marseille, Montpellier, Nice et Toulouse).
Possibilité de bénéficier des tarifs intéressants des *Billets Doux*. En complément de ses vols, la compagnie propose aussi sur Londres des séjours à la carte très compétitifs et souples.

▲ **BRITISH MIDLAND** : réservations : ☎ 01-48-62-55-65.
7 vols quotidiens (6 le dimanche) au départ de Roissy-Charles-de-Gaulle pour Londres-Heathrow, et 2 liaisons par jour entre Nice et Londres-Heathrow.
Grâce à sa présence stratégique à Heathrow, British Midland est le partenaire privilégié de 17 compagnies aériennes des cinq continents (Air New

On n'ira jamais assez loin... Pour sauver un enfant...

Au Mali, au Kazakhstan ou encore au Vietnam... des enfants "victimes du lieu de naissance" ne peuvent être soignés, opérés, scolarisés.
Pour les aider, pour les sauver, La Chaîne de l'Espoir, fondée par le Professeur Alain Deloche, poursuit deux missions complémentaires :
- opérer et sauver des enfants malades par un geste chirurgical unique et ponctuel
- parrainer des enfants en leur donnant la possibilité d'aller à l'école, d'apprendre à lire et à écrire et d'avoir ainsi toutes les chances d'une vie meilleure.

Pour cela, chaque maillon de cette chaîne de solidarité offre ses compétences, sa générosité et son énergie :
- dans chaque pays, des médecins bénévoles examinent les enfants et constituent leurs dossiers
- pour les faire venir en France, plusieurs compagnies aériennes offrent des billets gratuits ou à prix réduits
- pendant leur séjour, des familles bénévoles accueillent les enfants dans la chaleur de leur foyer
- des chirurgiens de grande renommée opèrent bénévolement les enfants et surveillent leur convalescence
- enfin, des parrains et des marraines s'engagent à permettre la scolarisation de ces enfants parce qu'un enfant qui ne sait pas lire, ni écrire, reste un enfant "handicapé".

Vous aussi, devenez un maillon de La Chaîne de l'Espoir
Votre soutien permettra de sauver ces enfants en aidant La Chaîne de l'Espoir à prendre en charge leurs frais d'hospitalisation et de médicaments, ou si vous souhaitez plutôt parrainer un enfant, leurs frais de scolarisation.

Merci de leur donner leur chance
Depuis sa création en 1988, plus de 5000 enfants originaires d'Asie, d'Afrique ou d'Europe de l'Est ont pu être sauvés soit en France, soit dans leur pays d'origine lorsque cela a été rendu possible par nos équipes médico-chirurgicales en mission sur le terrain. Parallèlement 3000 enfants en Thaïlande et au Vietnam poursuivent actuellement leur scolarité grâce aux parrains et marraines de La Chaîne de l'Espoir.

Pour envoyer vos dons ou recevoir une brochure d'information, contactez :

La Chaîne de l'Espoir
1, rue Cabanis - 75014 Paris
CCP n° 3703700 B LA SOURCE
Tél. 01 45 65 04 64
Internet : www.chaine-espoir.asso.fr

La Chaîne de l'Espoir est une association de bienfaisance assimilée fiscalement à une association reconnue d'Utilité Publique.

Zealand, Lufthansa, Gulf Air, Cathay Pacific, United ou encore Virgin Atlantic). British Midland affiche des prix attractifs et parmi les plus bas pour les déplacements en week-end. Se charge également des locations de voitures.

▲ **KLM UK** (ex AIR UK) : 16, rue Chauveau-la-Garde, 75008 Paris. Réservations : ☎ 01-44-56-18-18, ou sur Minitel : 36-15, code KLM. M. : Madeleine.
KLM UK assure 4 vols quotidiens au départ de Roissy-Charles-de-Gaulle, dont 1 vers Londres-Stansted. Au départ de Clermont-Ferrand, Le Havre, Lyon, Marseille, Mulhouse, Nantes, Nice, Strasbourg et Toulouse, les vols s'effectuent via Amsterdam.

▲ **RYANAIR** : la compagnie irlandaise dessert Londres-Stansted avec 2 vols quotidiens (1 seul en hiver) au départ de Carcassonne (réservations : ☎ 04-68-71-96-65) et 1 vol quotidien au départ de Saint-Étienne (réservations : ☎ 08-03-85-78-57).

EN STOP

On précise qu'il est désormais plus simple de se rendre vers les ports de la Manche en stop. En effet, il y a l'autoroute A26, avec bifurcation sur Calais. À comparer avec un tas de formules (voir plus loin) à des prix très abordables. De Paris s'arrêter à Cambrai puis prendre la N39 pour Boulogne ou la N43 vers Calais.
Mettre « Please » sur sa pancarte, c'est augmenter substantiellement ses chances d'être pris.

LES ORGANISMES DE VOYAGES

– Encore une fois, un billet « charter » ne signifie pas toujours que vous allez voler sur une compagnie charter. Bien souvent, même sur des destinations extra-européennes, vous prendrez le vol régulier d'une grande compagnie. En vous adressant à des organismes spécialisés, vous aurez simplement payé moins cher que les ignorants pour le même service.
– Nous ne faisons plus de distinction, comme les années précédentes, entre les organisateurs de « charters », les vols réguliers à prix réduits ou les associations pour étudiants. En effet, les agences dont les noms suivent proposent un peu de tout, pour tous les voyageurs. Ce n'est pas un mal : ça va dans le sens de la démocratisation du voyage.
– Ne pas croire que les vols à tarif réduit sont tous au même prix pour une même destination à une même époque : loin de là. On a déjà vu, dans un même avion pour Lima partagé par deux organismes, des passagers qui avaient payé 40 % plus cher que les autres... Authentique ! Donc, contactez tous les organismes et jugez vous-même.
– Les organismes cités sont classés par ordre alphabétique, pour éviter les jalousies et les grincements de dents.

▲ **ANY WAY** : ☎ 0803-008-008 (0,99 F/mn). Fax : 01-49-96-96-99. Central téléphonique accessible du lundi au samedi, de 9 h à 19 h. Minitel : 36-15, code ANYWAY.
• Internet : www.anyway.fr
Ne vous déplacez pas, Any Way vient à vous ! Avec ses 10 ans d'expérience, le spécialiste de la vente à distance s'adresse à tous les routards, qu'ils soient Marseillais, Lillois ou Parisiens. Ses conseillers dénichent en un temps record les meilleurs prix du marché : plus d'un million de tarifs réduits, de vols réguliers vers 850 destinations dans le monde sur 60 compagnies régulières et l'ensemble des vols charters. C'est aussi l'accès à 3 500 hôtels pour tous les budgets, la location de voitures, des séjours à prix négociés...

Londres

à la carte
Une nuit
Bed and Breakfast 200 F 30,49 €
zone 2/3

week-end
A Londres
avec l'Eurostar 1280 F 195,13 €
3 jours / 2 nuits   hôtel catégorie budget
en chambre double avec petit déjeuner
transport 2e classe compris

séjour découverte
Passeport pour Londres 835 F 127,29 €
3 jours / 2 nuits
hôtel 2 étoiles au centre ville avec petit déjeuner
carte de transport bus et métro 3 jours
une visite commentée de Londres

DEPART DE PARIS PRIX PAR
PERSONNE A CERTAINES DATES
200 AGENCES EN FRANCE
TEL. 0 803 33 33 33 * MINITEL 3615 NF **
*1,09 F la minute **1,29 F la minute et 0,65 F en
semaine de 19 h à 8 h, du samedi 12 h au lundi 8 h
http://www.nouvelles-frontieres.fr

NOUVELLES FRONTIERES

Voyager
ça fait
avancer

PAVLOFF & ASSOCIES   LIC. LL0759770049   **PRIX AU 1er AOUT 1999**   TAUX DE CONVERSION DE L'EURO : 6.55957

Pour réserver, Any Way offre le choix : téléphone, Minitel ou Internet avec la possibilité, sur le Minitel et sur le Web, de connaître la disponibilité des vols, de réserver et de payer avec votre carte de crédit en toute sécurité, même sur les tarifs les plus bas : une exclusivité Any Way. Les meilleurs prix sont garantis, la disponibilité sur les vols est donnée en temps réel et les places réservées sont définitives : cliquez, vous décollez !

Voyageant « chic » ou « bon marché », tous les routards profiteront des plus Any Way ; simplicité, service, conseil : la garantie d'un spécialiste.

▲ **BENNETT VOYAGES :** 28, bd Haussmann, 75009 Paris. ☎ 01-48-01-87-60. Fax : 01-48-01-87-89. M. : Chaussée-d'Antin.

La plus ancienne agence parisienne (depuis 1918), spécialiste de la Scandinavie, de la Finlande, de l'Islande, de l'Irlande, de la Grande-Bretagne, ainsi que des îles Anglo-Normandes et une nouveauté : l'"île de Man. Tarifs discountés sur vols réguliers et charters, itinéraires spéciaux pour automobilistes, formules chèques-hôtels.

Bennett est aussi l'agent général de compagnies de cars-ferries : *Fjord Line* (Danemark-Norvège, Angleterre-Norvège), *Viking Line* (Suède-Finlande).

Brochures spéciales : Grande-Bretagne, Irlande, Laponie, Scandinavie.

▲ **COMPAGNIE DES VOYAGES (LA) :** 28, rue Pierre-Lescot, 75001 Paris. ☎ 01-45-08-44-88. Fax : 01-45-08-03-69. Infos sur répondeur 24 h/24 au : ☎ 01-45-08-00-60.
• E-mail : info@lcdv.com
• Internet : www.lcdv.com

M. : Étienne-Marcel ou Les Halles.

Créé il y a près de 20 ans, ce spécialiste du transport aérien long-courrier pratiquant le circuit court de distribution étend sa production à l'Europe et au Moyen-Orient. Plus de 250 000 tarifs vers plus de 900 destinations ! Point fort : le premier site interactif français opérationnel sur Internet permettant la consultation comparative des prix au départ de la France mais aussi de l'étranger, horaires, disponibilités et réservations en temps réel (paiements sécurisés). Les prix communiqués à l'inscription sont fermes et définitifs au moment du paiement de l'acompte. Destinations phares : Bangkok, Indonésie, Amériques et Tours du Monde. Pour la province : vente par téléphone ou par correspondance.

▲ **CONTACTS**
– *Paris* : 27, rue de Lisbonne, 75008. ☎ 01-45-63-35-53 et 01-56-59-66-70. Fax : 01-56-59-66-35. Bureaux ouverts au public du lundi au vendredi de 9 h 30 à 12 h 30 et de 14 h à 17 h. M. : Villiers.
• E-mail : info@contacts.org
• Internet : www.contacts.org

S'adresser à Catherine Mathews ou Letizia Delfini qui reçoivent sur rendez-vous.

L'association Contacts propose toute l'année pour les 18/30 ans un large éventail de stages, jobs, perfectionnements linguistiques en Europe, aux États-Unis et au Canada : écoles de langue pour adultes ; hébergement en famille ou en résidence étudiante (en Grande-Bretagne, Irlande, Espagne, Allemagne, au Canada et aux États-Unis) ; stages en entreprise (aux États-Unis, au Canada, en Grande-Bretagne, Allemagne et Espagne) ; « jobs » en hôtellerie (en Grande-Bretagne) ; séjours chez le professeur (hébergement dans une famille d'accueil dont l'un des membres est enseignant et donne des cours à son hôte, en Grande-Bretagne, Irlande, Espagne et Allemagne) ; séjours en immersion totale en famille (en Grande-Bretagne, Allemagne, Espagne et aux États-Unis).

Republic Tours

USA-CANADA

ANTILLES-SENEGAL

EGYPTE

ESPAGNE-PORTUGAL

GRANDE BRETAGNE

IRLANDE

GRECE-SICILE

HOLLANDE

MALTE

MAROC

TUNISIE

CHARTERECO

titane

MINITEL 3615 REPUBLIC
(2,23 F / min. TTC)

PARIS
1bis, avenue de la République 75011 PARIS
Tél. : 01 53 36 55 50

LYON
4, rue du Général Plessier 69002 LYON
Tél. : 04 78 42 33 33
http://www.republictours.com

SÉJOURS : hôtels et clubs
CIRCUITS autocar et voiture
CROISIÈRES. WEEK-ENDS. FERMES
GITES RURAUX. MANOIRS. CHÂTEAUX
LOCATIONS.
RANDONNÉES : vélos et 4x4
VOLS SECS, SPORTS D'HIVER
Demandez nos brochures
REPUBLIC TOURS

▲ DÉGRIFTOUR-RÉDUCTOUR

Le Groupe Dégriftour, c'est plus de 150 personnes à votre service pour organiser vos vacances et vous conseiller. Dégriftour est le spécialiste de la vente de prestations touristiques à prix dégriffés par Minitel ou Internet.
La formule idéale pour satisfaire votre envie soudaine d'évasion pour partir le plus loin possible tout en valorisant votre budget vacances ! Dégriftour propose de 15 jours à la veille du départ, des billets d'avion, des chambres d'hôtel, des séjours, des circuits, des thalassos... jusqu'à 40 % de réduction sur le tarif public. Environ 2000 offres de voyages sont présentées chaque jour et actualisées 3 fois par jour.
Réductour est un tour-opérateur à part entière qui vend en direct sa propre production. Il garantit à ses clients des réductions jusqu'à 20 % par rapport au tarif public, de 6 jours à 11 mois avant le départ. Réductour est donc destiné à ceux qui souhaitent préparer leurs vacances à l'avance, et propose toutes les formules de voyage en France et dans le monde entier, avec un très grand choix de produits.
36-15 DÉGRIFTOUR, 36-15, code DT,
- Internet : www.degriftour.fr
Minitel : 36-15 code RÉDUCTOUR, 36-15 code RT.
- Internet : www.reductour.fr
Et pour connaître les Coups de Cœur et les Super Affaires de Réductour, il vous suffit de composer le 08-36-68-28-27.

▲ ESPACES DÉCOUVERTES VOYAGES

– *Paris :* 38, rue Rambuteau, 75003. ☎ 01-42-74-21-11. Fax : 01-42-74-76-77. M. : Rambuteau ; ou RER : Châtelet-Les Halles.
– *Paris :* 377 *bis*, rue de Vaugirard, 75015 Paris. ☎ 01-56-56-74-44. Fax : 01-56-56-74-49. M. : Convention.
Deux équipes dynamiques vous accueillent tous les jours du lundi au samedi.
Espaces Découvertes vous offre un vaste choix de tarifs aériens exceptionnellement compétitifs, ainsi qu'un éventail de séjours et de circuits sélectionnés pour leur bon rapport qualité-prix. De nombreuses formules « nuit d'hôtel à l'arrivée » et location de voitures, toujours à prix réduits, sont proposées en complément des vols. Également un service de réservation et de vente par téléphone (paiement par carte bleue) uniquement pour les vols, en appelant le ☎ 01-42-74-21-11.

▲ EURO PAULI :
8, rue Daunou, 75002 Paris. ☎ 01-42-86-97-04, ou auprès de votre agence de voyages. M. Opéra. Euro Pauli, spécialiste des séjours en Europe, propose des week-ends à la carte à Londres avec un large choix d'hébergement allant de l'hôtel 2 étoiles à l'hôtel 5 étoiles. Euro Pauli réserve également des places pour les spectacles, comédies musicales, certaines expositions et organise des excursions pour une découverte guidée de Londres et ses environs. Séjours comprenant le transport en train Eurostar + 2 nuits en hôtel 2 étoiles avec petit déjeuner à partir de 1600 F.

▲ EXPERIMENT :
89, rue de Turbigo, 75003 Paris. ☎ 01-44-54-58-00. Fax : 01-44-54-58-01. M. : Temple ou République. Ouvert du lundi au vendredi de 9 h à 18 h sans interruption.
Partager en toute amitié la vie quotidienne d'une famille pendant une à quatre semaines, aux dates que vous souhaitez, c'est ce que vous propose l'association Experiment. Cette formule de séjour en famille à la carte existe dans une trentaine de pays à travers le monde (Amériques, Europe, Asie, Afrique ou Océanie).
Cours d'anglais avec hébergement en famille en Grande-Bretagne. Différentes formules pour les adultes et les adolescents.
Sont également proposés : des jobs en Grande-Bretagne ; des stages en entreprises en Angleterre ; du volontariat en Europe. Service *Départs à l'étranger* : ☎ 01-44-54-58-02.

© FOTOGRAM-STONE IMAGES

Voyageurs
EN EUROPE

Le voyage est un art. Il en a la richesse car il est fait d'inattendu, la fugacité, car il est du temps passé qui ne repasse jamais, l'éternité, car il se mue en souvenirs. Voyageurs du Monde porte un autre regard sur votre voyage ... c'est toute la différence !

● ● ● → Les spécialistes de Voyageurs en Europe vous accueillent 6 jours sur 7, pour vous proposer :

> Vols simples
> Voyages à la carte
> Voyages en individuel
> Circuits culturels

... Passionnés, ils sauront vous conseiller afin de choisir le voyage qui correspond le mieux à vos désirs.

>> Demandez vos brochures sur internet
www.vdm.com
3615 VOYAGEURS
2,23F/mn

Paris	Lyon	Toulouse	Rennes
5, rue Sainte Anne	5, quai Jules Courmont	12, rue Gabriel Péri	(ex agence Rallu)
5002 Paris	69002 Lyon	31000 Toulouse	2, rue Jules Simon
él : 01 42 86 17 20	Tél : 04 72 56 94 56	(1er étage)	BP 7501
ax : 01 42 86 16 28	Fax : 04 72 56 94 55	Tél : 05 62 73 56 46	35075 Rennes Cedex
Opéra/Pyramides		Fax : 05 62 73 56 45	Tél : 02 99 79 16 16
			Fax : 02 99 79 10 00

A compter de décembre 99, Voyageurs du Monde Toulouse déménage au 26, rue des Marchands, à Toulouse.

▲ FUAJ

– *Paris :* centre national, 27, rue Pajol, 75018. ☎ 01-44-89-87-27. Fax : 01-44-89-87-49 ou 10. M. : La Chapelle, Marx-Dormoy ou Gare-du-Nord.
– *Paris :* FUAJ Île-de-France, 60, rue Vitruve, 75020. ☎ 01-55-25-35-00. Fax : 01-43-56-36-32. M. : Porte-de-Bagnolet.
Renseignements dans toutes les auberges de jeunesse et les points d'information et de réservation en France. Serveur vocal : ☎ 08-36-68-86-98 (2,23 F/mn).
• Internet : www.fuaj.org
La FUAJ (Fédération unie des Auberges de jeunesse), accueille ses adhérents dans 200 auberges de jeunesse en France. Seule association française membre de l'IYHF (International Youth Hostel Federation), elle est le maillon d'une chaîne de 6 000 auberges de jeunesse dans le monde.
La FUAJ organise, pour ses adhérents, des activités sportives, culturelles et éducatives ainsi que des voyages (plus de 50 destinations à travers le monde et autant de séjours sportifs en France).
Les adhérents peuvent obtenir les brochures *Go as you please*, *Activités été* et *hiver*, et le *Guide Français* pour les hébergements. Les *Guides internationaux* regroupent la liste de toutes les auberges de jeunesse dans le monde, disponibles à la vente ou en consultation sur place.

▲ GAELAND ASHLING

– *Paris :* 4, quai des Célestins, 75004. ☎ 01-42-71-44-44. Fax : 01-42-71-45-45. M. : Sully-Morland.
– *Toulouse :* 5, rue des Lois, 31000. ☎ 05-62-30-56-60. Fax : 05-62-30-56-69.
Et dans toutes les agences de voyages.
Trois destinations phares pour ce tour-opérateur spécialisé sur l'ouest de l'Europe (Grande-Bretagne, Écosse et Irlande). L'équipe est composée de fanas de la Grande-Bretagne, qui connaissent très bien la destination. Sélection très rigoureuse d'hôtels en Angleterre, au pays de Galles ou en Écosse. Du week-end à Londres (hôtels toute catégorie), aux *B & B* ou manoirs de charme dans le reste du pays. Les hôtels ont été sélectionnés en privilégiant le charme et la qualité, du plus familial au grand luxe.

▲ I.D. VOYAGES :
16 *bis*, rue Paul-Bert, 13100 Aix-en-Provence. ☎ 04-42-23-22-22. Fax : 04-42-21-37-59.
I.D. Voyages, nouveau nom de Nomade Voyages, est un tour-opérateur situé à Aix-en-Provence spécialisé dans les séjours culturels à travers l'Europe. Au programme, parmi les plus belles villes européennes : Londres. Leurs voyages touchent une clientèle très large (18-70 ans), leurs destinations sont variées et s'organisent autour d'une même formule : transport en autocar aller-retour, hébergement en hôtel ou auberge de jeunesse et petits déjeuners. Une fois sur place, chacun est libre d'organiser son séjour comme il le souhaite. Prix très compétitifs. Départs de Marseille, d'Aix-en-Provence et, depuis peu, d'Avignon, Montpellier, Nîmes et Salon-de-Provence.

▲ LOOK VOYAGES :
les brochures et produits Look Voyages sont disponibles dans toutes les agences de voyages. Informations et réservations sur Minitel : 36-15, code LOOK VOYAGES (2,23 F/mn).
• Internet : www.look-voyages.fr
Ce tour-opérateur généraliste vous propose une grande variété de produits et de destinations pour tous les budgets : des séjours en clubs Lookéa, des séjours classiques en hôtels, des safaris, des circuits découverte, des croisières, des auto-tours et sa nouvelle formule « Look Accueil » qui vous permet de sillonner une région ou un pays en toute indépendance en complétant votre billet d'avion par une location de voiture et 1 à 3 nuits d'hôtel.

hoverspeed

Le moyen le plus rapide pour traverser la Manche

- **calais-douvres**
  en 35 minutes

- **boulogne-folkestone**
  en 55 minutes

- **dieppe-newhaven**
  en 2 heures

Réservations au **0800 901 777**
ou 3615 Hoverspeed (2,23 F/mn)

---

globaltickets
from edwards & edwards

Votre passeport pour les spectacles du monde entier !

Comédie musicale, opéra, ballet, théâtre, exposition, concert...

Programme des spectacles gratuit sur demande.
Réservation par téléphone avec réglement par carte de crédit.

GLOBAL TICKETS
19, rue des Mathurins
75009 PARIS
Tel : 01.42.65.39.21 - Fax : 01.42.65.39.10

Look Voyages est un grand spécialiste du vol sec au meilleur prix avec 800 destinations dans le monde sur vols charters et réguliers.

▲ **NOUVELLES FRONTIÈRES :** 87, bd de Grenelle, 75015 Paris. M. : La Motte-Picquet-Grenelle. Renseignements et réservations dans toute la France : ☎ 0-803-33-33-33 (1,09 F/mn). Minitel : 36-15, code NF (à partir de 0,65 F/mn).
• Internet : www.nouvelles-frontières.fr
Plus de 30 ans d'existence, 2 500 000 clients par an, 250 destinations, une chaîne d'hôtels-clubs et de résidences *Paladien*, deux compagnies aériennes, *Corsair* et *Aérolyon*, des filiales spécialisées pour les croisières en voilier, la plongée sous-marine, la location de voitures... Pas étonnant que Nouvelles Frontières soit devenu une référence incontournable, notamment en matière de prix. Le fait de réduire au maximum les intermédiaires permet d'offrir des tarifs « super serrés ».
Un choix illimité de formules vous est proposé : des vols sur les compagnies aériennes de Nouvelles Frontières : *Corsair* et *Aérolyon*, au départ de Paris et de province, en classe Horizon ou Grand Large, et sur toutes les compagnies aériennes régulières, avec une gamme de tarifs suivant confort, budget ; toutes sortes de circuits, aventure ou organisés ; des séjours en hôtels, en hôtels-clubs et en résidence – notamment dans les *Paladien*, les hôtels de Nouvelles Frontières avec « vue sur le monde » – ; des week-ends, des formules à la carte (vol, nuits d'hôtels, excursions, location de voitures...) ; mais aussi des croisières en voilier ou en paquebot, des séjours et des croisières « plongée sous-marine ».
Avant le départ, des permanences d'information sont organisées par des spécialistes qui présentent le pays et répondent aux questions. Les 13 brochures Nouvelles Frontières sont disponibles gratuitement dans les 200 agences du réseau, sur Minitel, par téléphone et sur Internet.

▲ **OTU VOYAGE**
Le spécialiste des vols charters et réguliers à tarifs étudiants, ainsi que des vols de dernière minute. Central de réservations à Paris : ☎ 01-43-62-30-00. Fax : 01-43-62-30-09. L'OTU est aussi représentée en France par les CROUS et les CLOUS :
– *Paris* : 119, rue Saint-Martin, 75004. ☎ 01-40-29-12-12. Fax : 01-40-29-12-25. M. : Rambuteau ou Châtelet.
– *Paris* : 39, av. Georges-Bernanos, 75005. ☎ 01-44-41-38-50. Fax : 01-46-33-19-98. RER : Port-Royal. Ouvert de 10 h à 18 h 30.
– *Paris* : 2, rue Malus, 75005. ☎ 01-40-29-12-12. Fax : 01-43-36-29-47. M. : Place-Monge.
– *Paris* : resto U de l'université Paris IX Dauphine, 1 pl. De-Lattre-de-Tassigny, 75016. ☎ 01-47-55-03-01 ou 01-44-05-49-85. Fax : 01-47-55-03-07.
– *Aix-en-Provence* : cité universitaire Les Gazelles, av. Jules-Ferry, 13621. ☎ 04-42-27-76-85. Fax : 04-42-93-09-16.
– *Amiens* : 53, rue du Don, 80000. ☎ 03-22-72-18-29. Fax : 03-22-72-14-42.
– *Angers* : CROUS, jardin des Beaux-Arts, 35, bd du Roi-René, 49000. ☎ 02-41-88-45-57. Fax : 02-41-88-09-55.
– *Besançon* : CROUS, 38, av. de l'Observatoire, 25030. ☎ 03-81-48-46-25. Fax : 03-81-48-46-82.
– *Bordeaux* : campus de Talence, restaurant universitaire n° 2 « Le Vent Debout », 33405. ☎ 05-56-80-71-87 ou 05-56-37-40-93. Fax : 05-56-37-44-60.
– *Caen* : CROUS, maison de l'étudiant, av. de Lausanne, BP 5153, 14070. ☎ 02-31-56-60-93 ou 94. Fax : 02-31-56-60-91.
– *Clermont-Ferrand* : CROUS, 25, rue Étienne-Dolet, bât. A, 63037. ☎ 04-73-34-44-14. Fax : 04-73-34-44-70.

eurolines

LONDRES
EXEMPLES DE TARIFS AS*
AU DÉPART DE :

Paris	: 280F	Tours	: 380F
Lille	: 200F	Lyon	: 530F
Nantes	: 410F	Marseille	: 520F
Bordeaux	: 450F	Nîmes	: 500F

De nombreuses autres destinations sur le Royaume-Uni avec National Express

TÉL. : 08 36 69 52 52 (2,23F/mn)

www.eurolines.fr   3615 EUROLINES (2,23F/mn)

1500 DESTINATIONS EN EUROPE

*Tarif - 26 ans aller simple en basse saison, à partir de, sous réserve de modification, valables en basse saison au 01/11/99

---

usit CONNECT

PARIS 2 : 14, rue Vivienne / **PARIS 5 :** 31, rue Linné / **PARIS 5 :** 85, bd St-Michel / **PARIS 6 :** 6, rue de Vaugirard / **AIX en PROVENCE :** 7, cours Sextius / **MONTPELLIER :** 1, rue de l'Université **BORDEAUX :** 284, rue Ste-Catherine / **NICE :** 15, rue de France **LYON :** 33, rue Victor Hugo / **TOULOUSE :** 5, rue des Lois

La Grande Bretagne
version *usit* CONNECT

vols à prix
réduits,
locations
de voiture,
transferts aéroports,
hôtels,
Week end,
visites et excursions
« visitor travel card »

Demandez notre brochure

SPÉCIALISTE DU VOYAGE A LA CARTE

Vente / information : 08 25 08 25 25
www.usitconnect.fr - email : usitconnect@usit.ie

– *Compiègne* : 27, rue du Port-aux-Bateaux, BP 822, 60208 Cedex. ☎ 03-44-86-43-41. Fax : 03-44-92-15-19.
– *Créteil* : maison de l'étudiant, université Paris XII, 61, av. du Général-de-Gaulle, 94000. ☎ 01-48-99-75-90. Fax : 01-48-99-74-01.
– *Dijon* : 6B, rue du Recteur-Marcel-Bouchard, 21000. ☎ 03-80-39-69-33 ou 34. Fax : 03-80-39-69-43.
– *Grenoble* : CROUS, 5, rue d'Arsonval, 38000. ☎ 04-76-46-98-92. Fax : 04-76-47-78-03.
– *Grenoble Campus* : domaine universitaire Gières, 421, av. de la Bibliothèque, 38406 Saint-Martin-d'Hères Cedex. ☎ 04-76-51-27-25. Fax : 04-76-01-18-57.
– *Le Mans* : campus universitaire du Maine, 20, rue Laennec, 72000. ☎ 02-43-23-55-50. Fax : 02-43-25-55-53.
– *Lille campus* : brasserie « Les 3 Lacs », domaine universitaire du Pont-de-Bois, université Lille III, 59650 Villeneuve-d'Ascq. ☎ 03-20-67-27-45. Fax : 03-20-91-90-29.
– *Limoges* : CROUS, université de Vanteaux, 39 G, rue Camille-Guérin, 87036. ☎ 05-55-49-00-73. Fax : 05-55-43-88-93.
– *Lyon* : CROUS, 59, rue de la Madeleine, 69365 Cedex 07. ☎ 04-72-71-98-07 ou 04-78-72-55-59. Fax : 04-78-72-35-02.
– *Montpellier* : 43, rue de l'Université, 34000. ☎ 04-67-66-74-20. Fax : 04-67-66-30-72.
– *Nancy Léopold* : 16, cours Léopold, restaurant universitaire, 54000. ☎ 03-83-37-63-89. Fax : 03-83-37-63-89.
– *Nancy Vandœuvre* : « Le Vélodrome », 8, rue Jacques-Callot, 54500. ☎ 03-83-54-49-63. Fax : 03-83-56-62-11.
– *Nantes* : 14, rue de Santeuil, 44000. ☎ 02-40-73-99-17. Fax : 02-40-69-69-93.
– *Nantes* : 2, bd Guy-Mollet, BP 52213, 44000. ☎ 02-40-74-70-77. Fax : 02-51-86-25-91.
– *Nice* : restaurant Carlone, 80, bd Édouard-Herriot, 06200. ☎ 04-93-96-85-43. Fax : 04-93-37-43-30.
– *Pau* : restaurant universitaire, av. Poplawski, 64000. ☎ 05-59-02-26-98. Fax : 05-59-02-20-26.
– *Poitiers* : CROUS, cité Rabelais-rue de la Devinière, 86000 ☎ 05-49-45-10-79. Fax : 05-49-45-10-81.
– *Poitiers* : 35, rue Cloche-Perse-pl. Charles-VII, 86000. ☎ 05-49-37-25-55. Fax : 05-49-39-26-46.
– *Rennes* : CROUS, 7, pl. Hoche, BP 115, 35002 Cedex. ☎ 02-99-84-31-35. Fax : 02-99-84-31-03.
– *Rouen* : campus de Mont-Saint-Aignan, cité universitaire du Panorama, bd Siegfried, BP 218, 76136. ☎ 02-35-70-21-65. Fax : 02-35-10-00-59.
– *Strasbourg* : CROUS, 3, bd de la Victoire, 67000. ☎ 03-88-25-53-99. Fax : 03-88-52-15-70.
– *Toulon* : résidence Campus International, BP 133, 104, impasse A.-Picard, 83957 La Garde Cedex. ☎ 04-94-21-24-00. Fax : 04-94-21-25-99.
– *Toulouse* : CROUS, 58, rue du Taur, 31070. ☎ 05-61-12-18-88. Fax : 05-61-12-36-79.
– *Villeurbanne* : campus universitaire Doua, 43, bd du 11-Novembre, 69622. ☎ 04-78-93-11-49. Fax : 04-78-94-99-03.

▲ RÉPUBLIC TOURS
– *Paris* : 1 bis, av. de la République, 75011. ☎ 01-53-36-55-55. Fax : 01-48-07-09-79. M. : République.
– *Lyon* : 4, rue du Général-Plessier, 69002. ☎ 04-78-42-33-33. Fax : 04-78-42-24-43. Minitel : 36-15, code REPUBLIC (2,23F/mn).
Et dans les agences de voyages.
République Tours, c'est une large gamme de produits et de destinations tout public et la liberté de choisir sa formule de vacances :

RYANAIR
LA COMPAGNIE LA MOINS CHÈRE

Vols quotidiens vers Londres
(Stansted)

Au départ de:

ST. ETIENNE — Bouthéon *navette vers Lyon Part Dieu*
A partir de **545** FF aller-retour

CARCASSONNE — Salvaza
A partir de **745** FF aller-retour

BIARRITZ
A partir de **745** FF aller-retour

DINARD *navette vers Rennes*
A partir de **445** FF aller-retour

APPELEZ LE 01 44 55 2000 ou, pour des départs de Carcassonne, le 04 68 71 96 65
www.ryanair.com 36 15 RYANAIR (2,23 ff/min)

Les prix ont corrects au moment de l'impression et peuvent être modifiés sans avis préalable.
Les tarifs sont soumis à la disponibilité des vols, à certaines conditions et aux taxes gouvernementales.

POUR UNE FUGUE À LONDRES
LE TEMPS D'UN WEEK-END EN TOUTE LIBERTÉ

EuroPauli

EUROSTAR OU VOLS RÉGULIERS

SÉJOURS
En logement et petit déjeuner dans une large sélection d'hôtels du 2 au 5 étoiles

LES GRANDES EXPOSITIONS LONDONIENNES
Avec pré-réservation

RENSEIGNEMENTS ET RÉSERVATIONS :
Pauli Voyages - 8, rue Daunou - 75002 Paris - tél. : 01 42 86 97 04
et dans toutes les agences de voyages

– séjours détente en hôtel classique ou club ;
– circuits en autocars, voiture personnelle ou de location ;
– croisières en Égypte, Irlande, Hollande ou aux Antilles ;
– insolite : randonnées en 4 x 4, à vélo, en roulotte, randonnées pédestres... ;
– week-ends : plus de 50 idées d'escapades pour se dépayser, s'évader au soleil ou découvrir une ville.
République Tours, c'est notamment :
– l'Europe avec la Grande-Bretagne ;
– des week-ends dans les principales villes européennes.

▲ USIT CONNECT
– Informations et réservations par téléphone : ☎ 08-25-08-25-25.
– *Paris* : 12, rue Vivienne, 75002. ☎ 01-44-55-32-60. Fax : 01-44-55-32-61. M. : Bourse.
– *Paris* : 31 *bis*, rue Linné, 75005. ☎ 01-44-08-71-20. Fax : 01-44-08-71-25. M. : Jussieu.
– *Paris* : 85, bd Saint-Michel, 75005. ☎ 01-43-29-69-50. Fax : 01-43-25-29-85. RER : Luxembourg.
– *Paris* : 6, rue de Vaugirard, 75006. ☎ 01-42-34-56-90. Fax : 01-42-34-56-91. M. : Odéon.
– *Aix-en-Provence* : 7, cours Sextius, 13100. ☎ 04-42-93-48-40. Fax : 04-42-93-48-49.
– *Bordeaux* : 284, rue Sainte-Catherine, 33000. ☎ 05-56-33-89-90. Fax : 05-56-33-89-91.
– *Lyon* : 33, rue Victor-Hugo, 69002. ☎ 04-72-77-81-91. Fax : 04-72-77-81-99.
– *Montpellier* : 1, rue de l'Université, 34000. ☎ 04-67-66-03-65. Fax : 04-67-60-33-56.
– *Nice* : 5, rue de France, 06000. ☎ 04-93-87-34-96. Fax : 04-93-87-10-91.
– *Toulouse* : 5, rue des Lois, 31000. ☎ 05-61-11-52-42. Fax : 05-61-11-52-43.
Usit CONNECT propose une gamme complète de produits sur la Grande-Bretagne : les tarifs aériens spécialement négociés pour sa clientèle, les très avantageux et flexibles billets *skytrekker* réservés aux jeunes et aux étudiants, les transferts aéroports à prix réduits, la *Visitor Travel Card* efficace et rapide pour se déplacer dans Londres, tous types d'hébergement, location de voitures, week-end, visites et billets de spectacles.
Usit CONNECT édite également une brochure Irlande et propose une gamme très complète de produits sur les États-Unis (vols spéciaux, autotours, location de voitures ou de motorhome, hébergement à tarifs réduits (Motel 6), *pass* aériens...).

▲ VOYAGES 4 A
– *Lyon* : 3, pl. Louis-Pradel, 69001. ☎ 04-72-07-45-45. Fax : 04-72-07-45-46.
– *Nancy* : 8, pl. Saint-Epvre, 54000. ☎ 03-83-37-66-66
– *Strasbourg* : 8, rue des Veaux, 67000. ☎ 03-88-24-90-90.
– *Paris et autres villes de province*, inscriptions au réseau USIT Voyages, 85, bd Saint-Michel, 75005. Infobus : ☎ 03-83-37-66-66.
● Internet : www.voyages4a.com
Le voyage en bus économique et convivial à destination de toutes les grandes cités européennes. Londres en liberté ou avec programme (parcours éducatifs pour les enfants, les ados), le *Notting Hill Gate Carnaval*, les grandes expositions, les grands concerts et festivals (V'99, Reading), les fêtes techno, le Grand Prix de F1 d'Angleterre... Courts et moyens séjours à petits prix au départ de Paris et des grandes villes françaises. Tarifs préférentiels pour les groupes. Également réservation d'hébergement seul.

ANY WAY
VOYAGES

God saves London !

Picadilly, Soho, Chelsea, le "tea time" et les pubs branchés, c'est top

- ☼ **Super tarifs sur vols réguliers**
- ☼ **Week-ends en hôtels à prix d'ami...**

Profitez de nos BONS PLANS toute l'année

Appelez vite au
0 803 008 008*

Réservation en ligne :
3615 ANYWAY** / www.anyway.fr

voir rubrique Guide du Routard "Comment y aller"

ANY WAY, un coup de fil et vous partez !

*0,99 F la minute ** 2,23 F la minute

CADRAN SOLAIRE

NOUVEAUTÉ

GUIDE DE L'EXPAT (paru)

Pas un jour où la mondialisation n'est pas sur le devant de la scène. Et si on s'arrachait aux jérémiades quotidiennes pour enfin se servir de cette mondialisation dans le bon sens ? Partir vers des taux de croissance plus prometteurs n'est pas si difficile mais encore faut-il s'affranchir des clichés touristiques. En Europe, rien ne vous retient. De Dublin à Athènes, de Lisbonne à Oslo, il ne faut plus être bardé de diplômes pour pouvoir gagner le pari de l'adaptation et de la réussite. En revanche, le chemin n'est pas aussi aisé lorsqu'il s'agit de partir à Buenos Aires, Abidjan ou Chicago. Soit vous avez suffisamment de cran pour gravir à la force du poignet les barreaux de l'échelle sociale, soit vous peaufinez, mûrissez votre projet de départ à l'aide des multiples conseils du *Guide de l'expat*. Pour se mettre dans le bain, rien ne vaut une bonne expérience scolaire « sponsorisée » par l'Union européenne. Mais pour les autres, une foule d'institutions, de fondations et d'associations peuvent vous informer. À celles-ci on a ajouté les contacts de quelques-uns des 2 millions de Français (quitte à bousculer quelques vieilles habitudes) qui sont aptes à vous informer quand ce n'est pas à vous aider. Histoire de se rendre compte que la solidarité aux antipodes est encore une valeur sûre...

▲ VOYAGES WASTEELS (JEUNES SANS FRONTIÈRE)

– *Paris :* 5, rue de la Banque, 75002. ☎ 0-803-88-70-01. M. : Bourse.
– *Paris :* 8, bd de l'Hôpital, 75005. ☎ 0-803-88-70-02. M. : Gare-d'Austerlitz.
– *Paris :* 113, bd Saint-Michel, 75005. ☎ 0-803-88-70-03. RER : Luxembourg.
– *Paris :* 11, rue Dupuytren, 75006. ☎ 0-803-88-70-04. M. : Odéon.
– *Paris :* 12, rue La Fayette, 75009. ☎ 0-803-88-70-05. M. : Le Peletier.
– *Paris :* gare du Nord (bulle), 18, rue de Dunkerque, 75010. ☎ 0-803-88-70-06. M. : Gare-du-Nord.
– *Paris :* 11, rue Oberkampf, 75011. ☎ 0-803-88-70-07. M. : Oberkampf.
– *Paris :* 2, rue Michel-Chasles, 75012. ☎ 0-803-88-70-08. M. : Gare-de-Lyon.
– *Paris :* gare de Lyon, salle des Fresques, 20, bd Diderot, 75012. ☎ 0-803-88-70-09. M. : Gare-de-Lyon.
– *Paris :* gare d'Austerlitz, 55, quai d'Austerlitz, 75013. ☎ 0-803-88-70-10. M. : Gare-d'Austerlitz.
– *Paris :* 16, rue Jean-Rey, bât. UIC, 75015. ☎ 0-803-88-70-11. M. : Bir-Hakeim-Grenelle.
– *Paris :* 6, chaussée de la Muette, 75016. ☎ 0-803-88-70-12. M. : La Muette.
– *Paris :* 58, rue de la Pompe, 75016. ☎ 0-803-88-70-13. M. : Rue-de-la-Pompe.
– *Paris :* 150, av. de Wagram, 75017. ☎ 0-803-88-70-14. M. : Wagram.
– *Paris :* 3, rue Poulet, 75018. ☎ 0-803-88-70-15. M. : Château-Rouge.
– *Paris :* 146, bd de Ménilmontant, 75020. ☎ 0-803-88-70-16. M. : Ménilmontant.
– *Champigny-sur-Marne :* 38, av. Jean-Jaurès, 94500. ☎ 0-803-88-70-27.
– *Drancy :* 68, av. Henri-Barbusse, 93700. ☎ 0-803-88-70-23.
– *Le Kremlin-Bicêtre :* 36-38, av. de Fontainebleau, 94270. ☎ 0-803-88-70-24.
– *Livry-Gargan :* 17, bd de la République, 93190. ☎ 0-803-88-70-19.
– *Noisy-le-Grand :* 10, bd du Mont-d'Est, 93192. ☎ 0-803-88-70-20.
– *Saint-Denis :* 15, pl. Victor-Hugo, 93200. ☎ 0-803-88-70-21. M. : Saint-Denis-Basilique.
– *Saint-Denis :* 5, pl. Victor-Hugo, 93200. ☎ 0-803-88-70-22. M. : Saint-Denis-Basilique.
– *Sartrouville :* 88, av. Jean-Jaurès, 78500. ☎ 0-803-88-70-18.
– *Versailles :* 4 bis, rue de la Paroisse, 78000. ☎ 0-803-88-70-17.
– *Villiers-sur-Marne :* 4, rue du Puits-Mottet, 94350. ☎ 0-803-88-70-25.
– *Vitry-sur-Seine :* 31, av. Paul-Vaillant, 94400. ☎ 0-803-88-70-17.
– *Aix-en-Provence :* 5 bis, cours Sextius, 13100. ☎ 0-803-88-70-28.
– *Angoulême :* 2, pl. François-Louvel, BP 113, 16000. ☎ 0-803-88-70-29.
– *Béziers :* 66, allées Paul-Riquet, 34500. ☎ 0-803-88-70-30.
– *Bordeaux :* 65, cours d'Alsace-Lorraine, 33000. ☎ 0-803-88-70-31.
– *Bordeaux :* résidence Étendard, 13, pl. Casablanca, face à la gare Saint-Jean, 33800. ☎ 0-803-88-70-32.
– *Chambéry :* 44, fg Réclus, 73000. ☎ 0-803-88-70-33.
– *Clermont-Ferrand :* 69, bd Trudaine, 63000. ☎ 0-803-88-70-34.
– *Compiègne :* 10, rue des Bonnetiers-cour le Roi, 60200. ☎ 0-803-88-70-35.
– *Dijon :* 20, av. du Maréchal-Foch, 21000. ☎ 0-803-88-70-36.
– *Forbach :* 72, av. Saint-Rémy, 57600. ☎ 0-803-88-70-37.
– *Grenoble :* 20, av. Félix-Viallet, 38000. ☎ 0-803-88-70-38.
– *Grenoble :* 50, av. Alsace-Lorraine, 38000. ☎ 0-803-88-70-39.
– *Hagondange :* 119, rue de Metz, 57300. ☎ 0-803-88-70-40.
– *Lille :* 25, pl. des Reignaux, 59800. ☎ 0-803-88-70-41.
– *Longwy :* 15, rue du Général-Pershing, 54400. ☎ 0-803-88-70-42.
– *Lyon :* 5, pl. Ampère, 69002. ☎ 0-803-88-70-43.

- *Lyon* : centre d'échanges de Lyon-Perrache, 69002. ☎ 0-803-88-70-44.
- *Lyon* : 162, cours La Fayette, 69003. ☎ 0-803-88-70-45.
- *Marseille* : 67, la Canebière, 13001. ☎ 0-803-88-70-46.
- *Metz* : 3, rue d'Austrasie, 57000. ☎ 0-803-88-70-47.
- *Montpellier* : 1, rue Cambacérès, 34000. ☎ 0-803-88-70-48.
- *Montpellier* : 6, rue du Faubourg-de-la-Saunerie, 34000. ☎ 0-803-88-70-49.
- *Moyeuvre-Grande* : 15, rue Fabert, 57250. ☎ 0-803-88-70-50
- *Mulhouse* : 14, av. Auguste-Wicky, 68100. ☎ 0-803-88-70-51.
- *Nancy* : 1 bis, pl. Thiers, 54000. ☎ 0-803-88-70-52.
- *Nantes* : 6, rue Guépin, 44000. ☎ 0-803-88-70-53.
- *Nice* : 32, rue de l'Hôtel-des-Postes, 06000. ☎ 0-803-88-70-54.
- *Reims* : 26, rue Libergier, 51100. ☎ 0-803-88-70-55.
- *Roubaix* : 11, rue de l'Alouette, 59100. ☎ 0-803-88-70-56.
- *Rouen* : 111 bis, rue Jeanne-d'Arc, 76000. ☎ 0-803-88-70-57.
- *Saint-Étienne* : 28, rue Gambetta, 42000. ☎ 0-803-88-70-58.
- *Strasbourg* : 13, pl. de la Gare, 67000. ☎ 0-803-88-70-59.
- *Thionville* : 21, pl. du Marché, 57100. ☎ 0-803-88-70-60.
- *Toulon* : 3, bd Pierre-Toesca, 83000. ☎ 0-803-88-70-61.
- *Toulon* : 3, rue Vincent-Courdouan, 83000. ☎ 0-803-88-70-62.
- *Toulouse* : 1, bd Bonrepos, 31000. ☎ 0-803-88-70-63.
- *Toulouse* : 23, av. de l'URSS, 31400. ☎ 0-803-88-70-64.
- *Tours* : 8, pl. du Grand-Marché, 37000. ☎ 0-803-88-70-65.
- *Valenciennes* : 14, passage de la Paix, 59300. ☎ 0-803-88-70-66.

Info Vente : ☎ 01-43-62-30-00. Audiotel : ☎ 08-36-68-22-06 (2,23 F/mn). Minitel : 36-15, code WASTEELS (2,23 F/mn).
● Internet : www.voyages-wasteels.fr

Tarifs réduits spécial jeunes et étudiants. En train : pour tous les jeunes de moins de 26 ans en France jusqu'à 50 % de réduction ; en Europe et au Maroc, avec le BIJ, la possibilité de se balader dans tous les pays à tarif réduit. Sans oublier les super tarifs sur Londres en Eurostar et sur Bruxelles et Amsterdam en Thalys. En avion : les billets *Tempo* d'Air France qui mettent à la portée des jeunes de moins de 26 ans toute la France aux meilleurs tarifs, et, sur plus de 450 destinations, Student Air STA Travel, proposé aux étudiants de moins de 30 ans, qui leur permet de voyager dans le monde entier sur les lignes régulières des compagnies aériennes à des prix très compétitifs et à des conditions d'utilisation extra souples. En bus : des prix canons. Divers : séjours de ski, séjours en Europe (hébergement, visite, surf...), séjours linguistiques et location de voitures à tout petits prix.

▲ VOYAGEURS EN EUROPE (EX-CARREFOUR DES VOYAGES)

- *Paris* : La Cité des Voyageurs : 55, rue Sainte-Anne, 75002. ☎ 01-42-86-17-20. Fax : 01-42-86-17-87. M. : Opéra ou Pyramides. Bureaux ouverts du lundi au vendredi de 10 h à 19 h. Le samedi de 9 h à 19 h. Accueil téléphonique à partir de 9 h.
- *Fougères* (ex-agence Rallu) : 19, rue Chateaubriand, BP 441, 35304. ☎ 02-99-94-21-91. Fax : 02-99-94-53-66,
- *Lyon* : 5, quai Jules-Courmont, 69002. ☎ 04-72-56-94-56. Fax : 04-72-56-94-55.
- *Rennes* (ex-agence Rallu) : 2, rue Jules-Simon, BP 7501, 35075. ☎ 02-99-79-16-16. Fax : 02-99-79-10-00.
- *Saint-Malo* (ex-agence Rallu) : 17, av. Jean-Jaurès, BP 206, 35409. ☎ 02-99-40-27-27. Fax : 02-99-40-83-61.
- *Toulouse* : 12, rue Gabriel-Péri, 31000. ☎ 05-62-73-56-46. Fax : 05-62-73-56-45.

Minitel : 36-15, code VOYAGEURS ou VDM.
● Internet : www.vdm.com

Toutes les destinations de Voyageurs du Monde se retrouvent en un lieu unique, sur trois étages, réparties par zones géographiques.

Tout voyage sérieux nécessite l'intervention d'un spécialiste. D'où l'idée de ces équipes spécialisées chacune sur une destination qui vous accueillent à la Cité des Voyageurs, premier espace de France (1 800 m²) entièrement consacré aux voyages et aux voyageurs. Leurs spécialistes vous proposent : vols simples, voyages à la carte et circuits culturels « civilisations » et « découvertes » sur les destinations du monde entier à des prix très compétitifs puisque vendus directement, sans intermédiaire.

La Cité des Voyageurs, c'est aussi :

– une librairie de plus de 4 000 ouvrages et cartes pour vous aider à préparer au mieux votre voyage ainsi qu'une sélection des plus judicieux et indispensables accessoires de voyages : moustiquaires, sacs de couchage, couvertures en laine polaire, etc. ☎ 01-42-86-17-38.

– Des expositions-vente d'artisanat traditionnel en provenance de différents pays. ☎ 01-42-86-16-25.

– Un programme de dîners-conférences : certains mardi et jeudi soirs sont une invitation au voyage et font honneur à une destination. ☎ 01-42-86-16-00.

– Un restaurant des cuisines du monde. ☎ 01-42-86-17-17.

EN BELGIQUE

▲ **C.J.B... L'AUTRE VOYAGE** : chaussée d'Ixelles, 216, Bruxelles 1050. ☎ (02) 640-97-85. Fax : (02) 646-35-95. Ouvert de 9 h 30 à 18 h, tous les jours, sauf les samedi et dimanche.

Association à but non lucratif, C.J.B. organise toutes sortes de voyages scolaires, individuels ou en groupe, de la randonnée au grand circuit. Vacances sportives ou séjours culturels.

▲ **CONNECTIONS**
Telesales : ☎ (02) 550-01-00. Fax : (02) 514-15-15.
● Internet : wwwconnections.be
– *Alost :* Kattestraat, 48, 9300. ☎ (053) 70-60-50. Fax : (053) 70-18-38.
– *Anvers :* Melkmarkt, 23, 2000. ☎ (03) 225-31-61. Fax : (03) 226-24-66.
– *Bruges :* Sint Jacobstraat, 30, 8000. ☎ (050) 34-10-11. Fax : (050) 34-19-29.
– *Bruxelles :* rue du Midi, 19-21, 1000. ☎ (02) 550-01-00. Fax : (02) 512-94-47.
– *Bruxelles :* av. Adolphe-Buyl, 78, 1050. ☎ (02) 647-06-05. Fax : (02) 647-05-64.
– *Gand :* Nederkouter, 120, 9000. ☎ (09) 223-90-20. Fax : (09) 233-29-13.
– *Hasselt :* Botermarkt, 8, 3500. ☎ (011) 23-45-45. Fax : (011) 23-16-89.
– *Liège :* rue Sœurs-de-Hasque, 7, 4000. ☎ (04) 223-03-75. Fax : (04) 223-08-82.
– *Louvain :* Tiensestraat, 89, 3000. ☎ (016) 29-01-50. Fax : (016) 29-06-50
– *Louvain-la-Neuve :* rue des Wallons, 11, 1348. ☎ (010) 45-15-57. Fax : (010) 45-14-53.
– *Malines :* Ijzerenleen, 41, 2800. ☎ (015) 20-02-10. Fax : (015) 20-55-56.
– *Mons :* rue de la Coupe, 30, 7000. ☎ (065) 35-35-14. Fax : (065) 34-79-19.
– *Namur :* rue Saint-Jean, 21-23, 5000. ☎ (081) 22-10-80. Fax : (081) 22-79-97.
– *Saint-Nicolas :* Plezantstraat, 71, 9100. ☎ (03) 760-00-00. Fax : (03) 760-00-01.
– *Turnhout :* Grote Markt, 54, 2300. ☎ (014) 43-86-86. Fax : (014) 43-76-56.
– *Zaventen :* aéroport national, Airport Promenade, 4th Floor, 1930. ☎ (02) 753-25-00. Fax : (02) 753-25-03.
– *Zaventem :* Weidveldlaan, 35a. ☎ (02) 711-03-90. Fax : (02) 711-03-99.
Au **Luxembourg** : 70, Grande-Rue. ☎ (352) 22-99-33. Fax : (352) 22-99-13.

Informations et réservations téléphoniques : ☎ (02) 550-01-00. Fax : (02) 502-70-60.

Spécialiste du voyage pour les étudiants, les jeunes et les « independent travellers », Connections est membre du groupe USIT, groupe international formant le réseau des USIT Connection Centres. Le voyageur peut ainsi trouver informations et conseils, aide et assistance (revalidation, routing,...) dans plus de 80 centres en Europe et auprès de plus de 500 correspondants dans 65 pays.

Connections propose une gamme complète de produits : les tarifs aériens spécialement négociés pour sa clientèle (licence IATA) et, en exclusivité pour le marché belge, les très avantageux et flexibles billets SATA réservés aux jeunes et aux étudiants ; toutes les formules rails et, en particulier, les *Explorers Passes* (Europe, Asie, États-Unis), les billets BIJ et l'Eurodomino ; le bus avec plus de 300 destinations en Europe (un tarif exclusif pour les étudiants) ; toutes les possibilités d'arrangement terrestre (hébergement, location de voitures, *self-drive tours*, circuits accompagnés, vacances sportives, expéditions...) principalement en Europe et en Amérique du Nord ; de nombreux services aux voyageurs comme l'assurance-voyage « Protections » ou les cartes internationales de réductions (la carte internationale d'étudiant ISIC et la carte jeune Euro-26).

▲ CONTINENTS INSOLITES
– *Bruxelles :* rue de la Révolution, 1-B, 1000. ☎ (02) 218-24-84. Fax : (02) 218-24-88. M. : Madou.
– *En France :* ☎ 03-24-54-63-68 (renvoi automatique et gratuit sur le bureau de Bruxelles).
• E-mail : continents@arcadis.be
• Internet : www.voyages.insolites.be

Association créée en 1978, dont l'objectif est de promouvoir un nouveau tourisme à visage humain, Continents Insolites regroupe plus de 20 000 sympathisants, dont le point commun est l'amour du voyage hors des sentiers battus.

Continents Insolites propose des circuits à dates fixes dans plus de 60 pays, et cela en petits groupes de 7 à 12 personnes, élément primordial pour une approche en profondeur des contrées à découvrir. Avant chaque départ, une réunion avec les participants au voyage est organisée pour leur permettre de mieux connaître leur destination et leurs futurs compagnons de route. Voyages encadrés par des guides francophones, spécialistes des régions visitées.

Une gamme complète de formules de voyages (demander la brochure gratuite) :
– *Voyages lointains* : de la grande expédition au circuit accessible à tous ;
– *Aventure Jeune 2000* : des circuits pour jeunes de 18 à 31 ans ;
– *Circuits taillés sur mesure* : organisation de voyages sur mesure (groupes, voyages de noces, etc.). Fabrication artisanale jour par jour en étroite collaboration entre le guide-spécialiste et le voyageur afin de répondre parfaitement aux désirs de ce dernier ;
– *Voyages incentive* : voyages pour les entreprises sur les traces des grands voyageurs.

De plus, Continents Insolites propose un cycle de diaporamas-conférences à Bruxelles et au Luxembourg. Les conférences de Bruxelles se tiennent le lundi à 20 h 15 à l'espace Senghor, pl. Jourdan, 1040 (demander les dates exactes).

▲ JOKER :
– bd Lemonnier, 37, Bruxelles 1000. ☎ (02) 502-19-37. Fax : (02) 502-29-23.
• E-mail : brussel @joker.be

– Av. Verdi, 23, Bruxelles 1083. ☎ (02) 426-00-03. Fax : (02) 426-03-60.
• E-mail : ganshoren@joker.be
Adresses également à *Anvers, Bruges, Courtrai, Gand, Louvain, Schoten* et *Wilrijk*.
« Le » spécialiste des voyages aventureux et des billets d'avion à des prix très concurrentiels. Vols aller-retour au départ de Bruxelles, Francfort et Paris. Voyages en petits groupes avec accompagnateur compétent. Circuits souples à la recherche de contacts humains authentiques, utilisant l'infrastructure locale et explorant le vrai pays. Voyages organisés avec groupes internationaux (organismes américains, australiens, hollandais et anglais). Joker établit également un circuit de Café's pour voyageurs dans le monde entier : ViaVia Joker, Naamsesteenweg, 227, à Louvain, Wolstraat, 86, à Anvers, ainsi qu'à Yogyakarta, Dakar, Barcelone, Copán (Honduras) et Goa (Inde).

▲ NOUVELLES FRONTIÈRES
Numéro d'appel général pour la Belgique : ☎ (02) 547-44-22.
• E-mail : mailbe@nouvellesfrontières.be
• Internet : www.nouvellesfrontières.com
– *Anvers :* Nationalestraat, 14, 2000. ☎ (03) 213-20-20. Fax : (03) 226-29-50.
– *Bruges :* Sint-Jakobsstraat, 21, 8000. ☎ (050) 34-05-81. Fax : (050) 18-34-55.
– *Bruxelles* (siège) *:* bd Lemonnier, 2, 1000. ☎ (02) 547-44-44. Fax : (02) 547-44-99.
– *Bruxelles :* chaussée d'Ixelles, 147, 1050. ☎ (02) 540-90-11.
– *Bruxelles :* chaussée de Waterloo, 746, 1180. ☎ (02) 626-99-99.
– *Bruxelles :* rue des Tongres, 24, 1040. ☎ (02) 738-99-99.
– *Charleroi :* bd Audent, 8, 6000. ☎ (071) 30-76-46. Fax : (071) 30-76-23.
– *Gand :* Nederkouter, 77, 9000. ☎ (09) 269-95-59. Fax : (09) 224-36-47.
– *Liège :* bd de la Sauvenière, 32, 4000. ☎ (04) 221-56-99. Fax : (04) 223-46-92.
– *Louvain :* Franz Thielemanslaan, 6, 3000. ☎ (016) 31-95-20. Fax : (016) 23-94-90.
– *Mons :* rue d'Havré, 56, 7000. ☎ (065) 84-24-10. Fax : (065) 84-15-48.
– *Namur :* rue Émile-Cuvelier, 20, 5000. ☎ (081) 25-19-99. Fax : (081) 22-10-37.
– *Wavre :* rue Charles-Sambon, 16, 1300. ☎ (010) 24-49-40. Fax : (010) 24-49-43.
Également au **Luxembourg** : rue des Bains, 16, L 1212. ☎ (352) 46-41-40.
30 ans d'existence, 250 destinations, une chaîne d'hôtels-clubs et de résidences *Paladien*, des filiales spécialisées pour les croisières en voilier, la plongée sous-marine, la location de voitures... Pas étonnant que Nouvelles Frontières soit devenu une référence incontournable, notamment en matière de prix. Le fait de réduire au maximum les intermédiaires permet d'offrir des prix « super serrés ».
Un choix illimité de formule vous est proposé.

▲ SERVICES VOYAGES ULB :
– campus ULB, av. Paul-Héger, 22, Bruxelles. ☎ (02) 648-96-58.
– Hôpital universitaire Érasme. ☎ (02) 555-38-49.
– Av. Georges-Henri, Woluwe. ☎ (02) 742-28-80.
Ouvert de 9 h à 17 h sans interruption du lundi au vendredi. Le voyage à l'université, accueil évidemment très sympa. Billets d'avion sur vols charters et sur compagnies régulières à des prix hyper compétitifs.

▲ TAXISTOP
Pour toutes les adresses Airstop, un seul numéro de téléphone : ☎ (070) 233-188.

LES ORGANISMES DE VOYAGES

– *Airstop Anvers :* Sint Jacobsmarkt, 86, 2000. Fax : (03) 226-39-48.
– *Airstop Bruges :* Dweersstraat, 2, 8000. Fax : (050) 33-25-09.
– *Taxistop Bruxelles :* rue Fossé-aux-Loups, 28, 1000. ☎ (02) 223-23-10. Fax : (02) 223-22-32.
– *Airstop Bruxelles :* rue Fossé-aux-Loups, 28, 1000. Fax : (02) 223-22-32.
– *Airstop Courtrai :* Wijngaardstraat, 16, 8500. Fax : (056) 20-40-93.
– *Taxistop Gand :* Onderbergen, 51, 9000. ☎ (09) 223-23-10. Fax : (09) 224-31-44.
– *Airstop Gand :* Onderbergen, 51, 9000. Fax : (09) 224-31-44.
– *Airstop Louvain :* Maria Theresiastraat, 125, 3000. Fax : (016) 23-26-71.
– *Taxistop Louvain-la-Neuve :* pl. de l'Université, 41, 1348. ☎ (010) 45-14-14. Fax : (010) 45-51-20.

▲ **'T ZUIDERHUIS :** H.-Frère-Orbanlaan, 34, Gand 9000. ☎ (09) 233-45-33. Fax : (09) 233-55-49.
● E-mail : reishuis@zuiderhuis.be
● Internet : zuiderhuis.be

« Maison de voyage » installée en Flandre qui centralise les propositions de *Vreemde Continenten*, *Cariboo*, *Multatuli*, *Asian Way of Life*, mais qui développe aussi, et c'est son originalité, ses propres programmes de vacances cyclistes, individuels ou en groupe, avec réservations d'étapes et assistance logistique en Belgique, en Europe et dans le reste du monde. Circuits fléchés au Danemark, en Irlande, Grande-Bretagne, Allemagne, Hollande, Autriche, Suisse, Espagne, Italie et France.

EN SUISSE

C'est toujours assez cher de voyager au départ de la Suisse, mais ça s'améliore. Les charters au départ de Genève, Bâle ou Zurich sont de plus en plus fréquents ! Pour obtenir les meilleurs prix, il vous faudra être persévérant et vous munir d'un téléphone. Les billets au départ de Paris ou Lyon ont toujours la cote au hit-parade des meilleurs prix. Les annonces dans les journaux peuvent vous réserver d'agréables surprises, spécialement dans le *24 Heures* et dans *Voyages Magazine*.
Tous les tours-opérateurs sont représentés dans les bonnes agences : Hotelplan, Jumbo, le TCS et les autres peuvent parfois proposer le meilleur prix, ne pas les oublier !

▲ **ARTOU**
– *Fribourg :* 24, rue de Lausanne, 1700 ☎ (026) 322-06-55.
– *Genève :* 8, rue de Rive, 1204. ☎ (022) 818-02-00. *Librairie :* ☎ (022) 818-02-40.
– *Lausanne :* 18, rue Madeleine, 1003. ☎ (021) 323-65-54.
– *Lugano :* via Pessina, 14ª. ☎ (091) 921-36-90.
– *Neuchâtel :* 2, Grand-Rue, 2000. ☎ (032) 724-64-06.
– *Sion :* 44, rue du Grand-Pont, 1950. ☎ (027) 322-08-15.

Demandez leur documentation (très bien faite) et leurs tarifs spéciaux sur les billets d'avion. Une librairie du voyageur complète les prestations de chaque agence.

▲ **CONTINENTS INSOLITES :** A.P.N. Voyages, 3, rue Saint-Victor, 1227 Carouge. ☎ (022) 301-04-10.
(Voir texte en Belgique.)

▲ **JERRYCAN :** 11, rue Sautter, 1205 Genève. ☎ (022) 346-92-82. Fax : (022) 789-43-63.
Propose des séjours à thème haut de gamme et originaux.

▲ **NOUVELLES FRONTIÈRES**
– *Genève :* 10, rue Chantepoulet, 1201. ☎ (022) 732-03-33.

– *Lausanne :* 19, bd de Grancy, 1006. ☎ (021) 616-88-91.
(Voir texte en France.)

▲ S.S.R. VOYAGES
– *Bienne :* 23, quai du Bas, 2502. ☎ (032) 328-11-11. Fax : (032) 328-11-10.
– *Fribourg :* 35, rue de Lausanne, 1700. ☎ (026) 322-61-62. Fax : (026) 322-64-68.
– *Genève :* 3, rue Vignier, 1205. ☎ (022) 329-97-34. Fax : (022) 329-50-62
– *Lausanne :* 20, bd de Grancy, 1006. ☎ (021) 617-56-27. Fax : (021) 616-50-77
– *Lausanne :* à l'université, bâtiment BF SH2, 1015. ☎ (021) 691-60-53. Fax : (021) 691-60-59
– *Montreux :* 25, av. des Alpes, 1820. ☎ (021) 961-23-00. Fax : (021) 961-23-06.
– *Nyon :* 17, rue de la Gare, 1260. ☎ (022) 361-88-22. Fax : (022) 361-68-27.

SSR Voyages appartient au groupe STA Travel regroupant 10 agences de voyages pour jeunes étudiants et réparties dans le monde entier. Gros avantage si vous deviez rencontrer un problème : 150 bureaux STA et plus de 700 agents du même groupe présents à travers le monde sont là pour vous donner un coup de main *(Travel Help)*.
SSR propose des voyages très avantageux : vols secs (Skybreaker), billets Euro Train, hôtels 1 à 3 étoiles, écoles de langues, voitures de location, etc. Délivre les cartes internationales d'étudiants et les cartes Jeunes GO 25.
SSR est membre du fonds de garantie de la branche suisse du voyage, les montants versés par les clients pour les voyages forfaitaires sont assurés.

AU QUÉBEC

Revendus dans toutes les agences de voyages, les voyagistes québécois proposent une large gamme de vacances. Depuis le vol sec jusqu'au circuit guidé en autocar, en passant par la réservation d'une ou plusieurs nuits d'hôtel, ou la location de voitures. Sans oublier bien sûr, l'économique formule « achat-rachat », qui permet de faire l'acquisition temporaire d'une auto neuve (Renault et Peugeot en Europe), en ne payant que pour la durée d'utilisation (en général, minimum 17 jours, maximum 6 mois). Ces grossistes revendent également pour la plupart des *passes* de train très avantageux : *Europass* (5 pays maximum) et *Eurailpass* (accepté dans 17 pays).

▲ AMERICANADA
Ce voyagiste publie des catalogues sur différents thèmes (golf, croisières, location de voitures) et destinations (Europe, Floride, circuits en Amérique du Nord). Il présente une petite brochure pour les individuels, avec les indispensables : vols réguliers (Air Canada), location de voitures, hôtels (avec système de bons d'échange ou à la carte).

▲ NOUVELLES FRONTIÈRES : *comptoir Service d'Accueil,* 1180, rue Drummond, Montréal. ☎ (514) 871-30-60.
La filiale du premier voyagiste français est, avec Vacances Air Transat, leader sur l'Europe, en particulier la France. Il se destine à ceux qui recherchent des vacances en toute liberté. Au programme : de nombreux vols secs, une sélection d'hôtels, location de chalets, location de voitures, *passes* de bus, auto-tours, mais également toutes sortes de circuits : randonnée, aventure, minibus et organisés, etc.

▲ ROYAL VACANCES
Le voyagiste de la compagnie aérienne Royal édite un petit catalogue sur l'Europe et la France avec vols, location de voitures, formule « achat-rachat » et hôtels. Royal programme aussi les Caraïbes.

▲ TOURS CHANTECLERC
Né voici 25 ans, Tours Chanteclerc publie différents catalogues de voyages (Asie, Pacifique Sud, Amérique, Europe, Méditerranée...). Il se présente comme l'une des « références sur l'Europe » avec deux brochures : groupes (circuits guidés en français) et individuels. « Mosaïques Europe » s'adresse aux voyageurs indépendants (vacanciers ou gens d'affaires), qui réservent un billet d'avion, une ou plusieurs nuits d'hôtels ou des séjours en résidence. Intéressant : le « Passeport Europe » de Tours Chanteclerc permet d'économiser 25 % sur l'hébergement. Pour mieux choisir votre hôtel, demander à votre agent de voyages la vidéo présentant les hôtels et appartements sélectionnés par Tours Chanteclerc.

▲ TOURS MONT ROYAL
Ce voyagiste offre une programmation basique sur l'Europe, destinée aux individuels. Outre une bonne sélection de vols (avec la compagnie Charter Air Club International, qui lui appartient, et avec Royal) et d'hôtels à la carte en Europe, il propose des bons d'échange permettant de réserver toutes ou plusieurs nuitées d'hôtels avant le départ (chaînes *Campanile* et *Bleu Marine*), valables dans 6 pays européens. Également quelques circuits accompagnés (Russie, Israël, Maroc, Vietnam, etc.).

▲ VACANCES AIR CANADA
Le voyagiste de la compagnie aérienne est surtout présent sur les destinations « soleil », la Jamaïque et ses hôtels « tout compris » en particulier. Sur l'Europe, sa production est beaucoup moins importante qu'auparavant. Vacances Air Canada présente des prestations terrestres à la carte (hôtels, location de voitures, *passes* de train) liées à ses vols, tous réguliers et au départ de Montréal. Également forfait ski dans l'ouest canadien et dans le Colorado.

▲ VACANCES AIR TRANSAT
Filiale de l'important groupe touristique Transat, qui détient la compagnie aérienne du même nom, Vacances Air Transat s'affirme comme le premier voyagiste québécois. Ses destinations : États-Unis, Mexique, Caraïbes, Amérique centrale et du Sud, Europe. Vers le vieux continent son offre est l'une des plus variées du marché, avec un catalogue de près de 70 pages (France, Angleterre et Belgique). D'abord un vaste choix de vols secs vers Paris et les grandes villes françaises et européennes, avec Air Transat, bien sûr. Puis de nombreux hôtels, studios et appartements à la carte, des *passes* de train. Également les « Itinéraires découverte » en France, une formule originale qui comprend l'hébergement et la voiture (plusieurs régions au choix).

Vacances Air Transat est revendu dans toutes les agences de la province, et notamment dans les réseaux lui appartenant : Club Voyages, Voyages en Liberté et Vacances Tourbec (220 points de vente au total, dont 19 pour Vacances Tourbec).

▲ VACANCES TOURBEC
– *Montréal Infotouriste* : 1001, rue du Square-Dorchester, Bureau 100, Montréal, H3B-4V4. ☎ (514) 866-3637.
– *Montréal* : 3419, rue Saint-Denis, H2X-3L2. ☎ (514) 288-4455. Fax : (514) 288-1611.
– *Montréal* : 3506, av. Lacombe, H3T-1M1. ☎ (514) 342-2961. Fax : (514) 342-8267.

– *Montréal* : 595, bd de Maisonneuve Ouest, H3A-1L8. ☎ (514) 842-1400. Fax : (514) 287-7698.
– *Montréal* : 1887 rue Beaubien Est, H2G-1L8. ☎ (514) 593-1010. Fax : (514) 593-1586.
– *Montréal* : 309, bd Henri-Bourassa Est, H3L-1C2. ☎ (514) 858-6465. Fax : (514) 858-6449.
– *Montréal* : 6363, rue Sherbrooke Est, H1N-1C4. ☎ (514) 253-4900. Fax : (514) 253-4274.
– *Montréal* : 545, bd Crémazie Est, H2M-1V1. ☎ (514) 381-7535. Fax : (514) 381-7082.
– *Saint-Laurent* : 776, bd Décarie, H4L-3L5. ☎ (514) 747-4222. Fax : (514) 747-4757.
– *Belœil* : Mail Montenach, 600, Sir Wilfrid-Laurier, J3G 4J2. ☎ (450) 464-9523. Fax : (450) 464-9709.
– *Blainville* : 1083, bd Curé-Labelle, J7C-3M9. ☎ (450) 434-2425. Fax : (450) 434-2427.
– *Granby* : 247, rue Principale, J2G-2V9. ☎ (450) 372-45-45. Fax : (450) 372-38-00.
– *Île Bizard* : 11, rue Lachapelle, Bureau 200, H2C-1S6. Fax : (514) 620-11-00
– *Laval* : 155-E, bd des Laurentides, H7G-2T7. ☎ (450) 662-7555. Fax : (450) 662-7552.
– *Laval* : 1658, bd Saint-Martin Ouest, H7S-1M9. ☎ (450) 682-5453. Fax : (450) 682-3095.
– *Longueuil* : 117, rue Saint-Charles, J4H-1C7. ☎ (450) 679-3721. Fax : (450) 679-3320.
– *Québec* : 30, bd René-Lévesque Est, QC G1R-2B1. ☎ (418) 522-2791. Fax : (418) 522-4536.
– *Repentigny* : 261, rue Notre-Dame, J6A-2R8. ☎ (450) 657-8282. Fax : (450) 657-8283.
– *Rimouski* : 23, rue Saint-Jean-Baptiste Ouest, G5L-4J2. ☎ (418) 725-5454. Fax : (418) 725-4848.
– *Saint-Basile* : 267, Sir Wilfrid-Laurier, J3N-3M8. ☎ (450) 461-3960. Fax : (450) 461-2033.
– *Saint-Lambert* : 2001, rue Victoria, J4S-1H1. ☎ (450) 466-4777. Fax : (450) 466-9128.
– *Saint-Romuald* : 2089, bd Rive-Sud, G6W-2S5. ☎ (418) 839-3939. Fax : (418) 839-7070.
– *Saint-Sauveur-des-Monts* : 94, rue de la Gare, Saint-Sauveur-des-Monts, J0R-1R6. ☎ (450) 227-8811. Fax : (450) 227-8791.
– *Sainte-Foy* : pl. des Quatre-Bourgeois, 999, rue de Bourgogne, G1W-4S6. ☎ (418) 656-6555. Fax : (418) 656-6996.
– *Sherbrooke* : 779, rue King Est, Terrasse 777, J1G-1C5. ☎ (819) 563-4474. Fax : (819) 822-1625.
– *Valcourt* : 1191, rue Saint-Joseph, J0E-2J0. ☎ (450) 532-3026. Fax : (450) 532-3353.
– *Valleyfield* : 45, rue Nicholson, J6T-4M7. ☎ (450) 377-2511. Fax : (450) 377-4221.

Cette association, bien connue au Québec, organise des vols vers l'Europe, l'Asie, l'Afrique ou l'Amérique. Sa spécialité : la formule avion + auto. Elle offre également des forfaits à la carte et des circuits en autocar pour découvrir le Québec.

GÉNÉRALITÉS

Le plus surprenant à Londres ne se voit pas. Savez-vous par exemple que la quasi totalité de la ville appartient à trois personnes : Lord Westminster, Lord Chelsea et la reine ? Ils ne vendent jamais rien (ils n'en ont pas besoin !). Ainsi, quand on achète une maison à Londres, ce n'est que pour 99 ans... Comment peut-on être si proche de Paris et pourtant si différente ? Notre capitale fait province à côté de Londres, cette métropole énorme, grouillante, éclatée, moderne, vibrante, chaude (bien que pas toujours chaleureuse). Mentionnez n'importe quel adjectif et vous êtes à peu près certain qu'il correspond à un quartier de Londres. Avec des musées et galeries par dizaines, des restos par milliers et des pubs par dizaines de milliers, il y en a vraiment pour tout le monde. Sans oublier les taxis qui semblent, comme les escargots, sortir avec la pluie. Et comme il pleut souvent... La question du climat est délicate. Les Anglais en plaisantent : « nos ciels ont rarement des couleurs trop voyantes ». Il serait exagéré d'affirmer que la pluie tombe sans arrêt, mais il pleut quand même pas mal. À Londres, la pluie est la seule chose équitablement partagée. Les cockneys de l'East End, les financiers de la City, les paumés et les touristes de Soho, les jeunes gens chics de Chelsea sont tous arrosés de la même façon.

À Londres, vous êtes sûr de trouver ce que vous cherchez : un super groupe de rock, un pub irlandais, de la porcelaine chinoise, de la cuisine indienne, un film sur les méfaits du thatcherisme, les jouets les plus marrants du monde, le thé le plus raffiné, un disque introuvable, des tableaux impressionnistes, de l'art étrusque, des parcs immenses...

Tellement vaste, tellement riche, tellement difficile à appréhender qu'il faut, pour vous y sentir rapidement à l'aise, un mode d'emploi. Lisez attentivement nos (modestes) conseils dans les paragraphes ci-dessous, ça vous aidera.

PLANS DE LONDRES ET SES QUARTIERS, PLAN DU MÉTRO : VOIR CAHIER COULEUR.

Adresses utiles, renseignements et formalités

ADRESSES UTILES AVANT LE DÉPART

En France

■ *Office du tourisme de Grande-Bretagne – Maison de la Grande-Bretagne (British Tourist Authority, B.T.A.) :* 19, rue des Mathurins, 75009 Paris. ☎ 01-44-51-56-20. Fax : 01-44-51-56-21. Minitel : 36-15, code BRITISH. M. : Havre-Caumartin ; ou RER : Auber. Ouvert de 9 h 30 à 18 h du lundi au vendredi et le samedi de 10 h à 17 h. Il est conseillé de prendre de la documentation avant de partir car souvent on vous la fera payer en Angleterre. Ici, on trouve des cartes, l'information nécessaire pour choisir un guide ou une famille, la publication *Grande-Bretagne* (une mine de renseignements pratiques), le *Guide du jeune voyageur*, et, parmi d'autres trésors, le programme des festivités. Plan et guide pratique de Londres payants. L'office du tourisme de Grande-Bretagne distribue une carte des *T.I.C. (Tourist Infor-*

mation Centres). Écrivez directement au *T.I.C.* de la ville concernée (pas besoin d'adresse), qui vous enverra toute la documentation. La Maison de la Grande-Bretagne regroupe également *BritRail* (agence de voyages spécialisée sur la destination : Eurostar, Eurotunnel, Hoverspeed, avion, transports londoniens, billets touristiques et *passes* ferroviaires britanniques), *Brittany Ferries, Edwards and Edwards* (voir plus bas), *P&O European Ferries, Sealink Sea France,* et la *Boutique de l'Anglais* qui abrite les associations UNOSEL et ARELS, spécialisées dans les séjours linguistiques... Et il y a même une librairie.

■ *Global Tickets :* Maison de la Grande-Bretagne, 19, rue des Mathurins, 75009 Paris. ☎ 01-42-65-39-21. Fax : 01-42-65-39-10. Cette agence de spectacles internationale permet de réserver par téléphone des places pour les comédies musicales, opéras, concerts, pièces de théâtre, entrées de musée (pour les grandes expositions du moment). Publie la liste de toutes les manifestations à Londres.

■ *Consulat de Grande-Bretagne :* 18 *bis,* rue d'Anjou, 75008 Paris. ☎ 01-44-51-31-02 (informations générales), 01-44-51-33-01 (visas). Minitel : 36-15, code G. BRETAGNE. M. : Concorde.

■ *Centre régional de la consommation :* 47 *bis,* rue B.-Delespaul, 59000 Lille. ☎ 03-20-40-00-00. Envoie gratuitement, sur demande, le *Carnet de route du consommateur,* un petit manuel rempli d'infos pratiques.

En Belgique

❶ *Office du tourisme britannique :* av. Louise, 306, Bruxelles 1050. ☎ et fax : (02) 646-35-10. Du lundi au vendredi de 9 h à 17 h 30.

■ *Ambassade de Grande-Bretagne :* rue d'Arlon, 85, Bruxelles 1040. ☎ (02) 287-62-11. Service des visas : ☎ (02) 287-62-18. Service consulaire : ☎ (02) 287-62-19.

En Suisse

❶ *Office du tourisme britannique :* 78, Limmatquai, 8001 Zurich. ☎ (01) 261-42-77. Fax : (01) 251-44-56. Ouvert du lundi au vendredi de 8 h 30 à 16 h 30.

■ *BritRail :* 1, Gutenberg Strasse, 3011 Berne. ☎ (31) 157-30-50 (1,49 F/mn).

■ *Consulat de Grande-Bretagne :* 37-39, rue de Vermont, 1202 Genève. ☎ (22) 918-24-00.

Au Québec

■ *Consulat de Grande-Bretagne :* Suite 4200, 1000, de la Bauchetière Ouest, Montréal, Québec H3B-4W5. ☎ (514) 866-58-63.

FORMALITÉS

– *Passeport* en cours de validité ou *carte nationale d'identité* (avec, pour les mineurs, l'autorisation parentale de sortie du territoire, s'ils ne possèdent que la carte d'identité).
– *Pour la voiture :* permis de conduire français, carte grise, carte verte.
– Attention, ressortissants hors Union européenne, pour obtenir le *visa* temporaire gratuit à Douvres, il faut parfois beaucoup de diplomatie, car théoriquement la compagnie maritime n'aurait jamais dû vous laisser arriver là et est passible d'amende. Pensez-y avant : renseignements au service des

ADRESSES UTILES, RENSEIGNEMENTS ET FORMALITÉS 55

visas du consulat de Grande-Bretagne (voir plus haut), et à votre propre consulat... En cas d'urgence, adressez-vous au consulat de Grande-Bretagne dans les ports.
– Ne pensez surtout pas emporter votre *animal* favori : si un douanier s'en aperçoit, vous risquez deux jours de prison et 8 000 F d'amende, suivis d'un retour immédiat dans la douce France, et votre petite bête peut même risquer sa vie ! Plus généralement, il est interdit de transporter de la viande crue outre-Manche.

ADRESSES UTILES SUR PLACE

Centres d'information

▫ ***British Travel Centre*** *(plan couleur III, B3) :* 1 Regent Street, SW1. ☎ (0181) 846-90-00. Fax : (0171) 808-38-01. M. : Piccadilly Circus.
● E-mail : btapl@it.com.pl
● Internet : www.visitbritain.com
M. : Piccadilly Circus. Ouvert du lundi au vendredi de 9 h à 18 h 30 et les samedi et dimanche de 10 h à 16 h. Grand centre tout beau tout neuf qui regroupe plusieurs services concernant toute l'Angleterre : kiosque de réservation de billets de train, de bus, d'avion, service de réservation d'hôtels et de *Bed & Breakfast* (payant), vente de billets de spectacles, très bonne librairie (on y trouve toutes sortes d'infos sur Londres, des cartes, le *Time Out*, hebdo recensant tous les spectacles, etc.) et, bien entendu, un excellent centre de renseignements sur toute l'Angleterre, ainsi que sur le pays de Galles (☎ 409-09-69), l'Écosse (☎ 930-86-61) et l'Irlande. Informations données par un personnel sympathique et compétent, parlant de nombreuses langues dont le français. Consultation d'informations sur Internet. Documentation générale gratuite. Certaines documentations sont payantes. Cabines téléphoniques et bureau de change. Demander une carte de la ville. Indispensable.

▫ ***London Tourist Board (L.T.B.) :*** possède des antennes dans plusieurs points névralgiques de la ville. Il ne s'occupe que de Londres – sauf celui de Victoria où l'on trouve tout sur la Grande-Bretagne. Tous les *L.T.B.* possèdent un service de réservation d'hôtels, *Bed & Breakfast* et A.J. Payant. Commission assez faible pour les A.J., plus élevée pour les *B & B*. En haute saison, ça vaut la peine. Voici les principaux :
● *L.T.B. Victoria Station Forecourt, SW1 :* situé devant la gare, côté Buckingham Palace Road. Ouvert tous les jours, de 8 h à 19 h de Pâques à octobre et jusqu'à 18 h le reste de l'année; de 8 h 30 à 16 h le dimanche. De nombreuses hôtesses pour répondre à toutes vos questions. Accueil pas très chaleureux, mais service efficace. Liste des A.J. traditionnelles et des A.J. indépendantes. Plan de la ville. Vente de billets de spectacles (théâtres, concerts, etc.), et réservation d'hôtels.
● *L.T.B. Liverpool Street Underground Station :* Liverpool Street, EC2. Ouvert le lundi de 8 h 15 à 19 h, du mardi au samedi de 8 h 15 à 18 h et le dimanche de 8 h 30 à 17 h.
● *L.T.B. Selfridges :* Oxford Street, W1. Au sous-sol du magasin. Ouvert du lundi au samedi de 9 h 30 à 19 h (20 h le jeudi).
▫ ***Informations par téléphone*** (en anglais) : ☎ 971-00-27. Les appels téléphoniques pour des renseignements généraux et touristiques sont réunis à ce numéro. Pas très pratique.

■ ***Réservations d'un B & B ou d'un hôtel par téléphone (Accommodation Booking Service) :*** ☎ 824-88-44. Du lundi au vendredi, de 9 h 30 à 17 h. Uniquement pour les détenteurs de cartes de crédit internationales.

■ **Centre français Charles-Péguy** (plan couleur III, C3, 1) : 16 Leicester Square, WC2. ☎ 437-83-39. M. : Leicester Square. Ouvert du mardi au vendredi de 10 h à 16 h 30 (18 h le mercredi) et le lundi de 13 h à 16 h 30. Endroit sympa où l'on aide les gens qui restent longtemps à Londres à trouver un job, un stage, un séjour au pair, un hébergement. Cours de langues. Donne aussi des renseignements sur la Sécu, les contrats de travail... Fournit des listings de B & B et toutes sortes d'infos. Pour obtenir tout cela, il faut prendre la carte du Centre.

■ **YHA Adventure Shop** (plan couleur III, C3, 2) : à deux pas de Covent Garden, à l'angle de Tavistock Street et de Southampton Street. ☎ 373-34-00. Fax : 373-34-55. M. : Covent Garden.
● E-mail : YHALondonReservations @compuserve.com.
Ouvert du lundi au vendredi de 10 h à 18 h, le vendredi de 10 h à 19 h, le samedi de 9 h à 18 h, et le dimanche de 11 h à 17 h. Super magasin pour les routards sacs au dos. Tout le matériel de camping, les chaussures de marche, etc. Fait également librairie avec un choix étendu de guides de voyage, centre de réservation pour de nombreuses auberges de jeunesse, et point de vente des tickets de bus de la compagnie National Express. Bien pratique ma foi !

■ **Global Tele-Call** (plan couleur III, D3, 3) : 20 Wellington Street, tout près de Covent Garden en descendant vers la Tamise. ☎ 240-15-55. Fax : 836-86-25. M. : Covent Garden.
● E-mail : globaltele-call@ndirect. co.uk.
Ouvert du lundi au samedi de 10 h à 22 h, et le dimanche de 12 h à 19 h. Téléphone international, fax, Internet, photocopies, scanners... Tarifs intéressants.

Ambassades et consulat

■ **Ambassade de France** (plan couleur II, D2, 1) : 58 Knightsbridge. ☎ 201-10-00. Fax : 201-10-03. M. : Knightsbridge.

■ **Consulat de France** (plan couleur II, B3, 2) : 21 Cromwell Road. Service des visas : 6a Cromwell Place, en face du musée d'Histoire naturelle. ☎ 838-20-00. Ouvert du lundi au jeudi de 8 h 45 à 15 h et le vendredi de 8 h 45 à 12 h. Service culturel : 23 Cromwell Road.

■ **Ambassade de Belgique** (plan couleur V, A2, 1) : 103 Eaton Square, SW1. ☎ 235-54-22. M. : Victoria. Ouvert de 8 h 30 à 12 h du lundi au vendredi pour les visas.

■ **Ambassade de Suisse** (plan couleur I, pp. 4-5, A2, 1) : 16-18 Montague Place, W1. ☎ 616-60-00. M. : Baker Street. Ouvert les lundi, mardi, jeudi et vendredi de 9 h à 12 h. Renseignements par téléphone du lundi au vendredi de 9 h à 12 h.

Infos transports

■ **Air France** : Colet Court, Hammersmith Road, W6. ☎ (0181) 742-66-00. Ouvert du lundi au vendredi, de 9 h à 17 h 30. Permanence téléphonique jusqu'à 18 h 30 et le samedi de 9 h à 17 h 30.

■ **French Railways SNCF** (plan couleur III, B3) : 177-179 Piccadilly, W1. ☎ 633-01-11 ou (0990) 300-003. M. : Piccadilly Circus ou Green Park. Ouvert du lundi au vendredi de 9 h à 17 h et de 9 h à 12 h le samedi. Informations et réservations (entre autres pour Eurostar).

■ **London Regional Transport Travel Information Service** : ☎ 222-12-34. Répond 24 h/24. Service téléphonique qui donne toutes les infos concernant les trajets en bus, métro ou train dans Londres et ses environs. Vous dites où vous êtes et où vous voulez aller, et un opérateur vous indique comment vous y rendre. Pratique.

ADRESSES UTILES, RENSEIGNEMENTS ET FORMALITÉS 57

🚌 *Gare routière :* Victoria Coach Station *(plan couleur V, A3)*, sur Buckingham Palace Road. En sortant de la gare, tourner à gauche. Nombreux bus vers les villes de province.

Consignes, objets trouvés

– *Consignes (Left Luggage) :* toutes les grandes gares en possèdent une. Certaines ont aussi des consignes automatiques à clé *(lockers)* disponibles 24 h/24. À Victoria Station, consigne ouverte de 7 h à 22 h 15, *lockers* également. King's Cross et Charing Cross Stations possèdent des *lockers* et une consigne ouverte de 7 h 15 à 23 h 15. À Paddington, Waterloo, Liverpool et St. Pancras, consigne ouverte jusqu'à 22 h 30 en général, parfois plus tard.
– *Objets trouvés (Lost Property) :* voici quelques numéros de téléphone utiles. *Taxi Lost Property :* 15 Penton Street, N1. ☎ 833-09-96. M. Angel. *Pour les pertes dans les gares :* à Victoria Station, ☎ 922-98-87 ; Liverpool Station, ☎ 922-91-58 ; Waterloo Station, ☎ 401-78-61 ; King's Cross Station, ☎ 922-90-81. *Pour les pertes dans le bus et le métro :* aller au 200 Baker Street, NW1. ☎ 486-24-96 (message enregistré). Ouvert de 9 h 30 à 14 h du lundi au vendredi. Comptez deux jours après la perte puis remplissez un formulaire de déclaration de perte dans n'importe quelle station de métro. Si la perte a eu lieu dans un bus, téléphonez au : ☎ 222-12-34 où l'on vous donnera le numéro des dépôts de la ligne et celui du terminus.
– *Perte de cartes de crédit :* American Express, ☎ 222-96-33 ; *Barclay card, MasterCard* et *Visa,* ☎ (01604) 23-02-30. *Traveller's Cheques,* ☎ 0800-52-13-13.

CARTE INTERNATIONALE D'ÉTUDIANT

Elle permet de bénéficier des avantages qu'offre le statut étudiant dans le pays où l'on se trouve. Cette carte ISIC donne droit à des réductions (transports, musées, logements...).

Pour l'obtenir en France :

– Se présenter dans l'une des agences des organismes mentionnés ci-dessous.
– Donner un certificat prouvant l'inscription régulière dans un centre d'études donnant droit au statut d'étudiant ou élève, ou votre carte du CROUS.
– Apporter 60 F (9,2 €) et une photo.
On peut aussi l'obtenir par correspondance (sauf au C.T.S.). Dans ce cas, il faut envoyer une photo, une photocopie de votre justificatif étudiant, une enveloppe timbrée et un chèque de 60 F (9,2 €).

■ *O.T.U. :* centrale de réservation, 119, rue Saint-Martin, 75004 Paris. ☎ 01-49-29-12-12.
■ *C.T.S. :* 20, rue des Carmes, 75005 Paris. ☎ 01-43-25-00-76. Ouverture de 10 h à 18 h 45 du lundi au vendredi et de 10 h à 13 h 45 le samedi.
■ *USIT :* 6, rue de Vaugirard, 75006 Paris. ☎ 01-42-34-56-90. Ouverture de 10 h à 19 h.
■ *Council :* 10, place de l'Odéon, 75006 Paris. ☎ 01-44-41-89-89. Ouverture de 9 h 30 à 18 h 30 tous les jours.

En Belgique

La carte coûte environ 350 FB et s'obtient sur présentation de la carte d'identité, de la carte d'étudiant et d'une photo auprès de :
■ *C.J.B. l'Autre Voyage :* chaussée d'Ixelles, 216, Bruxelles 1050. ☎ (2) 640-97-85.

■ **Connections :** renseignements au (2) 550-01-00.
■ **Université libre de Bruxelles** (service « Voyages ») : avenue Paul Héger, 22, C.P. 166, Bruxelles 1000. ☎ (2) 650-37-72.

En Suisse

La carte s'obtient dans toutes les agences S.S.R., sur présentation de la carte d'étudiant, d'une photo et de 15 F (2,3 €).
■ **S.S.R. :** 3, rue Vignier, 1205 Genève. ☎ (22) 329-97-35.
■ **S.S.R. :** 20, bd de Grancy, 1006 Lausanne. ☎ (21) 617-56-27.

Pour en savoir plus :

Les sites Internet vous fourniront un complément d'informations sur les avantages de la carte ISIC.
• Internet français : www.isic.tm.fr
• Internet international : www.istc.org

CARTE INTERNATIONALE DES AUBERGES DE JEUNESSE

Cette carte, valable dans 62 pays, permet de bénéficier du réseau des 6000 auberges réparties dans le monde entier. Les périodes d'ouverture varient selon les pays et les A.J. À noter que la carte A.J. est surtout intéressante en Europe, aux États-Unis, Canada, Moyen-Orient et en Extrême-Orient (Japon...).

Pour l'obtenir en France

■ **la Fédération Unie des Auberges de Jeunesse (F.U.A.J.) :** 27, rue Pajol, 75018 Paris. ☎ 01-44-89-87-27. Fax : 01-44-89-87-10. M. : La Chapelle, Marx-Dormoy, ou Gare-du-Nord (RER B).
Et dans toutes les auberges de jeunesse et points de vente F.U.A.J. en France. Minitel : 36-15, code FUAJ.
■ **la L.F.A.J. :** 67, rue Vergniaud, bât. K, 75013 Paris. ☎ 01-44-16-78-78. Fax : 01-44-16-78-80. M. : Glacière. Minitel : 36-15 code LFAJ.
• Internet : www.auberges-de-jeunesse.com
• E-mail : LFAJ@club-internet.fr

Sur place : présenter une pièce d'identité et 70 F (10,7 €) pour la carte moins de 26 ans et 100 F (15,2 €) pour les plus de 26 ans.
Par correspondance : envoyer une photocopie d'une pièce d'identité et un chèque (ajouter 5 F - 0,8 €) de plus pour les frais de transport de la FUAJ ; pour la L.F.A.J., fournir une enveloppe affranchie au tarif lettre.
On conseille de l'acheter en France car elle est moins chère qu'à l'étranger.

En Belgique

Le prix de la carte varie selon l'âge : entre 3 et 15 ans, 100 F (15,2 €) ; entre 16 et 25 ans, 350 F (53,4 €) ; après 25 ans, 475 F (72,4 €).
Renseignements et inscriptions :

– **À Bruxelles :** rue de la Sablonnière, 28, 1000. ☎ (2) 219-56-76. Fax : (2) 219-14-51.
• E-mail : info@laj.be

– **En Flandre :** Vlaasme Stralenstraat 40, B 2060 Antwerp. ☎ (03) 232-72-18.

En Suisse

Renseignements et inscriptions : service des membres des Auberges de jeunesses suisses, Schasfhauserstr. Postfach 161, 14, 8042 Zurich. ☎ 1-360-14-14. Fax : 1-1360-14-60.

Au Québec

La carte coûte 25 $ pour 1 an, 35 $ pour 2 ans et 175 $ à vie (22,9, 32 et 160 €). Pour les moins de 18 ans, la « carte junior » (vaut 12 $ ou 9,2 €).

■ *Tourisme Jeunesse :* 4008 Saint-Denis, Montréal CP 1000, H1V-3R2. ☎ (514) 844-02-87.

■ *Canadian Hostelling Association :* 205, Catherine Street bureau 400, Ottawa, Ontario, Canada K2P-1C3. ☎ (613) 237.

Argent, banques, change

– Depuis février 71, la **monnaie** a été « decimalized ». Ainsi la *pound* (livre sterling) est divisée en 100 nouveaux pence. Pièces de : 50 p, 20 p, 10 p, 5 p et 1 penny, et pièces de 1 livre de plusieurs dessins différents symbolisant les composants de la Grande-Bretagne.
– Les **banques** sont ouvertes de 9 h 30 à 16 h 30 d'une manière générale, parfois plus tard. Elles sont habituellement fermées les samedi et dimanche, sauf certaines grandes banques qui ouvrent le samedi matin. Essayez d'éviter les « bureaux de change » dont les taux sont médiocres. Préférez les banques, ainsi que les postes. Ces « bureaux de change » sont nombreux. On les trouve dans les aéroports, les gares ferroviaires, certaines grandes stations de métro et dans quelques grands magasins. Ils sont ouverts plus tard que les banques, c'est là leur seul intérêt.
– **Retraits avec carte de crédit :** le système le plus simple et le plus pratique. Si vous possédez une carte de crédit internationale, vous pouvez retirer de l'argent dans un distributeur automatique de billets. Attention, il y a un plafond autorisé et une commission fixe à chaque retrait. Évitez de retirer £ 10 toutes les 2 heures, ça finirait par vous revenir cher ! Bien souvent, les achats par carte reviennent moins cher que les retraits. Renseignez-vous auprès de votre banque. Attention, dans certaines boutiques les paiements par carte bancaire entraînent une majoration d'environ 5 % sur le prix de vente.
● La carte *Eurocard MasterCard* permet à son détenteur et à sa famille (si elle l'accompagne) de bénéficier de l'assistance médicale rapatriement. En cas de problème, contacter immédiatement le ☎ 01-45-16-65-65. En cas de perte ou de vol (24 h/24) : ☎ 01-45-67-84-84 en France (PCV accepté) pour faire opposition. Sur Minitel : 36-15 ou 36-16, code EM (1,29 F/mn) pour obtenir toutes les adresses de distributeurs par pays et villes dans le monde entier.
● Pour la carte *Visa*, en cas de perte ou de vol, si vous habitez Paris, la région parisienne ou la province, composez le ☎ 08-36-69-08-80 ou le numéro communiqué par votre banque.
● Pour la carte *American Express*, téléphoner en cas de pépin au ☎ 01-47-77-72-00.
– **Chèques de voyage :** les banques perçoivent un forfait assez important à l'encaissement de chaque chèque de voyage. Préférez les grosses coupures. Pour éviter les commissions excessives, essayez aussi de changer vos chèques dans la banque qui les a émis (*American Express, Thomas Cook* ou autre). En dernier recours, allez au bureau de change. Prendre ses chèques en *pounds*.
– **En cas de besoin urgent d'argent liquide** (perte ou vol de billets, chèques de voyage, cartes de crédit), vous pouvez être dépanné en quelques minutes grâce au système *Western Union Money Transfer*. En cas de nécessité, appelez soit : ☎ 0-800-833-833 à Londres, soit le : ☎ 01-43-54-46-12 à Paris.

Arrivée aux aéroports

De l'aéroport d'Heathrow

– **Informations :** ☎ (0181) 759-43-21.
Avant de choisir le métro ou le bus, sachez exactement où vous allez. Un conseil : si vous n'avez pas réservé de chambre, passez vos coups de fil de l'aéroport. Le bureau *Underground-Airbus* vend tous les titres de transport ainsi que des *phone cards* (cartes téléphoniques). Prévoir une photo d'identité pour le forfait métro-bus à la semaine.
– **En métro :** certainement le plus pratique. Métro direct pour le centre de Londres par la Piccadilly Line. Durée : 40 mn environ. Passe souvent. Achat du billet soit dans le terminal d'arrivée, soit dans le hall du métro. Une passerelle souterraine relie l'aérogare à la station. Attention, pour le retour, il y a deux stations : l'une pour les terminaux 1, 2 et 3 ; l'autre pour le terminal 4. Prix : £ 3,30 (5 €).
– **En train :** un tout petit peu plus rapide que le métro, mais aussi un peu plus cher. 30 à 35 mn de trajet. Prix : £ 5 (7,6 €).
– **En bus :** avec la compagnie *Airbus* (mais non, pas l'avion !). ☎ 222-12-34 ou (0181) 897-26-88. Plus cher et plus long que le métro, surtout aux heures de pointe. Deux lignes : Airbus 1 (Cromwell Road, Hyde Park Corner, Victoria Station), toutes les 30 mn (15 mn en été). Durée : 35 mn. Airbus 2 (Holland Park Avenue, Bayswater, Woburn Place), toutes les 30 mn également (15 mn en été). Durée du parcours : 1 h 10. Prix : £ 6 (9,12 €). La nuit, le bus n° 97 relie Heathrow à Trafalgar Square en 1 h environ. Un bus par heure entre minuit et 5 h.
– **L.T.B. Information Centre :** terminaux 1, 2 et 3. Dans le hall de la station de métro. Ouvert tous les jours, de 8 h 30 à 18 h. Se charge des réservations d'hôtels et de *B & B*. Service payant.
– **Consigne (Left Luggage) :** ☎ (0181) 759-43-21. Ouverte de 6 h 15 à 22 h au terminal 1, de 6 h 45 à 22 h au terminal 2, de 6 h à 22 h 30 au terminal 3, et de 5 h 30 à 22 h 30 au terminal 4 (bonjour la synchro !). Assez cher.
– **Change :** « bureau de change » dans tous les terminaux. Ce ne sont pas des banques, ils pratiquent donc des taux frisant l'escroquerie. Ne changez que le minimum et seulement si vous êtes dans le besoin.
– **Objets trouvés (Lost Property) :** au rez-de-chaussée du parking du terminal 2. ☎ (0181) 745-77-27. Ouvert de 9 h à 16 h.

De l'aéroport de Gatwick

– **Informations :** ☎ (01293) 53-53-53.
– **En train :** le *Gatwick Express* passe toutes les 15 mn de 4 h 30 à 0 h 30 (toutes les 30 mn le reste du temps). Durée du trajet : 30 mn. Prix : £ 8,90 (13,5 €). Terminus à Victoria Station. Autre solution : la *Thameslink*, toutes les 15 mn, qui va jusqu'à King's Cross (peut être intéressant si vous avez un hôtel dans le coin). Même prix que le *Gatwick Express*.
– **En bus :** le *Flightline 777*, assez cher (£ 7,50 ou 11,4 €). Va jusqu'à Victoria Station. ☎ (0181) 668-72-61. Un bus par heure le matin, deux par heure l'après-midi (1 h 15 de trajet). Fonctionne de 5 h 20 à 20 h 10.
– **Consigne (Left Luggage) :** ☎ (01293) 53-53-53. Ouverte 24 h/24.
– **Objets trouvés (Lost Property) :** ☎ (01293) 50-31-62. Au terminal sud.

De l'aéroport de Stansted

Ouvert depuis mars 1991, situé à 60 km au nord-est de Londres.
– **Informations :** ☎ (01279) 680-500.
– **En train :** liaison régulière directe avec la gare de Liverpool Street Station (à l'est du centre, près de la City). Durée : 45 mn. Un train toutes les 30 mn, de 6 h à minuit. Prendre un aller-retour valable 5 jours qui comprend le trajet

de métro. Un arrêt à Tottenham Hale permet une correspondance avec Victoria Lane. Prix : £ 10,4 (15,8 €). Renseignements : ☎ (0345)-48-49-50.
- *En bus :* service régulier pour Victoria Coach Station avec le *Flightline 777.* Durée du trajet : 1 h 35. Toutes les heures de 8 h à 18 h puis un bus à 20 h et un autre à 22 h. Comptez £ 9 (13,7 €). Renseignements : ☎ (0990)-74-77-77.
- *En taxi :* beaucoup plus cher que les solutions précédentes évidemment. 1 h 15 de trajet, £ 50 (76 €). Renseignements : ☎ (01279)-66-24-44.
- *Consigne (Left Luggage) :* ☎ (01279) 66-32-13. Ouverte 24 h/24.
- *Objets trouvés (Lost Property) :* ☎ (01279) 68-05-00.

Liaisons entre les aéroports

Des services d'autocars desservent les différents aéroports entre eux :
- Heathrow-Gatwick : 1 h 20 de trajet.
- Heathrow-Stansted : 1 h 30 de trajet.
- Gatwick-Stansted : 2 h 15 de trajet (ou 2 jours de cheval...).

Avertissements

- *Drogue :* les Anglais ne sont pas vraiment coulants avec ce genre de pratiques. Si vous vous faites prendre avec de la drogue sur vous, qu'importe que vous ne soyez pas sujet de Sa Majesté, on vous jettera en prison et vous serez soumis aux lois anglaises. Suivant le cas, ils vous gardent (longtemps) ou ils vous expulsent.
- Ne vous trimbalez pas avec une *bombe lacrymogène* dans la voiture et à plus forte raison sur vous. C'est interdit et vous risquez une amende !
- Faites attention à ce que vous dites dans les lieux publics. Il y a énormément de Français qui vivent à Londres et nombre d'Anglais parlent notre langue.

Boissons

- Le fameux *teatime* est l'un des *a priori* les plus anciens sur les Anglais. Si l'on en croit la légende, toute l'Angleterre s'arrête vers 17 h pour prendre le thé. Désolé, mais c'est faux ! On ne prend pas le thé, on en boit. C'est effectivement une boisson nationale et les Anglais en boivent toute la journée. Demandez-le *white* (avec du lait) ou *black* (sans) et avec ou sans sucre.
Un nombre croissant d'hôtels londoniens remettent à l'honneur les fameux *afternoon teas* avec un grand choix de thés aux arômes différents, des sandwichs et toute une cohorte de gâteaux. Parmi les plus connus, des hôtels prestigieux tels que le *Ritz,* le *Savoy,* le *Hyde Park Hotel,* le *Dorchester,* etc. Tous proposent un rituel souvent aussi drôle que leurs gâteaux sont bons. Cependant s'il n'y en avait qu'un seul à essayer, ce serait le salon de thé de *Fortnum and Mason.*
- Mais les Anglais ne boivent pas que du thé ! Ils s'intéressent même de plus en plus au *café* : vous trouverez pour preuve quelques adresses où l'on sert des *espressos,* bien sûr, mais également des cafés spéciaux assez originaux.
- Il existe aussi des *coffee-shops* pour les non-alcooliques. On peut y boire du café ou du thé en mangeant un sandwich. Pas d'*espresso*. On les trouve dans la City et dans la 2e ceinture. Pas cher et ambiance populaire assurée. Mais, en général, méfiance vis-à-vis du café : celui que nos amis anglais apprécient s'apparente au jus de chaussette pour l'amateur d'*espresso*.
- L'autre boisson presque « mythique », c'est la *bière.* Mais tout le monde

n'aime pas (les pauvres !). Qu'importe, pour les non-amateurs : le *ginger ale* vous séduira peut-être.
- Vous pourrez goûter aux délicieux **ciders** qu'on commande *dry, medium* ou *sweet*, tout comme le **sherry** (xérès), très apprécié des vieilles dames. Délicieux et pas très cher. N'oubliez pas le **port** (porto) et évidemment le **whisky.** Pur malt irlandais ou bourbon américain, il y a pléthore.
- Si vous aimez les **liqueurs** douces, goûtez le *Drambuie*, au whisky ou l'*Irish cream*, au café. Si vous préférez les mélanges, essayez un *dry martini* (pas du tout ce que vous attendez) ou une *vodka and lime* (prononcer « laïm ») pour faire anglais.
- Les amateurs de vin seront contents : on trouve de plus en plus de **wine bars**, mais attention, c'est cher. Du jaja dans tous les pubs maintenant, du type Kiravi rouge servi glacé.
- Dans les pubs, ceux qui supportent mal l'alcool peuvent demander un *babycham* (soda au goût de poire), des *soft drinks* genre Coca ou un jus de fruits (souvent plus cher que l'alcool).

Conseils du même tonneau (de bière)

Même si vous n'êtes pas amateur, essayez au moins une fois la bière anglaise. On en connaît certains qui se sont convertis après quelques pubs. Pour un demi, commander *half a pint* (prononcer « affepaïnte »), mais proportionnellement une *pint* (demi-litre) coûte moins cher. Mieux vaut avoir repéré l'emplacement des toilettes avant de se lancer.
Voici un petit topo sur les bières anglaises :
- **La bière au tonneau,** *draught* ou *on tap* (au robinet), tirée à la pompe traditionnelle, servie à la température ambiante, est sans conteste la meilleure. La *bitter*, blonde amère, est la plus populaire, mais la *lager,* blonde traditionnelle, est aussi très bonne. Seul problème, les bières *on tap* se font de plus en plus rares. Tout fout le camp !
- **La bière en bouteille :** *pale ale* (bière blonde) et *brown ale* (bière brune, mais douce) et surtout la *stout*, dont le meilleur exemple est la *Guinness,* noire et crémeuse. L'une des seules qui soient dignes de se boire à la pression. C'est même obligatoire !
- **La bière à la pression :** on en trouve beaucoup, elle est servie froide, très gazeuse comme en France ou en Allemagne, mais rien à voir avec la vraie bière anglaise, comme la *real ale*. Il y a dix ans, cette bière traditionnelle était en voie de disparition, mais aujourd'hui, après la campagne acharnée menée par la CAMRA, *Campaign for Real Ale,* elle connaît un nouvel essor. Les bières américaines et mexicaines envahissent peu à peu le marché anglais. On en trouve de plus en plus dans les pubs. Pas d'inquiétude, les Anglais tiennent trop à leur patrimoine.
Si vous voulez vraiment tout savoir sur les bières anglaises, allez dans un pub et parlez-en avec les habitués. Vous aurez peut-être la chance de tomber sur un passionné qui vous communiquera son enthousiasme. Dernier détail : c'est bon, mais c'est quand même de l'alcool, alors...

Budget

S'il est difficile de trouver un hôtel correct et pas cher à Londres, il est un peu plus simple de manger dans des restaurants sympas et bon marché.

Hébergement

3 catégories, ces prix correspondant à celui d'une chambre double, petit déjeuner compris.
- *Prix moyens :* de £ 38 à 55 (de 57,8 à 83,6 €).

- *Plus chic* : de £ 55 à 70 (de 83,6 à 106,4 €).
- *Vraiment plus chic* : plus de £ 70 (106,4 €).

Pour une personne seule, on peut rajouter deux catégories inférieures (lits la plupart du temps en dortoirs) :
- *Bon marché* : de £ 8 à 18 (de 12,2 à 27,4 €).
- *Vraiment bon marché* : moins de £ 8 (12,2 €, assez rare et sans petit déjeuner !).

Restaurants

Nous avons classé les restaurants en 4 catégories : ces prix correspondent à un repas pour une personne avec entrée, plat et dessert, sans la boisson.
- *Bon marché* : moins de £ 9 (13,7 €).
- *Prix moyens* : de £ 9 à 15 (de 13,7 à 22,8 €).
- *Plus chic* : de £ 15 à 22 (de 22,8 à 33,4 €).
- *Très chic* : plus de £ 22 (33,4 €).

Climat

De tous les pays situés sous la même latitude, c'est la Grande-Bretagne qui a, dans l'ensemble, la température la plus égale. Les chutes de pluie à Londres restent inférieures à 604 mm pour l'année entière (525 mm à Paris). Un dicton précise qu'un vrai Londonien ne se fait jamais surprendre par la pluie. Même si le volume des précipitations est assez faible, il pleut en moyenne 10 jours par mois. Un petit peu mais souvent, quoi ! Normal quand on vit au milieu de l'océan. Cirés et grandes capes de pluie seront parfois plus appréciés que le K-Way. Prévoir également petites laines et chaussures demi-saison.

À Londres, les étés (juin-août) sont frais. La moyenne des températures maximales atteint près de 21 °C. L'hiver, les températures descendent rarement en dessous de 0 °C, climat océanique oblige.

Cuisine

Sujet de moquerie depuis de très longues années, la cuisine reste un point sensible pour tout Français se rendant en Angleterre. Nous nous demandons encore comment ils peuvent faire bouillir leur viande et la manger avec de la sauce à la menthe. Et ils sont toujours écœurés lorsqu'ils nous voient manger des grenouilles (ce n'est quand même pas notre plat national !) ou des huîtres. Pas de chauvinisme, la cuisine anglaise est loin d'être catastrophique.

– La vraie cuisine anglaise, vous la connaîtrez **en famille.** Malheureusement, quand on travaille beaucoup, les bonnes habitudes se perdent. Mais même avec une énorme consommation de surgelés (vraiment pas chers), les Anglais continuent souvent de soigner les plats. Un repas se compose généralement d'un grand plat : une viande préparée en cocotte et deux légumes, *two veg,* également bouillis, avec une prédilection pour les pois étrangement verts et le *cabbage* (chou), arrosés avec la sauce de la viande ou *gravy*. Il est parfois précédé d'un hors-d'œuvre (*pie*, soupe) et invariablement suivi d'un dessert cuisiné, parfois abominable (la *jelly* multicolore qui entre dans la composition du *trifle*), mais généralement délicieux (*apple-pie and custard* ou *and cream*, glaces...) Depuis l'épidémie de la vache folle, il est vrai, la *jelly* a du plomb dans l'aile. Ah ! Nous allions oublier le *cheese-cake* dont la base est du biscuit sur lequel on ajoute une sorte de mousse au fromage blanc et à la crème. Hmm !...

– Mais tout le monde ne peut pas s'inviter dans une famille anglaise pour dîner. Il reste donc les **restaurants** dans lesquels il est difficile de très bien manger pour pas cher. D'une manière générale, un restaurant moyen sera plus cher qu'en France, la cuisine moins inventive, mais les portions plus copieuses. Ça n'est qu'une moyenne. La grande tendance des nouveaux restaurants est aux influences « sudistes » et méditerranéennes en particulier.

– À midi, pour manger une nourriture saine dans une chouette ambiance tout en découvrant la cuisine anglaise, une solution : les **pubs.** Pratiquement tous servent entre 11 h 30 et 14 h 30 des plats uniques très bons et abordables, parmi lesquels le *ploughman's lunch* (fromage servi avec des oignons ou du *chutney* et de la bière) et le *shepherd's pie* (hachis parmentier). Essayez également le *Sunday lunch* traditionnel, avec du *roast-beef,* des *roast-potatoes* et du *Yorkshire pudding.* Un coin au fond du pub ou à l'étage est réservé à la restauration. Une ardoise expose les plats du jour qu'il suffit de commander à la serveuse. Vraiment économique et bien bon. On ne vous les indique pas tous, on insiste plutôt sur les vrais restos, mais ne négligez pas cette formule à midi.

– Pensez aussi aux célèbres **fish and chips** qui permettent de manger sur le pouce pour vraiment pas cher, même si parfois ça sent un peu le graillon.

– Du point de vue culinaire, Londres vous offrira une palette de choix comme nulle part ailleurs en Europe. Il serait dommage de repartir sans avoir mangé **chinois, pakistanais** ou **indien.** Ces restaurants offrent une cuisine de qualité inégale comme partout, mais les meilleurs d'entre eux sont dignes d'éloges. Les meilleurs « chinois » ou « indiens » d'Europe sont à Londres. La cuisine indienne est un véritable dépaysement. C'est une cuisine épicée au sens riche et non « arrache-gueule ». Elle mélange le sucré et le salé, elle se permet des associations surprenantes. Vous aurez le sentiment de décoller et de partir pour Delhi. Mais ce n'est qu'un rêve : on mange mieux à Londres. Tout cela à des prix très raisonnables. Le poulet *tandoori* mariné dans un jus de citron, cuit au four, est recouvert d'épices rouges et accompagné de riz ou de légumes aux épices et de galette de pain (*naan*). Mais vous pourrez aussi manger grec, hongrois, espagnol, italien...

– Il ne faut pas négliger non plus les **restaurants végétariens.** Dans un pays qui place les animaux juste derrière la famille royale dans ses centres d'intérêts les plus importants, il est légitime d'avoir 10 % de la population végétarienne. On admet que les Anglais ne savent pas faire cuire la viande, mais pour ce qui est des légumes et des épices (héritage des colonies ?), les gourmets français auraient beaucoup à apprendre. Il y a donc nombre de restos végétariens où l'on mange bien pour des prix plus que raisonnables à Londres. En outre, pratiquement tous les restaurants ont un menu végétarien toujours moins cher que les autres (normal, il n'y a pas de viande !). Au choix : pâtes, lasagnes, quiches, gratins, salades et sandwiches. Contrairement à une idée reçue, la cuisine « veggie » est diversifiée et souvent pleine d'inventivité.

– Sinon, il reste des petites adresses pas chères du tout, qui nourrissent son homme, qui laissent le porte-monnaie quasi intact mais qui s'avèrent un peu frustrantes pour les papilles. Ils servent en général un peu de tout (spaghetti à la bolognaise, steak bouilli-frites, soupe aqueuse, poisson pané...). Faites quand même attention où vous mettez les pieds : vous avez déjà mangé du *bacon* qui ressemble à de la semelle ? Nous, il nous est arrivé de regretter que ça n'en fût pas ! Et puis il y a les grandes chaînes américaines (*Pizza Hut, Garfunkel's, KFC...*) qui drainent toujours beaucoup de monde. Quant à la cuisine française, vu le prix, mieux vaut vous payer un aller-retour chez maman, ça vous reviendra moins cher.

– Dernier conseil : si vous tenez vraiment à manger un steak saignant, demandez-le *rare* avec insistance au serveur. Et ne soyez pas trop dur s'il vous l'apporte à point. Les cuisiniers répugnent vraiment à laisser sortir de la

Droits de l'homme

La Grande-Bretagne s'est illustrée cette année dans les progrès qu'elle a fait accomplir à la Justice Internationale. La décision (renouvelée) de la Chambre des Lords d'accepter la possibilité d'une extradition du général Augusto Pinochet a provoqué un choc dans l'opinion publique internationale. De plus sa participation active dans les débats concernant la mise en place d'une cour pénale internationale est également à mettre à son crédit. Elle est en effet à ce titre le seul État membre du Conseil de sécurité à avoir soutenu sans aucune réticence la création d'une telle instance (contrairement à la France et aux États-Unis, par exemple).

Mais pour ce qui concerne la situation des Droits de l'homme sur le territoire britannique, force est de reconnaître que la situation est loin d'être aussi reluisante.

Selon les rapports d'associations de défense des Droits de l'homme, les conditions d'interpellation, de garde à vue, ou bien encore de détention dans les prisons en Grande-Bretagne sont souvent à déplorer. En 1999, un rapport officiel sur les mauvais traitements à la prison Wormwood Scrubs à Londres a permis d'engager des poursuites pénales à l'encontre de 25 gardiens pour coups et blessures contre des prisonniers.

La Fédération internationale des Droits de l'homme dénonce également les mauvais traitements, subis par les personnes placées en garde à vue et regrette l'impunité dont bénéficient leurs auteurs. La durée de la garde à vue a par ailleurs été prolongée, passant de 48 à 96 heures, voire à sept jours selon les cas. La FIDH signale en outre l'existence de bavures judiciaires, ainsi que certaines violations du droit à un procès équitable.

Les prisons britanniques sont surpeuplées, et les détenus vivent dans des conditions sanitaires souvent mauvaises. Amnesty International souligne à ce sujet les traitements inhumains et dégradants subis par des détenus, notamment dans les unités dites de sécurité spéciale. Les prisonniers enfermés dans ces unités ne voient quasiment pas la lumière du jour et ne connaissent pas de traitements médicaux adaptés. Quelques détenus semblent présenter des troubles psychologiques sérieux.

Suite à l'accession au pouvoir des travaillistes en mai 1997, la loi de 1996 sur l'immigration, contestée par les organisations de défense des Droits de l'homme, n'a été que très légèrement modifiée, et comporte encore de nombreux points néfastes. Ainsi, les demandeurs d'asile ont été privés des allocations auxquelles ils avaient droit dans le passé, ce qui entrave encore plus leurs démarches administratives et judiciaires.

En février dernier, un rapport émanant d'une commission judiciaire d'enquête a révélé l'existence d'une « culture raciste institutionnalisée » au sein de la police britannique. Ce rapport, qui a provoqué une véritable onde de choc dans l'opinion publique britannique, a donné lieu à une vaste campagne de lutte contre le racisme, initiée par le ministère de l'Intérieur. Des poursuites judiciaires sont désormais envisagées en cas de comportement raciste provenant de l'ensemble des fonctionnaires. Une inspection portant sur des cas d'assassinats racistes confiés à la police londonienne ces dernières années sera menée, afin de vérifier si des « négligences » n'ont pas été commises. Liberty, organisation correspondante de la FIDH au Royaume-Uni se félicite de ces avancées qui permettront peut-être de faire cesser certaines situations inacceptables.

En revanche, Tony Blair aura peut-être réussi là où tous ses prédécesseurs ont échoué : établir un processus de paix durable en Irlande du Nord. Les accords du 11 avril 1998, dont l'esprit est directement inspiré par les propositions élaborées par le Comité de l'Administration de la Justice (organisation correspondante de la FIDH en Irlande du Nord) tiennent encore, malgré la reprise des violences en Irlande du Nord. Ils prévoient notamment l'incorporation dans la loi de la convention européenne des Droits de l'homme, comme dans le reste du Royaume-Uni. De plus, une Commission nationale des Droits de l'homme en Irlande du Nord (ce qu'il fallait également pour tout le pays) sera mise en place.

Ces accords, s'ils se concrétisent, devraient mettre fin à plusieurs décennies d'un conflit meurtrier, ainsi qu'à une législation d'exception dénoncée par toutes les organisations de défense des Droits de l'homme. Malheureusement, après l'attentat d'Omagh, de nouvelles lois antiterroristes ont été adoptées dont certaines dispositions sont qualifiées par le gouvernement lui-même de « draconiennes ».

– **Liberty :** organisation correspondante de la FIDH au Royaume-Uni.
21 Tabard Street, Londres SE1 41.A, Royaume-Uni.

N'oublions pas qu'en France, les organisations de défense des Droits de l'homme continuent de se battre contre les discriminations, le racisme et en faveur de l'intégration des plus démunis.

Pour en savoir plus, n'hésitez pas à contacter :

la Fédération Internationale des Droits de l'Homme : 17, passage de la Main-d'Or, 75011 Paris. ☎ 01-43-55-25-18. Fax : 01-43-55-18-80.
• E-mail : fidh@csihol.comfr
• Internet : www.fidh.imaginet.fr

– **Amnesty International (section française)** : 4, rue de la Pierre-Levée, 75553 Paris Cedex 11. ☎ 01-49-23-11-11. Fax : 01-43-38-26-15.
• E-mail : admin@amnesty.asso.fr
• Internet : www.amnesty.org

Électricité

240 V. Les prises sont différentes, plus grosses et toutes munies de fusibles. Adaptateurs peu encombrants, faciles à trouver chez les quincailliers et les électriciens. En acheter 2 ou 3 sur le bateau pendant la traversée ou à l'aéroport. Sinon à Londres, on peut en trouver dans la plupart des magasins, notamment au 326 Edgware Road, W1. Le plus facile reste d'enfoncer un capuchon de stylo dans la grosse fente, ce qui libère la sûreté et permet alors de brancher la prise mâle française dans la prise femelle anglaise qui n'oppose plus aucune résistance.

Fêtes, festivals et jours fériés

– **Parade du 1er janvier :** de Parliament Square à Berkeley Square (dans le quartier de Mayfair) en passant par Whitehall, Trafalgar Square et Piccadilly, grand défilé costumé regroupant plus de 100 sociétés.
– **Nouvel An chinois à Chinatown (Soho) :** en janvier ou février, ça change tout le temps puisqu'on fixe la date en fonction de la lune.
– **Cérémonie druidique de l'équinoxe de printemps :** 20 mars.
– **Grande parade dans Battersea Park :** le dimanche de Pâques (Eastern Sunday).
– **Floralies de Chelsea :** le dernier week-end de mai, dans les jardins du Royal Hospital.

– **Trooping the Colour :** parade des *Horses Guards* au grand complet pour l'anniversaire de la reine, un samedi vers la mi-juin (se renseigner sur la date précise). Elle se déroule entre Buckingham Palace et le quartier des gardes à Whitehall. Tous les fastes de la couronne et les traditions anglaises sont déballés lors de ce défilé. Bonnets à poils, plastrons brillants et chevaux « bien garnis » sont au rendez-vous de cet événement haut en couleur.
– **Carnaval jamaïcain de Notting Hill :** le dimanche et le lundi (férié) du dernier week-end d'août. Créé à la suite des émeutes raciales qui ont secoué Londres dans les années 50, c'est le plus grand carnaval d'Europe. Pendant 2 jours, le rendez-vous de la communauté noire. *Steel bands* et *DJs* envahissent les rues autour de Portobello. La musique est omniprésente durant toute la fête : socca, musique des Caraïbes, techno, reggae, etc. Le carnaval de Notting Hill, c'est aussi et surtout un défilé de toute beauté à ne pas manquer. Le dimanche est généralement considéré comme « le jour des enfants » alors que le lundi, dernier jour de la fête, rassemble environ un million de personnes. Ambiance exotique garantie.
– **Spectacle et défilé du Lord Mayor :** le deuxième samedi de novembre. Tradition qui remonte au XIIe siècle. Le maire de Londres traverse la ville de Guidhall aux Royal Courts of Justice dans un carrosse digne de celui de la reine. Difficile de rester simple, quand on est maire de Londres ! Le soir, un feu d'artifice est généralement tiré d'une péniche entre Waterloo Bridge et Blackfriars Bridge.
– **Jours fériés :** Jour de l'An (le Tout-Londres se donne rendez-vous à Trafalgar Square), Good Friday (Vendredi saint), lundi de Pâques, May Day Holiday (1er lundi de mai), Spring Bank Holiday (lundi de Pentecôte), Summer Bank Holiday (dernier lundi d'août), Noël et Boxing Day (26 décembre).

Hébergement

Il est très difficile de trouver un toit bon marché. Évitez de vous rendre directement aux adresses que nous indiquons, mieux vaut passer un coup de fil avant. L'été, la plupart des A.J. ou adresses modestes sont complètes. Le mieux, évidemment, est de réserver de la France par téléphone ou par écrit si vous connaissez vos dates. Certaines A.J. acceptent les réservations par téléphone et retiennent la somme sur votre carte de crédit. Pratique. La situation du logement à Londres est dramatique. Les hôtels pratiquent des tarifs souvent prohibitifs pour un niveau de confort – parfois même de propreté –, assez « limite ». Plus vous vous y prendrez à l'avance, moins vous paierez cher. Les différents offices du tourisme donnent la liste des A.J. officielles et des A.J. indépendantes.
Une bonne solution consiste à faire réserver un lit ou une chambre par les nombreux organismes dont c'est le métier. Tous les offices de tourisme (*L.T.B.*) et le *British Travel Centre* ont un service de réservation. Ils perçoivent une commission, moins élevée pour les réservations dans les A.J. que dans les *B & B* (voir la rubrique « Adresses utiles, renseignements et formalités »).
Ne rêvez pas à la p'tite piaule romantique sur rue pavée où résonnent les cris joyeux des enfants ! De toute façon, les enfants ne sont pas nombreux dans le centre de Londres.
Voici un petit mot sur chaque type d'hébergement.

Les auberges de jeunesse indépendantes (*Independent Youth Hostels*)

Contrairement aux A.J. officielles, elles ne possèdent pas le triangle vert. On s'en fiche. Elles sont moins chères que les A.J. et n'exigent pas de carte de membre. Elles se multiplient depuis quelques années dans Londres.

Souvent situées dans des coins agréables et installées dans de fort belles maisons bourgeoises. Quand c'est le cas, on vous le signale. Parfois, il s'agit de petits hôtels déclassés. On loge en dortoirs de 4 à 15 lits. Pas de couvre-feu, cuisine à disposition. Les draps ne sont pas toujours aussi blancs que la robe de la Vierge Marie, mais on fait avec. Possibilité de réserver par téléphone. Elles restent ouvertes toute la journée. Les prix varient entre 80 et 120 F par personne.

Les auberges de jeunesse (*Official Youth Hostels*)

Il en existe 7 ou 8 dans toute la ville. C'est la deuxième bonne solution. Les règles de chaque A.J. sont différentes. Avant de choisir une A.J. les yeux fermés, regardez si elle pratique le couvre-feu (quelle horreur !), puis sa position sur la carte (certaines ne sont pas centrales du tout) et son prix.

Les tarifs varient de 2 à 3 livres selon des critères qui nous échappent. Supplément pour ceux qui n'en possèdent pas la carte de membre. L'été, supplément pour tous (charmant !). L'avantage, c'est la propreté et la sécurité, pas les prix. La plupart des A.J. restent ouvertes dans la journée, ce qui est bien pratique pour faire une sieste quand on s'est couché tard. Chambres de 3 ou 4, parfois plus. Demander s'il y a des doubles, ça arrive. Pour les gens seuls, l'A.J. représente la meilleure solution. Les prix oscillent entre 120 et 160 F par personne, sans le petit déjeuner.

Remarques

– La F.U.A.J. propose trois guides répertoriant les adresses des A.J. : France, Europe et le reste du monde. Le guide sur la France est gratuit. 45 F (6,9 €) sur place et 61 F (9,3 €) par correspondance pour les deux autres. Des séjours, des circuits, des week-ends en France et à l'étranger sont aussi proposés. Enfin, la F.U.A.J. est une association sans but lucratif. Ça existe encore !

– Il n'y a pas de limite d'âge sauf en Bavière (27 ans).

– Il existe une carte d'adhésion « Famille » : valable pour les familles de deux adultes ayant un ou plusieurs enfants âgés de moins de 14 ans.

– La L.F.A.J. propose aussi une carte familiale pour 100 F (15,2 €), une carte de responsable de groupe (à partir de 10 personnes) pour 250 F (38,1 €) ainsi qu'une carte de nuit à 10 F (1,5 €).

– La F.U.A.J. organise des stages sportifs.

– Un truc pour les provinciaux : on peut obtenir la carte A.J. dans n'importe quelle A.J. française ; cela vous économise un timbre !

– La F.U.A.J. offre à ses adhérents la possibilité de réserver depuis la France, 6 nuits maximum et jusqu'à 6 mois à l'avance, dans certaines auberges de jeunesse situées en France et à l'étranger (la F.U.A.J. couvre près de 50 pays). Gros avantage, les A.J. étant souvent complètes, votre lit (en dortoir, pas de réservation en chambre individuelle) est réservé à la date souhaitée. Vous réglez en France, plus des frais de réservation (environ 17 F - 2,6 €). L'intérêt, c'est que tout cela se passe avant le départ, en français, et en francs ou en euros ! Vous recevrez en échange un reçu de réservation que vous présenterez à l'A.J. une fois sur place. Ce service permet aussi d'annuler et d'être remboursé. Le délai d'annulation est de 3 jours (compter 33 F - 5 € pour les frais).

– *Paris* : FUAJ, centre national, 27, rue Pajol, 75018. ☎ 01-44-89-87-27. Fax : 01-44-89-87-49. Serveur vocal : ☎ 08-36-683-693 (2,23 F/mn). M. : Marx-Dormoy, Gare-du-Nord (R.E.R., lignes B et D) ou La-Chapelle.

• Internet : www.fuaj.org.

– *Paris* : FUAJ, 9, rue Brantôme, 75003. ☎ 01-48-04-70-40. Fax : 01-42-77-03-29. M. : Châtelet-Les Halles ou Hôtel-de-Ville.

– *Paris* : centrale de réservation, 4, bd Jules-Ferry, 75011. ☎ 01-43-57-02-60. Fax : 01-43-14-82-09. M. : République.

– *Paris* : FUAJ, 8, bd Jules-Ferry, 75011. ☎ 01-43-57-55-60. Fax : 01-40-21-79-92. M. : République.

– *Paris* : A.J. D'Artagnan, 80, rue Vitruve, 75020. ☎ 01-40-32-34-56. Fax : 01-40-32-34-55. M : Porte-de-Bagnolet.
- E-mail : paris.le-dartagnan@fuaj.org

Les *Student Halls*

En principe réservés aux étudiants (avoir sa carte), mais souvent ils acceptent tout le monde. Ce sont des résidences universitaires qui sont vides pendant l'été. Généralement, logement en chambres individuelles, avec douche extérieure. Pas vraiment charmant et pas vraiment donné. Certaines sont dans le centre, d'autres sont excentrées. Compter de 150 à 220 F par personne.

Les *B & B*

Certains *B & B* ne sont pas plus chers que l'A.J. quand on est 3, l'été, et qu'on n'a pas sa carte (des A.J.). Ne pas écarter cette solution *a priori*. L'A.J. n'est pas par définition la solution idéale. Hors saison, il y a toujours moyen de négocier 1 ou 2 livres pour une chambre si on reste 2 ou 3 jours. Le petit déjeuner est toujours inclus, ce qui n'est pas négligeable, mais quelques *B & B* commencent à abandonner l'*English breakfast* au profit du *Continental breakfast*. C'est pourtant l'une des principales différences qu'on adorait chez les *British*. Ils ne vont tout de même pas nous l'enlever ! Prix très variables. Toujours cher pour une personne. Le prix pour 2 varie de 250 à 500 F environ, en fonction du confort. Il s'agit là de prix moyens. Les prix des *B & B* « plus chics » (avec douche à l'intérieur et déco un peu moins ringarde) atteignent tout de suite des niveaux incroyables : compter entre 600 et 1 000 F. Du délire !
– On peut aussi acheter la brochure *London Accommodation*. Nombreuses adresses, avec indication des prix moyens. Pratique.

Location d'appartements et de chambres

Une bonne solution consiste à se procurer le journal *Loot* (£ 1,30 ou 1,97 €) qui paraît du lundi au samedi et à décrypter les petites annonces telles que « Short lets », « Paying guests », « Flats to rent », « Flats to share » ou « Student accommodations ». On trouve des locations à la semaine très correctes et à des prix intéressants pour Londres. Téléphoner à la première heure, car il y a beaucoup de demandes. Vous pouvez aussi passer gratuitement votre annonce. Une autre solution consiste à regarder les petites annonces dans les bureaux de tabac.

■ ***Services de réservation de Paris*** : plusieurs associations se chargent de vous trouver une chambre dans le quartier de votre choix telles que *Bed & Breakfast* : 6, rue d'Europe, 95470 Fosses. ☎ 01-34-68-83-15.

■ ***Travel Solutions*** : à Paris, 155, rue de Vaugirard, 75015. ☎ 01-44-49-79-69. Fax : 01-44-49-79-65. M : Pasteur. Propose différents types de logements à louer ou à partager (chambres, studios, appartements) en zone 1 ou 2 du métro londonien, ou chez l'habitant en zone 3. Uniquement pour des séjours d'une semaine à un an. Réserve également des chambres d'hôtel et des *B & B* à partir de 2 nuits.

■ ***Always Welcome Homes*** : 11 Westerdale Road, Greenwich, London SE10 OLW. ☎ (0181) 858-08-21. Fax : (0181) 858-77-43. Dirigé par une Française, *Always Welcome Homes* propose des *B & B* à Londres pour un premier prix très raisonnable. – 10 % à la réservation pour les séjours de plus de trois nuits.

■ ***The London Bed and Breakfast***

Agency Limited : 71 Fellows Road, NW 3. ☎ 586-27-68. Fax : 586-65-67.
- E-mail : stay@londonbb.com
- Internet : www.londonbb.com/londonbb

Propose une belle sélection de *B & B* dans le centre de Londres, aux alentours de £ 80 (121,6 €) la nuit. Également possibilité d'hébergement moins cher.

Les campings

On ne considère pas que le camping à Londres soit la meilleure solution. Bien qu'accessibles par le métro, les terrains sont éloignés du centre et pas toujours pratiques. Certaines A.J. indépendantes (voir nos rubriques « Où dormir ? Bon marché ») ne sont pas plus onéreuses que le camping, le déplacement en moins et le temps épargné en plus. Seuls les gens disposant d'un véhicule pourront y trouver un avantage (et encore). Tous ces campings accueillent les camping-cars et les caravanes.

▄ ***Tent-City Hackney :*** Millfields Road, Hackney, E5 OAR. ☎ (0181) 985-76-56. Fax : (0181) 749-90-74. Ouvert du 1er juillet au 31 août. £ 5 (7,6 €) par personne et par nuit. Prudent de réserver par courrier. À environ 4 miles (6,4 km) du centre de Londres. Métro jusqu'à Liverpool Station, bus n° 22A jusqu'à Mandeville Street (compter 45 mn), puis passer le pont pour atteindre le camping. Autre solution : bus n° 38 jusqu'à Clapton Pond, puis marcher jusqu'à Millfields Road. On peut dormir sous une grande tente, autrement, il y a 200 emplacements. Douches chaudes. Cuisine à disposition, restaurant et petite épicerie. Sanitaires pas bien entretenus. Un peu bruyant.

▄ ***Lee Valley Park, Eastway Cycle Circuit and Campsite :*** Temple Mills Lane, Stratford, E15 2EN. ☎ (0181) 534-60-85. Ouvert de mi-mars à fin octobre. Prudent de réserver par écrit. Situé à 7 km du centre de Londres. Accès par l'A11 puis l'A112 jusqu'à l'intersection de Buckholt Road et Temple Mills Lane. Par le bus : n°^{s} 299 et 236. Le camping est assez proche des stations de métro Leyton et Stratford (Central Line). Douches chaudes, sanitaires corrects.

▄ ***Lee Valley Campsite, Sewardstone :*** Sewardstone Road, Chingford, E4. ☎ (0181) 529-56-89. Ouvert d'avril à octobre. À environ 19 km du centre de Londres. Prendre la ligne de métro Victoria et descendre à Walthamstow Central, puis bus n° 215 jusqu'à Chingford ; le camping est à 1 km. En voiture, prendre l'A406 North Circular, puis l'A112 jusqu'à Sewardstone Road ; le camping est à 4 km sur la droite. Équipement super, beaucoup de place.

▄ ***Abbey Wood :*** Federation Road, Abbey Wood, SE2 OLS. ☎ (0181) 310-22-33. Ouvert toute l'année. Réservation obligatoire en juillet et août. À environ 19 km au sud-est de Londres. Pour s'y rendre : train de Charing Cross jusqu'à Abbey Wood (vous pouvez d'ailleurs voyager à tarif réduit toute la journée à partir de 9 h 30, sauf entre 16 h 30 et 18 h 30). Pour les routards motorisés : du périphérique M25 (direction Dartford Tunnel), prendre l'A2 direction Central London, puis l'A206 vers Plumstead et fléchage. Dans un parc boisé avec pelouses anglaises. Les douches chaudes sont gratuites.

▄ ***Tent City :*** Old Oak Common Lane, East Acton, W3 7DP. ☎ (0181) 743-57-08 ou 749-90-74. £ 6 (9,12 €) par personne et par nuit. Ouvert de début juin à début septembre, 24 h/24. À environ 10 km de Londres. On l'atteint facilement de Heathrow. Pour s'y rendre : métro par la Central Line jusqu'à East Acton ou bus n° 12 ou 52A. On peut laisser ses affaires en sécurité dans une salle. Ceux qui n'ont pas de tente et disposent d'un duvet peuvent dormir dans l'une des 10 grandes tentes de l'armée. Pas de caravanes, ni de *campers*. Possibilité de petit déjeuner pas cher ou de prendre des douches chaudes.

Animations le soir (concerts, karaoké...). Assez bruyant.

Heure locale

La Grande-Bretagne est à l'heure du méridien de Greenwich (quoi de plus normal ?) de fin octobre à fin mars, puis GMT + 1. Pendant ce temps, en France il est GMT + 1, puis GMT + 2. En clair, on a toujours une heure d'avance sur eux. Ce n'est pas qu'ils veulent nous embêter à tout prix, mais leur ouest est vraiment plus à l'ouest. Qui parle d'un pur esprit de contradiction ?

Histoire de Londres

Quelques dates importantes

- **55 avant J.-C. :** Jules César débarque en Angleterre et apporte la bonne parole romaine dans la Perfide Albion.
- **61 après J.-C. :** l'armée des Icènes, conduite par la reine Boadicée, pille et incendie la première cité romaine. Les Romains reconstruisent la ville et édifient le temple de Mithra (vestiges visibles près de Guidhall).
- **IIIe et IVe siècles :** les Romains ont toutes les difficultés à faire de ce coin paumé au nord de l'empire un endroit habitable et agréable à vivre pour eux.
- **796 :** après les Romains, les Anglo-Saxons occupent le pays. Londres devient pour la première fois résidence royale.
- **XIe siècle :** Londres acquiert le statut de capitale politique.
- **1066 :** Guillaume le Conquérant gagne la bataille d'Hastings et achève la conquête de l'Angleterre. Les Normands restent seuls maîtres à bord.
- **1215 :** par la *Magna Carta*, le roi Jean sans Terre reconnaît aux corporations londoniennes le droit de procéder à l'élection d'un Lord Maire. Ce qui permet aujourd'hui à celui-ci de défiler une fois par an dans un joli carrosse.
- **XVIe siècle :** création de l'Église anglicane par Henri VIII, histoire de pouvoir changer de femme. Il faisait bon être roi à l'époque.
- **1649 :** les Londoniens font leur révolution et décapitent Charles Ier à Whitehall. Cromwell lui succède.
- **1665 :** plus de 100 000 Londoniens meurent de la peste. Et comme un malheur n'arrive jamais seul...
- **1666 :** durant quatre jours, le Grand Incendie détruit les 4/5 de la ville. 13 000 maisons et 90 églises dont la cathédrale Saint-Paul sont réduites en cendres. À la suite de cela, Christopher Wren lance la reconstruction de la ville dans un style qui lui est très personnel.
- **1688 :** seconde révolution anglaise et avènement l'année suivante de Marie II Stuart.
- **1876 :** Victoria est couronnée impératrice des Indes. L'« ère victorienne » correspond au zénith de la puissance et de l'impérialisme britanniques. Ce n'est donc pas un hasard si tout converge encore à Victoria Station...
- **1888 :** Jack l'Éventreur sème la terreur dans les rues de Whitechapel.
- **1897 :** la reine Victoria décide de déménager pour s'installer à Buckingham Palace.
- **1939-1945 :** les raids aériens allemands sur la ville tuent plus de 30 000 personnes et endommagent la City. En 1940, un certain Charles de Gaulle parle à la BBC... le 18 juin, en commémoration d'un certain 18 juin 1815... Belle revanche sur l'histoire !

– *1952 :* Élisabeth II devient reine d'Angleterre et souveraine de l'Empire britannique. À l'époque, elle vivait encore dans le bonheur.
– *1968 :* grève des ouvriers et des dockers qui paralysent le commerce et le trafic pendant plusieurs mois. Même sans grève, le trafic est toujours bloqué aujourd'hui.
– *1981 :* Margaret Thatcher est nommée Premier ministre. Sale temps pour les Anglais !
– *1987 :* incendie à la station King's Cross. Il aura fallu 30 morts pour qu'on interdise de fumer dans le métro.
– *1990 :* 300 000 personnes se retrouvent à Trafalgar Square pour protester contre la *poll-tax*. Résultat : Maggie démissionne et l'impôt est réformé.
– *1992 :* élection surprise de John Major. Quatrième victoire d'affilée pour les conservateurs. Deux bombes de l'IRA explosent dans le centre de Londres.
– *1994 :* James Miller, un Américain de 30 ans, atterrit en ULM et à moitié nu sur le palais de Buckingham. *Shocking !*
– *1997 :* l'élection de Tony Blair, leader du parti travailliste, met fin à 18 ans de pouvoir conservateur.

Quelques repères culturels

– *1599 :* la compagnie Shakespeare ouvre le théâtre *The Globe*.
– *1796 :* Turner peint le vieux pont de Londres.
– *1824 :* Mme Dickens envoie son fils Charles, âgé de 12 ans, dans une usine de cirage, comme colleur d'étiquettes ! 15 jours plus tard, son père est incarcéré pour dettes, bientôt rejoint par toute la famille, ruinée. Cette expérience inspirera *Oliver Twist*.
– *1854 :* Lewis Carroll devient prof de maths à Oxford. À ses moments perdus, il photographie des petites filles. L'une d'elles lui inspirera *Alice au pays des merveilles*.
– *1871 :* Karl Marx écrit à un ami gynécologue : « J'ai l'honneur d'être en ce moment l'homme de Londres le plus menacé ». Il tiendra bon jusqu'en 1883.
– *1895 :* Oscar Wilde est condamné à deux ans de travaux forcés pour corruption de mineurs.
– *1904 :* un certain Alfred Hitchcock, né 5 ans plus tôt à Londres, est envoyé en prison par son père, après une tentative de fugue ! « Voilà ce qu'on fait aux petits garçons très méchants », lui dit un commissaire de police.
– *1933 :* George Orwell, revenu des Indes, mène une existence de clochard. Il publie *Dans la dèche à Paris et à Londres,* avant de devenir célèbre grâce à *1984*.
– *1949 :* première expo londonienne du peintre Francis Bacon.
– *1957 :* Paul donne des leçons de guitare à son nouveau copain John. Les Beatles ne sont encore que les Quarrymen.
– *1963 :* dans la banlieue londonienne, de violents affrontements opposent les *mods* aux rockers. Au même moment, le manager des Rolling Stones trouve une formule pour concurrencer les Beatles : « Prenez l'air ennuyé devant les photographes » !
– *1964 :* en mars, pendant la campagne législative, conservateurs et travaillistes n'arrivent à s'entendre que sur un point : les deux partis politiques aiment autant les Beatles. En août, mort de Ian Fleming, papa de James Bond. Pendant l'été, les ados européens découvrent le *swinging London*, King's Road et Carnaby Street.
– *1967 :* le vénérable *Times* publie une page de pub réclamant la légalisation de la marijuana. Parmi les signataires, Graham Green et les Beatles.

HISTOIRE DE LONDRES 73

– *1969 :* Tara King remplace la délicieuse Emma Peel dans le plus *British* des feuilletons TV, *Chapeau melon et bottes de cuir*; Brian Jones est retrouvé noyé dans sa piscine; Gainsbourg et Birkin sont n° 1 des hits anglais avec *Je t'aime moi non plus*; et John renvoie sa médaille à la reine pour protester contre la guerre du Vietnam.
– *1970 :* Jimi Hendrix meurt dans un hôtel londonien.
– *1971 :* scandale! David Bowie pose pour son nouvel album vêtu d'une robe bleue!
– *1977 :* pendant le Jubilé de la Reine, les Sex Pistols se retrouvent sur la Tamise pour chanter *Anarchy in U.K.* et *God Save the Queen,* premiers hymnes punks.
– *1985 :* sortie en salle de *My Beautiful Laundrette*. Grâce à ce petit chef-d'œuvre de Stephen Frears, les minorités anglaises sortent du ghetto. Et du même coup, le cinéma britannique.
– *1988 :* dans le stade de Wembley, 200 rock stars chantent pour réclamer la libération de Mandela. Un milliard de téléspectateurs les regardent. Nelson devra attendre encore deux ans...
– *1989 :* l'imam Khomeiny condamne Salman Rushdie. L'écrivain d'origine indienne ne pourra plus fréquenter ses restos londoniens préférés.
– *1990 :* Nick Park réinvente le cinéma d'animation avec *Wallace and Gromit*. Il reçoit un Oscar et les deux personnages font un tabac auprès des Anglais.
– *1991 :* mort du chanteur de Queen, Freddie Mercury, victime du sida.
– *1995 :* le *Net Book Agreement* (équivalent de la « loi Lang » sur le prix du livre) vole en éclats. Les chaînes de librairies commencent à solder les livres.
– *1997 :* mort de Lady Diana dans un accident de voiture sous le tunnel du pont de l'Alma à Paris.
– *1999 :* mariage du dernier fils d'Élisabeth, Edouard, avec Sophie Rhys-Jones. En espérant que celui-ci dure longtemps.

Londres se fait belle pour l'an 2000

Des projets spectaculaires sont en cours à l'aube de l'an 2000. Certains sont directement voués à la commémoration de fin (ou début) de millénaire, d'autres sont davantage liés au développement urbanistique de la ville. L'objectif de ces derniers est surtout de « désenclaver » et de faire vivre la South Bank, largement délaissée au profit de la rive nord. Depuis quelques années, elle est donc devenue le « terrain de jeu » préféré de nombreux architectes renommés.
– **The Millenium Experience**, projet placé sous la houlette de sir Richard Rogers, architecte bien connu en France pour sa co-réalisation du centre Georges-Pompidou. Symboliquement édifié à Greenwich sur le méridien, un dôme couvrira plus de 1 km de circonférence, aussi haut que la colonne de Nelson (50 m) et grand comme deux stades de Wembley! À l'intérieur, 12 expositions aborderont différents thèmes comme les grandes idées et la technologie britanniques, ainsi que des réflexions sur le XXIe siècle et au-delà, nos modes de vie, le développement de nos capacités intellectuelles et physiques, nos croyances, notre environnement... Le centre de cet immense dôme sera réservé à la représentation d'un spectacle, donné plusieurs fois par jour, consacré à l'histoire de l'univers, le Big Bang, l'évolution du genre humain et son histoire jusqu'à aujourd'hui. Performances, réalités virtuelles et effets spéciaux sont prévus. Cérémonie d'ouverture prévue le 31 décembre 1999 et ouverture au public le 1er janvier 2000. Pour l'accès, vous aurez le choix : en métro, grâce à la construction de la plus grande station d'Europe, en voiture, en bateau, en téléphérique (depuis East India

Dock sur l'autre rive de la Tamise)... Et qui casse sa tirelire pour financer pareil projet ? La National Lottery, *of course* !

■ Renseignements sur *The Millenium Experience* au centre d'informations à Greenwich : **The Millenium Experience Visitor Centre**, The Pepys Building, Royal Naval College, King William Walk. ☎ (0181) 305-34-56. Ouvert du lundi au vendredi de 11 h à 19 h et les samedi et dimanche de 10 h à 18 h.

— Autre projet spectaculaire : la construction, au bord de la Tamise, dans les Jubilee Gardens, près du County Hall, d'une immense roue de fête foraine haute de 170 m, la **Ferris Wheel**. 25 mn de survol du cœur de la capitale, ça vous dit ? Mise en service durant l'été 1999, pour 5 ans, avant que la roue ne soit déplacée sur un autre site.
— À Londres, comme dans de nombreuses capitales, deux horloges décomptent le temps jusqu'à l'an 2000 : l'une est installée à Piccadilly Circus, la **Jubilee 2000 Millenium Clock**, petite et pas très visible au-dessus des publicités lumineuses ; l'autre, à la seconde près, dans la cour du Royal Observatory à Greenwich, la **Greenwich Millenium Countdown Clock**.
— Autre symbole, des arbres seront plantés sur la ligne imaginaire du méridien, traversant ainsi la ville. Le 3e millénaire devra être celui de l'environnement et ces arbres seront là longtemps pour nous le rappeler.
— Deux nouveaux ponts enjamberont la Tamise, le **Hungerford Bridge**, reliant la South Bank, le West End et Waterloo, et le **Millenium Bridge**, du célèbre architecte Norman Foster, pont piéton reliant la future **Tate Gallery of Modern Art** (aménagée dans une ancienne centrale électrique, à Bankside, non loin du Shakespeare Globe Theatre) aux escaliers de la cathédrale Saint-Paul dans la City.
— Londres pare également ses « monuments » de nouveaux atours. La **Tate Gallery**, le **British Museum**, le **Royal Opera House**, le **National Maritime Museum**, la **National Portrait Gallery**, le **Royal Albert Hall**, pour ne citer qu'eux, subissent travaux de rénovation et agrandissements. D'autres musées verront le jour comme le **Docklands Museum** et le **Royal Artillery Museum**.

Homosexuels

Pas très difficile d'être homosexuel à Londres. Dans la ville qui a su accepter toutes les excentricités, tant vestimentaires qu'idéologiques, les gays et les lesbiennes passent pour des gens sympathiques qui ne dérangent (presque) personne. Cela tient au fait qu'il y a autant de manières de vivre son homosexualité à Londres que d'homosexuels. Certes, les quartiers de Soho et de Covent Garden sont les centres de la communauté gay de la capitale, mais n'est-ce pas tout simplement le cœur de la ville ?
Il n'y a pas de ghetto confinant à la clandestinité. Un esprit de tolérance mesurée règne ici. La vie nocturne est bien sûr très active et, comme il est impossible de tout recenser, ceux qui sont intéressés pourront trouver des *flyers* (invitations) dans les bars et dans les pubs. Vous saurez tout sur les programmes des boîtes et ce n'est pas une sinécure car, de plus en plus, les boîtes *straight* (hétéro) réservent une ou deux soirées par semaine à leurs clients gays. Sympa, non ?

À noter que la manifestation annuelle des homosexuels, la « Gay Pride », est l'occasion d'un grand concert à Hyde Park, le dernier dimanche de juin. George Michael, Jimmy Sommerville et bien d'autres sont souvent de la partie.

Learning English

Peut-être avez-vous décidé de rafraîchir votre anglais ? Vous avez de la chance, les méthodes pullulent autant que les gogos. Difficile de ne pas se faire piéger.

Les cours (bien) avant le départ

● *Débutants*

Abandonnez les livres de classe aux profs et prenez une méthode pour adultes avec cassettes. Il faut un courage immense pour faire sa leçon quotidienne et comme ces livres insistent plus sur la grammaire que sur la communication, au bout de trois mois on sait dire des tas de choses, mais on en comprend fort peu. L'une des méthodes les moins ennuyeuses et dont le prix est assez raisonnable : *Les Langues pour tous* (AZ, Presses Pocket).

● *Avancés*

Révisez plutôt en bouquinant des nouvelles bilingues commentées (encore chez Presses Pocket) ou en vous abonnant à l'un de ces journaux (assez difficiles) qui publient des extraits expliqués de la presse (voir en kiosque) ou, plus digeste et résolument jeune, à *Speakeasy* (Nathan). Si vous achetez un manuel, ne prenez qu'un recueil « notionnel-fonctionnel » qui vous soufflera quoi dire en toute situation ; par exemple : *Tit for Tat* (Didier) qui présente de jolies expressions drôles et imagées. *Good luck!*
Par vidéo, Minitel, téléphone... quelques bons cours, mais c'est très cher.
En classe. C'est encore l'idéal si l'on trouve des cours à sa pointure. Cours ludiques et sérieux pour un bon rapport qualité-prix au British Institute, à Paris : 11, rue de Constantine, 75007. ☎ 01-44-11-73-70. M. : Invalides.

● *Le cours particulier*

Génial évidemment. Les débutants doivent se fendre d'un vrai prof qui leur fera gagner du temps en leur donnant de bonnes bases. Sinon, allez-y du petit étudiant anglophone avec qui vous irez vous balader et que vous rémunérerez par des échanges de services. Vous le trouverez dans les petites annonces du sous-sol du British Institute, devant la cafétéria très anglaise, ou dans celles de *The Paris Free Voice*, journal gratuit déposé dans les librairies anglaises et à l'église américaine de Paris.

Les cours sur place

Si vous désirez perfectionner votre anglais durant votre séjour à Londres :

■ *Westminster College* : 76 Vincent Square, SW1. ☎ 828-12-22. M. : Victoria. Pour un forfait raisonnable, 4 heures quotidiennes d'anglais enseigné par un prof compétent. Il faut rester au moins trois mois.
■ *Marble Arch Intensive English* : 21 Star Street, W2. ☎ 402-92-73. M. : Edgware Road. *Sels College*

London : 64-65 Long Acre, WC2. ☎ 240-25-81. M. : Covent Garden. Proposent des cours intensifs durant les mois d'été et d'autres avantages dont, et ce n'est pas négligeable, la recherche d'un logement.

Où trouver des livres anglais à Paris ?

Surtout scolaires et universitaires :

■ *Attica :* 64, rue de la Folie-Méricourt, 75011. ☎ 01-48-06-17-00. M. : Oberkampf.

■ *Nouveau Quartier latin :* 78, bd Saint-Michel, 75006. ☎ 01-43-26-42-70. RER : Luxembourg.

De tout, y compris des journaux et des livres de voyage :

■ *W.H. Smith :* 248, rue de Rivoli, 75001. ☎ 01-44-77-88-99. M. : Concorde.

■ Et si vous n'avez pas trouvé : *Galignani,* tout près, au 224, rue de Rivoli. ☎ 01-42-60-76-07. M. : Concorde.

■ Pour les guides et cartes touristiques, ne pas oublier la librairie de la *Maison de la Grande-Bretagne.*

Une excellente bibliothèque de prêt anglaise pour un prix très modique :

■ *The British Council :* 11, rue de Constantine, 75007. ☎ 01-49-55-73-00. M. : Invalides. Ouvert du lundi au vendredi de 11 h à 18 h. Pour son atmosphère feutrée et aimable, très anglaise. Pas de méthodes d'anglais, il faut déjà parler la langue. Journaux, livres, références. Sa discothèque de prêt est comprise dans le prix mais il n'y a pas de quoi casser un microsillon. Attention, *all English teachers,* une seconde biblio vous est réservée et vous pouvez emprunter à loisir : jeux pédagogiques, cassettes et ouvrages de théorie. Une mine d'idées. Même bâtiment que le British Institute.

Apprendre l'anglais sur place

Il existe plusieurs formules :
– en *famille d'accueil :* séjour que l'on peut compléter par des cours de langue à l'école ou au collège ;
– *sur un campus :* l'hébergement est assuré en pension complète dans un encadrement bilingue ;
– le *summer camp :* camp de vacances avec des enfants français et étrangers ;
– le *one to one :* l'enfant est hébergé dans une famille d'enseignants qui lui prodigue des cours privés à la maison.
Trois semaines, c'est le minimum pour que votre effort porte ses fruits. Le choix dépend bien sûr du degré de motivation de l'intéressé et de l'efficacité des nombreux organismes qui se partagent le gâteau. Pour faire sa sélection, bien vérifier que l'organisme possède soit une licence d'agence de voyages, soit un agrément du ministère du Tourisme s'il s'agit d'une association, une assurance responsabilité civile et une garantie financière, utiles en cas de rapatriement. Miser aussi sur l'expérience d'une organisation déjà ancienne.
À la *Maison de la Grande-Bretagne,* la *Boutique de l'Anglais* abrite les associations UNOSEL (Union nationale des Organisations de séjours linguistiques) et ARELS. Profitez-en pour consulter sur place la brochure *Britain : Learning English.* Renseignez-vous également auprès du **British Council** qui effectue un recensement critique des cours et vous donnera des conseils : 10 Spring Gardens, London SW1 A2BN. ☎ 930-84-66. Et pour

toute information sur les différentes écoles, appeler à Manchester : ☎ (0161) 957-77-55.

Livres de route

– **Les Aventures d'Oliver Twist,** de Charles Dickens (éd. Gallimard, J'ai Lu n° 3442, 1838). Dickens est sans doute le plus populaire des écrivains anglais. Au fil de ses quarante livres, il se fit le pourfendeur de l'injustice sociale. Entre espoir et désillusions, ce récit plein d'humour nous invite à suivre le jeune Oliver Twist dans le Londres de la canaille et des fripouilles au XIXe siècle.
– **Mémoires d'outre-tombe,** de François-René de Chateaubriand (éd. Gallimard, La Pléiade, tome 1, 1808-1841). 1793, Chateaubriand est un aristocrate fuyant la Révolution, en exil à Londres où les cours et les traductions ne lui permettent pas de vivre décemment. Il relate ses années londoniennes dans le livre 10 des *Mémoires*. Puissance descriptive, éclat du style et richesse de son imagination transportent le lecteur en plein romantisme.
– **Guignol's Band I et II,** de Louis-Ferdinand Céline (éd. Gallimard, Folio n° 2112, 1944 et 1964). Que peut faire Ferdinand à Londres en 1915, alors que la guerre fait rage de l'autre côté du *Channel* ? Il a trouvé refuge auprès de la faune interlope de Leicester Square. Ce livre, qui grouille de trouvailles stylistiques, est un hymne lyrique au grand port que Céline adorait, pour avoir bien connu lui-même ce demi-monde londonien.
– **Ces Corps vils,** d'Evelyn Waugh (éd. Presses de la Cité, coll. 10/18 n° 1538, 1930). Dans le Mayfair des années 20, un petit groupe d'aristocrates vit dans la frivolité. Intrigues amoureuses, couples qui se cherchent sans se trouver ; on s'amuse beaucoup, même si parfois il y a des victimes, des exclus.
– **Londres,** de Paul Morand (éd. Plon, 1933). L'insatiable voyageur et éternel observateur de son époque a brossé ici l'un des portraits les plus fins qu'il ait publiés. Il qualifie son œuvre de « feuilles de températures » du monde. *Londres* est de ces portraits de villes qui impressionnent par la précision des descriptions. Plus qu'un livre, c'est un véritable documentaire sur la capitale britannique à la Belle Époque.
– **Journal d'un écrivain,** de Virginia Woolf (éd. Christian Bourgois, 1953). Le journal de Virginia Woolf est à la fois le témoignage d'un grand écrivain sur la littérature et un document irremplaçable sur l'Angleterre de l'entre-deux-guerres, sur la vie sociale et culturelle de Londres et, en particulier, du quartier de Bloomsbury, haut lieu de l'intelligentsia britannique.
– **Soho à la dérive,** de Colin Wilson (éd. Gallimard, Folio n° 1307, 1961). À la fin des années 50, le jeune Preston s'installe à Londres pour écrire le livre qui lui apportera gloire et fortune : erreur typique et que bien d'autres ont commise ! Ses rêves ne résistent pas longtemps aux filles et aux bistrots, compagnons de la dèche. Il croise une foule de personnages sympathiques et bigarrés. Le Soho d'autrefois avait bien du charme, même si d'autres quartiers ont aujourd'hui pris la relève.
– **Son Âme au diable,** de Ruth Rendell (éd. Le Masque, Le Livre de Poche n° 6503, 1985). Un coin de la banlieue londonienne. Une voie désaffectée de chemin de fer, envahie par les broussailles. C'est là que vivent Pup, sa sœur Dolly et leur père Harold. À Londres, un jeune homme un peu bizarre se terre dans une chambre. Son destin et celui de Dolly vont, au fil des ans, se rejoindre dans le crime.
– **Vol à tous les étages,** de Dan Kavanagh (collection Polar Sud, 1993). Sous-officier des « menus plaisirs » sur un super tanker japonais, pianiste dans un bar à Macao puis bagagiste à San Francisco, cet Irlandais né en 1946 vit maintenant à Londres. C'est ce qu'il dit ! Dans son roman, il décortique les dessous de l'aéroport de Heathrow au travers d'une histoire

noire et glauque à souhait. Après l'avoir lu, vous ne verrez plus avec le même œil cet endroit d'où décolle et où atterrit un avion toutes les minutes. Peut-être même préférerez-vous débarquer à Gatwick.
— *La Marque jaune,* d'Edgar Pierre Jacobs (éd. Lefrancq, diffusion Dargaud, 1956). La terreur s'abat sur la City! Olrik, le génie du mal, transmué en un pathétique pantin par le maléfique Dr Septimus, signe ses crimes d'une énigmatique « marque jaune », dans un Londres des années 50 minutieusement reconstitué. À la poursuite de leurs éternels adversaires, Blake et Mortimer, plus *British* que nature, entraînent le lecteur dans une époustouflante aventure fantastico-politique. Ce chef-d'œuvre de la B.D. classique est un monument de précision. De Scotland Yard à Park Lane, de la Tour de Londres aux sinistres docks de la Tamise, pas un détail ne manque pour retracer tous ces itinéraires, constituant une véritable image « archétypale » d'une Angleterre aujourd'hui en voie de disparition. À lire absolument.

Londres, cité féodale

Imaginez qu'à Paris, le grand centre touristique, de l'Arc de triomphe au Louvre en passant par l'Opéra, les quais de Seine et l'île de la Cité, appartienne à une poignée d'institutions et d'aristocrates fortunés. Eh bien, c'est exactement la situation des quartiers chics du centre de Londres. Depuis plusieurs siècles, quelques familles richissimes se partagent 70 % de ces « terres » Parmi les mieux dotées, les Windsor évidemment (« à tout seigneur tout honneur »), les familles de Lord Westminster et de Lord Chelsea. L'Église anglicane, propriétaire de rues entières autour de Hyde Park, « ne donne pas sa part au chat » et fait aussi quelques envieux. Cette situation de quasi féodalité ajoute à l'image de grande tradition aristocratique de la société anglaise, mais paraît de plus en plus désuète et anachronique. Aujourd'hui, dans ces quartiers, il est très difficile, voire impossible pour le simple quidam d'acquérir à vie une maison ou un terrain, la durée de la propriété étant limitée à 99 ans!
Les quelques propriétaires milliardaires bénéficient, en plus, de toutes les activités commerciales effectuées sur leur terrain, ainsi quand un touriste achète fringues ou babioles dans les magasins chics de Regent Street par exemple, c'est aussi à la vraie patronne de la boutique, la reine d'Angleterre, que cela profite. La famille royale a encore de beaux jours devant elle...

Marchés

C'est un aspect de Londres que les touristes connaissent peu, pourtant il constitue une part essentielle de la vie de la capitale. Levez-vous de très bonne heure (si vous le pouvez!) et allez voir l'un des meilleurs spectacles gratuits de la ville. Vous y entendrez le plus pur accent cockney depuis *My Fair Lady*; vous serez toléré à condition de ne pas vous mettre sur le chemin des débardeurs! Certains pubs, à proximité des marchés, ouvrent très tôt le matin, bien qu'en principe ils ne servent que les employés des halles. Alors, voyez si une bière à 5 h du mat vous fait plaisir...

Médias

Presse

Tous les patrons de presse français restent pantois quand ils regardent les tirages des journaux anglais. Les Anglais lisent énormément, vous en aurez la preuve dans le métro. Il faut reconnaître qu'ils ont le choix. Le quotidien le plus célèbre et peut-être le plus sérieux est le *Times*. Si vous avez l'occasion, jetez un coup d'œil sur le courrier des lecteurs, ça vaut le coup. La presse dite « sérieuse », avec le *Daily Telegraph, The Independent,* le *Daily Express,* le *Daily Mail* et le *Guardian,* offre un large panorama des différentes tendances politiques du pays. Le *Financial Times,* imprimé sur papier saumon, est l'outil indispensable des businessmen de la City. À côté, il y a les tabloïds ; le *Mirror* et le *Sun* en sont les têtes d'affiche. Ils disent rarement du bien de qui que ce soit et sont anti-européens. Traditionnellement antitravailliste, comme le *Mirror,* le *Sun* a apporté un soutien surprise à Tony Blair, leader du *Labour Party,* lors des élections du printemps 1997. Ragots, scandales tournant souvent autour de la famille royale, mannequins seins nus, c'est le menu quotidien de cette presse populaire aux tirages impressionnants. On citera pour mémoire la une du *Sun* alors que Jacques Delors faisait un discours au Parlement européen sur l'imminence de la monnaie unique : « On va te foutre Delors ». Il faut dire que les prix sont deux à trois fois moins élevés qu'en France, cela explique sûrement le fait que quatre millions de personnes achètent le *Sun* chaque jour...

Pour tout savoir sur les événements de la capitale, vous devez acheter *Time Out*. Un hebdo génial pour connaître les programmes des spectacles, les expos et des centaines de bonnes adresses de restos, de pubs, de boîtes... C'est l'outil indispensable du Londonien. Sort le mardi.

Radio

Il y a bien évidemment la BBC (la *Beeb*) avec ses six programmes différents dont un destiné aux enfants (Radio 5 sur 693 et 909 AM) et le World Service qui lance toutes les heures le fameux *This is London...* En tout, 120 millions d'auditeurs dans le monde écoutent des émissions diffusées en 35 langues. Sur Londres, Capital Radio (95,8 FM) est la plus écoutée des radios locales.

Télévision

Sans conteste la télévision européenne qui s'exporte le mieux dans le monde, capable de produire le *Monty Python Flying Circus* comme les documentaires les plus sérieux. Deux chaînes pour la BBC. La première chaîne programme des séries, des variétés et du sport, la deuxième est plus culturelle. ITV et Channel 4 sont des chaînes hertziennes privées. Si vous pouvez regarder la télévision, ne ratez pas l'émission totalement délirante du matin *(The Big Breakfast)* sur Channel 4, ça met en forme. Il y a également le satellite avec MTV, BskyB...

Monuments et balades

Comme New York et Paris, mais peut-être plus encore, Londres est un assemblage de quartiers distincts et d'anciens villages. Si un Londonien vous dit habiter South Kensington, dites-vous qu'à Paris ce serait le XVIe arrondissement. S'il vient de l'East End, il y a fort à parier qu'il a du sang pakistanais. On schématise, bien sûr, mais il est important de comprendre les décalages d'un quartier à l'autre pour réussir à mieux cerner cette métropole aux ramifications complexes.

Chaque quartier du centre (entendez du « premier cercle ») a quelque chose d'historique : les monuments, les musées, les bâtiments intéressants sur le plan architectural sont donc disséminés sur plusieurs kilomètres. À vous de choisir tel ou tel quartier à explorer en priorité, en fonction de vos goûts. Vous ne serez pas totalement perdu : les pubs vous serviront d'oasis en cas de fatigue, de soif ou de petit creux.

Musées

Londres possède un nombre de musées tout à fait considérable, parmi les plus riches du monde. Ils convaincront, sans doute, les plus réfractaires au tourisme culturel. Du *British Museum* à la *Wallace Collection,* du *musée du Jouet* à la *Tour de Londres,* tout le monde y trouvera son compte. Les enfants prendront également du plaisir, le maître mot étant souvent didactisme. Certains musées comme le *Science Museum* et le *musée d'Histoire naturelle* sont d'une grande richesse pour les mômes. Pas étonnant que, pendant l'année scolaire, des classes entières y créent souvent une animation.

La plupart des grandes collections publiques sont gratuites. D'autres musées sont chers comme *Madame Tussaud's* ou le *Tower Hill Pageant.* Tous les monuments gérés par la Couronne (Tour de Londres, Kensington Palace, Hampton Court Palace) sont assez chers. Il faut bien que la reine paie ses impôts !

Pour ceux qui souhaitent consacrer beaucoup de temps à la visite de musées, la **London White Card,** moyennant un forfait d'environ 170 F (25,9 €) pour 3 jours ou de 280 F (42,7 €) pour 7 jours (également des cartes « famille » de 3 et 7 jours), donne accès à une quinzaine de musées et galeries. Renseignements et vente auprès de la *Maison de la Grande-Bretagne* à Paris ; chez *Global Tickets* (voir « Adresses utiles ») ; aux *Tourist Information Centres* de Victoria, Greenwich, Waterloo, Gatwick, Heathrow ; à la *gare routière de Victoria* ; ou auprès de la *Big Bus Company* ; dans les *London Transport Travel Information Centres*, à Euston Station, Victoria Station, King's Cross, Liverpool Street, Oxford Circus, Piccadilly Circus, St-James's Park, Hammersmith Bus Station ; au *British Airways Holidays Welcome Desk* (Regent Street Travel Shop, 156 Regent Street, W1. ☎ 434-46-29) ; au *Royal National Hotel* (Russell Square, WC1. ☎ 323-02-75).

Les vestiaires des musées sont gratuits. Les sacs genre bagages de cabine sont acceptés, mais pas les sacs à dos.

Petit point noir, les horaires ! Ouverts vers 9 h 30, ils ferment presque tous vers 17 h 30 ou 18 h. Rarement de nocturne, ce qui compliquera l'organisation de vos visites.

À Londres, il ne s'agit pas tant d'essayer de voir tous les musées (c'est possible, en six mois !) que de réussir votre sélection en fonction de vos goûts. Il y a toujours des petits malins qui vous affirmeront avoir visité le British Museum, la National Gallery et la Tate Gallery en une demi-journée. Même en patins à roulettes, il faudrait une bonne semaine. Petit conseil : les grands musées sont les moins aisés à explorer. Or ce sont des musées de collections plus que de pièces uniques. Choisissez donc une ou deux sections qui vous branchent et tenez-vous en là. Pour cela, demandez le plan en arrivant.

Parcs

En été, frémissants de feuilles ; en automne, curieux avec leurs parcs à feuilles mortes ; en hiver, étranges sous la neige ; au printemps, signes premiers de la verdure renaissante... Le *Guide du routard* devient poétique, arrêtons les frais.

L'une des grandes fiertés de Londres réside dans ses parcs. La ville la plus verte d'Europe regroupe un nombre considérable d'espaces verts. Ils portent presque tous l'appellation de « Royal Parks », car ils appartiennent à la Couronne. Le plus célèbre est *Hyde Park,* le plus grand et le plus populaire (136 ha), prolongé par *Kensington Gardens* (110 ha). On peut s'y baigner et louer des barques en été. *Regent's Park* au nord, et, aux abords de Buckingham, *Green Park* et *St. James's Park* sont les plus agréables. Ce dernier rappelle les jardins français dessinés par Le Nôtre, qui avait influencé Charles II lors de son exil en France. Attention, les beaux transats qui vous tendent les bras sont payants ! Le lac du parc est, paraît-il, habité par le fantôme d'une dame sans tête : cette personne, qui était mariée à un sergent de la garde, était tombée amoureuse d'un de ses collègues. Le mari lui coupa la tête (carrément) et jeta le corps de sa femme dans le lac de St. James's Park.

Dans la proche banlieue, vous pourrez vous rendre au jardin botanique de *Kew Gardens* ou à *Hampstead Heath,* une superbe forêt complètement préservée des promoteurs immobiliers. Très agréable pour un pique-nique lorsque le temps s'y prête (*cf.* le chapitre « Le Grand Londres »). À conseiller aux routards écologiques et romantiques qui aiment respirer une bouffée d'air frais. Des espaces verts magnifiques.

Poids et mesures

Même si la Grande-Bretagne est maintenant *metric,* nos problèmes sont loin d'être résolus. L'ancien système totalement abscons continue à nous poser de sérieux problèmes, notamment en ce qui concerne les distances et les superficies.

Longueur

– 1 pouce = 1 *inch* = 2,5 cm.
– 1 pied = 1 *foot* = 12 *inches* = 30 cm.
– 1 *yard* = 3 *feet* = 90 cm.
– 1 *mile* = 1 609 m (pour convertir les kilomètres en miles, multiplier par 0,62).

Superficie

– 1 *square foot* = 929 cm^2.
– 1 *are* = 0,404 ha.
– 1 *square mile* = 2,589 km^2.

Poids

– 1 *ounce* = 1 *oz* = 28,35 g.
– 1 *pound* (livre) = 1 *lb* (libra) = 0,454 kg.
– 1 *store* = 6,348 kg.

Volumes

Gallons	Litres	Litres	Gallons	Gallons	Litres
0.220	= 1	4,546	= 1 320	6	= 27,276
0.440	= 2	9,092	= 1 760	8	= 36,368
0.880	= 4	18,184	= 2 200	10	= 45,460

Températures

Le Fahrenheit n'a pas été terrassé par la réforme. Trop compliqué d'expliquer ici les correspondances. Sachez qu'à 32 °F, il gèle. À 77 °F, il fait 25 °C et à 100 °F, vous pouvez aller vous coucher pour soigner votre fièvre.

Population

Être ou ne pas être anglais... ou généralités sur quelques différences...
Mais qui sont-ils ? L'ennemi héréditaire, la Perfide Albion, surnommée ainsi en raison de ses falaises blanches (*albus* signifie blanc en latin), a toujours eu le don d'irriter les Continentaux. Son flegme dédaigneux a engendré chez les autres peuples à travers les âges des sentiments négatifs, parfois même agressifs. Pour leur part, les Britanniques pensent que le monde civilisé s'arrête à Douvres, et que l'Afrique commence à Calais !
Le Français est cartésien, tout doit s'expliquer, et deux et deux font toujours quatre... Les Britanniques pensent que les chiffres sont l'affaire d'un comptable et qu'il est de toute façon extrêmement vulgaire d'étaler son érudition. Un Anglais d'une éducation irréprochable répondra toujours à une affirmation par : « Vous croyez ? » Feindre de ne pas savoir que la terre est ronde ou affirmer ne pas avoir tout à fait maîtrisé la table de multiplication par quatre a toujours été du meilleur ton dans les grandes universités britanniques. Évidemment, ce n'est pas sans causer quelques problèmes au niveau économique.
Une nuit à la fin des années 50, il y avait un brouillard tellement dense que l'aéroport de Londres fut fermé et que même les ferry-boats n'osaient pas s'aventurer sur la Manche. Le lendemain matin, un grand quotidien populaire britannique titrait à la une : « Le Continent est isolé... » ! Cette anecdote illustre bien le fait que si la Lune gravite peut-être autour de la Terre, le monde selon les Anglais tourne autour des îles Britanniques, même si... malheureusement... le reste de l'humanité a tendance à l'oublier depuis « la perte de l'Empire ».
Les Français cultivent l'art de vivre, la table, les bons vins, la haute couture, et plus une chose est raffinée et sophistiquée, plus les Français s'y identifient. L'Anglais aime à cultiver l'absurde et l'irrationnel. C'est tout de même dans l'un des pays les plus pluvieux de l'Europe qu'on a non seulement produit le plus de voitures décapotables, mais commercialisé la voiture « découverte », c'est-à-dire sans capote du tout ! Ils sont formidables !
Il fallait être anglais pour déclarer la guerre à l'Argentine et partir bille en tête défendre un bout de terre à plus de 10 000 km de l'Europe, sur lequel les moutons sont la seule et unique richesse. Mais ils partirent aux Falkland derrière le fils de la reine *himself* parce qu'on ne touche pas au sol royal.
Ignorer la réalité pour imposer sa propre vision du monde est un pilier de la philosophie anglaise. Durant la seconde guerre mondiale, le toit d'une épicerie londonienne fut touché par un V1 allemand. Le lendemain, l'épicier accrocha un panneau sur lequel était écrit : « Plus ouvert que d'habitude »...
On retrouve l'origine de ces comportements jusque dans les légendes « arthuriennes ». La sublimation, la quête du Sacré Graal, le roi Arthur et ses chevaliers de la Table ronde, tout ça représente encore aujourd'hui les aspirations profondes de la noblesse anglaise et, par ricochet, celles de l'homme de la rue. Être mieux que ce qu'on est, le *fair play*, lutter contre ses sentiments, bref les Anglais pensent qu'à force de faire semblant d'être plus généreux et plus chevaleresque, on finit bien par le devenir ! Du conflit entre les petites mesquineries quotidiennes et les grandes envolées lyriques est né le goût de la dérision, et ce n'est pas sans raison que les Monty Python se sont attaqués au mythe arthurien dans l'un de leurs premiers films.
Si dans d'autres pays il faut se montrer extrêmement circonspect et prendre garde à la manière de formuler une critique individuelle ou nationale, les Anglais, eux, adorent être « vannés ». La seule vraie insulte que vous pouvez leur faire est de leur dire qu'ils n'ont pas le sens de l'humour. Un des plus grands succès de librairie britannique (trente éditions !) fut un livre extrêmement drôle et méchant sur le comportement anglais : *How To Be An Alien*, écrit par Georges Mikes, un Hongrois. Il commence son livre ainsi :

« Les Continentaux pensent que la vie est un jeu ; les Anglais, eux, pensent que le cricket est un jeu ! » Et le reste à l'avenant...
Il existe un titre envié de toute la noblesse. Il s'agit de Lord of Worksop, qui jouit d'un privilège unique : tenir la main gantée du prince Charles lors de son futur couronnement. Les Anglais ne sont pas tout à fait comme nous.

La France aux Français ? Mais de quel droit ?

Si les Anglais éprouvent une véritable passion pour la France (ce sont eux qui ont découvert et « colonisé » la Côte d'Azur ; quant aux vins de Bordeaux, on peut dire qu'ils font partie intégrante de la culture anglaise), en revanche, le peuple français leur inspire plutôt des sentiments de méfiance. Les discussions politiques de comptoir en France remplissent d'effroi le cœur du touriste anglais. Comment faire confiance à cette nation où chacun croit savoir tout sur tous les sujets ? Les Français sont à leurs yeux un peuple frivole sur lequel on ne peut compter, gonflés de leur propre importance – comme Napoléon ! – et, pire encore : des révolutionnaires ! En gros, les Britanniques pensent que Dieu, dans un moment lyrique, a créé le plus beau pays du monde : la France ; puis que, pour rétablir un juste équilibre vis-à-vis des autres, il y a mis... le peuple français !

Le Britannique et le sens civique

L'Anglais est réputé pour son flegme, mais il ne faut pas trop gratter le vernis pour réveiller la fougue qui sommeille dessous. Aussi ne prenez pas sa place. Faire la queue est une institution sacrée. Il faut en Angleterre la respecter, bien qu'il soit parfois difficile de savoir où il convient de la faire. On fait la queue pour prendre le bus ou le train, aux guichets des cinémas et des théâtres, mais pas au bar à l'entracte. Somme toute, il faut bien observer la situation, puis décider s'il y a lieu d'être patient ou de défendre âprement sa place.
Si vous avez l'occasion de converser avec des Anglais, vous pourrez vous rendre compte que beaucoup croient en l'Europe, même si le tunnel sous la Manche représente un peu le viol de leur intégrité insulaire. Mais il y a plus grave. Depuis quelques années, les Anglais doivent changer de passeport, comme les autres ressortissants de l'Union européenne. Le renoncement au passeport bleu britannique est très mal perçu. Finie la formule qui demandait à toutes les autorités de réserver le meilleur accueil et le meilleur traitement au porteur du document, comme si la reine elle-même était en voyage. On comprend qu'ils ne soient pas très chauds pour le nouveau. D'ailleurs, savez-vous que certains Anglais déclarent le vol de leur passeport pour éviter de le rendre ?

Y a-t-il un avenir au droit à la différence ?

Aujourd'hui, à l'aube du XXIe siècle, la Grande-Bretagne s'apprête psychologiquement à – timidement – mettre un pied dans le XXe siècle ! D'ailleurs, la très chic « Manorial Society of Great Britain » met en vente les titres de noblesse des aristocrates fauchés. Tout fout le camp. Les barrières sociales, autrefois insurmontables, commencent à s'effriter et le côté caricatural de la société victorienne, à se diluer. Les colonels en retraite – qui cultivent les roses en rêvant avec nostalgie à leurs chasses au tigre passées –, les fils de famille – dont personne n'attendait un autre comportement que d'avoir de l'esprit et de conduire des décapotables rouges afin d'épater les filles – ainsi que les vieilles dames à ombrelles – qui sirotent le thé dans des fauteuils en osier sur des pelouses millénaires –, tout cela s'estompe peu à peu pour rejoindre le grand album des « images d'Épinal » d'une Angleterre historique.
Avec Ma'am Thatcher, l'Angleterre a appris qu'elle était au bord de la faillite. Depuis la perte des Indes, le pays survivait comme un aristocrate ruiné

bradant son argenterie : désormais il faut travailler autrement qu'entre deux tasses de thé. Avec l'arrivée massive d'immigrés en provenance des anciennes colonies, elle dut apprendre aussi à gérer une société multiculturelle. Bref, la Grande-Bretagne est en pleine mutation.

Mais aussi radicaux que pourront être les changements, l'excentricité restera une caractéristique nationale. Car c'est bien dans ce pays encombré de petites maisons alignées et toutes pareilles que le droit à la différence demeure véritablement une réalité. Que ce soient les modes extravagantes de la jeunesse britannique – qui jaillissent comme des geysers en éclaboussant le reste du monde – ou les allures de ces vieux aristocrates qui siègent à la Chambre des lords avec leurs cheveux coiffés en queue-de-cheval et qui prônent la polygamie... Le fait est là : l'Angleterre aime l'excentricité. Le droit d'*être différent,* que ce soit à titre individuel ou en tant que nation, fait partie de l'héritage culturel de cette petite poignée d'îles...

Poste

– **Ouverture des bureaux de poste :** de 9 h à 17 h 30 du lundi au vendredi ; le samedi, jusqu'à 12 h. Fermés le dimanche. Seule la *Trafalgar Square Post Office* (24-28 William IVth Street, WC2 ; ☎ 930-95-80) est ouverte du lundi au samedi de 8 h (8 h 30 le vendredi) à 20 h.
– **Poste restante :** voici ce qu'il faut écrire sur la lettre : votre nom et la mention « Poste restante », et en dessous, l'adresse de la *Trafalgar Square Post* Office mentionnée ci-dessus. Gratuit. Conserve les lettres pendant un mois. Apporter une pièce d'identité.

Pourboire

La coutume veut que le client laisse environ 10 à 15 % de pourboire dans un restaurant. Ne dérogez pas à cette règle quasi légale. Un oubli vous ferait passer pour un grossier personnage. Bien sûr, si le service est mauvais, vous pouvez réduire cette somme, mais il faut alors faire part de vos remarques au responsable. Certains restaurants incluent le service dans l'addition. Si vous payez par carte de crédit, le serveur laisse parfois une ligne pour le pourboire. À vous de l'ajouter et d'inscrire le total. La règle des 10 % vaut également dans les taxis.

Les pubs

De tradition typiquement britannique, le pub est le lieu de rencontre par excellence. On y vient avec ses copains, ses amis, ou tout simplement en famille pour y passer un joyeux moment de détente et de discussion. Le pub, en général, offre plusieurs salons dont les différences sont de moins en moins sensibles : *public bar, lounge bar, saloon bar, private bar* (ce dernier est réservé à un club). On pratique une activité tellement peu française dans les pubs que le mot n'existe même pas dans notre langue : on « socialise ». Et puis, vous rencontrerez des gens. Pas question dans un pub de rester isolé. Les clients vous intègrent facilement à leur conversation, doucement, avec chaleur. On parle de tout et de rien. Vous ressentirez cette extraordinaire atmosphère de fusion des classes ; ici, on laisse son origine sociale au vestiaire et on fraie avec l'ennemi. Au coude à coude, vous trouverez le *cockney* (titi londonien), le jeune cadre gominé et arrogant, l'ouvrier lisant *Tribune* (journal de la gauche du Labour Party), la dactylo enjouée, le vieux charclo plein de malice et... le touriste français, les yeux ronds comme des billes devant ce spectacle et l'air béat de celui qui découvre une autre façon de vivre.

Un peu d'histoire

Cercles paroissiaux durant le Moyen Âge, plus opportunément situés sur les routes des pèlerinages, enfin lieux de réunion des ouvriers qui, au XIXe siècle, commencent à se syndiquer, les pubs ont souvent conservé leur vitrine en verre dépoli, de vieilles boiseries noircies et patinées, des lumières faiblardes comme au temps de la bougie et de beaux cuivres.

Les amateurs perspicaces remarqueront que certains noms de pubs reviennent souvent. Parmi ceux-ci, *King's Head,* en souvenir de Charles Ier que Cromwell fit décapiter, *Red Lion* qui rappelle les guerres coloniales, *Royal Oak* qui commémore la victoire de Cromwell sur Charles II qui se réfugia sur un chêne (!). Fin de l'intermède culturel.

La vague de modernisme a frappé durement et les *posh-pubs* (littéralement : machins luxueux) se sont multipliés. Des propriétaires peu respectueux du passé ont remplacé la patine du temps, la sciure, les vieilles pompes à bière à manche de porcelaine par du clinquant, faux acajou, velours rouge, cuivre et barmen impec. Évidemment, les comportements ne sont plus les mêmes dans un environnement aussi propre, aussi hygiénique, et l'âme du pub a dans ce cas bel et bien trépassé. Les pubs que nous indiquons ont tous quelque chose qui les distingue de la masse. Cadre authentique, atmosphère originale, bonnes bières, tenanciers hors du commun, situation géographique, bouffe correcte et pas chère, musique, etc., ou tout, ou presque, à la fois. Vous en trouverez encore comme à Paris, c'est-à-dire avec des compartiments à porte ou des boxes afin que les dames boivent sans honte ; d'autres avec des tableaux à numéros au-dessus du comptoir qui indiquaient quelles tables ou quels boxes étaient assoiffés lorsque le consommateur tirait sur un cordon.

Horaires d'ouverture

Jusqu'à la première guerre mondiale, les pubs étaient ouverts l'après-midi. Les ouvriers, qui n'avaient jusque-là connu que la pauvreté la plus abjecte, pour la première fois de leur vie gagnèrent un peu d'argent, à cause de la fabrication en masse d'armes. Profitant de cette aubaine, ils allèrent au seul endroit procurant du plaisir à cette époque : le pub. Ils prirent l'habitude d'y rester la plus grande partie du week-end et d'être complètement « raides » le lundi matin. Le gouvernement alors légiféra, achetant tous les pubs (les nationalisant) et les frappant d'heures réglementaires. Résultat : les Britanniques devinrent les gens les plus rapides du monde pour ingurgiter des quantités impressionnantes de bière en un temps record !

Le gouvernement prit le contrôle également de la bière. Il réussit à renvoyer les ouvriers au travail, mais engendra les lois de licence *(licensing laws)* encore aujourd'hui subies par la Grande-Bretagne et que les étrangers trouvent si bizarres. Le contrôle des pubs par l'État dura jusqu'aux années 1970, où ils furent revendus à des particuliers.

Depuis 1988, les pubs bénéficient du *All day drinking* et sont ouverts l'après-midi (de 11 h à 23 h en semaine, de 11 h à 22 h 30 le dimanche).

Pubs et coutumes

L'intimité des pubs qui nous enchante est en voie de disparition : on ouvre de plus en plus sur la rue, car les Anglais, eux, sont tombés amoureux de nos *sidewalk* cafés, de nos terrasses.

Outre le fait que l'on boive souvent sa bière sur le trottoir quel que soit le temps, les Anglais pratiquent beaucoup le *pub crawling.* Lorsqu'ils sortent à plusieurs, le premier paie une tournée dans un premier pub, le deuxième en

paie une autre dans un pub différent et ainsi de suite. Le tout, c'est de se rapprocher de chez soi pour être sûr de pouvoir rentrer, surtout si l'on est quinze!
Par ici, pas de « Qu'est-ce que vous buvez? », sitôt que vous entrez, pas de « Que reprendrez-vous? », avec un ton sec et méprisant. On va directement chercher sa consommation au comptoir et l'on paie de suite. Pas de contestation de fin de beuverie sur le nombre de tournées à payer : sitôt reçu, sitôt payé! Quand le gosier à nouveau à sec fait une manif, il faut retourner au bar pour commander. Ne restez pas assis, vous pourriez attendre longtemps votre verre!
Par tradition, et sûrement par goût, les hommes commandent toujours une *pint* (environ un demi-litre) et les femmes *half a pint* parce que « it's more socially acceptable », mais on se doit de préciser qu'elles en boivent deux fois plus. C'est ça aussi l'égalité des sexes!
Entre 14 et 18 ans, admission à la discrétion du patron (ils arrivent à faire la différence), mais interdiction cependant de consommer des boissons alcoolisées.

À Londres

On recense plusieurs centaines de pubs dans la capitale. Il y a les grands classiques et ceux de tous les jours où se retrouvent les habitués. Ne pas oublier que nombre d'entre eux proposent quelques plats bon marché le midi. La distinction entre pubs, bars, clubs de musique *live* et boîtes n'est pas aussi nette en Angleterre qu'en France. Certains pubs accueillent des groupes plusieurs soirs par semaine. S'il y a de la place, on peut même y danser. Quand aucun groupe ne s'y produit, ce sont des pubs comme les autres. L'ambiance peut donc énormément varier d'un soir à l'autre.
Certaines de nos adresses pourraient fort bien figurer dans nos rubriques « Où manger? », « Où écouter de la musique? » et même « Où danser? » Mais c'est tout de même leur aspect pub ou bar qui domine. Quand une formation musicale se produit, elle joue de 21 h à 23 h, heure de fermeture générale des pubs. L'après-midi, c'est le grand calme, malgré la présence de quelques éternels piliers de comptoir. Vous trouverez donc des adresses traditionnelles aussi bien que des endroits plus mode, genre café pour jeunes sympa. Les pubs historiques sont la plupart du temps signalés par un écriteau bleu : « This is an heritage pub ».

Les punks

À la fin des années 70, ces sales garnements devenaient l'une des grandes attractions de la ville la plus conservatrice du monde. Au point que des touristes en mal d'émotions allaient jusqu'à dépenser 10 livres sterling pour rapporter la photo d'un Iroquois! En dépit du slogan « Punk's Not Dead », le mouvement est bel et bien mort, récupéré par les commerçants et détrôné par la house et le rap. Une brève histoire du punk s'imposait donc, ne serait-ce que pour se rappeler de bons souvenirs (et informer les plus ignares de nos lecteurs)...
Contrairement à ce qu'ont pu dire les amis du pape, le punk n'est pas une invention du diable, mais bel et bien un phénomène social (à moins que le chômage ne soit lui-même une trouvaille luciférienne?). Il ne serait pas né sans la crise qui frappa l'Angleterre après le premier choc pétrolier. À la différence de la plupart des hippies, les « keupons » sont avant tout des fils de prolos. L'un deux, lucide, déclarait à la presse musicale : « Je n'avais que trois possibilités pour m'en tirer : braquer une banque, devenir footballeur ou chanter. Et comme je n'étais ni courageux, ni sportif... » Vers 1975, un nouveau genre musical apparaît à Londres, en réaction à la musique planante

de l'époque : le pub rock, qui renoue avec l'esprit originel du rock'n'roll. Parmi ses piliers (de bar) : Elvis Costello, Doctor Feelgood et le troubadour Ian Dury, inventeur de la maxime « Sex And Drugs And Rock'n'Roll ». Devant le succès (surtout scénique) de la formule, des centaines de jeunes révoltés fourbissent leurs guitares en attendant de pouvoir eux aussi monter sur les planches... Au même moment, à New York, le public rock découvre les jeans déchirés des Ramones, la poétesse Patti Smith et les provocants New York Dolls. Le manager des Dolls, dégoûté par le show-biz américain, revient à Londres bien décidé à se venger. Malcom McLaren ouvre une boutique de fringues sur King's Road, sobrement baptisée *Sex*. Un jour, il surprend des petites frappes en train de chaparder ses tee-shirts. Impressionné par leur look, McLaren a une intuition proche du génie : les manager pour révolutionner l'histoire du rock... Les Sex Pistols sont nés. Ils jouent comme des patates, mais leur allure, leurs slogans, leur énergie, la voix frénétique de leur chanteur (Johnny Rotten – « pourri » en français) et le masochisme de leur bassiste (Sid Vicious) les propulsent immédiatement. Grâce à un concours d'injures lors d'une émission de la BBC TV, scandale dénoncé le lendemain par toute la presse, les ventes de leur 45 tours *Anarchy In The UK* font un carton. Dans la foulée, les maisons de disques signent avec tous les groupes punks qui leur tombent sous la main. Quelques-uns entrent aussitôt dans la légende : The Clash, The Stranglers, Buzzcocks, Damned...
Tous les musiciens amateurs du moment s'engouffrent dans la brèche. Le public imite l'attitude et le look de ces nouvelles idoles. La presse grand public s'en prend à ces dégénérés. Les conservateurs s'étranglent devant une subversion aussi populaire. Peu d'observateurs arrivent à admettre, sur le moment, que cette violence et ce nihilisme crûment affichés ne sont qu'un reflet d'une société elle-même en pleine décadence... Les punks avaient déjà existé : le terme désignait avant-guerre les exclus et les paumés américains...
Musicalement, la vague punk aura eu le mérite de réinjecter une rébellion et une vitalité propres au rock des pionniers, et que l'on croyait avoir perdues depuis longtemps... Autosabordée en 1978 (après le suicide de Sid Vicious), la scène punk anglaise généra aussitôt un autre genre, aussi créatif et excitant, quoique moins spectaculaire : la *new wave,* dont sont issus les groupes les plus intéressants des années 80. Preuve que le slogan « No Future » était lui aussi dérisoire.

Santé

Consultation gratuite si vous venez du Marché commun à condition que vous alliez chez votre *GP* (*general practitioner :* médecin), celui du quartier où vous habitez ou bien étudiez. Demandez à quelqu'un du coin ou à l'opératrice téléphonique.
Les médicaments sont maintenant payants. Il faut souvent prendre rendez-vous à l'avance à la *surgery* (consultation) : insistez sur l'urgence pour que l'on ne vous soigne pas la semaine prochaine votre rhume d'aujourd'hui. Les urgences de nuit dans les hôpitaux sont bien entendu gratuites. On vous donnera gratuitement les médicaments nécessaires pour tenir jusqu'au lendemain, ainsi qu'une ordonnance pour aller chercher le reste dans une pharmacie.

Adresses et renseignements utiles

■ *Services de secours :* ☎ 999. C'est gratuit et ça continue de fonctionner même si le poste est cassé.
■ *Dispensaire français :* 2 Osna-

burgh Street, NW1, juste en face de la station de métro Great Portland Street (Circle ou Metropolitan Line). ☎ 388-32-15. Ouvert normalement de 10 h à 16 h 30. Soins gratuits.

■ *Charing Cross Hospital :* Fulham Palace Road, W6. ☎ (0181) 846-12-34. M. : Hammersmith.

■ *Westminster Hospital :* Dean Ryle Street, SW1. ☎ (0181) 746-80-00.

■ *Eastman Dental Hospital :* 256 Gray's Inn Road, WC1. ☎ 915-10-00. M. : King's Cross. Soins dentaires. Ouvert du lundi au vendredi, de 9 h à 17 h. Pas besoin de rendez-vous. Ou appeler le *Dental Emergency Care Service* qui saura vous indiquer un dentiste. ☎ 955-21-86. Du lundi au vendredi de 8 h 45 à 13 h et de 14 h à 15 h 30.

■ *Bliss Chemist :* 5 Marble Arch, W1. Pharmacie ouverte jusqu'à minuit.

■ *Boots :* 75 Queensway, W2. ☎ 229-92-66. M. : Bayswater. Pharmacie ouverte de 9 h à 22 h du lundi au samedi, et de 17 h (15 h l'été) à 22 h le dimanche. De nombreux autres *Boots* dans Londres, notamment sur Oxford Street, à Covent Garden (à deux pas du métro en allant vers le marché), etc.

– Attention, les *pharmacies de garde* n'ouvrent qu'une heure le dimanche et les jours fériés. Donc, bien planifier sa maladie !

Savoir-vivre, coutumes

– Sachez que l'on verse le lait *avant* le thé ! Sauf avec du thé en sachet, c'est tout à fait mauvais. Le thé se sert dans un *mug*, ces tasses épaisses avec une large anse. Hormis dans les hôtels, les Anglais le servent rarement dans des tasses en porcelaine (anglaise). Pas pratique du tout. Dans les bureaux, tout le monde a son *mug*. On ne trempe jamais ses toasts dans son thé et on se sert en confiture avec un couteau et non une cuillère. Sinon, *shocking !* Le sucre brun est réservé au café.

– Le fromage se prend souvent à la fin du repas, après le dessert... (On rigole !).

– On ne serre jamais la main d'un Anglais, sauf quand on le voit pour la première fois.

– *Handicapés :* les Anglais ont pensé à vous bien avant nous et sont exemplairement équipés... *Guide Of Disabled Facilities,* voir les offices du tourisme.

– Jeter une vieille boîte de conserve par terre amène immédiatement une amende si un agent se trouve à proximité. À payer sur-le-champ. Être français ne change rien.

– *Shoplifting is a crime.* Les Français sont très, très repérés dans les magasins, et vu notre propension élevée à tirer de jolies choses si tentantes, nous passons illico au tribunal, tarifs dissuasifs.

– Les cigarettes sont hors de prix ! Fumer des billets de banque revient moins cher.

– Pas question d'amener Médor. Même vaccinés, tous les animaux doivent subir une « quarantaine » de... six mois, sans exception ; on ne plaisante pas avec la rage.

Shopping

– Disques ;
– gadgets culinaires et scolaires au prix du tout-venant ;
– briquets, cartouches de cigarettes, scotch et whisky (hors taxe dans l'avion ou dans un *duty-free shop* aux aéroports, sur les bateaux ou à l'entrée du Shuttle lorsque vous effectuez la traversée du tunnel en voiture) ;

attention, seuls certains produits sont avantageux, relevez vos prix avant de partir ;
– ne pas oublier que la hi-fi est un peu moins chère qu'en France ; les citoyens du Marché commun bénéficient d'une franchise douanière ;
– les fameux bonbons *Quality Street,* la marmelade, les sauces, le thé (même les Anglais se mettent à le consommer en sachet ; essayez le très ordinaire *English breakfast,* un thé du matin de très bonne qualité) ;
– le meilleur cigare du monde est le *Meltonian,* pas si cher ;
– l'imperméable *Barbour* : constitué d'un col de velours côtelé et d'un coton traité avec de la cire et de l'huile ; il est solide, pratique, indémodable et inusable, mais cher ;
– toutes sortes d'objets originaux ou classiques et pas trop chers dans les boutiques du *National Trust ;* recherchez-les pour la qualité mais aussi pour la *B.A.* ; c'est une organisation publique où chacun s'associe pour préserver l'héritage britannique, sauver les châteaux des villages, des falaises...

Correspondance des tailles

● *Vêtements pour femmes*

France	38	40	42	44	46
Grande-Bretagne Robes	10	12	14	16	18
Grande-Bretagne Pulls	32	34	36	38	40

Pour les collants (*tights*, prononcer « taïts ») : le *small*, ou petit, est notre 1 ou normal, le *medium* est notre 2 ou long, le *large*, ou *tall*, est notre 3 ou super.
Marks and Spencer est réputé pour sa lingerie pas chère et de qualité. Petite culotte se dit *panties,* et *slip* signifie combinaison. Quand on ne dit pas *lingerie*, on dit *underwear*. Jupe se dit *skirt*.

● *Vêtements pour hommes*

France	39	40	41	42	43
Grande-Bretagne Pulls et chemises	15	15.5	16	16.5	17

Pour les pantalons, les tailles sont celles que vous connaissez sur les jeans.

● *Chaussures*

France	37	38	39	40	41	42	43
Grande-Bretagne	4	5	6	7	8	9	10

● *Pour les enfants*

Stature en centimètres	100	125	155
Âge	3-4	7-8	12
Stature en inches	40	50	60

Horaires des boutiques

Les boutiques sont en général ouvertes du lundi au samedi jusqu'à 18 h 30, mais de plus en plus, surtout dans le centre touristique, elles ouvrent également le dimanche. Autres exceptions, les épiceries qui font du non-stop de 9 h jusqu'à 22 h. Les grands magasins ont une fois par semaine une nocturne jusqu'à 20 h. Pendant la période des soldes *(sales)* – de la fin décembre à la fin janvier et début juillet – les magasins des quartiers commerçants sont ouverts jusqu'à 20 h, voire 21 h.

Voici, en gros, les différents coins commerciaux : Oxford Street, Regent Street et les environs; Covent Garden, un des repaires de la mode de luxe; Knightsbridge et Brompton Road (plutôt luxueux); King's Road, Fulham Road et les rues avoisinantes.

Vêtements et chaussures

Temple de la mode dans les années 60, Londres a quelque peu perdu sa créativité au fil du temps. Le fan des *Sixties* retrouvera l'ombre de ces années folles dans Carnaby Street, où la mode hésite entre punkitude commerciale et nostalgie bon enfant. Le paradis de la *street fashion* a, lui, son jardin dans Kensington High Street, mais même cette spécialité anglaise a vu sa fraîcheur récupérée par les commerces qui anticipent et influencent les tendances de la rue.

Le « must » de la mode anglaise est incarné par quelques créateurs qui, s'ils ont pignon sur rue à Paris, ont leurs boutiques phares et surtout des soldes permanentes à Londres. Parmi les incontournables, on citera *Vivienne Westwood*, quasi grand-mère excentrique, et *Paul Smith* pour les hommes.

– Les grands magasins d'*Oxford Street (plan III, A-B2)* sont toujours à conseiller, ainsi que ceux de *Regent Street*.

– Tout *King's Road (plan I, A3)* est couvert de boutiques chères mais ô combien attirantes. Surtout intéressant pour les messieurs (pour les filles, il n'y a que Paris!). Soldes en janvier.

– La mode de luxe se trouve dans le coin de *Kensington High Street*, W8. C'est cher. Vous pouvez aussi aller faire un tour chez **Harrod's** ou chez **Harvey Nichols.**

Disques et vidéos

Les « galettovores » et autres « compactophiles » adorent Londres! Normal, on y trouve de tout... Déjà, en son temps, notre ami Boris Vian (qui détestait les voyages) se faisait rapporter des *collectors* de jazz...

Chez les gros disquaires, véritables hypermarchés du disque, le choix est impressionnant, mais vous ne trouverez pas de vraies raretés *(collectors)*. La place laissée au bon vieux vinyle y est d'ailleurs de plus en plus limitée. Prix intéressants uniquement sur les nouveautés. Le reste est pratiquement au même tarif qu'en France, contrairement à une idée reçue. Cherchez en arrivant les rayons « Best » (ou « Special Price »), qui proposent des réductions sur les produits en promo. À noter : ces magasins ont également des stocks importants de cassettes vidéo, qui sont, elles, à des prix sans commune mesure avec ceux pratiqués en France. Le pied pour les amateurs de films d'horreur, de films animaliers, de concerts filmés, de clips ou de séries TV cultes...

Les petits disquaires sont des boutiques à échelle humaine, tenues par de vrais passionnés. Généralement spécialisées par genre (rock, blues, jazz ou classique). Certaines d'entre elles ne font que de l'occasion *(secondhand)* : c'est là que vous trouverez d'authentiques *collectors*. Mais n'oubliez pas de vérifier l'état du disque avant d'acheter (même pour les CD, qui se raient aussi)... Notre liste est non exhaustive, bien sûr : la ville regorge de petits disquaires. C'est surtout à Soho que vous les trouverez, entre autres dans Berwick Street (M. : Tottenham Court Road, Oxford Circus ou Piccadilly Circus). Une destination incontournable, entre les sex-shops et le marché aux fruits et légumes (bonjour le mélange d'odeurs *poppers*-poireaux). Plusieurs boutiques où vous dénicherez des curiosités introuvables ailleurs : l'une vend de la techno (on y trouve aussi des infos sur les *raves* à venir), l'autre s'est spécialisée dans la musique noire.

Spectacles et sorties

Musique

On ne vous apprend rien : Londres est la vraie capitale du rock (et de ses dérivés). Ici sont nés la pop, le psyché, le hard, le punk, la new puis la cold wave, l'acid house et tant d'autres vagues météoritiques aux noms barbares. Pourquoi ici plus qu'ailleurs ? Au moins deux bonnes raisons à cela : d'abord la pression d'une société conservatrice qui incite une frange de la jeunesse à revendiquer sa quête de liberté. Ensuite (et paradoxalement) une concentration fabuleuse de lieux où s'exprimer : les pubs et les clubs (à ce propos, si les musiciens français avaient plus d'endroits pour jouer, il y a fort à parier que leurs disques s'exporteraient mieux). D'autres facteurs ont joué en faveur de la scène anglaise : un penchant indéniable pour l'excentricité (ici fut inventé le look), une grande ouverture aux influences étrangères (soul, blues, musique indienne, reggae...) et aussi, bien sûr, les crises industrielles successives qui poussèrent des milliers d'adolescents à exprimer leur colère, puis à se chercher une place au soleil du *rock business*...
Bref, toujours est-il qu'une visite londonienne digne de ce nom inclut forcément un ou plusieurs concerts. Vous avez l'embarras du choix vu le nombre de salles. L'excellent *Time Out* vous facilitera le travail grâce à son calendrier hebdomadaire, classé par genres musicaux. N'hésitez pas à aller découvrir des groupes inconnus : on a très souvent des surprises, le niveau général étant largement plus élevé que chez nous. Autre élément non négligeable : le public londonien est ce qu'il est convenu d'appeler un « bon public ». L'ambiance est le plus souvent chaleureuse, voire mémorable quand les groupes sont en forme. De plus, les places ne sont vraiment pas chères. Convaincu ?
Quelques salles de notre sélection (forcément réductrice, mais en principe représentative) constituent la base du rock et du jazz à Londres. On n'y va pas pour danser, mais pour écouter de la musique. La plupart des boîtes où l'on danse accueillent également des groupes. On les a généralement classées dans la rubrique « Où danser ? », mais elles pourraient aussi bien figurer dans « Où écouter du rock, du blues, etc. ? » (quel casse-tête, *mamma mia*!).
Quant aux boîtes proprement dites, les plus à la mode disparaîtront avant que ces lignes ne soient imprimées. D'autres existent depuis des années et nous survivront sans doute. Il y en a pour tous les goûts, de la plus chébran à la plus *people*. La plupart sont fermées le dimanche soir, mais pas toutes. Passez un coup de fil, car ce genre d'infos, ça a la bougeotte.
– Juste à côté du *Jazz Café* à Camden se trouve un **bureau de vente** de billets pour plein de concerts. Possibilité de réserver par téléphone : ☎ 344-00-44.

Musique classique

Vous trouverez l'adresse des sept grandes salles de musique classique (*Barbican Hall, English National Opera, Purcell Room, Queen Elizabeth Hall, Royal Albert Hall, Royal Festival Hall, Royal Opera House*) dans leurs quartiers respectifs. Reportez-vous à l'index.

Théâtre

La plupart des théâtres sont dans le West End. Ils jouent généralement du « boulevard », sauf quelques pièces qui ont percé dans les « Fringe

Theatres » et qui accèdent aux honneurs du West End. Un peu comme les « Off Broadway » qui aboutissent à Times Square à New York. C'est ainsi qu'une pièce super, *Accidental Death Of An Anarchist*, quitta son ghetto pour le Wyndham Theatre à Charing Cross. Les pièces du West End sont les plus chères et ses billets les plus difficiles à obtenir.

– Possibilité d'acheter des billets à moitié prix pour la plupart des théâtres le jour même. **Half-Price Ticket Booth :** Leicester Square, WC2 (sur la place, à côté du square). Le guichet est ouvert de 12 h à 14 h pour les représentations données en matinée, et de 14 h 30 à 18 h 30 pour les soirées. On peut encore avoir des *standby seats,* mises en vente une heure avant chaque représentation dans la plupart des théâtres.

Attention! Le *Half-Price Ticket Booth* est la seule agence « officielle » (commission de £ 1 à £ 1,25 par billet). Les autres agences, très nombreuses dans Londres, doivent prendre une commission de 25 % maximum. Si vous achetez votre billet dans l'une d'entre elles, vérifiez bien que l'on vous indique le prix d'origine, et que la commission n'est pas plus importante. Surtout n'achetez jamais un billet au noir. Il peut être le triple ou le quadruple du prix normal, voire carrément un faux !

En plus de ceux qu'on indique, beaucoup d'autres petits théâtres, malgré les difficultés financières et les coûts de production, présentent des spectacles de tout premier ordre et font de Londres probablement la capitale du monde pour le théâtre expérimental.

Cinéma

Signalons que les salles du centre sont plutôt chères. Les prix sont plus intéressants dans les cinés de la banlieue proche. Sachez tout de même que les cinés MGM et Odéon proposent des réductions du lundi au vendredi pour les séances avant 17 h ou 18 h. Cela dit, voir un film en v.o. non sous-titrée vous fera économiser des cours d'anglais !

Sport, jeu et « fair play »

Les Anglais aiment à croire qu'ils ont inventé tous les sports, ce qui est – il faut l'avouer – presque vrai. Une grande partie de l'activité scolaire y est d'ailleurs consacrée : il faut un esprit sain dans un corps sain, et non pas faire comme les Continentaux qui fabriquent des intellectuels buvant du café jusqu'à des trois heures du matin, refaisant un monde dans lequel de toute façon aucun Anglais ne voudrait vivre... Il y a d'ailleurs beaucoup de sports que les Britanniques n'ont jamais réussi à exporter, tel le roulage de fromage par exemple, qui se pratique sur la colline de Cooper's Hill depuis le XVIe siècle. Il y en a bien d'autres du même tonneau, et nous ne parlerons pas du lancer de troncs d'arbres puisqu'il s'agit d'un jeu écossais...

Le sport en Angleterre est invariablement associé avec les paris : l'enjeu du roulage de fromage consiste en droits de pâturage ! Les Anglais sont prêts à parier n'importe quoi et sur tout. Les *bookmakers* – une institution privée en Angleterre – prennent des paris sur le sexe du prochain enfant royal à naître, sur le pays qui accueillera les prochains Jeux olympiques ou, tout simplement, sur le temps qu'il fera demain. Dans ce dernier cas, les optimistes sont désavantagés ! Ce goût du pari montre aussi leur refus profond de croire qu'autre chose que les lois du hasard puisse régir la vie.

Le cricket

L'essentiel dans le cricket est l'immobilité. Une des grandes qualités de ce jeu – selon les Anglais – est qu'il se joue tellement lentement que le jeu n'interrompt jamais une conversation... ni sur le terrain, ni chez les spectateurs. Un match peut durer jusqu'à 30 h étalées sur 5 jours, imaginez ce qui peut se passer lors des étés pluvieux... ! Les joueurs sont habillés de façon identique, tout en blanc, les subtilités du jeu sont imperceptibles et les règles obscures. L'Inde, le Pakistan, le Sri Lanka ont d'excellentes équipes : l'Orient mystérieux a trouvé là une osmose culturelle et, la réincarnation aidant, ils en ont peut-être encore mieux compris les règles que les Anglais. La Nouvelle-Zélande et l'Australie, animées par de vieux antagonismes, adorent battre ces derniers sur leur propre terrain. Les Jamaïcains y jouent car ils sont fondamentalement bon enfant. La compétition internationale de cricket opposant l'Australie à l'Angleterre s'appelle très officiellement *The Ashes* (les Cendres) car, en 1882, l'Australie remporta pour la première fois ce tournoi, et un critique sportif écrivit le lendemain que « les cendres du cricket anglais furent enterrées ce jour-là... » Depuis, ce sont ces mêmes « cendres » qui sont remises en jeu !

Les fléchettes

Revoilà le pub... Personne ne crache plus dans la sciure comme au début du siècle, ou dans les crachoirs géants mis à la disposition des clients. En revanche, on joue toujours aux fléchettes *(darts)*. Le jeu remonterait à la guerre de Cent Ans. La légende veut qu'un jour où il faisait un temps de chien, les archets anglais, abrités sous une grange, s'amusèrent à lancer des flèches sur la tranche d'un billot de bois. Ils en vinrent vite à raccourcir leurs projectiles jusqu'à obtenir des *dartes* (le mot est d'ailleurs français), proches des fléchettes actuelles. Les divisions en secteurs de la cible moderne s'inspireraient de même des veines d'éclatement du bois. Ainsi naquit ce jeu célèbre aux règles compliquées. Nous allons essayer de vous les expliquer le plus simplement possible.

On peut jouer individuellement ou par équipes. Le but du jeu est de partir d'un chiffre donné et d'arriver le premier à zéro, en déduisant à chaque fois les points obtenus. Ce chiffre est généralement de 301 lorsqu'il s'agit de deux joueurs et de 501 pour deux équipes. Chaque joueur dispose de trois fléchettes et tente de les placer dans la cible posée à 1,73 m du sol et située à 2,74 m d'une ligne appelée « hockey line ». Cette cible ressemble à une grosse tarte coupée en 20. Elle était autrefois en bois d'orme et, pour la conserver, on la plongeait chaque soir dans un tonneau de bière. On utilise aujourd'hui le sisal, une fibre végétale compressée et cerclée de fer. Les secteurs sont numérotés de 1 à 20, apparemment dans le désordre, en fait les numéros les plus élevés sont encadrés par les numéros les plus faibles. Chaque fléchette marque les points correspondant au point d'impact. Le cercle extérieur double les points, celui du milieu les triple, le centre (*bull eye*, de couleur rouge ou noir) vaut 50 points et le petit cercle autour 25 points. Les fléchettes qui se plantent mais finissent par retomber ne comptent pas. Au 301, il faut toujours débuter par un double pour avoir le droit de continuer (la partie est dite *double-in*). La fin est souvent héroïque ! Il ne faut pas dépasser le zéro et recommencer tant qu'on ne l'a pas atteint précisément. Encore faut-il finir par un double ! Mais prenez patience, même les plus grands champions ont parfois du mal à finir.

Voilà pour les règles pratiquées en compétition officielle. Maintenant, cela se complique encore. Chaque pub a ses habitudes voire ses propres règles. Il existe de nombreuses variantes plus conviviales comme le *killer*, le *capital*, le *mickey* ou l'horloge, et les détailler toutes serait impossible. Les fléchettes dans les pubs sont avant tout un passe-temps, ne grimpez pas sur vos grands chevaux si on vous sort une règle de derrière les fagots. Et ne soyez pas mauvais joueur, puisque de toute façon cela se termine toujours autour d'une pinte de bière.

La folie du bingo !

Les femmes sont dingues du *bingo*, surtout les vieilles dames. Ce jeu qui ressemble au loto est typique de l'Angleterre tout comme le cricket ou la Rolls. Chaque ville a le sien. Il faut absolument y faire un tour (à la fin de la journée) pour y rencontrer l'Angleterre profonde. Chaque joueur dispose d'une carte et dans un grand silence le speaker annonce des numéros. Le gagnant est celui qui a sur sa carte tous les numéros annoncés. Les autres se consolent en dépensant leurs dernières piécettes dans les *slot machines* dont vous apprécierez la variété avant que l'on ne passe à l'électronique, sur les *piers* (jetées) et dans les *amusement arcades.* On appelle la boîte à jackpot la *fruit-machine* ou le *one-armed bandit.* Méfiez-vous de certains pubs où on gagne seulement des *tokens* (jetons) à boire sur place...

Téléphone

– Le téléphone est moins cher du vendredi midi au dimanche midi, et en semaine de 20 h à 6 h.
– **Pour téléphoner d'une cabine publique,** mettez les pièces, puis composez votre numéro. Si le bip-bip est lent, la ligne est occupée.
Vous remarquerez qu'il existe deux types de cabines. La plupart appartiennent à *B.T. (British Telecom)* et acceptent les cartes téléphoniques vendues par *B.T.* Certaines prennent les pièces et les cartes de crédit. Pour les appels internationaux et interurbains, préférez les autres cabines, en général de couleur orange, exploitées par *Interphone.* Elles acceptent les cartes dont il faut gratter le numéro et les cartes de crédit. Les premières sont en vente dans les kiosques à journaux, les tabacs et les magasins de souvenirs (on voit le sigle dans la vitrine). Le moyen le moins cher d'appeler l'étranger. Un détail rigolo : les cabines publiques sont souvent tapissées de cartes de visite suggestives laissées par... des call-girls !
Les cartes téléphoniques prépayées à code Kertel permettent d'appeler de tous les téléphones sonores, tant en France que dans 24 pays étrangers. Elles offrent des tarifs très intéressants vers l'étranger et les mobiles. Pratiques, idéales pour voyager, elles sont rechargeables 24 h/24 h et 7 j/7 sur simple appel. Pour connaître les points de vente, appelez le ☎ 08-36-68-30-03.
– **Pour téléphoner en France en PCV** de n'importe quelle cabine, mettre 10 p pour la tonalité, puis composer le : ☎ 0-800-89-00-33, on obtient directement un opérateur de *France Télécom.* Attention, ce service est très pratique, mais il faut savoir qu'il en coûtera à votre correspondant un minimum de 3 mn de communication, plus un forfait de 44 F (6,7 €). À utiliser avec modération !

Indicatifs des villes

Birmingham	121	Leicester	116	Norwich	1603
Brighton	1273	Liverpool	151	Nottingham	1602
Bristol	117	Londres	171	Plymouth	1752
Cardiff	1222	Londres (banlieue)	181	Sheffield	114
Guernesey	1481	Manchester	161	Southampton	1703
Jersey	1534	Newcastle/Tyne	191		

Pour téléphoner d'un endroit à l'autre en Angleterre, il faut avoir l'*area code* précédé du 0 (zéro). Pour l'obtenir, composer le ☎ 192 (appel gratuit à partir des cabines) afin d'être renseigné par l'opératrice. Le code et le numéro de téléphone sont épelés chiffre par chiffre, et le zéro se prononce « o » comme la lettre. Ainsi 20 se dira « two o » et non « twenty ».
Londres possède **2 indicatifs : 0171** pour le centre et **0181** pour la grande

couronne. Il est inutile de composer cet indicatif si vous appelez quelqu'un à l'intérieur d'une même zone. Quand l'indicatif d'un numéro est le 0171 (centre de Londres), on ne l'indique pas.
- *Grande-Bretagne* → *France :* 00 + 33 + numéro du correspondant (à 9 chiffres, sans le 0 initial).
- *France* → *Grande-Bretagne* (environ 4,50 F/mn) *:* 00 (tonalité) + 44 + indicatif de la ville (mais sans le 0 qui n'est utilisé que pour les liaisons à l'intérieur de la Grande-Bretagne) + numéro du correspondant.
- Renseignements internationaux : ☎ 153.

Transports londoniens

Aux dernières nouvelles, on s'attend à une nette amélioration des transports à Londres, le gouvernement ayant décidé d'investir dans la lutte contre la pollution : la voiture, au garage! (On ferait bien d'en faire autant à Paris!)
Le bus et le métro sont les moyens idéaux pour se déplacer. Le trajet unique est hors de prix (deux fois plus cher qu'à Paris). Vous n'avez pas vraiment le choix, les cartes journalières ou hebdomadaires reviennent moins cher. Procurez-vous dès votre arrivée le plan du métro *(Journey Planner)* et celui des lignes de bus. Attention, à la différence de Paris, il n'y a pas de tarif unique pour le métro : le prix du ticket varie en fonction de là où vous êtes et où vous vous rendez.

Billets spéciaux

– *One-Day Travelcard* ou *One-Week Travelcard :* carte à la journée ou hebdomadaire. Permet de circuler à volonté dans les bus, le métro et les trains de banlieue. Le moyen le plus économique de circuler à Londres, et de loin. La *One-Day Travelcard* est valable à partir de 9 h 30 du lundi au vendredi et toute la journée les samedi, dimanche et jours fériés. Attention, cette carte n'est pas valable dans les bus de nuit dont le numéro est précédé par un « N ». Pour la carte hebdomadaire, avoir une photo d'identité. Carte à prix réduit pour les enfants de moins de 15 ans. Conservez votre ticket pour la sortie, il faut le repasser dans la machine. Londres est découpé en 6 zones concentriques. Acheter la carte correspondant aux zones où vous vous rendez. Même principe qu'à Paris avec la carte orange. La carte hebdomadaire est plus avantageuse que la carte journalière au bout de 5 jours.
– *Carnet :* il s'agit d'un carnet de dix tickets, utilisables en zone 1 et dans le métro uniquement. Valables pendant un an. Un peu moins chers qu'à l'unité, mais intéressants seulement si l'on fait peu de trajets par jour (sinon prendre une *Travelcard*).
– *Family Travelcard :* comme une *One-Day Travelcard,* mais pour une famille (de 1 adulte plus 1 enfant jusqu'à 2 adultes plus 4 enfants). 20 % moins cher.
– *Week-End Travelcard : Travelcard* valable le week-end (samedi et dimanche) et les jours fériés. Moins cher que deux cartes à la journée.
– *Red Bus Rover :* carte valable une journée sur tous les autobus rouges. Pas très pratique.
– *Visitor Travelcard* (ticket métro/autobus/train) *:* carte de 2, 3, 4 ou 7 jours, valable sur tous les transports londoniens dans la totalité des zones. Elle comprend le transfert Heathrow-Londres, pour ceux qui arrivent en avion. Cette carte existe également limitée à la zone 1 ou aux zones 1 et 2 (valable 3, 4, ou 7 jours). Très bien et économique, mais on ne peut pas l'acheter en Angleterre. Se la procurer en France, auprès de *BritRail* à la Maison de la Grande-Bretagne à Paris (commandes possibles : ☎ 01-44-51-06-00 ou

par Minitel : 3615, code BR). Cette carte, réservée aux touristes, offre en plus des réductions dans la plupart des hauts lieux londoniens.

Le métro (*underground* ou *tube*)

Les Anglais sont très démocrates, il n'y a qu'une classe pour voyager dans le métro, comme en France. Cela vous permettra de rencontrer un étudiant à côté d'un financier très digne et très britannique. Le tarif varie selon la distance (système de zones). Plus compliqué qu'à Paris et plus cher. Il est assez facile de se tromper car d'une même station partent des métros allant dans diverses directions. Il y a 11 lignes et 6 zones (circulaires comme à Paris).

La destination de la rame et le temps d'attente avant son arrivée sont indiqués en tête du train et par un panneau électronique, sur le quai. Renseignez-vous car certaines stations étant fermées le week-end, ou plus tôt le soir, vous risquez de marcher beaucoup si vous vous trompez. Attention, conservez votre billet car on l'exige à la sortie. Les dernières rames passent entre 23 h et 1 h. L'heure de la dernière rame de métro est affichée aux guichets de vente des billets. Le métro démarre à 5 h 30 du lundi au samedi, 7 h le dimanche. Depuis l'incendie de King's Cross en septembre 1987, il est interdit de fumer dans les métros, stations et couloirs.

The Docklands Light Railway (D.L.R.)

Train automatique aérien. Il circule à partir de Bank ou Tower Gateway (près de la station Tower Hill). Des billets « Sail and Rail » permettent un nombre illimité de trajets sur la ligne et une promenade en bateau sur la Tamise entre Greenwich et Westminster. À partir de 10 h, des trains spéciaux partent toutes les heures de Tower Gateway avec un guide touristique à bord. Compter £ 7,50 (11,4 €) par adulte, et £ 3,80 (5,77 €) par enfant.

Le bus

Le bus est meilleur marché et plus sympa que le métro. Si vous voulez admirer au mieux le paysage, montez au premier étage. Demander à l'office du tourisme un plan du réseau de bus.
– *Bus rouges* : pour Londres seulement.
– *Bus verts* : pour Londres et la banlieue.
Quelques grandes lignes de bus, partant de Londres et desservant la banlieue, fonctionnent la nuit. Elles ont un « N » devant le numéro. Ces bus fonctionnent de minuit à 6 h. Environ un bus par heure. Ils ne s'arrêtent que sur demande.

Les bus partent tous de Trafalgar Square. En fonction de la direction vers laquelle vous allez, ils sont répartis autour de la place. Vous verrez qu'après 2 h, le légendaire flegme britannique devient une notion assez floue et plus tard, c'est une vraie expérience d'observer tous ceux qui rentrent chez eux après une nuit en boîte dans des habits de lumière un peu froissés. Intéressant. On ne peut pas utiliser sa carte d'abonnement à la journée pour ces trajets de nuit. De plus, les bus de nuit sont assez chers.

Les bus s'arrêtent automatiquement aux arrêts avec un panneau blanc et le signe du *London Transport*. Lorsque le panneau est rouge, il faut lever le bras (ou sonner si l'on est dans le bus).

Parfois, on ne paie pas tout de suite. Un contrôleur passe après coup. Ne pas s'étonner. Cette pratique est spécifiquement londonienne (ne pas le faire dans les *bus verts* qui desservent la banlieue).
– *Stationlink Bus* : les bus rouge et jaune de cette compagnie relient les principales gares de Londres, de 9 h à 19 h. Un départ par heure en général. Infos : ☎ 222-12-34.

Le taxi (*taxi* ou *cab*)

Aussi cher qu'en France, mais bien plus pratique car on en trouve partout et ils prennent jusqu'à 5 personnes (3 en France). Vraiment utile quand vous sortez de boîte et qu'il n'y a plus ni bus, ni métro. Les contacts avec le chauffeur sont limités car une vitre souvent aux trois quarts fermée le sépare des passagers (ce qui ne les empêche pas d'être plus souriants qu'à Paris!). Ils sont libres quand le signal jaune « For hire » est allumé. Habituellement, on laisse 10 % de pourboire.

Vous pouvez également utiliser les *mini-cabs*. Ce sont des taxis travaillant avec des agences privées, assez rudimentaires, localisés généralement près des *tube stations* (stations de métro). Peu répandus et assez mal organisés mais intéressants dans certains endroits. Prix de la course à négocier. On peut les prendre pour l'aéroport (moins cher qu'un taxi classique si on sait négocier).

– **Si vous avez perdu quelque chose dans un taxi :** appelez *Lost Property,* ☎ 833-09-96.
– **Appel de taxi :** *Dial a Cab,* ☎ 253-50-00. *Radio Taxis,* ☎ 272-02-72. Attention, c'est beaucoup plus cher. Pour les *mini-cabs,* une des compagnies les plus sérieuses est *Addison Lee* (☎ 387-88-88). Également *Lady Cabs,* qui n'emploient que des chauffeurs femmes (☎ 272-30-19 ou 254-33-14).

Bicyclettes et mobylettes

– Si vous venez avec votre mobylette, les formalités d'entrée sont les mêmes que pour un véhicule, c'est-à-dire :
• un permis de conduire national, international ou britannique ;
• une carte verte d'assurance que votre compagnie peut vous délivrer ;
• une immatriculation même pour les moins de 50 cm^3 (ce qui n'est pas le cas en France). S'adresser au service des cartes grises de la préfecture de police. Pour Paris : 1, rue de Lutèce, 75004. ☎ 01-53-71-53-71 ou 01-53-73-53-73. M. : Cité.

Des pneus de première qualité sont indispensables et la loi exige des freins en parfait état. Les règlements concernant l'éclairage sont également stricts. Pour les mobylettes, le port du casque est OBLIGATOIRE. Ne l'oubliez pas ! Attention, les roues de 700-28 n'existent pas en Grande-Bretagne !

Il est obligatoire pour embarquer d'avoir une étiquette avec nom, adresse et destination. La préparer avant le départ, plastifiée, nettement plus pratique.

Il n'existe pas de pompe avec mélange. Donc prévoir un doseur d'huile.

• *Location de bicyclettes, mobylettes et motos*

■ ***Bikepark :*** 14 Stukeley Street, WC2. ☎ 430-00-83. M. : Covent Garden. Ouvert du lundi au vendredi de 7 h 30 à 19 h 30 et le samedi de 10 h à 18 h. Loue des vélos. Assez cher pour une journée, les tarifs, dégressifs, deviennent ensuite beaucoup plus abordables. En gros, £ 10 (15,2 €) le premier jour, £ 5 (7,6 €) le deuxième, puis £ 3 (4,56 €) les jours suivants.

■ ***London Bicycle Tour Company :*** Gabriel's Wharf, 56 Upper Ground, SE1. ☎ 928-68-38. M. : Blackfriars. Ouvert tous les jours de Pâques à octobre de 10 h à 18 h, le reste de l'année sur rendez-vous.

■ ***On Your Bike :*** 52 Tooley Street, SE1. ☎ 357-69-58. M. : London Bridge.

■ ***Scootabout :*** 123, Leeke Street. ☎ 833-46-07. M. : King's Cross. Ouvert de 9 h à 18 h en semaine et de 9 h à 13 h le samedi. Loue mobylettes et motos, de 50 cm^3 à 1 000 cm^3. Avoir permis de conduire, passeport et carte de crédit.

Si vous êtes en voiture

– Vous devez être en possession du permis de conduire français, de la carte grise, de la carte verte d'assurance. Si vous louez une voiture (21 ans minimum, en général), il vous faudra la plupart du temps un permis international.

– Attention, la priorité à droite n'existe pas : donc, à chaque carrefour, un stop ou des lignes peintes sur la chaussée indiquent qui a la priorité.

– Aux ronds-points, à prendre dans le sens des aiguilles d'une montre, les automobilistes déjà engagés sont prioritaires. On appelle ces ronds-points *roundabouts*.

– Les piétons engagés sont toujours prioritaires. Faites-y particulièrement attention, ainsi qu'aux *pelican-crossings*, visuels et sonores, et aux *zebra-crossings*, signalés par des boules jaunes lumineuses.

– On ne badine pas avec les limitations de vitesse :
- en ville : 30 miles (48 km/h) ;
- sur route : 60 miles (97 km/h) ;
- sur les autoroutes *(motorways)* et routes à deux voies séparées *(dual carriageways)* : 70 miles (113 km/h).

On s'habitue à cette conduite pépère et vous verrez vite qu'il ne sert à rien de pousser, ralenti qu'on est par les *roundabouts*. Un détour pour prendre une autoroute, même éloignée, vous fait souvent gagner un temps considérable. Les autoroutes sont gratuites. Ça mérite d'être mentionné !

– Ce n'est finalement pas si difficile de conduire à gauche, surtout si le passager vous aide dans les dépassements. Pour rouler en Grande-Bretagne, se faire installer un rétroviseur à droite est loin d'être un luxe.

Connaissez-vous l'origine de la conduite à gauche ? Dès le Moyen Âge, les cavaliers avaient compris l'avantage de se tenir à gauche de la chaussée. En effet, en cas d'attaque de brigands, il était bien plus facile de se défendre : l'épée dans la main droite, on faisait face à l'adversaire. Ce fut Napoléon qui imposa la conduite à droite dans tous les pays qu'il conquit. Il n'en fallut pas plus pour que les Anglais conservent leur conduite à gauche.

– Comment éviter les bouchons ? Il y en a 10 tristement célèbres : dépliants gratuits dans la plupart des stations-service ; demander un *leaflet to avoid traffic jams*.

– ATTENTION AUX *CLAMPS* : ce sont ces mâchoires jaune vif que l'on referme sur vos roues si vous êtes mal garé. On voudrait bien vous expliquer comment les éviter à coup sûr mais même les Anglais ne s'y retrouvent pas. En gros, deux lignes jaunes le long d'un trottoir veulent dire : « interdiction formelle de stationner ». Une seule ligne jaune permet de stationner à certaines heures (en règle générale, le soir et le dimanche, parfois le samedi). Gare aux *Resident Permits*, places en apparence autorisées et gratuites, mais réservées aux résidents du quartier (et qui ont l'autocollant *ad hoc* sur le pare-brise ; impossible de s'en procurer, on a essayé). Dans ce dernier cas, des panneaux explicatifs doivent se trouver sur le trottoir. Les *clamps* sont placés par des sociétés privées qui se paient sur les amendes, donc il ne faut même pas essayer de leur inspirer de la pitié. L'adresse des « clampeurs » est inscrite sur un autocollant qu'ils collent sur votre pare-brise. Si votre voiture est « clampée » dans le centre-ville, prendre le métro jusqu'à la station Marble Arch. Suivre la flèche « Car Pond ». Il vous suffira de payer l'amende à la dame. Vous pourrez hurler aussi fort que vous le voudrez, ils ont l'habitude et sont intraitables. Les bureaux sont entourés de grillage (recouverts de guirlandes à Noël). Vous devrez payer £ 30 (45,6 €) pour être débarrassé de l'encombrant ustensile et vous aurez 28 jours pour payer l'amende de £ 38 (57,76 €). Mais votre problème n'est pas réglé pour autant car on va vous promettre de « déclamper » dans les quatre heures et vous avez intérêt à rester près de votre voiture parce qu'à peine déclampée, elle

peut être à nouveau reclampée par une autre patrouille, et le circuit recommence. *So fun!*
La meilleure solution pour se garer reste l'emplacement de parcmètre, horriblement cher dans le centre mais abordable en périphérie. De plus, c'est gratuit la nuit.

■ *French Car :* garage Citroën, Peugeot, Renault (pièces détachées et réparations), 11 Lendall Terrace, Clapham, SW4. ☎ 720-97-02 ou 83-61.

■ *Peugeot* (pièces détachées) *:* 101 Farm Lane, SW6. ☎ 610-29-00.
■ *Renault London :* Concord Road, W3. ☎ (0181) 276-20-00.

Visites guidées

À pied

Plusieurs sociétés proposent des balades dans Londres :

■ *Original London Walks :* ☎ 624-39-78.
■ *Citisights :* ☎ (0181) 806-43-25.

■ *Historical Tours :* ☎ (0181) 668-40-19.

En bus

■ *Original London Sightseeing Tour :* ☎ (0181) 877-17-22. Tous les jours, de 9 h 30 à 17 h en hiver, et de 9 h à 19 h en été. Pour visiter Londres en bus à impériale découvert. Sympa. Arrêts : Victoria Street, Grosvenor Gardens, Marble Arch, Baker Street, Haymarket, Charing Cross Station, Charing Cross Pier. D'autres tours du même genre partent toute la journée depuis l'entrée du British Museum. Durée : 2 h.
■ *London Pride :* ☎ (01708) 63-11-22. Fonctionne de 9 h à 21 h 30 en été, de 9 h à 18 h en hiver. Le tour complet prend 1 h 30 environ. Également quelques itinéraires plus courts : de London Zoo à Buckingham Palace, de Russell Square aux musées de South Kensington, de Bayswater à Euston et de Bloomsbury à la Tate Gallery. Billets valables 24 h, ce qui permet de monter et descendre du bus quand on veut.
■ *Big Bus Company :* ☎ (0181) 944-78-10. Départ toutes les 15 mn de Green Park et de Victoria ; toutes les 7 mn de Marble Arch. Tous les jours de 9 h à 18 h en été, de 9 h à 16 h 30 en hiver. *Blue Route*, *Green Route*, ou *Red Route*, d'une durée de 1 h à 2 h. Billets valables 24 h, ce qui permet de monter et descendre du bus quand on veut.

– Pour ces trois compagnies, comptez environ £ 12 (18,24 €) pour les tours les plus longs. Demi-tarif pour les enfants.

En vélo

■ *London Bicycle Tour Co. :* ☎ 928-68-38. Départs les samedi et dimanche à 14 h. Rendez-vous : Gabriel's Wharf, 56 Upper Ground, SE1. M. : Blackfriars. Durée : 3 h environ. Comptez environ £ 12 (18,24 €) pour le parcours, et £ 9,95 (15,12 €) par jour ou £ 2 (3,04 €) par heure pour la location de vélos. Le samedi, visite de l'est londonien populaire ; le dimanche, visite du West End bourgeois.

En taxi

■ *Black Taxi Tours of London :* ☎ 289-43-71. Tours de 2 heures pour 1 à 5 personnes. Prix : £ 65 (98,8 €).

En bateau

Une façon originale et rapide pour visiter la ville. Une balade de 2 h sur la Tamise permet de découvrir Londres sans se fatiguer. Choisir un jour où il y a du soleil, c'est quand même plus sympa.

■ Infos sur tous les circuits possibles auprès de la *Westminster Passenger Services Association* (☎ 930-20-62). Circuits variés sur la Tamise en s'arrêtant aux principaux points touristiques entre Hampton Court Pier et Thames Barrier. Les départs se font du Westminster Pier (M. : Westminster).

• Pour descendre le fleuve : vers Greenwich (☎ 930-40-97), vers la Tower of London (☎ 930-90-33), vers Thames Barrier par Canary Wharf (☎ 930-33-73).
• Pour remonter le fleuve : en été seulement. Vers Hampton Court, Kew, Putney, et Richmond. ☎ 930-47-21.

– Une de nos balades préférées : *vers Greenwich et Thames Barrier,* d'avril à octobre, départ de Westminster Pier toutes les demi-heures entre 10 h et 17 h (16 h en avril, mai, septembre et octobre), retour de Greenwich entre 11 h et 18 h (17 h en avril, mai, septembre et octobre). De novembre à mars, départ de Westminster Pier toutes les 40 mn entre 10 h 40 et 15 h 20, retour de Greenwich entre 11 h 40 et 16 h 20. Sur le bateau, on vous distribue gratuitement un petit guide explicatif de tous les monuments et autres bâtiments à voir pendant la descente de la Tamise. Essayez d'éviter les grosses vedettes genre bateaux-mouches et préférez les « vrais » bateaux, plus petits, sur lesquels on peut sentir le vent, la pluie, le soleil autrement que derrière des vitres fumées. Cette descente de la Tamise permet évidemment de voir la ville de façon originale, mais aussi de prendre conscience d'une partie de son histoire quand, après le Tower Bridge, le fleuve traverse le quartier des Docks. On imagine alors l'activité intense sur ces kilomètres d'entrepôts au temps du commerce avec les Indes et de la splendeur de l'Empire britannique. Des milliers de navires abordaient chaque année ces quais aujourd'hui en cours de réhabilitation. Il ne faut pas oublier que Londres est proche de la mer. Tower Bridge est d'ailleurs le dernier pont sur la Tamise avant son estuaire, et l'influence des marées est visible aux fluctuations relativement importantes du niveau du fleuve.

En montgolfière

■ *Adventure Balloons :* 3 Queen's Terrace, W7. ☎ (0181) 840-01-08. Fonctionne l'été, matin et soir si le temps le permet. Cher évidemment, comptez autour de £ 115 (174,8 €) par personne pour un vol d'une heure.

En ballon à hélium

■ *The London Balloon :* Tyer Street, SE11. ☎ 587-11-11 ou (0345) 02-38-42. Ouvert tous les jours de 10 h à la tombée de la nuit. Environ £ 12 (18,24 €) par adulte, £ 7,50 (11,4 €) pour les moins de 12 ans.

En hélicoptère

■ *Cabair Helicopters :* Elstree Aerodrome, Hertfordshire. ☎ (0181) 953-44-11. Fonctionne le dimanche à partir de 11 h 30. Très cher mais certainement inoubliable. £ 125 (190 €) par personne pour 30 mn de vol.

Balades spécialisées

Différents organismes proposent des balades à thème souvent très intéressantes. Parmi les plus courues :
– *Sur les traces des Beatles :* deux circuits consacrés aux « quatre garçons dans le vent ». *Beatles Magical Mistery Tour :* départ à 11 h les jeudi et dimanche devant le Dominion Theatre, Tottenham Court Road. M. : Tottenham Court Road. *Beatles in my Life Tour :* départ à 11 h les mardi et samedi au métro Baker Street. Plein tarif : environ £ 5 (7,6 €). Durée de chacune de ces promenades : 2 h 30. Renseignements : Original London Walks. ☎ 624-39-78.
– *Architectural Dialogue :* ☎ (0181) 341-13-71. Départ à 10 h 15 devant la Royal Academy, Piccadilly. M. : Piccadilly. £ 18 (27,36 €) environ. Conseillé de réserver.
– *Royal and Celebrity Tour :* ☎ (01932) 85-47-21. Les mercredi, vendredi et samedi, au départ du Tourist Information Centre de la gare Victoria. Appeler pour les horaires précis et les tarifs.
– *Garden Day Tours :* ☎ 720-48-91. Les mercredi et jeudi, ainsi que le dimanche de mai à juillet. Rendez-vous au métro Embankment à 8 h 30, retour vers 18 h. Très cher.
– *Sur la route du Meurtre :* ☎ (0181) 857-15-45. Le mardi, et du jeudi au dimanche. Départ du *Grosvenor Hotel*, près de Victoria. Appeler pour les horaires et les tarifs. Durée de cette « terrible » escapade : 3 h 30.
– Une autre bonne idée est de faire appel aux *guides touristiques Blue Badge* : ☎ 495-55-04. Ils proposent des balades sur mesure à pied, en voiture, ou en car, pour les individuels et les groupes.
– À noter aussi, la *carte de la pop rock anglaise*, disponible dans les offices du tourisme, qui recense des centaines de lieux, notamment à Londres, liés à l'histoire du rock britannique. Pourquoi pas une balade sur les traces de vos idoles ?

Orientation et quartiers de Londres

Le découpage par quartiers que vous trouverez dans le guide procède à la fois d'une cohérence géographique et d'une homogénéité sociale. Mais comme tout découpage, il est arbitraire, et certains coins auraient pu tout aussi bien glisser dans un autre ensemble de quartiers que ceux que nous avons choisis.
Partant du centre touristique, notre petit tour de Londres se poursuit par l'ouest et les quartiers chics du sud de Hyde Park, puis remonte vers le nord et progressivement se dirige vers l'est, pour finir avec la rive sud puis les villages un peu éloignés du centre, Greenwich et Hampstead.

ORIENTATION ET MODE D'EMPLOI DE LA VILLE

Attention, la ville est énorme, bien plus vaste que Paris même si cela ne se voit pas sur une carte. Question d'échelle ! Les quartiers sont éclatés, les

centres d'intérêt éloignés les uns des autres. L'agglomération s'étale sur quelque 1 200 km^2 contre 120 pour notre toute petite capitale. Une fois que vous aurez compris la manière dont elle fonctionne, vous gagnerez du temps. Quelques conseils :
– quand vous avez choisi de visiter un quartier, exploitez-en toutes les richesses culturelles dans la même journée plutôt que d'y revenir 3 fois dans la semaine. Chaque coin possède ses particularités. Par exemple, Brick Lane et Petticoat Lane Market se visitent le dimanche, le jour du marché. On peut après aller déguster un sandwich au bœuf salé chez *Blooms* avant de se « culturer » un peu à la Whitechapel Art Gallery ! Et ainsi de suite.
– Pour les restos, allez toujours au plus près car les distances sont longues. De même pour les pubs. Tous les quartiers en abritent de formidables. Pas la peine d'user vos souliers à courir dans tous les sens, sauf si on vous indique un truc vraiment unique. Pour préparer votre visite, pensez à noter les jours de fermeture des musées et lieux publics.
– Vous aurez remarqué que toutes les adresses à Londres sont suivies de lettres et de chiffres (exemple : SW1, N10, etc.). Ces indications renseignent sur la position géographique du *district* dans lequel se trouve la rue. SW : South West, N : North, WC : West Central, et ainsi de suite. Tout cela serait idéal si les chiffres avaient la même logique. Il n'en est rien. SE17 est à côté de SE1 et NW8 se trouve plus près du centre que NW2. Il est donc indispensable de vous procurer une carte de Londres incluant tous les quartiers. La bible des Anglais est le *A To Z* qui décline toute une gamme de plans de Londres et de sa périphérie. Existe en version mini. Vraiment très pratique.

LES DIFFÉRENTS QUARTIERS

Le charme de Londres se goûte dans ses contradictions : entassement de maisons basses et immenses parcs brumeux en plein centre-ville. Pas de quartiers vraiment anciens, puisque le grand incendie de 1666, nettoyant la peste de l'année précédente, les a pratiquement liquidés. En revanche, peu de cicatrices de type HLM. Le plaisir de Londres, c'est aussi la fierté que prennent ses habitants au décorum et aux uniformes où le rouge anglais domine souvent, ce qu'ils appellent *pageantry*.
Londres est une ville concentrique. Un peu comme Paris. Dans le premier cercle s'inscrivent les centres touristiques et économiques et aussi 90 % des monuments célèbres.
Ensuite, ça se dégrade un peu jusqu'aux quartiers plus populaires de la première ceinture. Sans transition, on arrive dans les banlieues vertes et riches (surtout au nord et au sud). Plus loin encore se dessinent les villes-dortoirs. Contrairement à nous, elles sont construites horizontalement et pas verticalement. Tout le monde a sa petite maison de brique rouge. Dans ces conditions, il n'est pas étonnant que Londres soit la ville la plus étendue du monde et que le réseau du *tube* (métro) soit deux fois plus étendu qu'à Paris ou New York.

LES CENTRES

Le centre des affaires : la City

De Saint-Paul à la Tour de Londres *(plan IV, B-C1-2)*. La City est traversée par la célèbre *Fleet Street* qui était la rue de la presse quand la presse anglaise faisait l'opinion mondiale. De nombreux grands journaux ont déménagé vers le nouveau quartier des Docks, mais on peut toujours voir le *Daily Express Building*, chef-d'œuvre Modern Style.
La City, c'est l'endroit des affaires. Mais ce n'est pas là que vous ferez les vôtres... On y rencontre souvent une certaine effervescence. Tout s'organise

ORIENTATION ET QUARTIERS DE LONDRES 103

autour du travail. Les pubs ont des heures spéciales d'ouverture. La nuit, quand les bureaux sont fermés, rien ne s'y passe, de même bien sûr que le week-end. C'est là que vous pouvez rencontrer ces affreux capitalistes en jaquette et haut-de-forme sortant furtivement d'une Rolls bichonnée par un chauffeur à casquette. On vous signale quand même que la race se fait de plus en plus rare... Au secours, Maggie !

Le centre touristique et branché

De Covent Garden à Buckingham Palace et de la Tamise à Regent's Park. D'est en ouest :
- le quartier de **Covent Garden** (plan couleur III, C3) a été entièrement rénové (mais on a gardé les beaux bâtiments des halles...) : boutiques et restaurants, baladins, etc. Vous trouverez tout autour, ainsi qu'à **Leicester Square,** les cinémas et théâtres. Beaucoup de pubs où l'on peut manger pour un prix raisonnable. Pas très loin de Leicester Square, **Chinatown,** autour de Gerrard Street, ses rues piétonnes et ses cabines dont les toits rappellent ceux des pagodes.
- **Soho** (plan couleur III, B-C2-3) est le royaume des étrangers. C'est le refuge, depuis très longtemps, d'émigrés de toutes races et conditions. C'est aussi le quartier des sex-shops (à l'ouest) et des clubs rock (à l'est). On y trouve la fameuse Carnaby Street (qui n'a plus aucun intérêt). Les Londoniens ont élu ce quartier comme dining-room après le théâtre (les salles sont presque toutes aux alentours). Très British et un peu disgusting.
- Autour de Soho, des rues très commerçantes comme Oxford Street (plan couleur III, A-B2), Regent Street, Shaftesbury, New Bond Street, Old Bond Street, Charing Cross, Tottenham Court Road, le Strand et Piccadilly. Vous y entendrez parler un peu toutes les langues et malheureusement un peu trop le français. Marylebone (plan couleur III, A1-2), Bloomsbury (plan couleur III, B-C1) sont des endroits universitaires et plus sérieux.
C'est à Bloomsbury, autour du British Museum, qu'on trouve le plus de B & B de charme.
- Au bord de la Tamise, on trouve les grands monuments : les Law Courts, le Temple, la National Gallery, la caserne des Horse Guards, Houses of Parliament (et Big Ben), l'abbaye de Westminster... Mais rassurez-vous, il y a aussi quelques pubs chouettes dans le coin et, pour les écologistes, des parcs magnifiques (St. James's Park, Green Park), bordés de rues à l'architecture intéressante. Allez vous balader dans Queen's Anne Gate au sud de St. James's Park.
- Plus au nord, Marylebone et Madame Tussaud's, Regent's Park et le zoo ; plus à l'ouest, Green Park et Buckingham Palace (la relève de la garde est à 11 h 30) puis Belgravia, le quartier des ambassades.

Le centre bourgeois

- **Brompton,** le luxe de Harrod's et les magasins chics de **Knightsbridge** et de **Beauchamps Place.**
- Plus à l'ouest : **Kensington, Holland Park** et **Notting Hill Gate,** des quartiers qui se décontractent. Jusqu'aux petites merveilles que sont Portobello, ses puces et ses rues vallonnées, et Little Venice et ses canaux qui rappellent (avec un peu d'imagination) la grande cité adriatique.
- Le long de la Tamise : **Pimlico** et la Tate Gallery (l'un des plus beaux musées de Londres), un quartier un peu dénaturé par les grands bureaux d'affaires qui s'y sont construits. Puis **Chelsea,** le quartier des (riches) artistes (entre autres Mick Jagger), bien plus sage qu'il y a quelques années, et la très renommée **King's Road,** bordée de magasins de fringues (ici fut lancée la mode punk) et de petits restos sympas (à prix souvent élevés, hélas).

104 GÉNÉRALITÉS

LE DEUXIÈME CERCLE

L'autre rive de la Tamise

– **Southwark et le quartier des Docks (Docklands) :** jusque dans les années 50, les docks de Londres drainaient encore la moitié des échanges commerciaux de la métropole avec le reste du monde et surtout son Empire. Quand l'Empire s'est rétréci pour finalement s'évanouir, les docks furent progressivement laissés à l'abandon. On ne vous raconte pas quel coupe-gorge l'endroit était devenu. L'une des plus importantes opérations immobilières de tous les temps y a été entreprise pour réaménager cette ville dans la ville et le quartier des Docks est aujourd'hui tout-à-fait fréquentable. Ne manquez pas le *Design Museum,* la *Hay's Galleria* et plus loin *Tobacco Dock,* toutes créations architecturales sur lesquelles on peut émettre des réserves (même le prince de Galles a de sérieux doutes) mais qui ont le mérite d'exister.
– En continuant à longer la rivière, **Lambeth** (son palais et l'*Imperial War Museum*), **Kennington** puis **Battersea** sont en voie d'aménagement mais conservent un cachet *cockney*. On y trouve une vie culturelle intéressante, imaginative, des théâtres d'avant-garde, des pubs musicaux et une authentique ambiance populaire. On peut dire la même chose d'**Elephant and Castle**.
Tiens, à propos d'*Elephant and Castle,* pour ceux qui s'intéressent à l'origine du nom, on va la donner, histoire de montrer qu'on a de la culture, et surtout pour prouver qu'il n'y eut jamais là ni éléphant ni château. C'était au temps où un roi d'Angleterre voulait épouser une belle jeune fille, infante de Castille de surcroît. Alors, pour faire poli, il fit donner le nom de cette infante à un endroit de Londres... Les braves Angliches du coin ne comprirent rien à l'« infante of Castille » et prononcèrent ça « Elephant and Castle » en se disant que des mots connus, ça devait bien vouloir dire quelque chose.

L'ouest

– **Fulham** est à notre avis le meilleur endroit pour loger si on est là pour une longue période. C'est (relativement) proche du centre, (très relativement) bon marché, sympa et ouvert.
– **Putney :** de l'autre côté de la rivière, à nouveau. Un quartier qu'on aime bien, un peu louche, un peu délabré mais tellement vivant.

Le nord

– **Camden Town,** ses pubs irlandais, ses bars rock et son marché indépassable : *Camdenlock.* À ne pas rater le week-end, même si les promoteurs immobiliers ont enlevé beaucoup de charme à la promenade.

L'est (East End)

Shoreditch, *Stepney*, *Islington*, *Millwall* et encore *Spitalfields* et *Whitechapel*, ces quartiers qu'on aime bien.
– **Spitalfields,** vieux quartier populaire, délimité à l'ouest par la City (Bishopgate), au sud par Whitechapel et au nord par Shoreditch. Intéressant pour sa population indienne et pakistanaise, ses rues colorées, ses restos exotiques et ses marchés.
– **Whitechapel :** quartier assez pittoresque, où de nombreux juifs s'installèrent au XIXe siècle, apportant une part de leur folklore.

LA CEINTURE VERTE

Après les quartiers prolétaires viennent une série de quartiers bourgeois plus ou moins récents ou rénovés. La plupart n'ont pas d'intérêt mais certains valent le déplacement et, pourquoi pas, le voyage.

Au nord, Hampstead et Highgate

– *Hampstead* est une colline qui domine Londres, et ses petites maisons blanches ont vu défiler toute l'intelligentsia pauvre et cosmopolite de ce siècle et du précédent. Le vieux Marx y croisait le jeune Freud : « Salut, Sigmund », « Hello, Karl ». Mais c'est le peintre Constable qui fut sans doute à l'origine de la mode Hampstead, alors un village. Aujourd'hui vous y croiserez Tom Conti, l'acteur, Boy George et Elton John.
– *Highgate,* également un très joli « village dans la ville », est moins célèbre et donc moins cher. À ne pas rater, le parc de *Hampstead Heath* entre les deux villages, qui est une magnifique destination de pique-nique, et le *cimetière* de Highgate, ses « égypteries » et la tombe de Karl Marx.

Au sud-ouest, Wimbledon Village

Un joli quartier mais surtout intéressant début juillet pour son fameux tournoi de tennis. Les billets s'achètent des mois à l'avance. Un petit truc : tous les jours à partir de 17 h, on peut acheter des billets donnant accès aux courts à l'exception du central et du n° 1. Une occasion de voir des matchs pour pas cher.

Au sud, Dulwich Village

Son collège, ses vieilles maisons de brique, ses rues privées (avec un gardien à chaque entrée), *Crystal Palace* et l'une des plus belles galeries de peintures anciennes d'Europe.

Au sud-est, Greenwich

Son observatoire et son méridien, ainsi qu'un beau musée maritime. Une belle balade en bateau sur la Tamise.

À l'ouest, Kew Gardens

Une merveille de jardin botanique, des milliers d'espèces et des serres magiques.

LE CENTRE TOURISTIQUE : SOHO, PICCADILLY, COVENT GARDEN, OXFORD CIRCUS

Parcouru et reparcouru par les touristes du monde entier, ce grand centre de Londres regroupe quartiers célèbres (Soho, Covent Garden, Carnaby Street...), musées prestigieux et une multitude de bars, restaurants et boîtes. La balade est certes plaisante, ne serait-ce que pour mettre des images sur les noms de tous ces lieux mythiques, mais ne limitez surtout pas votre séjour londonien à ces quartiers. Le charme agit sans doute, et l'avant-garde londonienne s'y est autrefois éveillée mais vous y croiserez autant de touristes que de Londoniens.

Où dormir ?

Prix modérés

▲ *Oxford Street Youth Hostel (YHA; plan couleur III, B2, 10)* : 14 Noel Street, W1. ☎ 734-16-18. Fax : 734-16-57. M. : Oxford Circus ou Piccadilly Circus. Ouvert toute l'année. Réception de 7 h à 23 h, au niveau 3 par l'ascenseur. A.J. en plein cœur de Londres et de Soho. Le rêve! £ 19,45 (29,56 €) par personne, £ 15,90 (24,17 €) pour les moins de 18 ans. En chambre de 2, £ 21,10 (32,07 €) par personne. Assez cher pour une A.J. Supplément pour les non-membres. 74 lits répartis en chambres de 2, 3 ou 4 personnes. Douches à chaque étage. Géré comme un hôtel. Pas de couvre-feu (doux Jésus, est-ce possible?) et ouvert toute la journée. Cuisine toute neuve, ultra-moderne. De toute façon, vous êtes au cœur du quartier des restos. Pas de petit déjeuner. Fort bien tenu. Bonne adresse. On peut réserver par téléphone en donnant son numéro de carte de crédit. Sinon, 24 h avant en fixant une heure d'arrivée (à respecter). Séjour de 2 semaines maximum.

Plus chic

▲ *Regent Palace Hotel (plan couleur III, B3, 22)* : Piccadilly Circus, W1. ☎ 734-70-00. Fax : 734-64-35. M. : Piccadilly Circus. En plein centre, très bien desservi par le métro et les bus. Grand hôtel sans grand charme mais aux chambres confortables avec lavabo. Les douches et w.-c. sont communs et impeccables. Compter au moins 650 F (988 €) la double. Plusieurs bars et restos, service d'infos touristiques et vente de billets de théâtre.

Où manger ?

Le choix ne manque pas dans ce secteur dévolu au tourisme (musées, monuments, commerces), mais aussi aux virées nocturnes traditionnelles des Londoniens, bourgeois et marginaux mêlés (théâtre, concerts, cinoches, pubs et cafés)...

Bon marché

I●I Prêt à Manger *(plan couleur III, B2, 30)* : 54 Oxford Street. ☎ 636-57-51. M. : Tottenham Court Road. Ouvert tous les jours. Une sandwicherie écolo, en vogue auprès des jeunes. Cadre design réussi et un choix imbattable de sandwichs, absolument délicieux : saumon, poulet *tika, crispy bacon,* etc. Prix tout à fait honnêtes. Moins cher si vous demandez en *take away* (à emporter). Également de bonnes salades, des *sushis,* d'exquis gâteaux biologiques, des croissants fourrés et des jus de fruits naturels. Le thon est garanti *friendly dolphin* : entendez par là qu'il n'a pas été pêché avec ces affreux filets dérivants qui déciment les mammifères marins. Plus de 40 autres succursales de *Prêt à Manger* dans Londres, notamment à l'angle de Cranbourne Street et St. Martin's Lane (entre les métros Leicester Square et Covent Garden).

I●I Carry Awaze's *(plan couleur III, C2, 72)* : 27 Endell Street, WC2. ☎ 836-08-15. M. : Covent Garden. Ouvert tous les jours, de 10 h à 20 h la semaine, de 12 h à 18 h le week-end. Excellente cuisine indienne dans ce petit resto qui ne paie pas de mine. Plusieurs prix gastronomiques lui ont été décernés ces dernières années. Sandwichs et nombreux plats à consommer sur place ou à emporter. Nous, on vous conseille vivement de vous y asseoir un moment, l'atmosphère y est très apaisante. Le patron, excellent musicien, joue de sa cithare le plus souvent possible, car pour lui, musique et nourriture sont indissociables.

I●I Café Mode *(plan couleur III, C2, 94)* : 57 Endell Street, WC2. ☎ 240-80-85. M. : Covent Garden ou Tottenham Court Road. Ouvert du lundi au vendredi de 8 h à 23 h, et le samedi de 9 h à 21 h. Café minuscule et plein de couleurs. Salades, sandwichs, petits plats et pâtisseries bien servis. Accueil souriant.

I●I Govinda's (Rada Krishna Temple; *plan couleur III, B2, 31)* : 9-10 Soho Street (à 20 m de l'angle avec Oxford Street). ☎ 437-49-28. M. : Tottenham Court Road. Ouvert tous les jours sauf le dimanche, de 12 h à 20 h. Un self végétarien très bon marché, tenu par des Hare Krishna. Ambiance, clientèle et musique extrêmement *cool,* ça va de soi. Une oasis à deux pas de la rue commerçante la plus stressante de Londres ! Très bonne cuisine, notamment le *veggie burger* et le riz basmati. Également quiches, salades et sandwichs. Forfaits certains jours (genre *all you can eat*). Bref, une sympathique adresse. Et n'oubliez pas : *love and devotion*...

I●I Food for Thought *(plan couleur III, C2, 32)* : 31 Neal Street, WC2. ☎ 836-90-72. M. : Covent Garden. Ouvert du lundi au samedi de 9 h 30 à 20 h et le dimanche de 10 h 30 à 16 h. L'un des meilleurs restos végétariens de Londres et, de plus, très bon marché. Les gens s'écrasent dans l'escalier pour déguster une nourriture abondante, délicieuse et assez imaginative. Ce resto prouve assez que végétarien n'est pas forcément égal à fade. Peu de tables dans le petit sous-sol, mais elles tournent vite. Le menu change tous les jours. En tout cas, il y aura toujours les fines quiches aux légumes, les copieuses salades composées, les bons gâteaux, etc. Un endroit plein de jeunes.

I●I Paprika *(plan couleur III, C2, 71)* : 1 Neal's Yard, WC2. ☎ 240-11-77. M. : Covent Garden. Petite place accessible par Short's Gardens. Ouvert l'été de 10 h à 23 h, l'hiver de 11 h à 18 h. Petit café *vegan* et *vegetarian* à la devanture aux couleurs « pétantes ». *Falafels,* salades, sandwichs, gâteaux, thé, café, etc. Terrasse sympa sur la place.

I●I Mildred's *(plan couleur III, C2, 92)* : 58 Greek Street, W1. ☎ 494-16-34. Compter entre £ 7 et 10 (10,64 et 15,2 €) pour un repas complet. Ouvert du lundi au samedi de 12 h à 23 h, et le dimanche de 12 h à 17 h. Petit, bon, sympa, et pas trop cher. Grosse tendance végétarienne, avec cependant quelques plats de poissons. Serveurs jeunes et affables. Quelques touristes, les gens des médias, installés nombreux dans le coin, et des jeunes habitués forment le gros de la clientèle.

I●I *Centrale Restaurant* (plan couleur III, C3, 45) : 16 Moor Street, W1. ☎ 437-55-13. M. : Leicester Square. Près du croisement de Charing Cross et Shaftesbury Avenue. Ouvert de 12 h à 21 h 45. P'tite gargote vraiment sans prétention. Deux rangées de banquettes façon skaï, tables en Formica et au fond, les fourneaux. Spécialités italiennes, des plats de pâtes appétissants et des viandes vraiment pas chères. Bon rapport qualité-prix. Clientèle de jeunes et de vieux habitués. Atmosphère familiale.

I●I *The Nuthouse* (plan couleur III, B3, 33) : 26 Kingly Street, W1. ☎ 437-94-71. M. : Oxford Circus. Ouvert de 10 h à 19 h (21 h les jeudi et vendredi). Fermé le dimanche. Voilà plus de vingt ans que l'on peut manger végétarien dans ce tout petit restaurant-self entre Regent's Street et Carnaby Street. De plus, on y mange très bien. Salades imaginatives, plats chauds surprenants et des cakes maison pour finir, sur place ou à emporter. Qui a dit que la cuisine végétarienne était sans intérêt ? Depuis le temps qu'on vous serine le contraire, vous devriez être convaincu. Un endroit simple comme la cuisine (on n'y va pas pour la déco !) et agréable comme l'accueil. Toilettes un peu limite.

I●I *Jimmy's* (plan couleur III, C3, 34) : 23 Frith Street, Soho, W1. ☎ 437-95-21. M. : Leicester Square ou Tottenham Court Road. Ouvert de 12 h 30 à 15 h et de 17 h 30 à 23 h 30 du jeudi au samedi. La salle en sous-sol pourrait laisser croire à un piège à touristes, mais l'authentique cuisine grecque servie ici depuis 1959 n'a jamais été prise en défaut. Familial, chaleureux et pas cher. Musique grecque en fond sonore. Les Londoniens ont cette petite adresse dans leur calepin depuis toujours. Accueil moyen.

I●I *The India Club* (plan couleur III, D3, 36) : 143 Strand, WC2. ☎ 836-06-50. M. : Temple. Ouvert tous les jours de 12 h à 14 h 30 et de 18 h à 22 h (20 h le dimanche). Fermé le dimanche midi. Restaurant indien au deuxième étage du club. Une belle photo de Gandhi vous accueillera. Fréquenté par les Indiens et de jeunes Anglais *cool*. Bonne atmosphère. Genre cantine sympa. On ne traverse pas la ville pour venir y déjeuner, mais si vous êtes à côté, n'hésitez pas. Surtout une adresse pour midi. Cuisine populaire un peu chiche, mais correcte et surtout pas chère du tout.

I●I *Stockpot* (plan couleur III, C3, 37) : 40 Panton Street, SW1. ☎ 839-51-42. M. : Leicester Square ou Piccadilly Circus. Ouvert de 6 h 30 à 23 h 30 du lundi au samedi, et de 6 h 30 à 22 h le dimanche. Le midi, 2 plats pour £ 3,5 (5,32 €) ; le soir, 3 plats pour £ 5,9 (8,97 €). Cuisine très bon marché, genre spaghetti, goulasch, escalope napolitaine, veau à la normande... omelettes et salades. Menu complet à un prix défiant toute concurrence. Toujours plein pour le petit déjeuner aussi. Pas la grande finesse culinaire, mais copieux. Routards, prolos, ménagères et cravatés s'y retrouvent indifféremment. Autres *Stockpot* à Chelsea, 273 King's Road (☎ 823-31-75) et à Knightsbridge, 6 Baril Street (☎ 589-86-27).

I●I *West End Kitchen* (plan couleur III, C3, 63) : 5 Panton Street, SW1. ☎ 839-42-41. Ouvert de 7 h à 23 h 30. Même genre et mêmes prix que le précédent.

I●I *Café Emm* (plan couleur III, C3, 60) : 17 Frith Street, W1. ☎ 437-07-23. M. : Leicester Square ou Tottenham Court Road. Ouvert de 12 h à 14 h 30 et de 17 h 30 à 23 h. Fermé le dimanche. Que la façade et l'intérieur éclairé à la bougie de ce restaurant ne vous effraient pas : les prix sont très raisonnables. Menu international : *burgers*, poulet cajun, *falafels*. Copieux et bon. Service agréable.

I●I *The Blue Room* (plan couleur III, C2, 78) : 3 Bateman Street, W1.

☎ 437-48-27. M. : Tottenham Court Road. Ouvert du lundi au vendredi de 9 h à minuit, le samedi de 10 h à minuit, et le dimanche de 12 h à 23 h. Petit café tout vitré sur la rue. L'ancien *Living Room* a changé de nom en même temps que ses murs de couleur, bleue bien sûr. Tables en bois et, dans le fond, fauteuils et vieux canapés qui appellent à la sieste. À l'ardoise, *breakfast*, sandwichs et salades variés, jus de fruits, gâteaux, etc. Petite expo photo. Bref, jeune et décontracté.

|●| ***Tactical*** *(plan couleur III, B2, 93)* : 27 d'Arblay Street, W1. ☎ 287-28-23. M. : Oxford Circus ou Tottenham Court Road. Ouvert du lundi au samedi de 12 h à 23 h, et le dimanche de 13 h à 22 h 30. Café-bar-*bookshop* fréquenté par des 20-30 ans gentiment intellos et branchés. Déco brute plutôt réussie, qui allie métal et bois. Pour lire : magazines et bouquins à parcourir sur place ou acheter. Pour boire et manger : *breakfast*, sandwichs, œufs pochés, fruits, café, thé, chocolat, jus de fruits et alcools... Sympa pour une petite pause. *Happy hours* de 17 h à 19 h.

|●| ***Pierre-Victoire*** *(plan couleur III, B2, 67)* : 5 Dean Street, W1. ☎ 287-42-50. Fax : 287-45-79. M. : Tottenham Court Road. Ouvert tous les jours midi et soir. 2 plats pour £ 5,90 (8,97 €) le midi et £ 7,90 (12 €) le soir, et des menus un peu plus chers. Dans un cadre clair et élégant, bonne cuisine d'inspiration française, assez fine, aux assiettes plaisantes. Service rapide. Bon rapport qualité-prix. Un pianiste de jazz accompagne votre repas chaque soir.

|●| ***Cranks*** *(plan couleur III, C3, 38)* : 8 Adelaide Street, WC2. ☎ 836-06-60. M. : Leicester Square ou Charing Cross. Ouvert du lundi au vendredi de 8 h à 19 h et le samedi de 9 h à 18 h. Fermé le dimanche. Excellente cuisine végétarienne européenne. Service continu et sympathique. Cadre totalement aseptisé, donc ennuyeux. Quelques autres *Cranks* dans Londres, notamment à Covent Garden. C'est la chaîne de macrobiotique.

Prix moyens

Pour les amoureux de Naomi, Claudia et leurs copines, et pour les fans de Schwarzy et ses amis, les « incontournables » *Fashion Café* et *Planet Hollywood* sont presque côte à côte sur Coventry Street, entre Piccadilly Circus et Covent Garden.

|●| ***World Food Café*** *(plan couleur III, C2, 71)* : 14 Neal's Yard, WC2. ☎ 379-02-98. M. : Covent Garden. Petite place colorée accessible par Short's Gardens. Ouvert de 12 h à la tombée de la nuit. Fermé le dimanche. Bonne cuisine végétarienne du monde entier, du *mezze* turc aux plats mexicains en passant par les *falafels* égyptiens, etc. Bons desserts. Grande salle claire au 1er étage donnant sur le Neal's Yard. On mange sur le large comptoir ou sur de grandes tables conviviales. Le patron, grand voyageur, n'a pas rapporté que des recettes de ses périples et, en excellent photographe, a décoré l'endroit de quelques-uns de ses plus beaux clichés. Accueil sympa.

Un des réalisateurs des *Monty Python* a vécu dans cette belle maison pendant dix ans.

|●| ***Wagamama*** *(plan couleur III, B3, 95)* : 10 A Lexington Street. ☎ 292-09-90. M. : Piccadilly Circus. Voir le texte sur l'autre *Wagamama* dans la rubrique « Où manger ? » du chapitre « Bloomsbury, King's Cross et Euston ». Seules différences, celui-ci est un peu plus cher, mais la salle est plus grande et plus agréable. Ne vous laissez pas impressionner par une éventuelle file d'attente, le *turn-over* y est assez rapide.

|●| ***The Mongolian Barbecue*** *(plan couleur III, C3, 39)* : 12 Maiden Lane, WC2. ☎ 379-77-22. M. : Covent Garden. Ouvert de 12 h (18 h

le dimanche) à minuit. Petit resto mongol à la déco typique un peu sombre, et à la cuisine originale. On peut composer son repas à sa guise. Au fond de la salle, le chef manie deux grandes épées au-dessus de son gril. Impressionnant! De plus, c'est plutôt pas cher.

|●| *The Punjab* (plan couleur III, C2, 40) : 80-82 Neal Street, WC2. ☎ 836-97-87. Fax : 240-99-79. M. : Covent Garden. Ouvert de 12 h à 15 h et de 18 h à 23 h 30. Fermé le dimanche. Avant d'être un restaurant, le Pendjab est une riche région d'Inde (et du Pakistan, sanctuaire de la cuisine « indienne ») située au pied de l'Himalaya. La cuisine est à l'image du lieu, ouvert depuis 1947 : généreuse et pleine de saveurs. Les petits-fils du fondateur perpétuent la tradition culinaire derrière cette façade bleue. Le poulet *jalfrezi,* le *karahi gosht* et, évidemment, le poulet *tandoori* méritent le détour. Les différentes épices, maniées avec savoir-faire, embaument tous les plats. Très bonne adresse qui prouve que la cuisine indienne est d'une grande richesse. Service un peu expéditif cependant. Réservation conseillée.

|●| *T.G.I. Friday's* (plan couleur III, C3, 41) : 6 Bedford Street, WC2. ☎ 379-05-85. M. : Covent Garden. Ouvert tous les jours de 12 h à 23 h 30 (23 h le dimanche). Succursale londonienne d'une chaîne réputée aux États-Unis. Rien à voir avec un fast-food : ici on mange une vraie cuisine ricaine! Ceux qui ne connaissent pas encore comprendront ici la différence de taille entre un vulgaire hamburger industrialisé et l'authentique *burger* des cowboys urbains... On peut aussi composer son propre *burger,* à partir d'une liste d'ingrédients proposés à la carte. Également de bonnes viandes, de belles salades, quelques plats internationaux et de copieuses *ice-creams* au dessert. Service pro et souriant. Salle immense, disposée autour d'un bar bruyant. Beaucoup de monde le week-end. Une autre adresse sur Coventry Street, entre Piccadilly et Leicester Square.

|●| *Rodos* (plan couleur III, C2, 42) : 59 St. Giles High Street, WC2. ☎ 836-31-77. M. : Tottenham Court Road. Ouvert de 12 h à 14 h 30 et de 17 h 30 à 23 h. Fermé le dimanche. Excellent resto grec. Salle minuscule, mais on s'y sent presque chez soi tant l'accueil est chaleureux. Si vous avez les moyens, choisissez la formule *the mezze,* c'est-à-dire la dégustation de toutes les spécialités du resto, accompagnées à volonté de galettes de pain chaud.

|●| *Melati* (plan couleur III, B3, 43) : 30-31 Peter Street, W1. ☎ 437-20-11. M. : Leicester Square ou Piccadilly Circus. Ouvert du lundi au samedi de 12 h à 14 h 45 et de 18 h à 23 h 30. Fermé le dimanche. Un intérieur tout blanc, une atmosphère calme et agréable. Seuls petits problèmes : la vue sur les sex-shops d'en face et la musique d'ambiance, façon « remix de Clayderman à l'orgue Hammond », un peu horripilante. Cela permet de mieux se concentrer sur l'excellente cuisine, mélange de plats indonésiens et malaisiens. Le soir, menu pour 2 personnes, bon et copieux : 2 entrées, 5 plats (avec du *gado-gado,* du *rendang* et du *nasi goreng*), dessert et café. Excellent rapport qualité-prix pour Soho. Et puis, si vous engagez la conversation avec le patron, il sera intarissable sur son pays, ses coutumes, ses mœurs et sa cuisine.

|●| *L'Artiste Musclé* (plan couleur V, A1, 30) : 1 Shepherd's Market, W1. ☎ 493-61-50. M. : Green Park. Ouvert de 12 h à 15 h et de 17 h 30 à 23 h 30; le dimanche, de 18 h à 22 h 30. Dans un quartier piéton complètement rénové avec plein de petits restos. La table est réputée dans le coin. Serait-ce parce que le proprio est français?... Décor de vieux bistrot parisien. 2 petites salles, dont une au sous-sol. Cuisine franco-anglaise *(sic)* : escargots, tarte aux poireaux-roquefort, bourguignon, steak au poivre, pâté... Un conseil : fiez-vous au tableau noir qui indique le *special of the day.* Addition pas trop salée, et honnête menu le midi.

I●I *Belgo Centraal* (plan couleur III, C2, 69) : 50 Earlham Street, WC2. ☎ 813-22-33. M. : Covent Garden. Ouvert tous les jours de 12 h à 15 h et de 18 h à 23 h pour la partie où il faut réserver. Un autre coin du restaurant, plus simple, fait service continu de 12 h à 23 h. Certes vous n'êtes peut-être pas venu à Londres pour manger belge, mais ce restaurant vaut le détour. D'abord pour le décor : on descend par un ascenseur transparent dans une salle mi-futuriste, mi-moyenâgeuse. Les serveurs sont habillés en moines du XXIe siècle ! Dans votre assiette, une dizaine de variantes à base de moules-frites, ainsi que des grillades et du poisson. Cuisine soignée mais rapport qualité-prix plutôt moyen. Plus de 100 bières. Les prix sont moins élevés à midi tous les jours, ainsi que de 18 h à 20 h en semaine. Succursale : 72 Chalk Farm Road, NW1. M. : Chalk Farm.

I●I *Taste of India* (plan couleur III, D3, 73) : 25 Catherine Street, WC2. ☎ 836-25-38 et 836-65-91. M. : Covent Garden. Ouvert tous les jours de 12 h à 14 h 30 et de 17 h 30 à minuit. Resto indien très correct. Menu à £ 8,95 (13,6 €) le midi et en « avant théâtre ». Le soir, carte plus chère.

I●I *Yo! Sushi* (plan couleur III, B2, 79) : 52 Poland Street, W1. ☎ 287-04-43. M. : Oxford Circus ou Tottenham Court Road. Ouvert de midi à minuit. Le *sushi* à la chaîne ! Assis en rang d'oignons serré autour d'un comptoir qui fait le tour de la salle, les clients voient les *sushis* leur passer devant le nez sur un petit « chemin de fer ». Un système de pastilles de couleur permet de repérer ce qu'on mange, et, pour boire, on attend le passage du petit bar-robot derrière soi et on se sert. À la télé (il faut des télés sinon on s'ennuie !), canal nippon en boucle. Bref, on déconseille fortement aux amoureux d'atmosphère rustique, de tables élégamment dressées et de service raffiné d'aller se perdre dans ce repaire artificiel. Pour les autres, branchés de tous poils et curieux, c'est plutôt rigolo.

I●I *Café Pasta* (plan couleur III, C3, 96) : 2 Garrick Street, WC2. ☎ 497-27-79. M. : Covent Garden ou Leicester Square. Ouvert tous les jours de 11 h 30 à 23 h 30. Entrées de £ 2,95 à 4,25 (de 4,48 à 6,46 €), pâtes de £ 4,95 à 6,95 (de 7,52 à 10,56 €), grosses salades de £ 6,95 à 7,95 (de 10,56 à 12,08 €). Petit resto soigné tant dans le cadre, moderne, que dans la cuisine. Pâtes cuites *al dente*. Pas l'adresse du siècle, mais une atmosphère agréable et des prix raisonnables pour cette ville chère.

I●I *Rainforest Café* (plan couleur III, B3, 97) : 20 Shaftesbury Avenue, Piccadilly Circus. ☎ 434-31-11. Fax : 434-32-22. M. : Piccadilly Circus.
• Internet : www.rainforestcafe.uk.com
Ouvert tous les jours de 11 h 30 (11 h les samedi et dimanche) à 23 h ou minuit. Boutique au rez-de-chaussée, resto au sous-sol. Déco très réussie. Bienvenue dans l'univers impénétrable et humide de la jungle. Vrais perroquets à l'entrée et faux animaux automates, gorilles et autres, sont ici chez eux. Bruits mystérieux, fausses pluies qui tombent dans des bassins, pas de doute on est en pleine forêt équatoriale... Les enfants adoreront. Au fait, on est là pour manger aussi : salades safari, *burgers*, pâtes, sandwichs.

I●I *Jazz After Dark* (plan couleur III, C2, 44) : 9 Greek Street, Soho, W1. ☎ 734-05-45. M. : Tottenham Court Road. Ouvert du lundi au jeudi de 12 h à 2 h, jusqu'à 3 h les vendredi et samedi. Fermé le dimanche. Un menu snack pour les petits creux et une carte pour les grosses faims. Rien de très inventif sur le plan culinaire mais l'ensemble est tout à fait honnête. Cadre moderne plutôt ringard. Tous les soirs, petits concerts de jazz à partir de 22 h, *cover charge* à l'entrée.

– Fans du *Hard Rock Café*, inutile de vous recommander celui de Londres : on fait la queue des heures pour une cuisine médiocre et chère. Dans le genre, le *Sticky Fingers* est mieux (voir « Où manger ? » dans le chapitre « Holland Park et

Kensington »). De plus, les serveuses ont pris l'habitude, pour rigoler, de dire « Fuck you » aux clients, au lieu de « Thank you »... On rigole !

|●| *Tokyo Diner* *(plan couleur III, C3, 65)* : 2 Newport Place, W1. ☎ 287-87-77. M. : Leicester Square. Ouvert tous les jours de 12 h à minuit. Vous ne pouvez pas rater sa façade japonaise. Propose des plats traditionnels japonais, servis dans des boîtes à compartiments. Superbe présentation. Essayez les menus *bento*, avec du riz, des nouilles sautées, des *sushis* et une viande. Service efficace et souriant.

|●| *Plummers* *(plan couleur III, C3, 46)* : 33 King's Street, Covent Garden, WC2. ☎ 240-25-34. Ouvert du lundi au samedi de 12 h à 14 h 30 et de 17 h 30 à 23 h, le dimanche de 17 h 30 à 22 h. Cadre élégant et atmosphère romantique pour ce rendez-vous des futurs mariés. Yuppie mais pas snobinard. Service soigné et délicieuse cuisine *British*, uniquement à base de produits naturels *(organic meat)*. Goûter le *fish-cake* ou le fameux *steak and kidney-pie*. Vous comprendrez que les Français ne sont pas les seuls à savoir cuisiner...

Plus chic

|●| *The Red Fort* *(plan couleur III, B2, 47)* : 77 Dean Street, W1. ☎ 437-25-25. M. : Tottenham Court Road. Le resto indien qui monte, qui monte à Londres en ce moment. Ouvert tous les jours de 12 h à 14 h 30 et de 18 h à 23 h 30. Plusieurs salles au joli décor, un brin sophistiqué, dans des tons mauves. Avec abondance de plan couleurtes vertes. Service irréprochable. Spécialités de *tandoori, mutton, tikka*, etc. Tous les jours, buffet illimité à midi, mais assez cher.

|●| *The Neal Street Restaurant* *(plan couleur III, C2, 98)* : 26 Neal Street, WC2. ☎ 836-83-68. Ouvert de 12 h 30 à 14 h 30 et de 18 h à 23 h. Fermé le dimanche. Entrées de £ 7,50 à 15 (de 11,4 à 22,8 €), plats de £ 12 à 19 (de 18,24 à 28,88 €). À côté de sa célèbre épicerie fine qu'on indique dans notre rubrique « shopping », Carluccio a ouvert ce restaurant. Cuisine chic et chère, cadre soigné.

|●| *The Gay Hussar* *(plan couleur III, C2, 48)* : 2 Greek Street, Soho, W1. ☎ 437-09-73. M. : Tottenham Court Road. Sert midi et soir du lundi au samedi, de 12 h 15 à 14 h 30 et de 17 h 30 à 22 h 45. Compter entre £ 15 et 20 (entre 22,8 et 30,4 €) pour une entrée et un plat. Ce n'est pas un restaurant gay, mais une adresse qu'on vous recommande chaudement. Toute la cuisine hongroise, copieuse, savoureuse et reconstituante. Ici, on ne lésine pas sur les portions. Les soupes sont parfaites pour ouvrir l'appétit. On ne saurait vous conseiller un plat en particulier, de peur de limiter votre choix. Arrosée d'un vin de pays (hongrois), une soirée réussie à coup sûr.

|●| *Rowleys* *(plan couleur III, B3, 49)* : 113 Jermyn Street, SW1. ☎ 930-27-07. M. : Piccadilly. Ouvert tous les jours midi et soir jusqu'à 23 h 30 (23 h le dimanche). Beau décor. Murs avec panneaux en émail. Façade ouvragée. Ancienne boucherie des rois d'Angleterre depuis le XVIIIe siècle. On y sert un menu unique : entrecôte grillée au charbon de bois et salade au roquefort. Un peu trop cher quand même pour une recette finalement ultra-simple. Rendez-vous des hommes d'affaires du coin le midi.

|●| *Mezzo* : 100 Wardour Street. ☎ 314-40-00. M. : Tottenham Court Road ou Oxford Circus. Le nouveau resto branché de Soho est l'un des fleurons de l'empire Terence Conran. Salles sur plusieurs étages, déco sobre et chic, peinture d'Allan Jones et cuisine internationale.

Très chic

I●I Rules *(plan couleur III, C3, 50)* : 35 Maiden Lane, WC2. ☎ 836-53-14. M. : Covent Garden. Ouvert tous les jours, toute la journée, de midi à minuit. Réservation obligatoire le week-end et conseillée en semaine. L'un des plus vieux restos de Londres *(established 1798)*. Les acteurs les plus célèbres (Clark Gable, Charlie Chaplin, Buster Keaton, etc.) et de grands écrivains (Graham Greene, John Le Carré) sont passés dans ce lieu historique. Superbe décoration. Luxe raffiné et authentique cuisine anglaise. Veste et cravate obligatoires. Pas très routard, c'est sûr, mais on est certain d'y goûter d'excellentes spécialités de gibier et des recettes traditionnelles *British* : civet de lièvre, bœuf bouilli, queue de bœuf, etc. Ne pas manquer les ris de veau au champagne et aux champignons, ainsi que la *prime Aberdeen angus beef,* le meilleur de la viande de bœuf (pour les courageux, cela va de soi...)

Les restos chinois *(plan couleur III, B-C3)*

Gerrard Street, dans Soho, se révèle l'épine dorsale d'un mini-quartier chinois. Restos en général pas trop chers et possibilité d'y manger une excellente cuisine cantonaise, majoritaire à Londres. Viande et poisson sont cuits rapidement à haute température pour conserver leur goût au maximum. Ne pas oublier le *dim-sum,* servi exclusivement pendant la journée : de gracieuses serveuses circulent parmi les tables et proposent directement de délicieuses petites spécialités, boulettes de viande, crevettes, etc., enveloppées dans une dentelle de riz et cuites à la vapeur. Souvent le gros pot de thé est servi automatiquement et gratuitement. Goûtez à la *Tsing Tao,* une bière de riz (orge, blé, maïs, riz... on peut mettre de tout, dans la bière !) très populaire chez les Chinois. Bon, voici notre meilleure sélection. Mais n'oubliez pas de tester les restos chinois de l'East End : exotisme garanti !

I●I Wong Kei *(plan couleur III, B3, 51)* : 41-43 Wardour Street, W1. ☎ 437-30-71. Ouvert tous les jours de 12 h à 23 h 30 (23 h le dimanche). Installé dans un immeuble style Belle Époque, dont la première pierre fut posée par Sarah Bernhardt. L'un des restos chinois les moins chers de Soho. Nourriture correcte et archicopieuse. Grande salle quelconque et service très moyen. En tout cas, on y trouve beaucoup de jeunes.

I●I Poon's *(plan couleur III, C3, 52)* : 4 Leicester Street, WC2. ☎ 437-15-28. M. : Leicester Square. Ouvert de 12 h à 23 h 30. Excellente cuisine typiquement chinoise. Déco soignée mais un peu froide. Beaucoup de monde : pensez à réserver. Également, 50 Woburn Place, Russell Square, WC1. ☎ 580-11-88.

I●I Chuen Cheng Ku *(plan couleur III, B3, 53)* : 17 Wardour Street, W1. ☎ 437-13-98. Ouvert tous les jours de 11 h à minuit. On ne sait pas comment le nom se prononce en anglais. Apparemment bien, puisque ce resto compte plus de 400 places. Très populaire avec son dragon géant veillant sur la clientèle. Menu à prix modéré et bons *dim-sum*. Copieux. Quelques plats : le *roast duck pickled ginger and pineapple* (au gingembre et ananas), le *fried chicken blood*, etc. Service de type *rush*.

I●I Golden Dragon *(plan couleur III, C3, 62)* : 28-29 Gerrard Street, W1. ☎ 734-27-63. M. : Leicester Square. Ouvert tous les jours de 11 h à 23 h *(dim-sum* de 12 h à 16 h 45). Très fréquenté par les Chinois (donc forcément une bonne adresse !). Grande salle à l'ambiance pas très feutrée. Un peu bruyant mais délicieux canard laqué. Les meilleurs *dim-sum* de Londres. Le choix immense peut laisser perplexe, mais n'hésitez pas à essayer les plats originaux. Service expéditif et pas très sympa.

|●| **Harbour City** (plan couleur III, C3, 64) : 46 Gerrard Street, W1. ☎ 439-78-59. M. : Leicester Square. Ouvert de 12 h à 23 h 30 (23 h le dimanche). Même genre que le précédent, aux mêmes prix.

Les restos des musées

Pendant vos visites culturelles, n'oubliez pas de faire une halte dans les cafétérias des musées. Elles valent vraiment le coup.

|●| **Café in the Crypt** (plan couleur III, C3) : dans la crypte de Saint Martin-in-the-Fields, l'église qui se trouve à Trafalgar Square, à droite en regardant la National Gallery. Entrée par le flanc droit de l'église, sur Duncannon Street. ☎ 839-43-42. M. : Charing Cross. Ouvert de 10 h à 20 h ; le dimanche, de 12 h à 19 h. Grand choix de pâtes et salades pour un prix modique. Beaucoup de monde à midi. Menu délicieux qui change tous les jours. Formule cafétéria. La musique classique se prête bien au cadre.

|●| **La cafétéria de l'ICA** (Institute of Contemporary Arts ; plan couleur V, C1) : the Mall. ☎ 930-36-47 ou 930-04-93. M. : Charing Cross. Ouvert tous les jours de 12 h à 15 h et de 17 h 30 à 21 h. Il faut prendre une *membership card* (à la journée, c'est pas cher) pour y accéder, mais on y mange d'excellents sandwichs et de copieuses salades, en compagnie de joueurs d'échecs et autres intellos. La carte vous permettra d'accéder aux 2 salles d'expos temporaires (il y a aussi 2 cinémas). Cadre moderne. Très bons plats (exotiques, végétariens, etc.).

Les bars à vin

L'Angleterre n'est certes pas un pays de vignes, mais certains établissements abritent plus d'une bonne bouteille.

▼ **Gordon's Wine Bar** (plan couleur III, C3, 75) : 47 Villiers Street, WC2. ☎ 930-14-08. M. : Embankment ou Charing Cross. Ouvert du lundi au vendredi de 11 h à 23 h, et le samedi de 17 h à 23 h. Fermé les samedi, dimanche et jours fériés, ainsi que pendant les vacances. Amateur de bons vins, amoureux du comptoir, cette adresse est pour toi. L'endroit rustique a plus de six siècles, et l'actuel propriétaire, Mr Gordon, dont la famille a vécu plus de deux cents ans du commerce du vin, a su en préserver le vieil aspect. Rudyard Kipling y a écrit quelques-unes de ses œuvres et de nombreux acteurs du Player's Theatre voisin, dont Vivien Leigh et Sir Lawrence Olivier, y avaient quelque habitude. Des tables sont installées dans une vieille cave voûtée (les grands, attention aux têtes!), simplement éclairée à la bougie. Les bouteilles et tonneaux sommeillent là, derrière une grille à grosses clefs. L'autre partie est couverte de photos jaunies (vieilles gloires militaires et impériales), et de coupures de journaux des grandes heures de la Royauté, couronnements, mariages et... démission de « Maggie ». À l'ardoise, des vins italiens, chiliens, argentins, sud-africains, australiens, portugais, espagnols et français. On peut également manger salades, assiettes de fromages, viandes froides, jambon cuit « maison », etc. Accueil très sympa de Bernadette et de ses acolytes, et atmosphère très conviviale, appréciés d'une clientèle mélangée de vieux habitués, de jeunes et de cols blancs cravatés.

▼ **Crusting Pipe** (plan couleur III, C-D3, 76) : 27 The Market, Covent Garden. ☎ 836-14-15. M. : Covent Garden. Dans la partie sud du marché. Ouvert de 11 h 30 à 23 h du lundi au samedi, jusqu'à 18 h le dimanche. Adresse qui n'a évidemment pas le charme de la précédente, mais qui mérite quand même une halte. Bar à vins entre brique et bois, sous les voûtes de l'ancien marché aux fruits et légumes. Bon choix de vins au verre ou à la bouteille, accompagnés de salades, sandwichs, assiettes de fromages, etc. Également une partie resto, avec carte et menus. Une autre adresse : 5 William IV Street. M. : Leicester ou Charing Cross.

Les pubs, bars et cafés

▼ Sherlock Holmes (plan couleur V, C1, 40) : 10 Northumberland Street, WC2. ☎ 930-26-44. M. : Charing Cross. Tout y rappelle le célèbre détective, notamment une collection impressionnante de dessins et gravures. Montez au 1er étage voir le minuscule musée (absolument ringard mais gratuit) sur le bonhomme. Sir Arthur Conan Doyle (1859-1930) naquit à Édimbourg et fut médecin pendant une dizaine d'années avant de se consacrer entièrement à la littérature et aux voyages. Amateur d'expéditions lointaines et aventureuses, il prit part, sous le titre de médecin militaire, à la campagne du Soudan et à la guerre contre les Boers. Et comme les mythes ont la vie longue, on précise que dans aucun de ses romans Sherlock Holmes ne dit la célèbre phrase : « Élémentaire, mon cher Watson. » Cela dit, ce pub est souvent plein. Fait aussi resto, de 12 h à 23 h 30.

▼ Lamb and Flag (plan couleur III, C3, 80) : 33 Rose Street, WC2. ☎ 836-41-08. M. : Covent Garden. Pas évident à trouver. La ruelle donne sur Garrick Street. Également accessible par Floral Street puis Lozenby Court. S'appelait avant The Bucket of Blood (« Le Seau de Sang »), à cause des bagarres sanglantes qui s'y déroulaient autrefois. Construit en 1623, il n'a jamais désempli depuis. Concerts de jazz au 1er étage le dimanche soir. Chouette atmosphère. Aux beaux jours, tout le monde se retrouve dehors, un verre à la main !

▼ The Toucan (plan couleur III, B2, 90) : Carlisle Street, W1. ☎ 437-41-23. M. : Tottenham Court Road. À 10 m de Soho Square. Fermé le dimanche. Un pub irlandais sur deux petits niveaux bien chaleureux. Ambiance vraiment décontractée, moins « col blanc » que dans les grands pubs anglais. Pourquoi le Toucan nous direz-vous ? Les connaisseurs le savent, l'oiseau au bec en banane est l'un des ambassadeurs publicitaires de Guinness. Et comme chaque soir, dans ce beau refuge, on en boit des flots impressionnants. La déco est simple, à la gloire de l'Irlande, du toucan, et de ce breuvage délicieusement charpenté, la Guinness. D'autres bières pour les malheureux qui n'aimeraient pas, et une très belle collection de whiskeys irlandais. On peut aussi y manger, sauf quand circuler et s'asseoir devient difficile. Quelques bons plats et des huîtres de la baie de Galway (Connemara).

▼ The Coal Hole (plan couleur III, D3, 81) : 91 Strand. ☎ 836-75-03. M. : Covent Garden. Le midi, ça bourdonne de journaleux et de dactylos mangeant sur le pouce ; le soir, plein de jeunes golden boys en goguette. Bar à vins au sous-sol. Une bonne halte sur le chemin du quartier des théâtres. Repas jusqu'à 15 h.

▼ Soho Brewing Company (plan couleur III, B2) : 41 A Earlham Street, WC2. ☎ 240-06-06. M. : Covent Garden. Ouvert de 11 h à minuit (22 h le dimanche). Vaste bar-restaurant en sous-sol. L'endroit vaut surtout parce qu'on y brasse des bières maison dans de belles cuves installées derrière l'immense comptoir. Les 4 ou 5 breuvages différents qui en sortent méritent bien une halte dans ces lieux par ailleurs assez branchés.

116   LE CENTRE TOURISTIQUE

▼ **The Village** (plan couleur III, B3, **82**) : 81 Wardour Street, W1. ☎ 436-24-68. M. : Leicester Square. Un des pubs à la mode dans le milieu gay londonien. Fréquenté surtout par des jeunes. Ambiance tout ce qu'il y a de plus branché.

▼ **The Global Café** (plan couleur III, B3, **110**) : voir le texte dans la rubrique « Où surfer sur Internet ? »

Où boire un verre après 23 h ?

▼ **O' Bar** (plan couleur III, B3, **85**) : à l'angle de Brewer et de Wardour Streets. M. : Piccadilly Circus. Ferme à 1 h les lundi et mardi, 2 h les mercredi et jeudi, 3 h le week-end. Situé en plein cœur de Soho, c'est le bar branché de Londres ! Trois étages, dont une piste de danse au sous-sol, dans un style pseudo-moderne bien à l'anglaise et qu'on aime beaucoup. L'atmosphère y est chaleureuse, même si cela manque un peu d'espace. N'hésitez pas à demander le *pitcher* de Long Island Iced Tea : gin, tequila, vodka... et thé glacé. Entre 18 h et 20 h, *happy hours* : tout est à moitié prix. Ne vous arrêtez pas au service d'ordre vraiment désagréable.

▼ **Zeebrabar** (plan couleur III, C2, **88**) : 62 Frith Street. ☎ 494-34-64. M. : Tottenham Court Road. Ouvert jusqu'à 3 h. Bar tout en long. Au fond, il s'élargit sur une petite scène surmonté d'un écran. Concerts tous les mercredis (petite *cover charge*, demi-tarif pour les étudiants). Quelques pointures comme Keziah Jones ou Massive Attack y ont déjà fait « groover » la jeunesse londonienne.

▼ **Ego** (plan couleur III, B2, **91**) : 22-24 Bateman Street, W1. ☎ 437-19-77. M. : Tottenham Court Road ou Leicester Square. Ouvert du lundi au samedi de 12 h à 3 h. Fermé le dimanche. Ambiance branchée sur fond rouge. Petit bar qui donne sur la rue, et salle plus grande au sous-sol. *DJs* du mercredi au samedi. Musique hip-hop, trip hop, funk... Bien pour commencer à gigoter avant de finir la nuit ailleurs.

▼ **Bar Madrid** (plan couleur III, B2, **86**) : 4 Winsley Street. ☎ 436-46-50. M. : Oxford Circus. Ouvert de 19 h à 3 h. Mi-bar, mi-boîte, on y va aussi bien pour boire un verre que pour tenter une lambada après quelques tequilas. Techno, soul, musique latino-américaine et, bien entendu, « tequila women » sont au rendez-vous. Chaude ambiance. Attention, le week-end c'est plus cher et il y a beaucoup de monde.

▼ **Bar Italia** (plan couleur III, C3, **87**) : 22 Frith Street. ☎ 437-45-20. M. : Piccadilly Circus. Ouvert toute la nuit, mais c'est au petit matin qu'il faut aller y prendre un *cappuccino*. Rendez-vous bien connu de tous les noceurs de Londres ; coup d'œil sympathique sur l'excentricité des jeunes Anglais.

▼ **Market Café** (plan couleur III, C3, **89**) : 46 The Piazza, WC2. ☎ 836-21-37. M. : Covent Garden. Sur le côté sud de la Piazza. Un bar ouvert jusqu'à 1 h 30. Ambiance sympa et décontractée. Décor intimiste aux couleurs chaudes, petits recoins à l'éclairage tamisé du sous-sol au bar de l'étage. Petite terrasse au 1er, très agréable en été. On peut y manger. Pizzas et autres plats un peu chers.

Où prendre le thé ?

– **Fortnum and Mason** (plan couleur V, B1, **41**) : 181 Piccadilly, W1. C'est une institution tellement britannique et en voie de disparition qu'il faut y aller avant qu'il ne soit trop tard. Habillez-vous convenablement et prenez une table au *tea-room,* situé au rez-de-chaussée, au fond du magasin : le *Fountain Restaurant,* ou au *St. James,* situé au 4ᵉ étage. D'ailleurs, cette cérémonie vous reviendra moins cher que le cadre ne le laisse supposer. Si vous comprenez bien l'anglais, asseyez-vous à côté d'une table de vieilles Anglaises, leur conversation est vraiment désopilante. Évidemment, il faut prendre un thé complet avec gâteaux et tout et tout.

– *Richoux (plan couleur V, B1, 42)* : 171 Piccadilly, W1. Ouvert tous les jours de 8 h à 23 h. Pour goûter, dans un cadre agréable et à prix modérés, des *scones* bien tièdes accompagnés de confiture et de crème fouettée, hmm ! Ambiance et atmosphère très *British*. 3 autres adresses : 86 Brompton Road, SW3 ; 41 A South Audley Street ; 3 Circus Road, NW8.

Où boire un vrai café ?

– **Aroma** *(plan couleur III, B2, 59)* : 1 Dean Street, W1. ☎ 287-16-33. M. : Tottenham Court Road. Ouvert de 8 h à 23 h (22 h le dimanche). Dans un cadre moderne et coloré, dégustez un grand choix de cafés. Du *cappuccino* classique à l'*iced-coffee* (avec de la glace et de la crème !) Également des sandwichs et des salades. D'autres *Aroma* dans le centre : 36 Martin's Lane, M. : Covent Garden ; 273 Regent's Street, M. : Oxford Circus.

– **Richoux Coffee & Co.** *(plan couleur V, B1, 42)* : 171 Piccadilly, W1. Ouvert de 7 h à 18 h tous les jours. ☎ 629-49-91. C'est le dernier-né de la maison. Décor totalement différent des précédents, résolument moderne et branché. Le café est torréfié sur place. Large choix de sandwichs, salades, tartes, et délicieuses pâtisseries maison. Cette nouvelle formule fait déjà fureur, notamment auprès des jeunes. Prix raisonnables et fraîcheur garantie. Possibilité d'acheter sur place tout ce qu'il faut pour réussir un bon *espresso* ou un bon *cappuccino*.

– **Seattle Coffee Company** *(plan couleur III, C3, 68)* : 51-54 Long Acre, WC2. ☎ 836-21-00. M. : Covent Garden. Ouvert du lundi au jeudi de 7 h à 20 h, jusqu'à 21 h le vendredi, le samedi de 10 h à 21 h, et le dimanche de 10 h à 19 h. Petit café où vous pourrez goûter au *caffè latte* (*espresso* avec du lait et de la chantilly). À emporter s'il n'y a pas de place pour s'asseoir.

– **Canadian Muffin Co.** *(plan couleur III, C3, 66)* : 5 King's Street, WC2. ☎ 379-15-25. M. : Covent Garden. Ouvert tous les jours de 9 h à 19 h. Également des cafés spéciaux, mais aussi d'excellents *muffins* (sucrés ou salés !). De plus en plus de succursales à Londres.

Où surfer sur Internet ?

– **The Global Café** *(plan couleur III, B3, 110)* : 15 Golden Square, W1. ☎ 287-22-42. Fax : 434-08-58. M. : Piccadilly Circus.
• Internet : www.gold.globalcafe.co.uk
Ouvert de 8 h à 23 h du lundi au vendredi, de 10 h à 23 h le samedi, et de 12 h à 23 h le dimanche. Navigation sur le net : £ 5,50 (8,36 €) l'heure, ou 46 pence la minute (minimum : 5 mn). En plein centre, sur une petite place tranquille. Le seul cybercafé de Londres à faire payer à la minute et non forcément au forfait demi-heure ou heure. L'endroit est agréable et fait aussi bar et resto. Carte tendance méditerranéenne : sandwichs, salades grecques, plats chauds... Accueil sympa.

- **Webshack** *(plan couleur III, B2, 74)* : 15 Dean Street, W1. ☎ 439-80-00. M. : Tottenham Court Road.
• E-mail : rupal@webshackcafe.com Ouvert de 10 h 30 à 23 h (20 h le dimanche). C'est évidemment un cybercafé, avec plus de vingt ordinateurs disponibles. Ici, pas de snobisme, on initie volontiers les novices. Cadre un peu froid.

Où écouter du rock, du jazz, du blues, de la country... ?

- **Ronnie Scott's Club** *(plan couleur III, B3)* : 47 Frith Street, Soho, W1. ☎ 439-07-47. M. : Leicester Square ou Piccadilly Circus. Ouvert de 20 h 30 à 3 h du lundi au samedi. Entrée assez chère. Malgré la mort récente de Ronnie Scott, grand saxophoniste et fondateur de ce temple du jazz, le lieu garde toute sa magie. Dès l'arrivée, on a un choc. C'est un club de jazz comme dans les films : atmosphère enfumée, tables rondes, lumière basse et une petite scène dans le fond. Malgré le prix des consommations, ça ne désemplit jamais. Même si le nom affiché dehors ne vous dit rien, on vous recommande vivement d'entrer. Parfois, des *jam sessions* démentes tout à fait improvisées, avec de grands musiciens. C'est là que Jimi Hendrix fit sa dernière apparition en scène, juste avant sa mort. Deux shows chaque soir, le premier vers 21 h 30. Mais en principe l'ambiance est vraiment à point vers 22 h. Pour patienter, trois bars et un resto. Les étudiants ont tout intérêt à y aller en semaine pour la réduction sur le prix d'entrée (du lundi au jeudi). En payant ce droit d'entrée du *Ronnie*, on a accès au club situé juste au-dessus. Ambiance fabuleuse les mercredi et jeudi. À ne pas manquer.
- **100 Club** *(plan couleur III, B2)* : 100 Oxford Street, W1. ☎ 636-09-33. M. : Tottenham Court Road. Ouvert tous les jours à partir de 19 h 30 environ. Ambiance chaleureuse et consommations comme dans un pub. Pas très confortable, mais de temps en temps de la bonne musique : jazz, rockabilly, blues, country... Malheureusement moins en vogue qu'il y a quelques années. Concerts de 20 h 30 à 2 h 30.
- La chaîne **Pizza Express** est non seulement spécialisée dans les pizzas, mais aussi dans la musique. Plusieurs salles présentent des groupes de jazz ou de blues tous les soirs. Très bonne programmation, des « pointures » mondiales viennent y jouer. Entrée payante, pizza non comprise. Une adresse : 11 Knightsbridge, SW1. ☎ 235-55-50. Au sous-sol. Et aussi 10 Dean Street, W1. ☎ 439-87-22. Tous les soirs (sauf le dimanche) dès 21 h.
- **Bar 12 Club** : 22-23 Denmark Place, WC2. ☎ 209-22-48 (réservations) et 916-69-89 (informations). M. : Tottenham Court Road. Prendre Charing Cross sur 100 m puis à gauche dans Denmark Street, le club est dans un tout petit passage au bout à gauche. Dans une petite salle toute boisée, programmation de grande qualité entre jazz, rock, blues, country. Les portes ouvrent vers 20 h. Bons plats à déguster en attendant les musiciens.
- **Zeebrabar :** voir texte dans la rubrique « Où boire un verre après 23 h ? »
- **Jazz After Dark :** voir texte dans la rubrique « Où manger ? »

Concerts classiques

- **English National Opera** *(plan couleur III, C3)* : London Coliseum, Saint Martin's Lane, WC2. ☎ 632-83-00. M. : Charing Cross ou Leicester Square. L'*ENO* a une politique très démocratique : les premiers prix

sont très bon marché, et les mises en scène pas du tout élitistes. On est presque toujours bien placé. On y chante en anglais !
- **Royal Opera House** (plan couleur III, C3) : Bow Street, WC2. ☎ 304-40-00. M. : Covent Garden. LA salle prestigieuse de Londres où passent les vedettes internationales. Prix en conséquence très élevés.

Où danser ?

- **The Borderline** (plan couleur III, C2) : dans la petite Manette Street (qui donne sur Greek Street), au milieu de la rue, au fond d'un renfoncement, WC2. ☎ 287-14-41. M. : Tottenham Court Road. Ferme à 3 h tous les jours, sauf le dimanche (23 h). Au sous-sol, dans une atmosphère brique et bois. Groupes rock, blues et new wave tous les soirs, vers 21 h 30. Entrée à prix raisonnable. Ensuite, après 23 h, ça fait dancing. Mais il faut repayer. Clientèle jeunes-banlieue, jeunes-branchés.
- **Heaven** (plan couleur V, C1) : Villiers Street, WC2. Sous l'arche, à mi-chemin entre la gare de Charing Cross et le métro Embankment. ☎ 839-38-52. Fermé le dimanche soir. La boîte gay la plus courue de Londres. Immense : resto, bars, galerie marchande avec *condoms*, tee-shirts et livres d'images suggestives. La salle du 2e étage est réservée aux filles. L'accueil est généralement assuré par des travelos. Odeur d'aisselles garantie après 1 h. Pour l'anecdote, la scène du film *Les Prédateurs*, dans laquelle David Bowie distrait Catherine Deneuve, a été tournée au balcon du 1er étage. On peut y aller pour rejouer la scène. Très distrayant. Soirée « straight » le jeudi normalement.
- **Legends** (plan couleur III, B3) : 29 Old Burlington Street, W1. ☎ 437-99-53. M. : Piccadilly. Fermé le dimanche et le lundi. Entrée payante (prix moyens). Très à la mode il y a quelques années. Un « one-night-club » typique. Déco froide genre design. Selon les soirs, clientèle smart ou interlope. Pour tous les goûts et toutes les couleurs. Fait aussi resto.
- **Hippodrome** (plan couleur III, C2) : Cranbourn Street, angle de Charing Cross Road, WC2. ☎ 437-43-11. M. : Leicester Square. Ouvert tous les jours de 21 h à 3 h 30. Entrée chère (un peu moins si l'on arrive avant minuit). La grosse artillerie : sono d'enfer, laser à tout crin, vidéos partout, fumée blanche artificielle, videurs obtus à l'entrée, le cadre idéal pour une jeunesse londonienne qui cherche à s'oublier et pour des grappes de touristes à la recherche des petites Anglaises. *Dance party* en semaine et soirées à thème le week-end. Tout de même assez ringard en comparaison des boîtes citées plus haut.
- **Bar Rumba** (plan couleur III, B3) : 36 Shaftesbury Avenue, W1. ☎ 287-27-15. M. : Piccadilly Circus. Ouvert tous les jours à partir de 22 h. Petite boîte du centre, à deux pas de Piccadilly Circus, qui accueille une clientèle aussi éclectique que la musique. Funk, jungle, drums and bass, salsa, garage (...), tout y passe. Pas de délires underground ni de folies festives, mais une bonne ambiance tous les soirs.
- **Limelight** (plan couleur III, C3) : 136 Shaftesbury Avenue, WC2. ☎ 434-05-72. M. : Leicester Square. Ouvert de 22 h à 3 h (6 h les vendredi et samedi). Le cadre est extravagant, dans une ancienne église à l'intérieur tarabiscoté, la clientèle plutôt conventionnelle.
- **The Clinic** (plan couleur III, C3) : 13 Gerrard Street. ☎ 734-98-36. M. : Leicester Square. Ouvert du lundi au samedi de 22 h à 3 h. En plein Chinatown. Sur deux étages, mais pas très grand. Un club alternatif un peu sombre (surtout en haut), à l'ambiance bizarre et inégale selon les soirs.

Théâtre

– **Duchess Theatre :** Catherine Street, WC2B. ☎ 494-50-75. M. : Charing Cross. Le théâtre de la *Royal Shakespeare Company*. Pièces classiques et créations.
– Enfin, un record qu'il faut signaler à l'actif du **Saint Martin's Theatre,** West Street, Cambridge Circus, WC2, M. : Leicester Square. La même pièce – *La Souricière*, d'Agatha Christie – à l'affiche depuis près de 50 ans (mieux que *La Cantatrice chauve* au théâtre de La Huchette). Allez-y, c'est drôle comme tout.

Cinéma

– **Prince Charles :** Leicester Place. ☎ 494-46-87. Le cinéma le moins cher de Londres. Les films sont un peu moins récents mais l'ambiance est sympa.
– **CIC Empire :** Leicester Square. ☎ 497-99-99. Décor spectaculaire. Acoustique excellente. Séances moins chères dans la journée.
– À côté, le **Warner**, tout neuf, ultra-moderne. Uniquement des films à succès.
– **IMAX Theatre :** Shaftesbury Avenue, Piccadilly Circus. Dans le Trocadero Center. ☎ (0845) 600-05-05. M. : Piccadilly ou Leicester Square. Plusieurs shows différents en 2 D ou 3 D, dont un voyage impressionnant en 3 D dans New York, des films sur le Grand Canyon, la planète bleue...

Shopping

Lainages

⌂ Promenez-vous sur *Oxford Street (plan couleur III, A-B2)* et fouillez les rayons pulls chez **Marks and Spencer's, C & A, Selfridges, D.H. Evans, Littlewoods, John Lewis.** C'est dans ces grands magasins que vous ferez des affaires. Rassurez-vous, la qualité est loin d'être mauvaise.

Vêtements et chaussures

⌂ **Vivienne Westwood :** 43 Conduit Street. ☎ 439-11-09. La vieille boutique World's End affiche toujours son horloge qui remonte le temps au 430 King's Road, mais c'est à la boutique de soldes que le faux cul côtoie le tee-shirt imprimé peinture et les chaussures à semelles insensées. Fins de séries à prix parfois très très abordables.
⌂ **Paul Smith :** Paul Smith est connu pour ses étonnants mariages de chic britannique et d'originalité dans ses imprimés presque kitsch. Il a installé son monde au 40-44 Floral Street, où il distribue également *Newbold*, une intéressante ligne de vêtements de travail remise au goût du designer. Soldes permanents des collections précédentes au 23 Avery Row. ☎ 493-12-87.
⌂ **Agent Provocateur :** 6 Broadwick Street. ☎ 439-02-29. Digne fils de sa maman, Vivienne Westwood, et de son papa, Malcolm MacLaren, Joseph Corre a conçu une boutique de lingerie glamour, sexy-rétro (dessous des années 50) dans un décor quasi surréaliste où se bousculent les top models et le monde de la mode, de passage à Londres.
⌂ **Dr. Martens Department Store** *(plan couleur III, C3) :* 1-4 King's Street, Covent Garden, WC2. ☎ 497-14-60. M. : Covent Garden. Ouvert du lundi au samedi de 10 h à 19 h (20 h le jeudi), le dimanche de 12 h à 18 h. Sur quatre niveaux, la

« Doc » sous toutes ses coutures et toutes ses pointures, même version bébé. Fringues, gadgets et autres produits dérivés.

Disques et vidéos

⚜ **HMV (His Master's Voice ;** plan couleur III, B2) : 150 Oxford Street. ☎ 631-34-23. M. : Oxford Circus ou Bond Street. Ouvert de 9 h 30 à 19 h (20 h le jeudi). Une boutique immense, bien agencée. Les disques sont au rez-de-chaussée et les cassettes vidéo à l'étage. Plusieurs dizaines de CD bradés chaque semaine. Un autre HMV dans le centre commercial Trocadero à Piccadilly.

⚜ **Virgin Megastore** (plan couleur III, C2) : 14 Oxford Street, W1. ☎ 631-12-34. M. : Tottenham Court Road. Ouvert de 10 h à 20 h (de 12 h à 18 h le dimanche). D'autres annexes à différents niveaux dans la même rue. Un classique du genre, archiconnu à Londres depuis que son patron (Branson, l'homme qui lança Mike Oldfield et Boy George) a escaladé l'immeuble déguisé en Spiderman, histoire de se faire plus de pub... Cela dit, le Megastore n'est plus aussi intéressant qu'à ses débuts. Choix important, mais seules les nouveautés, ici aussi, sont mises en avant. Bons points pour les rayons « World music » (où sont classés les chanteurs français !) et la salle réservée au classique, à l'étage. Sinon, l'endroit est un peu trop bruyant et on se perd facilement dans les innombrables couloirs... Les vidéos sont au sous-sol (entrée au numéro voisin).

⚜ **Tower Records** (plan couleur III, B3) : 1 Piccadilly Circus, W1. ☎ 439-25-00. M. : Piccadilly Circus. Ouvert de 9 h à minuit (de 12 h à 18 h le dimanche). Même genre que les précédents. Promo sur les nouveaux disques. Imbattable pour le choix en musique classique et en blues.

● **Les petits disquaires**

⚜ **Going For a Song (Discount Music Store ;** plan couleur III, C2) : 159-163 Charing Cross Road. M. : Tottenham Court Road. Choix limité, mais les CD de ces dernières années sont à des prix archicompétitifs. Surtout rock, pop et hard.

⚜ **Ray's Jazz Shop** (plan couleur III, C2-3) : 180 Shaftesbury Avenue, WC2. ☎ 240-39-69. M. : Tottenham Court Road ou Covent Garden. Ouvert de 10 h à 18 h 30. La bonne adresse pour le jazz. Des « pièces » rares, du plus traditionnel en passant par le be-bop jusqu'à l'avant-garde. Bon rayon de secondhand (occasion) dont les meilleurs sont exposés près de la caisse.

⚜ **James Asmam** (plan couleur III, C3) : 23 A New Row, WC2. ☎ 240-13-80. M. : Leicester Square. Ouvert de 10 h à 18 h. Les fous du jazz traditionnel vont prendre leur pied, James Asmam collectionne les disques depuis environ 40 ans. Peut-être le meilleur à Londres dans ce domaine. Quelques occases.

⚜ **Reckless Records :** 79 Upper Street, Islington, N 1 (plan couleur I, C1), et 30 Berwick Street, Soho, W1 (plan III, B2). ☎ 437-42-71 ou 359-05-01. M. : Oxford Circus. Une des meilleures adresses pour les occasions, avec garantie. Possibilité de leur revendre leurs disques, cassettes, compacts dans la semaine qui suit cet achat à taux vraiment intéressant.

⚜ **Steve's Sounds :** 20/20 A Newport Court. ☎ 437-46-38. M. : Leicester Square. Ouvert du lundi au samedi de 10 h 30 à 20 h et le dimanche de 12 h à 19 h 30.

⚜ **Music Discount Centre** (plan couleur III, C3) : 437 The Strand, WC2. ☎ 240-21-57. M. : Charing Cross. Pour le classique, une excellente boutique avec disques et coffrets à prix imbattables. Très grand choix. Egalement 46 Thurloe Place (plan couleur II, B3). M. : South Kensington.

⚜ **ENO Shop** (plan couleur III, C3) :

31 Saint Martin's Lane, WC2. ☎ 240-02-70. M. : Leicester Square. Tout près de Trafalgar Square. Ouvert le lundi de 10 h à 18 h, et du mardi au samedi de 10 h à 19 h 30. Grand spécialiste du classique. Nombreux bouquins et magazines également.

⌂ *Harold Moores Records* (plan couleur III, B2) *:* 2 Great Marlborough Street, W1. ☎ 437-15-76. M. : Oxford Circus. Ouvert de 10 h à 18 h 30 (12 h à 18 h 30 le dimanche). Spécialisé dans les disques classiques qui ne sont plus édités. Possède, de plus, un service de recherche.

Instruments de musique

Grande concentration de magasins de guitares, basses, synthés, etc., sur *Denmark Street (plan couleur III, B2).* M. : Tottenham Court Road. Une rue mythique pour les amateurs de rock : ici se sont fournis tous les grands noms des *Sixties* et des *Seventies.* Aujourd'hui, c'est au tour de Prince de venir faire une razzia chez les vendeurs de guitares, à l'occasion de ses concerts londoniens...

Livres

Nous vous conseillons d'aller flâner du côté de Charing Cross Road. M. : Leicester Square ou Tottenham Court Road *(plan III, C2-3).*

⌂ *Foyles :* 119-125 Charing Cross Road, WC2. ☎ 437-56-60. M. : Leicester Square. Ouvert de 9 h à 18 h (19 h le jeudi). La plus grande librairie d'Europe, disent-ils. On y trouve absolument tous les genres de livres. Aller au 3ᵉ étage, véritable caverne d'Ali Baba... Pour les musicos : partitions en tout genre, bien moins chères qu'en France.

⌂ *Waterstone's Booksellers :* 64-66/129-131 Charing Cross Road, WC2. ☎ 434-42-91. M. : Tottenham Court Road. Ouvert de 9 h 30 à 20 h et le dimanche de 12 h à 18 h. Grande librairie de gauche proposant un choix intéressant dans tous les domaines : sciences, écologie, romans, voyages, etc. Gros rayon de bouquins consacrés au rock, au jazz, etc.

⌂ *The European Bookshop :* 5 Warwick Street, W1. M. : Piccadilly Circus. ☎ 734-52-59. Ouvert de 9 h 30 à 18 h. Librairie européenne. Pour ceux qui ont la nostalgie du pays.

⌂ *Edward Stanford :* 12 Long Acre, WC2. ☎ 836-19-15. M. : Covent Garden. Ouvert de 10 h à 19 h (18 h les lundi et samedi). La boutique des routards. On y trouve des cartes du monde entier ainsi que des livres sur des pays dont on ignorait même l'existence.

Journaux

⌂ *Capital Newsagent :* 48 Old Compton Street, SW1.

Posters et agrandissements de photos

⌂ *Poster Shop :* 28 James Street. ☎ 240-25-26. M. : Covent Garden. Posters en tout genre.
– Dans les magasins de photos fournissant les services **Westons** vous pouvez faire tirer un poster géant de votre plus belle diapo pour un prix modeste. C'est très avantageux, encore faut-il rester suffisamment longtemps dans la capitale.

⌂ *Flashbacks :* 6 Silver Place (Beak Street), Soho, W1. ☎ 434-

35-88. Ouvert de 10 h 30 à 19 h tous les jours sauf le dimanche. Le spécialiste du 7ᵉ art. Beaucoup de photos et quelques posters.

Vin, fromage et autres douceurs

⌂ *Odd Bins :* Brewer Street, au niveau de 7 Dials. ☎ 437-63-71. Ouvert de 10 h à 20 h. Fermé le dimanche. Eh oui! Les *British* adorent le pinard. La chaîne Odd Bins (plusieurs boutiques à Londres) possède des bouteilles de tous les pays du monde. Mais les Français ont réagi : Nicolas et ses magasins débarquent en force à Londres.

⌂ *Neal's Yard Dairy :* 17 Short's Garden, WC2. ☎ 379-76-46. Fax : 240-24-42. M. : Covent Garden. Ouvert du lundi au samedi de 9 h à 19 h, de 10 h à 17 h le dimanche. Sur la vitrine on lit : « Farm cheese and produce from the BRITISH ISLES ». Eh non! La France n'est pas seule à produire de bons fromages. Que les sceptiques entrent dans l'échoppe. Un régal pour le nez et les yeux, à peine franchi le pas de porte. Ici, on ne vous trompe pas sur la marchandise, sur une grande ardoise sont écrits l'âge et l'origine de chacun de ces joyaux, et on prend volontiers le temps de vous en expliquer les caractères.

⌂ *Carluccio's :* 28 A Neal Street, WC2. ☎ 240-14-87. M. : Covent Garden. Ouvert du lundi au jeudi de 11 h à 19 h, le vendredi de 10 h à 19 h, et le samedi de 10 h à 18 h. Fermé le dimanche. Le meilleur de l'épicerie italienne en plein Londres. Si vous avez un petit creux, tant mieux! Quelques bons plats frais à emporter.

Les boutiques ultra-spécialisées

On trouve à Londres des magasins inimaginables ailleurs, spécialisés dans tout et n'importe quoi. C'est bien sûr un régal, surtout si l'on ne vient pas pour acheter. La plupart se trouvent dans le centre, notamment à Covent Garden. *Neal Street* est une rue pleine de magasins spécialisés : celui qui ne vend que des cerfs-volants, celui qui vend des cassettes de relaxation, celui où vous dégoterez n'importe quel fanzine de SF américaine, celui de la chaussure naturelle, etc. On peut passer deux heures dans la rue sans même s'en rendre compte!

⌂ *Tintin Shop* (plan couleur III, C3) : 34 Floral Street, W1. ☎ 836-11-31. M. : Covent Garden. Ouvert de 10 h à 18 h (19 h le jeudi, et de 12 h à 17 h le dimanche). Descendre vers le marché et prendre la première à droite. Tout sur Tintin, son fidèle compagnon Snowy et le professeur Calculus. On y trouve pulls, tee-shirts, stylos et bien sûr BD en anglais. On apprend ainsi que « Mille millions de mille sabords! » se traduit par « Blue blistering barnacles! »

⌂ *Bead Shop* (plan couleur III, C3) : 21 A Tower Street, WC2. ☎ 240-09-31. M. : Leicester Square ou Covent Garden. Ouvert le lundi de 13 h à 18 h, du mardi au vendredi de 10 h 30 à 18 h et le samedi de 11 h 30 à 17 h. Après tout, vous êtes peut-être à Londres pour enfiler des perles? Voici donc le royaume de la perle *(bead),* sur deux étages... Une sérénité des plus studieuses règne dans ce magasin. La plupart des clients sont des profs, des éducateurs et des hippies. Après avoir fait le plein de perles, on va grignoter à *Food For Thought,* juste à côté (voir « Où manger? »), pour retrouver *grosso modo* la même atmosphère.

⌂ *Neal Street East* (plan couleur III, C3) : 5 Neal Street, WC2. ☎ 240-01-35. M. : Covent Garden. Chouette bazar spécialiste de l'Orient. Tissus, bouquins, vaisselle, bijoux, mobilier, déco... Tout pour la maison et encore plus. Les fouineurs seront ravis.

⌂ *The Tea House* (plan couleur III, C3) : 15 Neal Street, WC2. ☎ 240-75-39. Fax : 836-47-69. M. : Covent Garden. Ouvert du lundi au samedi de 10 h à 19 h et le dimanche de 12 h à 18 h. Des chinois aux indiens, des japonais aux russes, plus de 100 sortes de thés et tisanes à des prix inconnus en France. Leur *English breakfast* est un modèle du genre. Vente par correspondance. Plein de théières originales (pour les amateurs qui ont les moyens), en forme de hibou, d'éléphant, de chat, etc. Également de belles boîtes métalliques et toutes sortes de gadgets rigolos (cuillère sucrée et fondante, boule à thé en forme de maison...). Un peu plus loin, au 24 Neal Street, les meilleures cafetières (à piston) chez **Bodum.**

⚑ ***Anything Left-Handed*** (plan couleur III, B3) : 57 Brewer Street, W1. ☎ 437-39-10. M. : Oxford Circus ou Piccadilly Circus. Ouvert de 9 h 30 (10 h le samedi) à 17 h. Fermé le dimanche. Il n'y a vraiment que les Anglais pour ouvrir des boutiques pareilles. On y trouve tout pour l'usage des gauchers : ciseaux, agendas, outils divers. Même des tasses à café avec une anse à gauche ? À vous d'aller vérifier !

⚑ ***Lillywhites*** (plan couleur III, B3) : Piccadilly Circus, SW1. ☎ 930-31-81. Ouvert de 9 h 30 à 19 h, de 11 h à 17 h le dimanche. Considéré par certains comme le meilleur magasin d'articles de sport au monde. C'est déjà une petite référence.

⚑ ***Hamley's*** (plan couleur III, B3) : 196 Regent's Street, W1. ☎ 734-31-61. M. : Oxford Circus. Ouvert de 10 h à 19 h (20 h le jeudi, 18 h le dimanche). Le plus grand magasin de jouets au monde. Si vous avez envie de faire un cadeau à votre petite sœur, entrez dans ce royaume de cinq étages où vous trouverez les jouets les plus traditionnels et les plus révolutionnaires, les plus chers et les meilleur marché. À voir absolument. Attention, les prix sont en général plus élevés qu'ailleurs.

⚑ ***Condomania*** : spécialiste des préservatifs. Après avoir eu pignon sur rue, ils se sont concentrés sur la vente par correspondance. Les patrons nous ont pourtant dit qu'ils allaient rouvrir une boutique. C'est peut-être fait depuis. Renseignements : ☎ 287-22-48. Demander l'adresse à Martin ou à Douglas.

Les boutiques chères mais qui valent vraiment le coup d'œil.

⚑ ***Fortnum and Mason*** (plan couleur V, B1, 41) : 181 Piccadilly, W1. ☎ 734-80-40. Ouvert de 9 h 30 à 18 h. Fermé le dimanche. Un magasin de poupée à taille humaine, décoré avec un goût et un raffinement poussés à l'extrême : lustres en cristal, rayonnages en acajou et moquettes épaisses. Voir les tables dressées pour présenter les services et les couverts. Si vous avez vu Harrod's, vous préférerez Fortnum and Mason. Faste inégalé au grand rayon alimentation, qui fait depuis le XVIIIe siècle la réputation de cette épicerie fine. D'ailleurs ça marche tellement bien que le magasin va encore s'agrandir aux nos 185 et 186 de la même rue.

On y trouve (presque) de tout. Thés, marmelades et miels pour les gourmets. À côté, même Fauchon ressemble à un centre Leclerc. Les clients sont raccompagnés à leur taxi par un groom avec parapluie ! Les caissiers portent encore une queue-de-pie. Il y a quelque chose qu'il ne faut surtout pas manquer à Londres : prendre un thé complet (cream tea, please) chez Fortnum and Mason (voir, plus haut, « Où prendre le thé ? »). *A feast for the eye...*

⚑ ***Liberty*** (plan couleur III, B2) : Great Marlborough Street, donne dans Regent's Street. ☎ 734-12-34. M. : Oxford Circus. Ouvert de 10 h à 18 h 30 (19 h 30 le jeudi). Tout le monde connaît cette boutique et le style qu'elle a imposé au monde entier. La créativité de son mobilier et de ses tissus a influencé le mouvement Art nouveau au début du siècle, au point que les Italiens parlent de « stile Liberty » pour désigner cette période artistique. Malheureusement, ce magasin est très cher. Cela vaut quand même le coup d'y aller pour y voir de belles choses et peut-être tomber sur des soldes extra. Peu de gens savent qu'au rayon ameublement on trouve des rideaux en tissu Liberty vraiment super. Toutes les gammes de prix, et parfois des affaires.

Marchés et marchés aux puces

- **Covent Garden** (plan couleur III, C3) : le samedi matin, marché de petit artisanat. Affreusement touristique.
- **Berwick Street Market** (plan couleur III, B2) : Berwick Street, W1. De 8 h à 17 h, du lundi au samedi. Situé au cœur de Soho et entouré de boîtes de strip-tease, ce marché de fruits et légumes est très animé et pas cher.

Galeries et musées

★ **National Gallery** (plan couleur III, C3) : Trafalgar Square. ☎ 839-33-21. M. : Charing Cross. Ouvert du lundi au samedi de 10 h à 18 h et le dimanche de 12 h à 18 h. Nocturnes jusqu'à 20 h le mercredi de juin à août. Fermé les 24, 25 et 26 décembre, le 1er janvier et le Vendredi saint. Entrée gratuite (mais les expos temporaires sont payantes). Attention, on ne peut pas laisser de bagages (ni de sacs) au vestiaire. Prendre le plan du musée (Floor Plan) à l'entrée. Visites guidées gratuites à 11 h 30 et 14 h 30 du lundi au vendredi, à 14 h et 15 h 30 le samedi. En français, le dimanche à 11 h 30, et, pour les malentendants, le premier samedi du mois à 11 h 30. Rendez-vous dans le foyer de l'aile Sainsbury.
L'un des plus beaux musées de peinture au monde (avec le Louvre, le Prado, la Pinacothèque...) grâce à ses 2 000 toiles peintes du XIVe siècle au début du XIXe siècle. Toutes les grandes écoles occidentales sont donc représentées, même si l'essentiel de la peinture moderne a été confié à la Tate Gallery. Mais si vous préférez Cézanne et Van Gogh à Fra Angelico ou à Rembrandt, soyez rassuré : la National Gallery leur consacre quand même quelques salles. Il y en a vraiment pour tout le monde ! Le musée s'est même agrandi en 1991 tout en mettant un pied dans l'électronique : la **Micro Gallery** (dans l'aile Sainsbury, ouverte jusqu'à 17 h 30) permet de consulter l'ensemble du catalogue sur ordinateur (avec fiches signalétiques des peintres et tableaux) et, pour une somme modique, de repartir avec des copies (en noir et blanc) de vos tableaux préférés !
Sinon, pas de problème d'orientation : le grand hall central propose quatre ailes différentes, chacune consacrée à une période précise. On suit donc l'évolution de l'art pictural chronologiquement et les pressés ont la possibilité d'aller directement dans les salles qui les intéressent. Youpi !

Aile Sainsbury : de 1260 à 1510

Œuvres de l'école italienne du gothique tardif et du début de la Renaissance. Début des Renaissance allemande et flamande.
- Salle 51 : deux œuvres de premier ordre de Léonard de Vinci : une *Vierge au rocher* (1508) et surtout le superbe carton de la *Vierge à l'Enfant avec sainte Anne et saint Jean Baptiste*. Il a représenté l'image de la mère idéale, celle qu'il n'a jamais eue.
- Salle 52 : primitifs italiens, dont Duccio Di Buoninsegna, le plus grand peintre siennois de la fin du XIIIe siècle. Couleurs encore fraîches (bleu

éclatant sur fond doré) de la *Vierge à l'Enfant avec saints* et des panneaux représentant des scènes de la vie du Christ. Intéressante transition du style byzantin un peu sévère vers le gothique plus doux et fluide (drapé de la Vierge, jeu des couleurs).

- Salle 53 : magnifique *diptyque de Wilton*, exécuté à la fin du XIVe siècle par un artiste de nationalité inconnue, dans un style gothique très décoratif. Superbe retable d'un autre primitif italien, Jacopo Di Cione, le *Couronnement de la Vierge* (milieu du XIVe siècle).

- Salle 54 : encore un *Couronnement de la Vierge* provenant d'un retable florentin, de Lorenzo Monaco, plus majestueux et coloré que le précédent.

- Salle 55 : le Florentin Paolo Uccello est superbement représenté dans deux genres différents : la fable avec *Saint Georges et le Dragon*, très fantasmagorique, et la représentation historique avec *La Bataille de San Romano* (vers 1450). Comme de nombreux artistes de la Renaissance, il a bien maîtrisé la perspective et le raccourci audacieux (à l'image du cavalier mort en bas de la toile). Remarquez l'agencement étudié des bouts de lance jonchant le champ de bataille. De Pisanello, la *Vision de saint Eustache* (qui aurait aperçu le Christ en croix lors d'une partie de chasse). Superbes panneaux du *Christ en gloire* de Fra Angelico (1430-1435). Grand travail de précision. Voir à côté le retable haut en couleur représentant la *Trinité avec les saints*, de Pesellino.

- Salle 56 : Van Eyck nous fait entrer dans l'intérieur intime des *Époux Arnolfini* (1434). Un rendu très précis des couleurs lui permet, par exemple, de peindre dans le miroir du fond le tableau en abîme. Superbe portrait d'un *Homme au turban*. Il a beaucoup influencé ses compatriotes Van der Weyden *(Madeleine lisant)* et Petrus Christus (*Portrait d'un jeune homme* réalisé vers 1450).

- Salle 57 : *L'Agonie au jardin des Oliviers* (avant 1470) est une composition parfaite de Mantegna qui rassemble plusieurs moments de la vie de Jésus. Selon la légende, les juifs se sont servis du pont de bois à droite pour fabriquer la croix. Giovanni Bellini, le beau-frère de Mantegna, a peint le même thème, mais d'une manière plus aérée et lumineuse. Somptueuse *Vierge à l'Enfant* de Crivelli (style gothique tardif). Des éléments de bois et des gemmes incrustés donnent du relief à la peinture.

- Salle 58 : consacrée à Botticelli. Œuvres remarquables, comme *Vénus et Mars* (1475) ou la *Nativité mystique*.

- Salle 60 : de Raphaël, *Sainte Catherine d'Alexandrie* (1507), d'une grâce et d'un naturel extrêmes. *Vierge à l'Enfant avec saint Jean Baptiste et saint Nicolas*, composition d'un grand équilibre. Fines nuances des bleus sur *An Allegory (Vision of a knight)*.

- Salle 61 : *Introduction du culte de Cybèle à Rome*, admirable monochrome de Mantegna (1505). Cette déesse orientale était traditionnellement honorée par un bétyle, sorte de monolithe tombé du ciel ! Les Romains lui rendirent à leur tour un culte pour s'assurer la victoire contre les Carthaginois. Cette frise « à l'antique » donne l'illusion d'avoir été sculptée sur du marbre coloré. Une façon de répondre à la question cruciale : qui, du sculpteur ou du peintre, dépasse l'autre ? Superbe *Madone à la prairie* de Bellini (vers 1500), chargée d'émotion.

- Salle 62 : Renaissance flamande. Superbe *Vierge à l'Enfant avec saints* de Gérard David (vers 1510).

- Salle 63 : Renaissance allemande. *Portrait du père* de Dürer (1497). La finesse des traits du visage montre son grand talent de portraitiste.

- Salle 64 : Renaissance italienne et flamande. *Saint Jérôme dans sa cellule* (1475) très influencé par les Flamands. Triptyque de Hans Memling représentant la *Vierge à l'Enfant avec saints* (encore !).

- Salle 65 : *La Crucifixion* par Antonello de Messine (1475) et le *Portrait d'un homme* (sûrement un autoportrait) peint de trois quarts.

GALERIES ET MUSÉES 127

Aile ouest : de 1510 à 1600

Riche en œuvres des Renaissance italienne (écoles florentine, vénitienne et de l'Italie du Nord), flamande et allemande.

– Salle 2 : quelques œuvres de jeunesse du Corrège, ainsi que *L'Éducation de l'Amour* (début des années 1520), où le rendu des chairs est particulièrement réaliste. La grâce naturelle des poses annonce le maniérisme.

– Salle 4 : consacrée à la Renaissance allemande, bien représentée avec Hans Holbein le Jeune, peintre officiel d'Henri VIII. Le roi, qui voulait se remarier, lui demanda en 1538 le portrait de la jeune *Christine du Danemark, duchesse de Milan*, qui porte encore le deuil de son mari. *Summer*, de Hans Wertinger, très belle huile sur bois représentant les activités d'été.

– Salle 5 : *Saint Augustin et la sainte Famille* (1520), composition ouverte sur un grand paysage, par Garofalo, qui signait ses toiles d'un œillet (*garofalo* en italien). Saint Augustin a aussi peu de chances de découvrir le mystère de la sainte Trinité que l'enfant de verser l'eau de la mer dans un trou à l'aide d'une cuillère ! Voir aussi, pour la beauté des couleurs, l'*Allégorie de l'Amour*.

– Salle 6 : portraits des peintres lombards Moretto et Moroni, d'une grande minutie et vraisemblance. Voir en particulier *Le Tailleur*. Également des portraits de Lotto, dont *Une dame avec un dessin de Lucrèce* (vers 1530), une allégorie de la vertu, puisque Lucrèce a préféré se suicider après avoir été violée ! Superbe *Consécration de saint Nicolas* de Véronèse.

– Salle 7 : on retrouve dans l'univers fantastique du *Saint Georges et le dragon* l'habileté du Tintoret pour la mise en scène dramatique. Notez aussi le travail remarquable sur la lumière et les couleurs vives dans le *Baptême du Christ* d'Adam Elsheimer.

– Salle 8 : portrait du *Pape Jules II*, son grand mécène, par Raphaël (1511-1512). Toiles inachevées de Michel-Ange.

– Salles 9 et 10 : superbe *Famille de Darius devant Alexandre le Grand* de Véronèse, l'une de ses grandes toiles mythologiques, là où il peut le mieux s'exprimer. Voir aussi l'*Adoration des Mages* (1573). Ne pas manquer, du Titien, la symphonie de couleurs de *Bacchus et Ariane* (1523) avec son bleu inimitable, ainsi que la *Vierge à l'Enfant avec saints*. Belle expression de douceur sur le visage de *Sainte Marie Madeleine approchant le sépulcre*.

– Salle 11 : série des quatre *Allégories de l'Amour* de Véronèse peintes vers 1570.

– Salle 12 : école flamande du XVIe siècle. *L'Adoration des Mages* de Bruegel l'Ancien (1564) avec quelques réminiscences du monde visionnaire de Bosch. Voir le même thème traité par Jan Gossaert (1510-1515), qui révèle tout son art à la limite du miniaturisme.

Aile nord : de 1600 à 1700

Cette aile du musée étant en partie en travaux, plusieurs œuvres sont susceptibles d'être déplacées momentanément.

– Salle 14 (la prendre par la West Wing) : superbe *Jeune Homme tenant une tête de mort*, par Frans Hals. Noter le mouvement de la main et du regard, le contraste du manteau et du crâne, la souplesse de la plume. Beau *Concert* de Terbrugghen (regards en coin, jeu d'ombres et clair-obscur). Pendant les travaux dans les salles 22 à 27, qui se terminent normalement fin 1999, certains des Rembrandt normalement exposés en salle 27 le sont en salle 14.

– Salle 15 : consacrée aux paysagistes Turner et Le Lorrain. À vous de juger si le Français a mieux maîtrisé la lumière que l'Anglais !

– Salle 16 : les Hollandais Vermeer, Steen et Pieter de Hooch, entre autres. La *Cour d'une maison* (de Hooch) surprend par son réalisme. Saenredam étonne par la modernité de son tableau (intérieur d'une cathédrale).

– Salle 17 : plusieurs Hollandais, moins connus. Proportions curieuses sur la *Vue de Delft* de Fabritius.

– Salle 18 : ne pas rater le *Peepshow* de Van Hoogstraten (XVIIe siècle), une curieuse boîte en bois, dont l'intérieur est peint. De chaque côté, un œilleton permet de jouer les voyeurs ! Des phénomènes d'optique, jouant sur les perspectives créées, restituent l'atmosphère d'un intérieur d'époque, avec des illusions de relief et de mobilité...
– Salle 19 : nombreuses œuvres de Lorrain. Le tableau le plus connu, *Cupidon et le château de Psyché*. Remarquez la similitude des décors et la différence de travail sur la lumière entre les deux tableaux de Lorrain *Un port sur la mer* et *Un port et l'embarquement de Sainte Ursule*.
– Salle 20 : surtout des Poussin (bacchanales et autres orgies), pleins de couleurs et de mouvements.
– Salle 21 : on aime bien le ciel mouvementé et les éléments déchaînés de *The Maas At Dordrecht In The Storm*, de Cuyp.
– Les salles 22 à 27 étant en travaux jusqu'à fin 1999, certains des Rembrandt normalement exposés en salle 27 ont été déplacés en salle 14. La plupart des autres œuvres de ces salles sont pour le moment invisibles.
– Salle 22 : peintres français (Le Nain, Philippe de Champaigne).
– Salle 23 : autres peintres flamands.
– Salles 22 a, 24 et 25 : paysagistes hollandais. Remarquez la précision extrême de Ruysdael (jusqu'au regard du plus petit chien).
– Salle 26 : deux étonnantes natures mortes de Treck, aux reflets étudiés.
– Salle 27 : une vingtaine de Rembrandt. Quelle finesse dans le trait ! Ici aussi, une esquisse permet de mieux cerner la préparation du travail, l'aisance du dessin et les petites touches blanches qui donnent ensuite toute la lumière nécessaire aux visages... Une étude idéale pour les peintres amateurs.
– Salle 28 : une orgie de Rubens, tout en cris, fureur, chair, femmes, anges et nuages... Mouvement admirablement reconstitué dans l'*Enlèvement des Sabines*, scènes délirantes de *Paix et guerre* (une femme fait gicler son lait dans la bouche d'un enfant !), déchirement des corps et sensualité des couleurs dans *Samson et Dalilah*. Également un célèbre portrait : *La Jeune Fille au chapeau de paille* (en fait, il est en plume !).
– Salle 29 : école espagnole. Œuvres de Murillo, pleines de candeur (ses enfants sont craquants). Magnifique *Sainte Margaret*, peinte par Francisco de Zurbarán, orfèvre pour le relief et des couleurs chaudes. Beau *Christ conduisant les marchands du Temple* du Greco. Notez l'impression de souplesse et de matière des vêtements, et leurs couleurs vives contrastant avec le reste du tableau, plutôt terne. Plusieurs Velázquez.
– Salle 30 : parmi les tableaux légués par un certain docteur Mond, Rembrandt et Van Dyck. Quelques Rubens aussi. Portrait saisissant de *Cornelis Van der Geest* par Van Dyck. On jurerait que le sujet va se mettre à pleurer !
– Salle 32 : les Italiens. Carracci, Caravaggio (très beau *Repas d'Emmaüs*), Il Guercino, etc. Dommage, la salle est un peu surchargée. On ne sait plus quoi admirer. Vite, un petit tour au pub d'en face, avant d'attaquer l'autre aile !

Aile est : de 1700 à 1920

– Salle 33 : peintres français du XVIIIe siècle. Fragonard, plusieurs Chardin, de beaux Pierre Peyron, Watteau, etc. Scènes bucoliques des tableaux de Nicolas Lancret.
– Salle 34 : 6 toiles de Turner, pas indispensables pour ceux qui ont vu la Turner Collection. Portraits de Gainsborough et Reynolds, mais aussi Wright of Derby (traitement intéressant des usages). Paysages anglais par Constable, l'autre grand peintre anglais du XVIIIe siècle. Il faut aimer...
– Salle 35 : Hogarth, Stubbs. Fameuse scène de chasse par Gainsborough, *Mr et Mrs Andrews*. Remarquez la tache sur les genoux de la jeune femme, sur lesquels aurait dû se trouver un faisan mort. Sherlock mène l'enquête...
– Salle 36 (rotonde) : 4 portraits du XVIIIe siècle, dont deux Reynolds.

GALERIES ET MUSÉES 129

– Salles 37 et 38 : les Italiens du XVIIIe siècle, dont plusieurs Canaletto.
– Salles 39 et 40 : d'autres Vénitiens, mais aussi des portraits de Goya.
– Salle 41 (traversez les salles 40 et 43) : le XIXe siècle. Un grand Delaroche, un David bien mis en valeur, un *Don Quichotte* intéressant vu par Daumier, mais aussi plusieurs Delacroix, des Corot, Courbet, Millet et Puvis de Chavannes. D'Ingres, un portrait du *Duc d'Orléans* et le portrait de *Mme Moitessier*, magistralement exécuté. On remarque bien sûr son reflet dans la glace mais, en prenant du recul, on voit aussi sa robe se détacher du fond...
– Salle 42 : tiens, voilà du... Eugène, mais aussi divers petits formats de pré-impressionnistes, dont *Au Café de Chateaudun* de Degas ; des Corot, Courbet, etc.
– Salle 43 : les impressionnistes. Des chefs-d'œuvre en pagaille ! On est tout de suite surpris par cette *Exécution de Maximilien*, en quatre morceaux et toile apparente : Manet, qui n'aimait pas les bords de son tableau, le découpa ! C'est Degas qui recolla les morceaux. Un Degas très original *(Lala au cirque)*, dont les personnages semblent voler ; une élégante *Tamise* de Monet, ainsi que sa fameuse *Gare Saint-Lazare* ; plusieurs Pissarro...
– Salle 44 : de Renoir, les sublimes *Parapluies* (remarquable recherche des couleurs, visages gracieux de l'enfant et de sa mère). Plusieurs beaux Seurat dont les célèbres *Baigneurs à Asnières*.
– Salle 45 : l'apothéose ! D'abord, les *Tournesols* de Van Gogh et leur jaune en folie, sur lesquels tout le monde se précipite. Une dizaine de Cézanne (surprenant visage de *La Vieille Femme au rosaire*). Un Munch superbe pour ses formes arrondies et ses couleurs harmonieuses.
– Salle 46 : un Picasso, des Toulouse-Lautrec, Monet, Degas ; on ne peut pas manquer les *Nymphéas* de Monet. Également un joli tableau un peu enfantin de Vuillard, *Jeunes filles qui marchent*.

★ **Courtauld Gallery** *(plan couleur III, D3)* : Somerset House, The Strand, WC2. ☎ 873-25-26. M. : Charing Cross, Temple ou Covent Garden. Ouvert de 10 h à 18 h du lundi au vendredi (dernière admission à 17 h 30). Fermé du 24 au 26 décembre, le dernier lundi d'août et le jour de l'an. Entrée payante. Gratuit après 17 h. Réduction étudiants.
Cette galerie présente les donations faites à l'université de Londres, en particulier un ensemble de tableaux impressionnistes et postimpressionnistes d'une prodigieuse richesse qui valent à eux seuls le déplacement. Ajoutez quelques beaux spécimens de la Renaissance italienne, quelques Rubens, et le tour est joué. Ces collections ont enfin trouvé, dans les salons *cosy* de cette grande bâtisse georgienne, un endroit à leur mesure. Ils furent occupés à la fin du XVIIIe siècle par la sérieuse Royal Academy of Arts (maintenant relogée sur Piccadilly), qui fait la pluie et le beau temps en matière artistique, par exemple en choisissant les œuvres montrées à la fameuse *Summer Exhibition*.
– Galerie 1 : époque médiévale et début Renaissance.
– Galeries 2 et 3 : Renaissance.
– Galeries 4 et 5 : XVIe et XVIIe siècles.
– Galerie 6 : Rubens. Superbe *Descente de croix*. Belle composition en diagonale s'articulant autour du corps du Christ. Il a fourni quelques cartons de tapisserie, comme la *Mort d'Achille*, issu d'une série de huit cartons. On se rend compte de l'influence qu'a eue la Renaissance italienne sur l'artiste. Halte nécessaire devant le *Paysage au clair de lune*, romantique avant l'heure, qui fut très apprécié par les paysagistes anglais.
– Galerie 7 : XVIIIe siècle.
– Galerie 8 : début XIXe siècle.
– Galerie 9 : impressionnisme et postimpressionnisme. Pas de jaloux, tous les grands noms sont là ! Admirez *Un bar des Folies-Bergères* de Manet, aussi pétillant qu'une coupe de champagne malgré le regard perdu de la serveuse. Également une copie réduite du *Déjeuner sur l'herbe*. Bel *Automne à Argenteuil* de Monet et *Antibes*, où seuls les coups de pinceau isolent la mer

de la montagne et la montagne du ciel. Alors que Degas s'intéresse à la scène et à ses danseuses, Renoir se tourne vers le public et peint dans une lumière étincelante la beauté d'une femme du monde, qui, elle aussi, est en représentation *(La Loge)*. Parmi les postimpressionnistes, Cézanne est le mieux représenté avec *Le Lac d'Annecy*, l'une de ses nombreuses *Montagne Sainte-Victoire* et une version des *Joueurs de cartes*. À l'opposé des impressionnistes, les passages de couleurs ne lui servaient pas à décomposer la lumière, mais plutôt à mettre en avant les formes. Deux superbes toiles de Gauguin « made in Tahiti ». Si son amitié avec Van Gogh n'avait pas mal fini, ce dernier ne se serait pas coupé le lobe de l'oreille et n'aurait pas peint ces autoportraits terribles, dont le musée a un bel exemple. Voir aussi les *Pêchers en fleurs*. De Toulouse-Lautrec : *Jane Avril à l'entrée du Moulin Rouge* et *Souper en tête-à-tête*. Également des petits formats de Seurat et un *Don Quichotte* de Daumier.
– Galeries 10 et 11 : début XXe siècle.

★ ***Royal Academy of Arts*** *(plan couleur III, B3) :* Burlington House, Piccadilly, W1. ☎ 439-74-38. M. : Piccadilly Circus ou Green Park. Ouvert tous les jours de 10 h à 18 h. Entrée payante, prix variant selon les expos.
Prestigieuse institution fondée en 1768 pour favoriser le développement des arts plastiques. Elle a acquis depuis lors une réputation internationale, même si dans le passé elle n'a pas toujours été « progressiste » dans ses goûts artistiques. Elle est soumise à l'autorité de la reine et gérée par un comité de cinquante académiciens, tous peintres, sculpteurs, graveurs ou architectes. Le peintre Reynolds en fut le premier président, et Gainsborough, l'un des membres fondateurs, rien que ça ! Appartenir à cette académie était, au siècle dernier, un privilège rare, et de nombreux artistes anglais sont ainsi passés dans l'Establishment. Elle possède une école d'art renommée, qui fut créée sur le modèle de l'école française des Beaux-Arts. Tout ce que la peinture anglaise compte d'artistes illustres est passé par là. Le grand événement estival qui ponctue, depuis plus de 225 ans, la vie culturelle de la capitale est la *Summer Exhibition*, le grand salon d'art contemporain. Au terme d'une sélection sévère sont présentés les artistes anglais les plus en vue. Pour voir ou pour acheter, de début juin à la mi-août. Entrée payante et réduction étudiants. L'Académie accueille le reste de l'année des expositions temporaires d'œuvres classiques ou contemporaines de grande qualité. Il est également possible de voir une sélection des *diploma works*. Depuis l'origine, les académiciens sont obligés de faire don d'une de leurs œuvres, condition nécessaire à l'obtention du diplôme. Toiles de Turner, Constable, Gainsborough et Reynolds, *tondo* de Michel-Ange. Visite guidée uniquement, du mardi au vendredi à 13 h.

★ ***National Portrait Gallery*** *(plan couleur III, C3) :* St. Martin's Place, WC2. ☎ 306-00-55. M. : Charing Cross ou Leicester Square. Ouvert en semaine de 10 h à 18 h et le dimanche de 12 h à 18 h. Fermé les jours fériés. Entrée gratuite, excepté pour certaines expos.
Située juste derrière la National Gallery, dont elle est une dépendance, cette galerie de portraits est l'une des plus complètes au monde dans son genre. Tous les hommes et les femmes ayant compté dans l'histoire du royaume se doivent d'être représentés ici, sous quelle que forme que ce soit : peinture, aquarelle, sculpture, photo et bien sûr dessin (en incluant la caricature, dans laquelle les Britanniques excellent), sans oublier la vidéo ! Beaucoup de portraits des différentes familles royales (des Tudors à Lady Di), d'hommes politiques (Churchill, Margaret Thatcher), d'artistes (Oscar Wilde, Byron, Virginia Woolf, les sœurs Brontë), mais aussi de sportifs, de chercheurs et d'explorateurs. Les portraitistes ne sont pas non plus inconnus puisqu'on trouve parmi eux le gratin : Reynolds, Gainsborough, G. Sutherland, David Hockney et même cet incorrigible mondain d'Andy Warhol. Si vous vous intéressez surtout au XXe siècle, rendez-vous directement au deuxième étage.

GALERIES ET MUSÉES 131

Les amateurs de photos ne manqueront pas les expos temporaires, qui réunissent les plus grands noms actuels.

★ *Institute of Contemporary Arts (ICA; plan couleur V, C1) :* The Mall, SW1. ☎ 930-36-47. M. : Charing Cross ou Piccadilly Circus. Ouvert du lundi au samedi de 12 h à minuit et le dimanche jusqu'à 23 h. Fermé les 25 et 26 décembre. Galeries ouvertes tous les jours de 12 h à 19 h 30 et le vendredi jusqu'à 21 h. Entrée payante, incluant la carte de membre à la journée pour un prix modique.
Galeries d'expositions temporaires d'art « très » contemporain. Cinémathèque, théâtre, librairie et conférences accordant une grande place aux thèmes les moins habituels. À la pointe de l'avant-garde pour nos nombreux lecteurs à l'esprit large.

★ *Theatre Museum (plan couleur III, D3) :* Russell Street, WC2. Juste à côté de Covent Garden. ☎ 836-78-91. M. : Covent Garden. Ouvert du mardi au dimanche de 11 h à 19 h. Dernière entrée à 18 h 30. Entrée payante.
Sur l'ancien emplacement du marché aux fleurs, ce musée accueille les importantes collections du Victoria and Albert Museum touchant au théâtre, au cirque, à l'opéra, au ballet et au music-hall. La gigantesque statue en bois dorée représentant l'esprit du Gaiety, qui trônait au sommet du dôme du Gaiety Theatre, vous accueillera au sein de ce qui est la mémoire du théâtre anglais. Costumes de scène, maquettes de décors et surtout une fabuleuse bibliothèque contenant des textes du milieu du XVIe siècle, mais aussi une importante iconographie (photos, dessins, croquis). Quelques objets ayant appartenu à des stars : table de maquillage de Sarah Siddon, tenue de scène de Mick Jagger et costumes des ballets russes de Diaghilev. Belle collection de tableaux touchant à l'art théâtral. Tout est présenté avec un grand sens de la mise en scène, heureusement !

★ *London Transport Museum (plan couleur III, C-D3) :* The Piazza, Covent Garden (Russell Street), WC2. ☎ 836-85-57. M. : Covent Garden. Situé juste derrière le marché central. Ouvert tous les jours (sauf du 24 au 26 décembre) de 10 h (11 h le vendredi) à 18 h. Dernière entrée 45 mn avant la fermeture. Entrée payante (demi-tarif pour les enfants).
Entièrement réaménagé et restauré en 1993, ce beau musée retrace l'histoire des moyens de transport londoniens, depuis 1800 : diligences, tramways, autobus et *tube*. Le tout dans une atmosphère bon enfant. À voir entre autres : de vieux trams de toutes les couleurs, des wagons en bois, un chargeur de charbon en chair et en os, la reconstitution d'une rame entière de métro (avec passagers et en odorama), des écrans interactifs (on peut conduire soi-même un train), le premier métro (couvert de boiseries, avec compartiment réservé aux dames), etc. Le tout complété de petites expos sur l'extension de la ville, le design et les plan couleurs du métro, des caricatures, etc. Quelques souvenirs amusants à acheter dans la boutique.

★ *Rock Circus (plan couleur III, B3) :* au premier étage du London Pavilion, 1 Piccadilly, W1. ☎ 734-72-03. M. : Piccadilly Circus. Ouvert tous les jours de 11 h (12 h le mardi) à 21 h (22 h les vendredi et samedi). Entrée payante (très cher). Petite réduction étudiants.
Succursale pour *teenagers* de la Mère Tussaud, on y voit les grandes stars du rock (ou plutôt de la pop) en cire et en cuir. Une bonne idée : les casques téléguidés qui permettent d'avoir la musique en prime. Ici aussi, on se fait photographier aux côtés de ses idoles (genre Bowie) avant d'être invité à un concert d'Elton John et de Stevie Wonder. Amusante apparition d'Elvis dans la fumée et les alléluias ! Au balcon, les Stones et Status Quo. En vitrine : Prince et Jimi Hendrix. Sur écran géant, un condensé (très condensé) d'une brève histoire du rock, pleine de raccourcis. Bryan Ferry (Roxy Music) a l'air de s'ennuyer dans son coin. À l'étage, en vrac : la caverne des Beatles, les Who sur leur flipper, Clapton et sa Telecaster, Marc Bolan en paillettes,

Marley et Sting en studio, un Johnny Rotten réussi, un Rod Stewart raté, l'inévitable Michael Jackson, etc. Dans un couloir, des pochettes de disques dédicacées. Au dernier étage (prendre le *Stairway to Heaven*), un show électronique de 20 mn et un bar sponsorisé par une fameuse marque de soda. Bref, quelques bonnes idées, un gros budget, tout cela est très *circus* mais pas vraiment rock : les gros vendeurs de disques, comme d'habitude, semblent plus importants que les vrais créateurs. Quel rapport Gloria Estefan et George Michael ont-ils avec l'histoire du rock alors que Dylan, Lou Reed, Iggy Pop et même Jim Morrison ont été oubliés ?

★ ***Photographer's Gallery*** *(plan couleur III, C3, **100**) :* 5-8 Great Newport Street, WC2. ☎ 831-17-72. M. : Leicester Square.
• Internet : www.photonet.org.uk
Ouvert du lundi au samedi de 11 h à 18 h. Entrée gratuite.
Galerie proposant des expos temporaires de photographes du monde entier. Également une bonne librairie et, deux numéros plus loin, un café-galerie agréable (ouvert jusqu'à 17 h 30).

★ ***Segaworld*** *(plan couleur III, B3, **101**) :* Coventry Street, dans le centre commercial Trocadero, Piccadilly Circus. ☎ 734-27-77 (informations), ☎ 0990-50-50-40 (réservations), ☎ 292-07-13 ou 14 (réservations pour les groupes). M. : Piccadilly Circus ou Leicester Square. Ouvert tous les jours de 10 h à minuit (dernière admission à 22 h 30). Fermé le 25 décembre.
Bienvenue dans le bruyant royaume du jeu électronique et de la simulation. Les six niveaux sont respectivement dédiés à un thème, le sport, le combat, etc., chacun son truc ! D'après la brochure, un voyage complet dans cet autre monde prendrait environ quatre heures. En plus des salles « communes », six grandes attractions (payantes en plus du prix d'entrée) plongent le visiteur dans de « vertigineuses » réalités virtuelles et interactives. Les restrictions de santé à l'entrée de chacune donnent le ton : femmes enceintes, cardiaques, épileptiques... s'abstenir ! Les deux plus impressionnantes sont sans doute *Aqua Planet* et *Space Mission*.

★ ***Cabaret Mechanical Theatre*** *(plan couleur III, C3) :* 33-34 The Market, Covent Garden. ☎ 379-79-61. Fax : 497-54-45. M. : Covent Garden. Ouvert du lundi au samedi de 10 h à 18 h 30, le dimanche de 11 h à 18 h. Dans le coin sud-est du marché. La courte visite de cette exposition d'automates amusera petits et grands enfants. Remarquable travail du bois notamment. Chacune des petites scènes s'anime en appuyant sur un bouton.

Monuments et balades

LE LONDRES COMMERÇANT : PICCADILLY, MAYFAIR ET OXFORD STREET

Cette balade décevra les fanas de bonnes affaires et réjouira les lécheurs de vitrines. Dans la plupart des boutiques de Piccadilly et Mayfair, le moindre petit plaisir est une grande folie ! Autant se contenter d'un regard de sociologue devant ces devantures luxueuses que n'égalent pas les plus belles boutiques parisiennes. Au fait, saviez-vous que *Piccadilly* vient du mot *pickadil* qui désignait au XVIIe siècle une sorte de col amidonné en vogue chez les jeunes aristocrates ? Un maître tailleur du coin s'en était fait une spécialité.
Sur Piccadilly, ne manquez pas *Hatchard's*, la plus belle librairie de Londres ; Lord Byron fréquenta cet ancien club littéraire et, plus récemment, Maggie y dédicaça ses mémoires. Ne ratez pas non plus *Simpson's*, pour la confection hommes et femmes, s'étendant sur plusieurs étages et, surtout, *Fortnum and Mason*, qu'il faut avoir vu au moins une fois dans sa vie de consom-

MONUMENTS ET BALADES 133

mateur (voir la rubrique « Shopping. Boutiques chères mais qui valent vraiment le coup d'œil »).

★ *Piccadilly Circus* (plan couleur III, B3) : il suffit d'y passer pour dire que l'on a vu Londres. Cette place bruyante aux panneaux publicitaires tapageurs est connue dans le monde entier. On est loin de l'œuvre initiale de l'architecte John Nash, qui conçut au début du XIXe siècle, à la demande du prince-régent et futur George IV, l'aménagement d'un axe triomphal reliant du sud au nord le Mall à Regent's Park en passant par Piccadilly Circus et Regent's Street. Aujourd'hui, les néons des cinémas et des centres commerciaux, le brouhaha des taxis et des autobus ont eu raison de l'élégance des façades de stuc blanc. L'ange de bronze surplombant la fontaine paraît bien fragile et maniéré. Les Londoniens l'ont baptisé Eros. Il symbolise en fait la Charité chrétienne, en souvenir du comte de Shaftesbury, qui se préoccupa au siècle dernier du sort de la classe ouvrière. À quoi servent l'arc et les flèches, alors ?

★ *The Quadrant* : cette grande courbe élégante part de Piccadilly Circus et prolonge *Regent's Street*, qui fut construite par Nash pour séparer l'aristocratie de Mayfair de la plèbe de Soho. Les belles façades blanches de 1820 ont été refaites au début du XXe siècle de manière fidèle. Elle est bordée de boutiques de mode aux prix inabordables, comme le fameux grand magasin *Liberty* et sa façade Tudor (voir la rubrique « Shopping. Boutiques chères mais qui valent vraiment le coup d'œil »).

★ *Saint James's Church* (plan couleur III, B3) : 197 Piccadilly. Petite église anglicane à l'arrière d'un jardin accueillant les vendredi et samedi un marché artisanal. Bien qu'elle ait été en partie reconstruite après la seconde guerre mondiale, vous aurez reconnu la touche inimitable de notre ami Christopher Wren (1684), l'architecte de Saint Paul's Cathedral. Nef à voûte large en berceau sur des colonnes corinthiennes. Autel sculpté par Gibbons. Au-dessus des tribunes, buffet d'orgue résolument baroque.

★ *Façades de Piccadilly* (plan couleur III, B3) : au n° 203, immeuble moderne du magasin *Simpson's* où l'emploi du verre tranche avec les autres édifices de l'avenue. Non loin, *Burlington House*, le plus vieil édifice de Piccadilly bâti au XVIIe siècle et remanié au XVIIIe siècle à la mode palladienne, redécouverte un siècle plus tard après que l'architecte Inigo Jones eut importé le style néoclassique d'Italie. Propriété du gouvernement britannique, il fut loué au siècle dernier à la fameuse Royal Academy of Arts pour une durée de 999 ans et un loyer symbolique (voir la rubrique « Galeries et musées »). Plus loin, donnant sur Green Park, le très luxueux *London Ritz*. Ouvert en 1906, cet hôtel fut le premier où les femmes célibataires pouvaient venir se loger ou tout simplement prendre un thé, sans être accompagnées. Il fut construit par les mêmes architectes que son homologue parisien.

★ Au n° 173 de Piccadilly, *Burlington Arcade*, prolongée en face par *Piccadilly Arcade*, est un beau passage du XIXe siècle bordé de petites boutiques chics et personnalisées, qui perpétuent le bon goût *British*. C'est en fait une voie privée qui soumet les piétons à un règlement strict, datant du siècle dernier. Il est interdit de siffler, chanter ou jouer de la musique, même du Haendel ! Des vigiles vous rappelleront à l'ordre en cas d'oubli.

★ En sortant de Burlington Arcade, prendre à gauche *Old Bond Street* suivie par *New Bond Street*, l'artère principale de Mayfair. Voici le cœur de l'un des quartiers les plus chics de Londres, si ce n'est le plus chic. Rien à envier à l'élégance parisienne du faubourg Saint-Honoré ! Son nom vient des grandes foires aux bestiaux qui animaient, au XVIIe siècle, les premiers jours de mai. Boutiques de l'époque victorienne, parmi lesquelles antiquaires, galeries d'art, bijoutiers et magasins de mode. Au n° 35, *Sotheby's*, la salle des ventes la plus célèbre du monde. Au cas où vous douteriez de la qualité irréprochable des objets proposés – le plus souvent faits main –, lisez l'enseigne au-dessus des devantures, « By Appointment of Her Majesty », rappelant que la reine elle-même est cliente.

★ New Bond Street débouche sur **Oxford Street**, la rue commerçante la plus longue de Londres. Faites vos emplettes le long des 2,5 km de magasins ; plus abordable que tout ce que vous venez de voir. Vous y trouverez les grandes chaînes anglaises installées en France, comme *C & A, Marks & Spencer, Body Shop* et d'autres qui ne se sont pas encore exportées. La confection hommes et femmes est bien représentée. Au niveau d'Orchard Street, voir la grande façade du début du siècle de *Selfridges*, plus haut de gamme. Le samedi, grande cohue sur les trottoirs.

LE LONDRES « BRANCHÉ » : SOHO ET COVENT GARDEN

Les ultra-branchés hurleront peut-être en lisant ces lignes : même si Covent Garden conserve leurs faveurs, avant-gardistes, tribus rock et jeunes gens à la mode désertent leurs anciens quartiers pour d'autres (Camden Town, entre autres). Toujours est-il que Soho, Covent Garden et leur périphérie constituent encore, et depuis belle lurette, le centre de la vie nocturne londonienne. Normal puisqu'on y trouve une concentration étonnante de théâtres, de cinémas, de restos et pubs à la mode ainsi que bon nombre de clubs rock et de boîtes de nuit. Sans conteste les quartiers les plus animés le soir, notamment aux carrefours stratégiques : Piccadilly Circus et Leicester Square. Pour le touriste, le choc principal d'une balade dans ces quartiers bondés est bien souvent occasionné par l'incroyable contraste des genres qui se côtoient ici : du jeune bourgeois au SDF, en passant par les rabatteurs de cabarets, les yuppies sortant du théâtre, les looks *gothic* (résidus du punk), les hommes d'affaires éméchés et... les autres touristes.

★ **Soho** *(plan couleur III, B-C2-3) :* sans doute le quartier londonien le plus connu des touristes, un peu l'équivalent de Pigalle pour Paris. C'est pourtant l'un des plus petits quartiers de Londres, délimité au nord par Oxford Street, au sud par Shaftesbury Avenue, à l'ouest par Regent's Street et à l'est par Charing Cross Road. Il y a trois cents ans débarquèrent des réfugiés venus de toute l'Europe, dont pas mal de protestants français, puis des royalistes chassés par la Révolution. La plupart d'entre eux firent ce que font en général les expatriés : ouvrir des bars, des cafés et des restaurants. Parmi les plus célèbres exilés à Soho : Karl Marx, qui échoua dans Dean Street et y resta 5 ans. Mozart y passa aussi un petit moment, très exactement au 21 Frith Street, ainsi que Canaletto (Beak Street). Le quartier est désormais dévolu en grande partie aux sex-shops, peep-shows, live-shows et autres attrape-touristes. Arnaque garantie ! On ne voit rien et on vous le fait payer très, très cher... Un homme règne en maître sur plusieurs de ces rues : Paul Raymond, propriétaire du fameux *Raymond's Revue Cabaret,* de pas mal de boîtes de strip-tease et de journaux cochons. C'est tout simplement l'un des hommes les plus riches du royaume ! Quant aux demoiselles tarifées, qui n'ont pas le droit de se montrer dans la rue (quels hypocrites, tout de même, ces législateurs), elles occupent des studios signalés par des ampoules rouges aux fenêtres ! Très amusant : les affiches alléchantes à l'entrée des immeubles, du genre « New sexy young model, busty brunette » ou encore « Very long hair, first floor »... James Hadley Chase enquêta d'ailleurs dans ce milieu spécial pour les besoins de l'un de ses romans policiers (enfin c'est ce qu'il disait). Mais il n'y a pas que ça dans la vie... Soho s'est aussi rendu célèbre grâce à la mode : à l'ouest du quartier se trouve *Carnaby Street*, associée dans la mythologie des *Sixties* au *swinging London* puisque, ici, furent lancées les modes vestimentaires qui fascinèrent nos mamans. L'endroit n'a malheureusement plus aucun intérêt. Tout près, au 7 Broadwick Street, Brian Jones recruta deux jeunes gars, Mick Jagger et Keith

MONUMENTS ET BALADES 135

Richards, pour « monter » un petit groupe qui allait devenir grand, *The Rolling Stones.* Plus à l'est, le Soho des musiciens, avec ses clubs rock mythiques (voir « Où écouter du rock, du jazz,...? »), ses soldeurs de disques, ses vendeurs d'instruments (voir « Shopping ») et les bureaux de quelques éditeurs de musique, parmi lesquels EMI (Beatles). À voir aussi, le minuscule *Chinatown*, en bas de Wardour Street (on en parle en détail dans « Où manger? »), ainsi que *Leicester Square*. Autour de cette charmante place, souvent animée par des fêtes foraines et repaire des cinévores, vécurent, entre autres, Newton et Charlie Chaplin. Enfin, n'oublions pas le quartier des théâtres, dans le secteur Shaftesbury-Charing Cross. Quelques beaux spécimens de bâtiments typiquement victoriens.

★ ***Covent Garden*** *(plan couleur III, C2-3) :* à l'est de Soho. Si celui-ci évoque Pigalle, Covent Garden fait vraiment penser aux Halles. Ça tombe bien : l'histoire est identique! Les halles de Covent Garden, devenues trop petites, ont dû déménager à la fin des années 70. Mais au lieu d'en confier la restauration à des démolisseurs (comme en France), les Anglais ont eu la bonne idée de conserver la structure, à savoir la grande verrière qui faisait tout le charme des lieux. Pas bête : c'est bien plus beau et moins cher... On y a installé des artisans, des petits commerces et des restaurateurs. C'est sûr, c'est moins pittoresque que le marché aux fruits et légumes d'antan, immortalisé à l'écran dans *My Fair Lady.* De plus, c'est devenu hyper touristique. Le marché aux fleurs, lui, a cédé la place au London Transport Museum (voir « Galeries et musées »). Comme quoi, un train chasse l'autre (cherchez pas : il n'y a pas de jeu de mots). Cela dit, le quartier conserve une atmosphère plaisante, notamment dans les rues commerçantes, comme *Neal Street*, pleine de magasins spécialisés dans des trucs incroyables, ou *Neal's Yard*, place minuscule et colorée, accessible par Short's Garden. Covent Garden est également un lieu chargé d'histoire : comme son nom l'indique, ici se trouvaient les jardins d'un couvent (dépendant de l'abbaye de Westminster). Les moines, pour se faire un peu d'argent de poche, vendaient les produits de leur potager : d'où l'habitude que prirent les Londoniens de venir y acheter leurs légumes... Au XVIIe siècle, le comte Russell, nouveau propriétaire du terrain, décida d'en confier le réaménagement à un grand architecte. S'inspirant, entre autres, de la place Royale de Paris (future place des Vosges), celui-ci créa ainsi... le premier square londonien. Mais le Grand Incendie fit disparaître la piazza et ses beaux bâtiments, qui influencèrent tant l'architecture de la ville. Le marché ayant prospéré, on construisit la halle au début du XIXe siècle.

LE LONDRES POLITIQUE

Voir le texte dans le chapitre « Pimlico, Westminster et Victoria ».

PIMLICO (AUTOUR DE VICTORIA), WESTMINSTER ET ST-JAMES'S PARK

Berceau des institutions et de l'aristocratie, Westminster et Saint James's Park sont les tenants de la grande tradition anglaise. Ce n'est évidemment pas là que vous assouvirez vos pulsions festives, mais quelques étapes incontournables d'un voyage à Londres vous y mèneront forcément (voir rubrique « Galeries et musées »). En caricaturant, on pourrait résumer l'animation de ces quartiers au trafic de cars touristiques, à la relève de la garde et aux quintes de toux de la famille royale. Sinon, quelques bonnes adresses d'hôtels autour de Victoria.

Où dormir ?

Bon marché

■ *Elizabeth House* (plan couleur V, A3, 10) : 118 Warwick Way, SW1. ☎ 630-07-41. M. : Victoria. £ 22 (33,44 €) par personne en dortoir, les chambres simples à £ 30 (45,6 €), les *twins* de £ 50 à 60 (de 76 à 91,2 €), les triples à £ 75 (114 €), les chambres pour 4 à £ 85 (129,2 €). Cette *YWCA* accepte les garçons, comme quoi les Anglais sont très libéraux. 31 chambres avec ou sans sanitaires privés, simples, petites, mais propres et bien tenues. Pour les moins fortunés, petits dortoirs de 4 et 5 lits. Ne ferme pas pendant la journée. Pas de couvre-feu non plus. Tout cela dans un quartier agréable et tranquille pour le prix d'une A.J. dans les dortoirs à 3 ou 4 et d'un *B & B* en chambres doubles. *Continental breakfast*. Prix à la semaine intéressants.

Prix moyens

Grande concentration de *B & B* et d'hôtels à prix abordables sur Charlwood Street près du coin de Belgrave Road, ainsi que sur Hugh Street, une petite rue calme. En voici quelques-uns.

■ *Oxford House Hotel* (plan couleur V, A3, 11) : 92 Cambridge Street, SW1. ☎ 834-64-67 et 96-81. Fax : 834-02-25. M. : Victoria. Chambres doubles à £ 48 (72,96 €), triples à £ 60 (91,2 €), et pour 4 personnes à £ 80 (121,6 €). Petite réduction à partir de 2 nuits. Belle maison georgienne dans un quartier résidentiel, donc calme. Chambres spacieuses, coquettes et propres. Douches à l'étage. Accueil chaleureux et décontracté. Tenu par les propriétaires depuis 30 ans. Petit déjeuner anglais compris. 5 % plus cher si vous payez par carte de crédit.

■ *Alexander House* (plan couleur V, A3, 12) : 32 Hugh Street, SW1. ☎ 834-53-20. M. : Victoria. Derrière la porte jaune canari, un petit *B & B* tenu par la gentille Mrs Owen. Simple, mais correct. 8 chambres seulement avec lavabo et TV. Douches et w.-c. à l'extérieur. *English breakfast* compris.

Plus chic

Le quartier autour d'Ebury Street, qui regorge de demeures de stars de l'écran et de la littérature, propose de nombreuses adresses. M. : Victoria ou Sloane Square *(plan couleur V, pp. 12-13, A3)*.

▲ *Alison House (plan couleur V, A3, 16)* : 82 Ebury Street, SW1. ☎ 730-95-29. Fax : 730-54-94. Chambres simples à £ 38 (57,76 €), les doubles à £ 54 (82,1 €) ou £ 60 (91,2 €) pour celles avec sanitaires privés. Petit déjeuner anglais compris. Petit hôtel de famille dans une belle maison georgienne. 12 chambres dont 2 avec salle d'eau privée. Déco plutôt quelconque, on trouve mieux pour le même prix dans des quartiers moins chicos (voir nos adresses de *B & B* à côté de Euston et King's Cross, et sur Shepherd's Bush à Hammersmith).

▲ *Sir Gâr House (plan couleur V, A3, 17)* : 131 Ebury Street, SW1. ☎ 730-93-78. Fax : 823-67-28. La maison est belle, à deux pas de Victoria Station. Chambres avec TV, certaines avec salle de bains. Accueil cordial.

▲ *Woodville House (plan couleur V, A3, 18)* : 107 Ebury Street, SW1. ☎ 730-10-48. Fax : 730-25-74. Chambres simples à £ 42 (63,84 €), les doubles à £ 62 (94,24 €), et les familiales de £ 80 à 110 (de 121,6 à 167,2 €). Superbe petit hôtel de 12 chambres, dont 2 familiales. 3 salles de bains communes. Intérieur décoré à la manière de Laura Ashley. Toutes les chambres sont fleuries (les plus romantiques avec ciel de lit). Tout est très *cosy*. L'endroit idéal pour passer un week-end en amoureux. S'il fait beau, vous profiterez du superbe patio en buvant une tasse de thé. Rachel et Ian, les propriétaires, prodiguent un accueil chaleureux. C'est un petit endroit qu'on aime bien. Évidemment, un peu plus cher que les autres, mais rapport qualité-prix excellent.

▲ *Morgan House (plan couleur V, A3, 13)* : 120 Ebury Street, SW1. ☎ 730-23-84. Fax : 730-84-42. Chambres simples à £ 42 (63,84 €), les doubles de £ 62 à 80 (de 94,24 à 121,6 €), les triples de £ 80 à 90 (de 121,6 à 136,8 €), et les chambres pour 4 à £ 100 (152 €). 11 chambres dont 3 avec sanitaires privés (les plus chères). Même propriétaire que le précédent, et mêmes tarifs. Déco un peu moins chaleureuse, mais de bon goût. Copieux petit déjeuner inclus dans le prix.

Où séjourner plus longtemps ?

▲ *London Diocesan GFS Lodge (plan couleur V, B3, 19)* : 29 Francis Street, SW1. ☎ 834-99-13. M. : Victoria. En plein cœur du quartier de Westminster, derrière la cathédrale. Attention, il n'y a aucune enseigne sur la porte. Accueil ouvert de 9 h à 12 h 30 et de 18 h à 19 h. Établissement construit en 1912, accueillant uniquement les filles qui veulent séjourner. Pour cela, il faut s'inscrire sur une longue liste d'attente et patienter le temps que des places se libèrent. Chambres simples ou doubles. Très agréable et propre. Douches sur le palier. Possibilité de faire sa cuisine. Grand salon, superbe salle de TV. Prix à la semaine très raisonnable, qui diminue en fonction de la longueur du séjour. Accueil charmant.

Où manger ?

Au sud de Soho et de Green Park, quelques adresses où échouer après vos visites de musées ou en attendant un train...

Bon marché

I●I *Tate Gallery* (*plan couleur V, C3*) : Milbank, SW1. ☎ 834-67-54. M. : Pimlico. Cafétéria ouverte de 10 h 30 (14 h le dimanche) à 17 h 30. Vous pouvez vous restaurer dans ce musée de peinture. Attention, il y a un resto chic et, en face, un self-service-snack proposant de très bonnes salades et quiches, de beaux sandwichs, des *pies*, quelques plats chauds ainsi que des pâtisseries à l'anglaise, et le tout à des prix raisonnables. Aménagement moderne de la salle, un peu à la japonaise. Vraiment bien. Malheureusement un peu victime de son succès : souvent bondé.

I●I *The Vincent Room Restaurant* (*plan couleur V, B3, 32*) : 76 Vincent Square, SW1. ☎ 828-12-22 (poste 223). M. : Victoria ou Pimlico. Voilà un endroit idéal pour déguster un délicieux repas, servi par les étudiants du *Westminster College*. Ouvert de 12 h à 14 h du lundi au vendredi et de 18 h à 19 h 30 les mardi et jeudi. Fonctionne pendant l'année scolaire, de mi-septembre à fin juin. Il est plus que conseillé de réserver, car les habitués (beaucoup de retraités) sont nombreux. Les jeunes chefs du collège ont la main très experte et vous ne serez pas déçu. Menu avec 3 plats, qui change tous les 2 mois, et plusieurs propositions du jour à prix raisonnable. Le service est un peu lent, mais malgré quelques maladresses, toujours de bonne volonté (il faut bien apprendre !). Bon rapport qualité-prix.

Prix moyens

I●I *Chimes* (*plan couleur V, B3, 33*) : 26 Churton Street, SW1. ☎ 821-74-56. M. : Pimlico. Ouvert tous les jours de 12 h à 15 h et de 17 h 30 à 23 h. Plats les plus chers autour de £ 7 (10,64 €). Bonne cuisine anglaise dans un cadre agréable, genre taverne avec plantes vertes, et sur fond de musique classique, assez smart. À la carte, large choix de salades et de *pies* (dont 1 végétarienne) et la spécialité maison : le saumon poché aux œufs et aux concombres... Pour les amateurs de cidre, une dizaine de sortes différentes à la pression. Un régal !

I●I *Mekong* (*plan couleur V, B3, 34*) : 46 Churton Street, SW1. ☎ 834-68-96. M. : Pimlico. Ouvert tous les jours de 12 h à 14 h 30 et de 18 h à 23 h 30. Vous ne pourrez pas rater sa façade rouge. Et même si la salle du rez-de-chaussée est pleine, pas d'inquiétude : tout se passe au sous-sol ; plusieurs petites salles intimes s'y succèdent. Cuisine vietnamienne et chinoise, imaginative et brillante. Si vous n'avez pas envie de choisir parmi les 80 plats de la carte, vous pouvez essayer l'un des copieux menus d'un bon rapport qualité-prix.

I●I *The Seafresh Fish Restaurant* (*plan couleur V, B3, 31*) : 80-81 Wilton Road, SW1. ☎ 828-07-47. À 600 m de la station Victoria. Ouvert de 12 h à 22 h 45. Fermé le dimanche. Chaleureuse adresse populaire, repaire de chauffeurs de taxis (surtout le midi). Déco très banale avec quelques objets rappelant la mer. Comme son nom l'indique sans mentir, on y déguste d'excellents poissons frais. Copieux et bon marché. Ne pas rater la *seafood plate* : saumon, morue, crevettes, calmars, etc., et le *homemade fish-cake*. Pour les jeunes filles soucieuses de leur ligne, le poisson peut être servi grillé (et non

GALERIES ET MUSÉES 139

frit, comme partout). Essayez le vinaigre sur les frites (les Anglais disent que ça neutralise la graisse!). Font aussi de la vente à emporter.

Shopping

Chaussures

△ *Discount Shoe Sales* (plan couleur V, B2) : 31 Strutton Ground, SW1. M. : St. James's Park. Ouvert du lundi au vendredi de 9 h 30 à 16 h 30. Magasin de chaussures où l'on trouve les Doc' Martens parmi les moins chères de Londres, mais choix limité. Dans une petite rue en plein cœur de Westminster où se tient un marché de fringues le matin. Accepte depuis peu les cartes bancaires.

Journaux

△ *W.H. Smith :* à Victoria, entre autres.

Galeries et musées

★ *Tate Gallery* (plan couleur V, C3) : Millbank, SW1. ☎ 887-80-00 ou 08 (infos sur répondeur). M. : Pimlico. Ouvert tous les jours de 10 h à 17 h 50. Fermé les jours fériés. Entrée gratuite (mais expos temporaires payantes). Visites guidées gratuites (à thème, ou bien tour général). Renseignements à l'accueil. On rappelle que la Tate possède une excellente cafétéria : voir « Où manger ? »
L'autre grand musée de peinture de Londres, créé en 1897 par le roi du sucre, Henry Tate, complément idéal de la National Gallery puisqu'il est en grande partie consacré aux artistes modernes et contemporains. Les amateurs du genre vont se régaler. *Grosso modo*, la Tate Gallery est divisée en deux grands départements : un tiers concerne la peinture anglaise des XVIe, XVIIe et XVIIIe siècles et deux tiers présentent une large palette de la peinture et de la sculpture occidentale du XXe siècle. Des chefs-d'œuvre en pagaille. Les collections tournent tous les ans et ce que vous verrez ne représente que 15 % du fonds du musée. Ceux qui viennent régulièrement verront à chaque fois un nouveau musée. Impossible donc de donner les noms des œuvres phares, mais on est assuré à chaque fois d'y contempler les spécimens les plus représentatifs des derniers grands courants picturaux. Tous les artistes les plus importants sont présents. Parmi eux, citons tout de même : Picasso, Matisse, Miró, Modigliani, Gauguin, Cézanne, Braque, Mondrian, Dalí, Magritte, Giacometti, Pissarro, Degas, Bacon, etc. Difficile d'être francophobe, lorsqu'on visite les musées de Londres !
À noter qu'à partir de l'an 2000 la Tate Gallery aura une petite sœur, la *Tate Gallery of Modern Art*, installée dans une ancienne centrale électrique reconvertie, sur la rive sud de la Tamise. Cette « annexe » de la Tate est financée par la Loterie, nouveau mécène de Londres, et par quelques dons privés. Le projet a été confié à deux architectes suisses, Pierre de Meuron et Jacques Herzog.

★ *Turner Collection :* dans un édifice aux lignes modernes, la *Clore Gallery*, juste à côté de la Tate Gallery (même enceinte). Mêmes horaires. Gratuit.
À ne pas manquer : Turner est l'un des plus grands peintres anglais ! Un

ensemble absolument unique de près de 300 toiles et pas mal de dessins de J.M.W. Turner, bricoleur de la lumière, largement précurseur des impressionnistes. Voyez ses toiles du début du XIXe siècle où il se montrait, comme Constable, digne continuateur des paysagistes flamands, de Poussin, du Lorrain et autres favoris du XVIIIe siècle anglais, et regardez comme il nous éblouit, 30 ans plus tard, par son absence de figuration pourtant totalement lisible. Les toiles sur Venise (salle 7) sont extrêmement représentatives de cette évolution.

En 1833, avec ses personnages effacés, ses jets de couleurs pastel, ses taches jaunes et bleues qui semblent gommer toute réalité, Turner est indiscutablement visionnaire. Quelle révolution après l'académisme de ses périodes anglaise et romaine ! On peut également apprécier toute la fougue romantique de ses débuts : scènes mythologiques et nombreux sujets inspirés par la mer. Le plus souvent, l'orage gronde et l'homme est menacé. Que de tourments chez ce peintre obsédé par les ciels noirs et les soleils éclatants ! Seul moment d'humour (sans doute involontaire) : dans une grande fresque romaine (salle 5), le peintre Raphaël semble se demander comment il va redécorer le Vatican...

Une des salles du fond est consacrée aux souvenirs personnels du grand peintre : masque mortuaire (édenté), photos de son domicile, montre et lunettes, autoportrait, etc. Également des objets récupérés dans son atelier : palettes, bocaux de couleurs (un vrai labo de chimie) et la maquette du bateau qui lui servait de modèle.

★ **Queen's Gallery** *(plan couleur V, A2) :* à Buckingham Palace, Buckingham Palace Road, SW1. ☎ 839-13-77. M. : Victoria, Green Park ou Saint James's Park. L'entrée est sur la gauche du palais. Ouvert tous les jours, de 9 h 30 à 16 h 30. Dernière admission à 16 h. Fermé le lundi et de Noël à début mars pour changer l'exposition. Entrée payante. Le billet donne également accès aux écuries royales *(Royal Mews)*.

Ne vous attendez pas à visiter le palais de Buckingham. Seuls les gardiens en livrée, disponibles et courtois, vous rappelleront que vous êtes chez la reine. Cette galerie est située dans l'ancienne chapelle privée, qui fut gravement endommagée par les bombardements allemands de 1940 à 1944. Elle présente les œuvres d'art de la vaste collection royale selon des expositions thématiques renouvelées tous les ans. Modeste en taille, mais riche en qualité ! Les chefs-d'œuvre sont de premier ordre, on s'en doute. Le trésor de la reine couvre tous les arts et toutes les époques, les expositions sont donc très différentes d'une année sur l'autre.

★ **Le cabinet de guerre de Churchill (Cabinet War Rooms**; *plan couleur V, C2, 50) :* Clive Steps, King Charles's Street, SW1. ☎ 930-69-61. M. : Westminster. Ouvert tous les jours de 10 h à 18 h. Dernière admission à 17 h 15. Entrée payante. Avec la carte d'étudiant, 50 % de réduction. Guide audio.

Cachées sous des bâtiments administratifs et protégées des bombes par des tonnes de béton, une trentaine de salles qui servirent de PC à Churchill et à ses conseillers militaires pendant la *Blitz*, du 27 août 1939 à la reddition japonaise en 1945. Notamment la « Transatlantic Telephone Room » d'où Churchill communiquait directement avec Roosevelt à la Maison-Blanche, la salle des cartes d'où il suivait les opérations sur tous les fronts, son bureau-chambre à coucher, etc. Restés tels quels depuis la fin de la guerre, ces lieux symbolisent, pour les Britanniques, leur héroïque résistance à l'agression nazie.

Visite vraiment intéressante, surtout quand on imagine les plus hauts responsables anglais vivant comme des rats dans un endroit aussi austère ! Pas mal de détails assez amusants, comme la petite phrase de la reine Victoria affichée dans la salle du Conseil (« Les possibilités de défaite ne nous intéressent pas. Elles n'existent pas ! »), les téléphones de toutes les couleurs (en fonction de l'importance des interlocuteurs) et le pot de chambre que le Premier ministre refusait obstinément d'utiliser... Héroïsme bien ordonné.

★ *The London Aquarium* (plan couleur V, D1) : sur la rive sud, mais à deux pas de Westminster. Voir le texte dans le chapitre « South Bank ».

Monuments et balades

LE LONDRES POLITIQUE : TRAFALGAR SQUARE, WHITEHALL ET WESTMINSTER

Cette balade rassemble quelques musts du tourisme londonien. Été comme hiver, vous ne serez pas seul à vous extasier devant l'uniforme viril des *Horse Guards* ou les sculptures funéraires pompeuses de l'abbaye de Westminster. Mais c'est incontournable ! Quartier des ministères, du Parlement et de la résidence du Premier ministre, son importance dans le fonctionnement des institutions de la monarchie britannique se retrouve dans la solennité de l'architecture, presque exclusivement vouée aux imposantes façades blanches à l'antique, agrémentées de tourelles dans le meilleur des cas.

À l'origine, le cardinal Wolsey, ministre d'Henri VIII, habitait le palais de Whitehall, à l'emplacement de l'actuelle avenue. Le roi, quant à lui, vit sa résidence, le palais de Westminster, anéantie par un incendie en 1513. Il profita de ses démêlés avec l'Église catholique pour confisquer sa demeure au cardinal et en faire une immense résidence royale, qui s'étendait de St. James's Park à la Tamise et de Charing Cross à Westminster Bridge. Les Tudors, puis les Stuarts y habitèrent pendant plus d'un siècle et demi. Un terrible incendie en 1698 détruisit à son tour le palais de Whitehall. Seule *Banqueting House* fut épargnée. La cour déménagea de nouveau, contrainte et forcée, mais le vrai pouvoir désormais acquis par le Parlement resta en place à Whitehall.

★ *Saint Martin-in-the-Fields Church* (plan couleur III, C3) : Trafalgar Square, WC2. M. : Charing Cross ou Leicester Square.
Église baroque construite en 1726 par un élève de Christopher Wren, qui passerait inaperçue, malgré son portique corinthien particulièrement pesant et son clocher effilé à base carrée, si elle ne donnait pas sur la place la plus célèbre de Londres. Ce clocher a d'ailleurs inspiré de nombreux architectes d'églises américaines. À l'intérieur, péristyle corinthien sous un plafond en ellipse orné de stucs. À gauche du chœur, les armes royales au-dessus de la loge réservée à la famille royale rappellent que nous sommes dans l'église paroissiale de Buckingham Palace. Aujourd'hui, elle sert également de centre d'accueil pour les SDF *(Homeless)*. Concerts gratuits tous les jours (sauf les jeudi et week-ends) de 13 h 05 à 14 h.

★ *Trafalgar Square* (plan couleur III, C3) : sa colonne, ses lions et ses fontaines sont au hit-parade des cartes postales les plus vendues. Sa renommée lui vient non pas de sa beauté, qui est loin d'être rare, mais plutôt de sa situation centrale, à l'intersection du Mall royal, du quartier des ministères et des centres culturels du West End. La place est prise d'assaut par les pigeons (du moins ceux qui n'auraient pas fini rôtis dans les restos grecs du coin : hypothèse très sérieuse lancée par un *bobby* londonien après enquête), les touristes et les manifestants, les jours de revendication. À Noël, la Norvège offre un gigantesque sapin pour remercier la Grande-Bretagne de son aide contre l'ennemi pendant la guerre. Avant de célébrer les hauts faits d'armes de l'Empire britannique, l'endroit était occupé par les écuries royales du palais de Whitehall. La place fut construite entre 1820 et 1840 selon les plans de l'architecte John Nash, qui aménagea le vaste quartier résidentiel s'étendant au nord jusqu'à Regent's Park. Plus que tout, la façade antique de la *National Gallery*, qui borde la place au nord, lui donne de l'allure. N'oublions pas l'essentiel : la *colonne de Nelson*, élevée à la mémoire de cet amiral tué lors de la bataille navale de Trafalgar en 1805 au large des côtes espagnoles. Cette défaite napoléonienne mémorable laissa à l'Angleterre la suprématie sur les mers. Les bas-reliefs du piédestal ont été coulés dans le bronze des canons français. En contrebas du muret ont été scellées les mesures britanniques *(inch, foot, yard)*. Beau point photo sous le portique de la National Gallery.

★ *La statue équestre de Charles Ier* : en hommage au dernier résident du palais royal de Whitehall, elle marque le début de cette large avenue. Œuvre d'un architecte français du XVIIe siècle, elle échappa miraculeusement à la destitution de l'autorité monarchique par Cromwell et réapparut aussi miraculeusement à la Restauration. À droite, la première façade bordant Whitehall est l'**Ancienne Amirauté**, du XVIIIe siècle. En face, *Great Scotland Yard* donna son surnom à la fameuse police londonienne. Son état-major y résida jusqu'à la fin du siècle dernier, avant d'emménager sur Victoria Street. Une rue plus loin, énorme masse blanche du **ministère de la Défense** terminée par de multiples tourelles et coupoles, que l'on remarque toujours dans une vue panoramique sur les toits de Londres sans savoir ce que c'est.

★ *Banqueting House* (plan couleur V, C1) : Whitehall, SW1. En face de la caserne des *Horse Guards*. ☎ 930-41-79. M. : Westminster ou Charing Cross. Ouvert du lundi au samedi de 10 h à 17 h. Fermé les dimanche et jours fériés. Réduction étudiants. Audio-tour un peu long, inclus dans le prix d'entrée.

Au premier étage, splendide salle de banquets, seule rescapée de l'incendie de 1698 qui détruisit le palais royal de Whitehall. L'endroit est chargé d'histoire et intimement lié à la monarchie anglaise. Henri VIII y mourut, Élisabeth Ire y résida avant d'être emprisonnée à la Tour de Londres, puis Jacques Ier, roi absolutiste à l'origine de l'union des royaumes d'Écosse et d'Angleterre, y festoya. Plus tristement, son fils Charles Ier monta sur l'échafaud dressé pour l'occasion près de la porte d'entrée de la salle et, avec lui, six siècles de monarchie furent décapités. Vive la République ! Mais pas pour longtemps... L'architecture du début du XVIIe siècle dans le style palladien est due à Inigo Jones, qui aurait produit tout autre chose s'il n'avait pas fait un voyage en Italie. Superposition de deux ordres, comme sur la façade extérieure : ionique au premier niveau et corinthien au-dessus. Remarquez que les colonnes sont encastrées dans les murs pour gagner de l'espace et que la galerie est soutenue par des corbeaux. Ce style, qui était alors inédit en Angleterre, sera repris dans les façades aristocratiques au cours du XVIIIe siècle. Le plafond à caissons, peint par Rubens en 1629, tranche dans cet intérieur plutôt classique et cartésien. Des scènes allégoriques hautes en couleur rendent un hommage complaisant au règne de Jacques Ier et à sa sagesse. Près de l'entrée, l'*Union de l'Angleterre et de l'Écosse*. Dans l'ovale du centre, l'*Apothéose de Jacques Ier*. Le roi, entouré d'une tripotée de *putti*, s'élève vers le ciel sur le dos d'un aigle. Au-dessus du trône, *Le Règne paisible de Jacques Ier*. Le roi domine le centre de la composition, entouré de la Paix et de l'Abondance, à qui il tend le bras, tandis que la Justice casquée repousse Mars, le dieu guerrier.

★ *Horse Guards* (plan couleur V, C1) : caserne de la cavalerie royale à l'endroit même où s'élevait le corps de garde de l'ancien palais de Whitehall. Façade du XVIIIe siècle dans le style palladien. L'entrée est gardée par deux beaux spécimens d'une impassibilité exemplaire, malgré la lourdeur des touristes. De l'autre côté du porche, sur le terre-plein, relève de la garde tous les jours à 11 h, sauf le dimanche à 10 h. C'est beaucoup plus amusant que *Changing the Guard* à Buckingham Palace. Au début du mois de juin est célébré en grande pompe l'anniversaire de la reine *(Trooping the Colour)*. À cette occasion, elle passe ses troupes en revue.

★ Attenante à la caserne des *Horse Guards*, la façade palladienne du **Cabinet Office** longe fièrement Whitehall. Belle exécution architecturale superposant les ordres. Frontons au-dessus des fenêtres, porches à colonnes et balustrade. Derrière siègent les ministères des Finances, du Commonwealth, des Affaires étrangères et de l'Intérieur. Bordant le Cabinet Office, **Downing Street** n'aurait été qu'une triste impasse bordée de maisons georgiennes si George II n'avait pas décidé en 1735 d'en faire le « Matignon anglais ». Le Premier ministre habite au n° 10 et le chancelier de l'Échiquier au n° 11. À cause de l'IRA, l'accès est interdit au public et surveillé en permanence par un *bobby*. Et dire que Margaret y a dormi pendant 13 ans ! Plus bas, les voitures contournent le **Cénotaphe** érigé au milieu de la chaussée à la mémoire des victimes des deux dernières guerres. Austère comme peut l'être un monument commémoratif. Le deuxième dimanche de novembre, le Jour du Souvenir, la reine le fleurit.

★ Vue mythique sur la longue façade jaune du Parlement depuis **Westminster Bridge**. Par temps de brouillard, vous retrouverez la lumière que Monet a décomposée dans sa série de toiles ayant pour thème la Tamise, dont le fameux *Pont de Westminster et le Parlement de Londres*. De l'autre côté de la Tamise, le **County Hall** et sa façade néoclassique en demi-cercle. Il abrita pendant la première moitié du XXe siècle le *Great London Council*, qui géra le développement de la ville.

★ **Houses of Parliament** *(plan couleur V, C2)* et **Big Ben** : Bridge Street, SW1. M. : Westminster. Pour des raisons de sécurité, la majeure partie du Parlement est malheureusement fermée au public. Cependant, on peut assister aux débats de la Chambre des communes ou de la Chambre des lords dans la *Stranger's Gallery* (galerie des visiteurs), gratuitement, bien sûr. Il suffit de faire la queue avant la séance devant *St. Stephen's Porch* ou de réserver sa place en écrivant à l'avance ou en téléphonant la veille : ☎ 235-80-80. Séances de mi-octobre à fin juillet du lundi au jeudi à 14 h 30 et le vendredi à 9 h 30. Se présenter sous le porche une demi-heure avant. Prise de parole du Premier ministre tous les mercredis à 15 h. Un truc : l'ambassade de France délivre trois places pour assister aux séances. Si cela vous tente, téléphonez quelques jours avant pour réserver et allez les retirer le jour même à la réception de l'ambassade avec une pièce d'identité. Ça vaut le coup et, au moins, vous êtes sûr d'entrer !

Enfin, avec un peu de persévérance, il est possible de visiter les autres salles du Parlement, en particulier *Westminster Hall* et les somptueuses salles royales. Écrire plusieurs semaines à l'avance directement à la Chambre des communes : Public Information Office, House of Commons, 1 Derby Gate, London SW1A 2DG. ☎ 219-42-72. Visite en dehors des sessions parlementaires, ainsi que le vendredi après 15 h 30, lorsque les débats sont terminés. On vous délivre une autorisation groupée pour 1 à 16 personnes.

Appelé aussi pour des raisons historiques le palais de Westminster, il est une preuve flagrante du goût de l'architecture victorienne pour l'art du pastiche. Cette énorme bâtisse de style néogothique n'en est pas moins un chef-d'œuvre, même si l'on peut s'interroger sur l'existence d'un style proprement victorien. Les mêmes motifs architecturaux sont répétés sur chaque fenêtre, tandis que les tours coupent de-ci, de-là l'horizontalité de la longue façade côté Tamise. L'architecte s'est inspiré de la chapelle Henri VII de l'abbaye de Westminster, qui a sublimé en Angleterre le gothique flamboyant. L'histoire du palais de Westminster est liée à la monarchie anglaise et aux incendies qui l'ont ravagé. Avant de devenir le siège du Parlement, il fut la résidence royale principale à partir du XIe siècle et jusqu'à ce qu'il brûle presque entièrement en 1513. Plutôt que d'entreprendre des travaux coûteux, Henri VIII le rénova sommairement et préféra l'abandonner pour s'installer non loin de là dans le palais de Whitehall. En 1605, Guy Fawkes, partisan catholique adepte des méthodes expéditives, projeta de faire sauter le Parlement et, avec lui, le roi Jacques Ier, lors de la cérémonie d'ouverture de la session. La *conspiration des Poudres* fut démasquée à temps. Aujourd'hui, plus par tradition que par peur d'un régicide, on fouille solennellement les sous-sols du palais avant chaque début de session.

Après un vaste incendie en 1834, le Parlement fut reconstruit en 1840 dans un style Tudor médiéval où le classique se mêle au tarabiscoté. En tout cas, la pierre possède une superbe couleur. L'image la plus célèbre est la tour de **Big Ben**, évidemment.

Big Ben, en fait, ne désigne pas la tour, mais la grosse cloche, qui sonne toutes les 15 mn. Elle se règle chaque année en posant un penny sur le mécanisme si elle avance, et en enlevant un si elle retarde ! Son nom vient du haut fonctionnaire Benjamin Ben, qui supervisa les travaux d'installation de la cloche. Superbe horloge toujours à l'heure, sauf dans le film d'Hitchcock *Les 39 Marches* où un type reste accroché à la grande aiguille pour empêcher celle-ci de déclencher une... (on ne vous raconte pas la suite).

À l'opposé de Big Ben, **Victoria Tower**, bien plus imposante, qui abrite les archives nationales. Le drapeau britannique flotte au sommet lorsque le Parlement est en séance. Chaque année à la mi-octobre, Sa Majesté la Reine entre par cette tour pour prononcer son discours d'ouverture.

Si vous entrez dans le Parlement d'une manière ou d'une autre, voici ce que vous pourrez voir :

– **Westminster Hall :** on peut le voir de St. Stephen's Porch. Partie la plus ancienne du palais, datant de l'époque de Guillaume le Conquérant (XIe siècle), qui est restée debout malgré les incendies. Superbe charpente en chêne du XIVe siècle. Entre les XIIIe et XIXe siècles siégèrent dans cette salle la Cour de Justice et les tribunaux. Charles Ier y fut condamné à mort, tandis que Cromwell y fut proclamé Lord-Protecteur. Après la Restauration, sa tête se promena pendant 23 ans au bout d'une pique sur le toit de la salle. On y condamna également Guy Fawkes pour son coup manqué et Thomas More, Lord-Chancelier sous Henri VIII, qui refusa de reconnaître son roi comme chef de l'Église anglicane.

– **Chambre des communes :** elle accueille sur ses bancs capitonnés de cuir vert les *members of Parliament*, les membres du gouvernement à droite et l'opposition à gauche. Elle fut reconstruite en l'état dans l'après-guerre, après qu'une bombe allemande l'eut détruite. Lors des séances, la masse d'armes du président du Parlement est posée sur la table entre les deux tribunes, comme symbole du pouvoir parlementaire.

– **Chambre des lords :** somptueuse salle lambrissée construite dans le style gothique en même temps que le bâtiment. Dans la seconde chambre du Parlement, qui sert également de Cour suprême de justice, siègent les pairs, qui disposent d'un titre de noblesse. Elle est présidée par le fameux Lord-Chancelier, également ministre de la Justice. La reine s'assoit une fois par an sur le trône pour annoncer dans son discours les directives politiques, qui lui ont été d'ailleurs dictées par le Premier ministre.

★ En face du Parlement, **Jewel Tower**, carrée et trapue, est un autre reste du palais médiéval de Westminster. Elle abrita jusqu'à Cromwell les bijoux de la Couronne.

★ **Saint Margaret's Church** *(plan couleur V, C2) :* dans l'ombre de l'imposante abbaye, Saint Margaret's essaie de ne pas se faire oublier. Édifiée au XIIe siècle, elle fut entièrement reconstruite aux XVe et XVIe siècles dans un style gothique tardif, dont il ne reste plus grand-chose aujourd'hui. En 1614, elle devint église nationale, mise à la disposition de la Chambre des communes par la Couronne. Depuis 1973, elle sert surtout pour des concerts, les parlementaires ne se bousculant plus à la messe. Ne manquez pas le vitrail flamand commandé par Ferdinand et Isabelle d'Espagne pour le mariage de leur fille Catherine d'Aragon avec le prince Arthur. Le temps d'arriver à Londres, Arthur était mort et Catherine épousa son beau-frère Henri VIII (elle fut la première des six). Le vitrail fut maintes fois transporté jusqu'en 1578 pour finalement arriver ici. Winston Churchill y épousa Clémentine Hozier en 1908. On y célèbre encore les mariages et les baptêmes de la plus haute aristocratie londonienne.

★ *Westminster Abbey* (plan couleur V, C2) *:* Parliament Square, SW1. ☎ 222-51-52. M. : Westminster. Fermé le dimanche. Accès payant pour le transept, le chœur et les chapelles royales, enfin tout ce qui est intéressant. Ouvert du lundi au vendredi de 9 h 20 à 16 h 45, le samedi de 9 h à 14 h 45 et de 15 h 45 à 17 h 45. Attention, dernier ticket vendu trois quarts d'heure avant la fermeture. Demi-tarif pour les étudiants.

Magnifique église où sont enterrés les hommes les plus illustres d'Angleterre et où se marient et se font couronner les rois et les reines de ce même pays depuis Guillaume le Conquérant.

Foisonnement de sculptures, de plaques commémoratives et de sépultures royales rappelant l'histoire de la monarchie anglaise. Le nombre de pierres tombales est tel qu'il est impossible de ne pas marcher dessus. En quelque sorte, Notre-Dame de Paris et le Panthéon réunis. L'église originelle fut fondée au XIe siècle sur les restes d'un monastère bénédictin, le « monastère de l'Ouest », qui donna son nom au quartier environnant. Elle fut reconstruite deux siècles plus tard par Henri III et finalement achevée au XIVe siècle. L'architecture subit l'influence du gothique français de l'époque. À la fin du XVe siècle, Henri VII fit construire une grande chapelle à la gloire de la dynastie Tudor. Les deux tours imposantes de la façade principale ont été ajoutées au cours du XVIIIe siècle par un élève de Wren. Comme tous les grands édifices religieux, celui-ci n'a pas échappé à cette habitude anglaise de les mettre au goût du jour, même si le plan d'origine a été gardé. De ces remaniements successifs résultent des mélanges de styles : gothique primitif au XIIIe siècle, dont il ne reste plus grand-chose, flamboyant au XIVe siècle et enfin perpendiculaire à la fin du XVe siècle (la *chapelle Henri VII* en est le meilleur exemple de toute l'Angleterre). Il serait difficile de s'extasier devant la façade principale, pas vraiment élégante. La plus belle façade est celle du transept nord, près de St. Margaret's Church, avec sa grande rosace et ses nombreux arcs-boutants.

– *Nef :* la longueur et surtout la hauteur de l'édifice sont impressionnantes. Le chœur et l'abside semblent avoir été étirés. Nef grandiose dans le style gothique flamboyant avec de hautes voûtes nervurées et des piliers en marbre. La perspective est coupée par un beau jubé doré. Près de l'entrée, dalle à la mémoire de Churchill et tombe du soldat inconnu. Sur le bas-côté nord, pierre tombale de Ben Jonson, poète et grand ami de Shakespeare, qui fut, selon sa volonté, enterré debout pour des raisons financières! À partir de là, entrée payante et sens de la visite imposé. Suivez le flot de touristes... Plaques commémoratives de musiciens célèbres, comme Purcell ou Britten, parmi lesquelles une dalle dédiée à la mémoire de Darwin. N'entre pas à l'abbaye de Westminster qui veut! Près du chœur, tombe d'Isaac Newton surmontée d'un monument allégorique.

– *Transept nord :* le « coin des hommes d'État » rempli des statues pompeuses de politiciens célèbres comme William Pitt ou Disraeli... et d'autres qui le sont moins.

– *Sanctuaire :* au-delà du chœur, entre les transepts, s'ouvre le sanctuaire, lieu des couronnements, orné de stalles en bois et d'un superbe maître-autel du XIXe siècle. À gauche, tombeau d'Anne de Clèves, l'une des six femmes d'Henri VIII. Contourner le sanctuaire par la gauche. En face de la chapelle St. Paul, superbe grille en fer forgé au-dessus du tombeau d'Éléonore de Castille, la courageuse femme d'Édouard Ier qui l'accompagna dans les croisades au péril de sa vie.

– *Chapelle Henri VII :* une véritable église dans l'église. On visite d'abord le bas-côté droit où reposent sous un baldaquin de marbre les demi-sœurs ennemies Élisabeth Ire et Marie Tudor. Au fond, dans le « coin des Innocents », tombeaux des deux enfants d'Édouard IV assassinés par leur oncle Richard III dans la Tour de Londres. On entre ensuite dans la nef de la chapelle (le clou de la visite !), délimitée par des stalles ornées des armoiries loufoques des chevaliers de l'ordre du Bain. Les voûtes du plafond sont dignes d'une chapelle royale. Elles semblent dessinées dans du tissu. Elles sont le plus bel exemple du style gothique perpendiculaire, qui s'est développé au cours du XVe siècle à partir du gothique flamboyant, uniquement en Angleterre. Les lignes verticales et horizontales sont mises en relief : les nervures des hauts piliers éclatent en éventail au niveau des voûtes et se ramifient pour se rejoindre en de lourdes clés pendantes. Derrière l'autel, tombeau d'Henri VII et d'Élisabeth d'York. Dans les chapelles rayonnantes, tombes des souverains Tudors et Stuarts. La chapelle centrale est dédiée à la *Royal Air Force*. À l'entrée, une dalle rappelle que Cromwell avait été à l'origine enterré à cet endroit. Son corps fut déplacé au moment de la Restauration.

– **Chapelle d'Édouard le Confesseur :** au centre, châsse en bois du XIIIe siècle, contenant les cendres d'Édouard le Confesseur, sur laquelle il reste des fragments de mosaïque. Trône du Couronnement encore utilisé de nos jours. En dessous, *pierre de Scone*, sur laquelle les rois écossais étaient traditionnellement sacrés au Moyen Âge. Elle fut dérobée au XIIIe siècle, comme symbole de leur soumission aux rois anglais.

– **Transept sud :** dédié aux poètes et aux écrivains anglais. Sous vos pieds, Charles Dickens, Rudyard Kipling et même le célèbre acteur Laurence Olivier. Sculptures allégoriques particulièrement chargées. Monument à la mémoire de Shakespeare, enterré loin d'ici, à Stratford-upon-Avon. Une porte donne accès au cloître.

★ **Le cloître de Westminster Abbey** *(plan couleur V, C2)* : Dean's Yard. Après tout cela, le cloître vous paraîtra un brin banal. Il est tout de même du XIe siècle et des plaques commémoratives recouvrent les murs. La reine en pose une dès qu'elle passe par ici. La plaque la plus curieuse fut apposée en 1986 par *British Aerospace* à la mémoire d'Edmond Halley pour le retour de sa fameuse comète.

Il faut visiter la **salle capitulaire** (aile ouest du cloître). Ouverte du lundi au samedi de 9 h 30 à 17 h de mi-mars à mi-octobre et jusqu'à 16 h le reste de l'année. Entrée payante. Magnifique salle octogonale de 20 m de diamètre, construite au XIIIe siècle. Les fenêtres ornées des armoiries des généreux donateurs datent de 1951. On vous fera chausser des patins à l'entrée pour ne pas abîmer la mosaïque d'époque.

Dans l'aile est du cloître, **musée de la Crypte**. Ouvert tous les jours de 10 h 30 à 16 h. Entrée payante et couplée avec la chambre de la Pyxide. Sceaux, vestiges de l'ancien monastère, trône du couronnement de Marie II, réplique du trésor de la Tour de Londres (on voit bien que c'est du toc !) et collection d'effigies en cire et en bois des rois, de leur famille et de personnages célèbres, d'un mauvais goût extrême.

La **chambre de la Pyxide :** ancienne sacristie d'Édouard le Confesseur. Au XIIIe siècle, elle devint salle du trésor royal. La lourde porte à l'entrée date de 1303. Seuls les fans de vaisselle précieuse et d'ornements sacerdotaux seront intéressés.

★ On récupère sur les bancs des tranquilles **Victoria Tower Gardens**, le long de la Tamise. Vue en contre-plongée sur les tourelles du Parlement. Réplique des *Bourgeois de Calais* de Rodin qui, en 1347, s'étaient rendus à Edouard III pour sauver la ville assiégée.

★ Traversez Lambeth Bridge. En face, les deux tours crénelées en brique rouge marquent l'entrée de **Lambeth Palace** *(plan couleur V, D3)*, résidence des archevêques de Canterbury depuis le XIIIe siècle, construite en face du palais de Westminster. Il a gardé de l'époque son aspect Tudor moyenâgeux. Il ne se visite pas, mais on peut le contourner et flâner dans les superbes jardins archiépiscopaux. Ou alors, suivez les berges de la Tamise. *It's so beautiful!*

LE LONDRES ROYAL : SAINT JAMES'S

Le quartier aristocratique de Saint James's s'est épanoui pendant la Restauration, lorsque Charles II s'installa à Saint James's Palace avec tout le faste de sa cour. Les courtisans ont suivi le roi et se sont fait bâtir de belles demeures. Nombre d'entre elles ont été reconstruites au XIXe siècle, mais l'élégance de ces rues tranquilles a traversé les siècles et les crises, maintenue entre autres par les fameux *clubs* si fermés qui font la solidité des traditions anglaises.

★ De Trafalgar Square, passez sous l'**Admiralty Arch**, un monument triomphal en arc de cercle, à la gloire de la reine Victoria. Ici débute le **Mall** *(plan couleur V, C1)*. Les processions royales passent inévitablement par cette avenue rectiligne, en partant de Buckingham Palace. Elle est bien trop calme et ennuyeuse. À gauche, longue façade néo-classique de *Carlton House Terrace* construite par John Nash au début du XIXe siècle. Aussi austère que le Mall. Il créa ce nouveau style d'habitation formée d'un ensemble de maisons juxtaposées et unifiées par une couche de stuc. Trop blanc à notre goût! Cet édifice comprenait à l'origine le palais du prince-régent.

★ Entre les bâtiments, un escalier conduit à *Waterloo Place* ornée de la **colonne du duc d'York** et de la **statue d'Édouard VII**, le seul enfant de Victoria qui régna sur le pays. Remarquez la petite tombe de Giro, derrière un mur, chien d'un ambassadeur allemand résidant autrefois sur les lieux. Voici le début de l'axe triomphal dessiné par Nash, qui relie Carlton House à Regent's Park. À gauche, au n° 4 de Carlton Gardens, la **statue en bronze du général de Gaulle** rappelle que le général organisa, dans cette maison, le mouvement de résistance des Forces françaises libres et lança le 18 juin 1940 un appel diffusé sur la BBC pour mobiliser les Français contre l'ennemi nazi. Chaque année à cette date, les représentants diplomatiques français se réunissent pour lire le texte intégral du général.

★ À gauche, **Pall Mall** est la rue des clubs privés les plus sélects de Londres. Il en existe une trentaine aujourd'hui. Les plus célèbres sont l'*Athenaeum Club* à l'angle de Waterloo Place, le *Royal Automobile Club* au n° 89 et le *Traveller's Club* au n° 106. Inutile de préciser que l'admission, réservée aux « gentlemen », est souvent compliquée. Son nom dérive du « paille maille », l'ancêtre du croquet, auquel jouait ici la cour de Charles II. Les *coffee-houses* et les *chocolate-houses*, qui sont apparus au XVIIe siècle avec l'importation des premiers grains de café et de cacao, sont les ancêtres de ces clubs où l'on parle politique, art, littérature et où l'on échange des potins dans un confort extrême.

★ Tournez à gauche dans **Saint James's Square** *(plan couleur V, B1)*, une place carrée très *upper society*, qui fut aménagée à la fin du XVIIe siècle pour les courtisans du roi qui voulaient se rapprocher de St. James's Palace. La statue centrale représente William III qui mourut à 52 ans d'un accident de cheval. Les Jacobites, qui souhaitaient le retour des Stuarts sur le trône, portèrent alors un toast au « petit gentleman en velours noir ». Les maisons ont été refaites depuis, mais le caractère aristocratique est resté. Le n° 31 servit de quartier général à Eisenhower pour combattre les nazis. À l'angle opposé, la très *British London Library* fut fondée au XIXe siècle pour concurrencer la bibliothèque du British Museum.

★ Passer dans **Mason's Yard**, c'est dans cette rue, à l'*Indian Art Gallery*, qu'un couple célèbre allait se rencontrer, John et Yoko bien sûr !

★ Prendre en face *Duke of York Street* et tourner à gauche dans **Jermyn Street**, bordée de boutiques raffinées. Des magasins de mode pour hommes, des antiquaires, le célèbre fromager *Paxton and Whitfield* où l'on trouve aussi bien le meilleur des stilton qu'un bon munster vosgien fait à point, le parfumeur *Floris* avec son décor d'herboristerie et le maître ès cigares *Davidoff*. Piccadilly est tout près, pour les lécheurs de vitrines. Tourner à gauche dans **Saint James's Street**, une autre rue distinguée du quartier, qui abrite les plus vieilles boutiques de Londres qui se sont faites une solide réputation depuis le XVIIIᵉ siècle en fournissant la Cour. La plupart ont gardé leur allure de vieille échoppe, comme la cave à vin *Berry Brothers & Rudd*, le chapelier *Lock's* ou le bottier *Lobb's*. Également quelques clubs très sélects. Ne vous amusez pas à les chercher, il n'y a pas de plaque, car peu importe qu'un non-membre puisse les localiser ! Des caméras de surveillance permettent de situer le *Carlton*, le club des Conservateurs réservé aux hommes. Il consentit pourtant à accepter sa première femme, Mrs Thatcher.

À gauche, au n° 8 de King's Street, **Christie's**. Fermé aux mois d'août et septembre. La salle de vente aux enchères la plus renommée au monde. Les œuvres vendues atteignent souvent des sommes fabuleuses. C'est là qu'il faut acheter votre Rubens. L'authenticité vous en est garantie !

★ **Saint James's Palace** *(plan couleur V, B1) :* au bout de Saint James's Street, façade anachronique avec ses tours octogonales crénelées et son horloge. Henri VIII fit construire ce palais pour sa deuxième femme, Anne Boleyn, au milieu du XVIᵉ siècle, à l'emplacement d'une ancienne léproserie. Il est l'un des derniers représentants du style Tudor et sa proximité avec des édifices plus récents ajoute au pittoresque de son allure médiévale. Après la destruction du palais de Whitehall lors de l'incendie de 1698, Saint James's Palace devint la résidence officielle du souverain jusqu'à ce que Victoria emménageât à Buckingham en 1820. Il fut maintes fois agrandi au cours des règnes. Ne se visite pas. Contournez-le en prenant à gauche la tranquille *Cleveland Row*, puis Queen's Walk à gauche, longeant Green Park. Les résidences du XIXᵉ siècle appartenant au palais, qui bordent le Mall, sont *Lancaster House*, servant de résidence officielle aux invités du gouvernement, et *Clarence House*, encore une œuvre de Nash, habitée aujourd'hui par la reine-mère.

★ **Buckingham Palace** *(plan couleur V, A2) :* devant le mémorial pompeux dédié à la reine Victoria s'étend l'immense palais servant de résidence officielle au souverain. Victoria fut la première reine à y dormir. L'édifice date du XVIIIᵉ siècle et fut remanié par Nash dans le style néoclassique. Le drapeau royal au-dessus de la façade vous informe de la présence de la reine dans le palais. La bannière personnelle de Sa Gracieuse Majesté est divisée en trois : une harpe pour l'Irlande, un lion rampant pour l'Ecosse et, sur l'autre moitié, trois lions d'or sur fond rouge symbolisant l'Angleterre. Pour les grandes occasions, elle salue le peuple du balcon central. Et même si la reine possède une des plus grandes fortunes du monde, les temps sont durs. Depuis 1993, on peut donc visiter le palais deux mois en été (généralement août et septembre) de 9 h 30 à 16 h 30. Prendre son ticket dans Green Park. Pas question de voir les 600 pièces, dont seulement quelques-unes sont dévolues à l'usage personnel de la famille royale. Seules 19 d'entre elles sont ouvertes. Le prix d'entrée est exorbitant mais il doit servir à la restauration du château de Windsor. La valeur architecturale du palais n'étant pas proportionnelle à son prestige, autant combiner la balade pour arriver à 11 h 30 et assister à la relève de la garde *(Changing the Guard)*, tous les jours du printemps à l'automne et tous les deux jours le reste de l'année. Cérémonie longuette... et en musique !

★ **Saint James's Park** *(plan couleur V, B1-2) :* le plus ancien des parcs royaux, puisqu'il date d'Henri VIII. Il fut aménagé sur un terrain marécageux

Au XVIII® siècle, Le Nôtre, le jardinier de Versailles, en fit un jardin à la française selon les vœux de Charles II. Le concept passa de mode dans l'Angleterre romantique du XIX® et l'inévitable Nash le remania à l'anglaise, tel qu'il est aujourd'hui. Berges bucoliques du lac artificiel peuplé de palmipèdes. Sur les abords, les conifères se mêlent aux feuillus. Du pont, vous aurez la meilleure vue possible sur Buckingham Palace. Queen Anne's Gate rappelle cette jeune reine qui fut dix-sept fois enceinte au XVIII® siècle, sans pour autant avoir de descendants.

★ *Westminster Cathedral* (plan couleur V, B3) : Ashley Place, SW1. ☎ 834-74-52. M. : Victoria. Ouvert tous les jours de 7 h à 20 h.
En 1850, le *Catholic Emancipation Act* rétablit la hiérarchie cléricale de l'Église catholique romaine. Il fallait donc une cathédrale pour l'évêque de Westminster. Sa construction commença en 1895. Le style byzantin primitif fut choisi pour des raisons uniquement pratiques : la construction était plus rentable et plus rapide que dans le style néogothique. N'y voyez pas le délire d'un architecte avant-gardiste ! Le résultat est pour le moins imposant : un campanile de 100 m de haut, la nef la plus large de Grande-Bretagne. Des variétés de marbre du monde entier recouvrent les murs intérieurs.

Dans la nef centrale, le marbre des colonnes provient des mêmes carrières que celui de la basilique Sainte-Sophie à Istanbul. Depuis le VI® siècle, on avait perdu la trace de ces carrières et un Sherlock Holmes local les a retrouvées. Belles mosaïques dans les *chapelles du Saint-Sacrement et de Sainte-Marie*. Jeanne d'Arc est représentée dans le transept nord (pas banal en Angleterre !).

Par beau temps, superbe vue sur Londres du clocher. Accès par l'ascenseur (une chance !). Ouvert de 10 h à 17 h 30 d'avril à octobre.

BROMPTON, CHELSEA ET SOUTH KENSINGTON

Résidentiel, commerçant, luxueux, snob et « bohème-chic », autant d'adjectifs qui collent parfaitement à ces quartiers situés entre Hyde Park et la Tamise. La balade ravira aussi bien les fanas d'architecture georgienne et victorienne, les pros du lèche-vitrines, et autres flâneurs en tout genre. Nous, on a un petit faible pour Chelsea, ses petites rues aux maisons basses et parfois colorées.

Où dormir ?

Prix moyens

▲ *Oakley Hotel* (plan couleur I, A3, **15**) : 73 Oakley Street, SW3. ☎ 352-55-99. Fax : 727-11-90. M. : South Kensington ou Sloane Square. En plein cœur de Chelsea, mais carrément loin du métro. Il vaut mieux prendre l'un des nombreux bus qui empruntent King's Road (le n° 11, par exemple, qui vient de Victoria). Hôtel tenu par des jeunes et rempli de jeunes. Donc, bonne atmosphère en perspective. Un des rares hôtels du quartier à prix abordables. Très agréable quand on a l'impression que tout est hors de prix. 11 chambres simples, propres. Douches et w.-c. à l'étage (2 ont des sanitaires privés). *English breakfast* inclus dans le prix. Cuisine à disposition.

Plus chic

▲ *Annandale House Hotel* (plan couleur II, D3, **16**) : 39 Sloane Gardens. ☎ 730-62-91 ou 730-62-92. Fax : 730-27-27. M. : Sloane Square. Les chambres simples de £ 50 à 70 (de 76 à 106,4 €), les doubles de £ 80 à 95 (de 121,6 à 144,4 €), les triples à £ 95 (144,4 €), et la chambre familiale à £ 140 (212,8 €). À deux pas du métro. Belle maison victorienne qui abrite un hôtel de charme dans une élégante rue plantée d'arbres. Chambres impeccables et spacieuses. Préférez celles des étages, avec cheminée, bow-window ou balcon, à celles du sous-sol, plus sombres. Cher évidemment, mais rapport qualité-prix plus que correct pour Londres.

Vraiment plus chic

Voici des adresses de luxe, à prix pas routards du tout. Mais pour un jeune couple en voyage de noces... ou un vieux couple qui fête ses noces de diamant, l'amour n'aura pas de prix. *So romantic!*

▲ *The Claverley* (plan couleur II, C2, **13**) : 13-14 Beaufort Gardens, SW3. ☎ 589-85-41. Fax : 584-34-10. M. : Knightsbridge. Les chambres simples de £ 65 à 115 (de 98,8 à 174,8 €), les doubles et *twins* de £ 110 à 190 (de 167,2 à 288,8 €), les triples de £ 160 à 215 (de 243,2 à 326,8 €). Les prix varient selon le confort (salle de bains privée ou à partager). Superbe hôtel situé dans une petite rue en cul-de-sac à 2 mn de *Harrod's*. Très pratique pour ramener les nombreux paquets. 36 chambres toutes décorées différemment dans un style très « vieille Angleterre ». Plein de coussins, de couleurs, de tentures. TV par satellite et magnétoscope. Salle de bains superbe. En plus de tout cela, accueil efficace et discret comme dans les grands hôtels. Le petit déjeuner est un véritable régal. Évidemment, les prix sont largement à la hauteur du cadre, et ça douille...

▲ *The Willet* (plan couleur II, D3, 14) : 32 Sloane Gardens, SW1. ☎ 824-84-15 ou 0500-826-187 (numéro gratuit depuis le Royaume-Uni). Fax : 730-48-30. M. : Sloane Square.
- E-mail : willet@eeh.co.uk
- Internet : www.eeh.uk

Chambres simples à £ 65 (98,8 €) et doubles de £ 89 à 130 (de 135,28 à 197,6 €). Le quartier, à deux pas de Sloane Square, tout en brique rouge dans le plus pur style victorien, vous ravira certainement. Raffinement et prévenance sont de mise. Des chambres sobres et luxueuses à la fois, réparties sur 4 étages (sans ascenseur). Atmosphère très *cosy*. *Full English breakfast*, bien sûr.

Où séjourner plus longtemps ?

▲ *The Residence* (plan couleur II, A3, 15) : 161 Old Brompton Road, SW5. Entrée entre un magasin de hi-fi et un resto. ☎ 373-60-50. Fax : 373-70-21. M. : South Kensington et Gloucester Road. En dernier recours (on a reçu quelques lettres de lecteurs mécontents). Réception ouverte de 9 h à 21 h, mais pas de couvre-feu. On doit rester au moins une semaine. Chambres de 2, 3 ou 4, pas vraiment nickel, avec ou sans coin-cuisine. Douche privée ou commune à chaque étage. On cherche encore à dérider les patrons. Caution élevée. Possède 3 adresses différentes où l'on vous enverra si celle-ci est complète. Juste en face, vous pourrez déjeuner (plat du jour, salades et bon café) dans *The Michel Montignac Boutique* (pour ceux qui s'adonnent à son régime). C'est la seule de Londres.

Où manger ?

Dans ces quartiers, pas mal de restos chers. Se rabattre sur les pubs et les restos étrangers.

Bon marché

I●I *Côte à Côte* : 74-75 Battersea Bridge Road, SW11. ☎ 738-01-98. Situé au sud de Chelsea, juste après Battersea Bridge. Pour vous y rendre, on vous conseille d'emprunter le bus n° 345, 211 ou 49. Même s'il est un peu à l'écart, le *Côte à Côte* vaut vraiment le déplacement. Bonne cuisine française aussi originale que le décor (choux au crabe, paupiettes de saumon, canard en croûte), service sympathique et ambiance chaleureuse, le tout pour un prix raisonnable ! Si vous êtes nombreux, essayez de réserver l'une des tables disposées en hauteur dans l'une des 2 vieilles barques en bois, c'est encore plus convivial. Le soir, éclairage à la bougie et ambiance intime. Groupes de musique tous les mercredi, vendredi et samedi.

I●I *Chelsea Kitchen* (plan couleur II, C3, 20) : 98 King's Road, SW3. ☎ 589-13-30. Ouvert de 8 h (10 h le dimanche) à minuit. Lieu idéal pour prendre un copieux petit déjeuner à l'anglaise. Portions conséquentes pour pas cher. On y mange sur le pouce dans un cadre quelconque. Petite carte assez variée, pour le déjeuner et le dîner.

I●I *King's Head and Eight Bells* (plan couleur I, A3, 22) : 50 Cheyne

Walk, SW3. ☎ 352-18-20. M. : Sloane Square. Sert de 12 h à 15 h et de 19 h à 22 h. Vieux pub à la clientèle assez chicos. Agréablement situé dans « Old Chelsea ». *Salad-bar* et quelques plats chauds (*fish'n'chips*, pâtes, *chicken curry*,...) Nourriture copieuse et pas chère.

|●| *Greenfields* (plan couleur II, B3, 21) : 13 Exhibition Road (perpendiculaire à Cromwell Road), SW7.

Prix moyens

|●| *Texas Lone Star Saloon* (plan couleur II, A3, 23) : 154 Gloucester Road (à l'angle de Harrington Gardens), SW7. ☎ 370-56-25. M. : Gloucester Road. Ouvert de 12 h à 23 h 30 et jusqu'à 0 h 30 le week-end. Un resto folklo « style western », où le bois est à l'honneur. Fait partie d'une petite chaîne de 3 restos. Cuisine tex-mex : *chilis*, salades, *burgers* et *ribs*. Les mômes adorent ce lieu (un menu leur est destiné). Musique rock et country. Prix raisonnables. N'accepte pas les cartes de crédit. Service jeune et sympa.

|●| *Parsons* (plan couleur I, A3, 23) : 311 Fulham Road, SW10. ☎ 352-06-51. M. : South Kensington. Ouvert tous les jours de 12 h à 1 h (minuit le dimanche). Assez éloigné du métro (prendre le bus n° 14). Très joli décor rétro avec grandes glaces anciennes, parquet et nombreuses plantes vertes. Ambiance vieille brasserie de luxe. Pour rencontrer des minettes et minets londoniens. Quelques plats mexicains, large choix de sandwichs, salades, pâtes et *burgers* maison. On y vient surtout pour l'atmosphère jeune et sympa. Menu enfants.

|●| *Vingt-Quatre* (plan couleur I, A3, 23) : 325 Fulham Road. ☎ 376-72-24. M. : South Kensington. Ouvert toute la nuit, tous les jours. Tout beau, tout neuf. *Breakfast*, *burgers*, salades variées, omelettes,

Plus chic

|●| *La Bouchée* (plan couleur II, B3, 24) : 56 Old Brompton Road,

☎ 584-13-96. M. : South Kensington. Ouvert jusqu'à 18 h 30 en semaine, 16 h 30 le samedi et 17 h 30 le dimanche. Si vous voulez manger sur le pouce et pour pas grand-chose, préférez ce petit *coffee-shop* aux mauvais fast-foods du quartier. *English breakfast*, salades, sandwichs variés, préparés sous vos yeux, soupes, plats chauds et cakes. Les serveuses parlent le français.

terrine de poisson, etc. Décor moderne, assez chic. Pour remplir un petit creux au milieu d'une virée nocturne.

|●| *Yo! Sushi* (plan couleur II, D2) : au 5e étage du magasin Harvey Nichols, 109-125 Knightsbridge. ☎ 287-04-43. M. : Knightsbridge. Ouvert de 10 h à 19 h (20 h le mercredi et 18 h le dimanche). Voir le texte sur l'autre *Yo! Sushi* (à Soho) dans le chapitre consacré au centre touristique. Seule différence, celui-ci est moins rigolo et plus bruyant car intégré dans un petit espace entre les rayons du « supermarché » et un autre restaurant, beaucoup plus chic avec une verrière donnant sur la rue.

|●| *Buona Sera at the Jam* (plan couleur I, A3, 34) : 289 A Kings Road, SW3. ☎ 352-88-27. Pas de métro proche, le mieux est d'aller à Sloane Square, puis de prendre un bus (le n° 11 par exemple). Ouvert de 12 h à 15 h puis de 18 h à minuit. Pâtes entre £ 6 et 7 (entre 9,12 et 10,64 €), et autres plats plus chers. Pas de pizzas. On y va autant pour la déco que pour la cuisine, bonne mais pas extraordinaire. Le patron a optimisé le petit espace dont il dispose. Comme un grand mécano en bois, les tables s'imbriquent de haut en bas, en quinconces. Des petites échelles permettent d'atteindre les plus hautes. Rigolo pour les clients, rentable pour le patron, mais peu pratique pour les serveuses.

SW7. ☎ 589-19-29. M. : South Kensington. Ouvert tous les jours de 9 h

à 23 h 30 (dernière commande à 23 h). Formules 2 plats (jusqu'à 19 h 30) à £ 5,95 (9,04 €), et 3 plats à £ 10,95 (16,64 €). Sinon carte bien fournie. La France vous manque et sa cuisine aussi, alors c'est ici qu'il faut venir... Les serveurs sont des compatriotes. La décoration vous fera penser à un joli bistrot parisien, reconstitué en terre étrangère. Atmosphère très rétro. Prix raisonnables pour les menus du jour, avec 2 ou 3 plats. Parmi les spécialités, le coq au vin remporte un large succès.

I●I *The Chicago Rib Shack* (plan couleur II, C2, 25) : 1 Raphael Street (petite rue perpendiculaire à Knightsbridge Green), SW7. ☎ 581-55-95. M. : Knightsbridge. Ouvert tous les jours de 11 h 45 à 23 h 45 ; jusqu'à 23 h le dimanche. Fait partie de la même chaîne américaine de restos *(Chicago Meat Packers)* que le *Chicago Pizza Pie Factory*. Grande salle style *British* chicos ancien avec vitraux. Ambiance assez formelle. On vient ici surtout pour les *ribs*, cuites façon américaine, et les copieuses salades. Bonne viande et ambiance yuppies. Pas donné. Venir plutôt le soir.

Très chic

I●I *The Bombay Brasserie* (plan couleur I, A3, 26) : Courtfield Close, Courtfield Road (presque à l'angle de Gloucester Road), SW7. ☎ 370-40-40 ou 373-09-71. M. : Gloucester Road. Ouvert tous les jours de 12 h 30 à 15 h et de 19 h 30 à minuit. Réservation quasi obligatoire et tenue correcte exigée. Ce n'est probablement pas le meilleur *tandoori* de Londres, mais sûrement la plus belle décoration colonialo-indienne. On chuchote qu'elle coûta plus de £ 1 500 000. Les plantes tropicales, les superbes meubles en rotin, les grands ventilos, la moquette épaisse, tout contribue à distiller une délicieuse atmosphère exotique et feutrée. Service pas toujours à la hauteur (comme dans nos brasseries!), mais bonne cuisine présentant toutes les variétés de l'Inde. Excellents *thalis* pour les végétariens et fondant *lamb roganjosh*. Succulentes glaces indiennes pour faire descendre les *chutneys* un peu trop épicés. Comptez environ £ 20 (30,4 €). Mais on peut s'en tirer à moins. Buffet extra le midi (et meilleur marché), et ambiance repas d'affaires.

Happy hours tous les jours de 17 h 30 à 19 h 30.

I●I *The Bluebird* (plan couleur I, A3, 35) : 350 King's Road, SW3. ☎ 559-10-00. Fax : 559-11-11. Le petit dernier du célèbre designer anglais Terence Conran, déjà créateur de plusieurs restos branchés à Londres, dont le *Mezzo* dans Soho. Celui-ci est certainement le plus ambitieux. Il s'agit en fait d'un vaste complexe gastronomique (déjà surnommé « le Gastrodome »), sur trois niveaux, qui regroupe un grand marché alimentaire (fruits et légumes, vin, traiteur, boulangerie, pâtisserie, etc.), un marché aux fleurs, ainsi qu'un restaurant (cuisine européenne et nouvelle cuisine australienne), un café-bar et un club privé. Le bâtiment qui abrite le *Bluebird* date de 1923. Il fut le plus grand garage d'Europe, puis une station d'ambulances et enfin un marché de la mode. Son architecture est très intéressante, notamment la façade Art déco complètement restaurée par Conran et la charpente en acier dont les poutres soutiennent le toit et maintiennent l'étage supérieur en suspension, ce qui permet au rez-de-chaussée de se passer de colonnes porteuses.

Pubs et bars

▼ *Turk's Head* (plan couleur II, D2, 40) : 10 Motcomb Street, SW1 (angle avec Kinnerton Street). ☎ 237-78-50. M. : Knightsbridge. Pub sympa qui doit son nom à la fameuse *Turk's Head Coffee House*, où fut fondée la société littéraire de Londres en 1764. Dickens y avait ses habitudes (mais dans quel pub ne les avait-il pas?). Déco un peu chicos victorien. On a vraiment l'impression d'entrer dans un autre monde. Laissez-vous dépayser. Tenue correcte exigée.

▼ ***The Grenadier*** *(plan couleur II, D2, 41)* : 18 Wilton Row, W1. ☎ 235-30-74. M. : Hyde Park Corner. Dans Knightsbridge, prenez Old Barrack Yard (juste après Wilton Place), au bout tournez à gauche, passez sous l'arche, le pub est au fond de l'allée. Pas évident de trouver ce pub à la façade bleu, blanc, rouge, recouverte de plantes vertes et de fleurs. C'était originellement la cantine des soldats du duc de Wellington. Fait aussi resto, mais c'est un peu cher. Mention spéciale à leur bloody Mary. Tenue correcte exigée : les shorts ne sont pas admis.

▼ ***Wilton Arms*** *(plan couleur II, D2, 42)* : 71 Kinnerton Street, W1. ☎ 235-48-54. M. : Knightsbridge. Petite rue à laquelle on accède par Wilton Place. Service de 11 h à 22 h 30 en semaine et le midi seulement le week-end. Vieux pub du XIXe siècle. Classique et un peu luxe. Pas étonnant que les businessmen du quartier s'y retrouvent. Allez-y pour déjeuner ou pour dîner, la cuisine est bonne et à peine plus chère que dans un fast-food. Copieuses salades et *fish and chips* superbe.

▼ ***Queen's Head*** *(plan couleur II, C3, 43)* : 27 Tryon Street, King's Road, SW3. ☎ 589-02-62. M. : Sloane Square. Ouvert tous les jours de 12 h à 23 h. Pub homo toujours bondé et lieu privilégié pour les rencontres. L'ambiance est bon enfant, et les regards ne s'échangent que discrètement.

▼ ***King's Head and Eight Bells*** *(plan couleur I, A3, 22)* : 50 Cheyne Walk, SW3. ☎ 352-18-20. M. : Sloane Square. La première maison fut ouverte en 1580. Pub historique en quartier résidentiel. Fréquenté par des écrivains, des personnalités de la télé... Mick Jagger, qui habitait au 45, y avait sa table. Belles gravures au mur. *Salad-bar* midi et soir (voir aussi « Où manger ? »).

Concerts classiques

– ***Royal Albert Hall*** : Kensington Gore, SW7. ☎ 589-32-03. M. : Knightsbridge, High Street Kensington et South Kensington. Très populaire surtout lors des *proms* en été, organisés par la BBC. Un concert est donné chaque soir de mi-juillet à mi-septembre, retransmis en simultané sur la station « BBC Radio 3 ». On précise aux fauchés que la queue pour les places les moins chères (debout!) se fait derrière l'édifice et non pas devant. Sinon, différentes formules intéressantes d'abonnement. Si vous en avez l'occasion, allez écouter le dernier concert de la saison, qui se termine traditionnellement en surprise-partie.

Cinéma

– ***Virgin Cinema*** : 277 King's Road (angle avec Old Church Street). 4 salles sympas, dans cette nouvelle chaîne qui monte, qui monte...

Shopping

Porcelaine et cristal

⌂ *Reject China Shop* : 133 Brompton Road, SW3. ☎ 581-07-39. M. : Knightsbridge. Grand choix de porcelaines et de cristal. Une bonne adresse pour ceux qui ont le temps de dénicher les vraies bonnes affaires. Porcelaines anglaises assez bon marché. Limoges et Baccarat sont bien représentés, mais les prix sont à la hauteur de leur réputation. Il faut attendre les soldes.

Produits de beauté

⌂ *Lush* : 123 King's Road, SW3. ☎ 376-83-48. M. : Sloane Square. Ouvert du lundi au samedi de 10 h à 19 h et le dimanche de 12 h à 18 h. « Crémerie » de beauté. Cette boutique vend ses secrets de beauté fabriqués maison et uniquement à base de produits naturels. Masque à l'ananas, savon vendu à la coupe comme le fromage, bain aux pétales de roses, démaquillant à la framboise... Pour être plus belle au naturel !

Boutiques chères mais qui valent vraiment le coup d'œil

⌂ *Harrod's* (plan couleur II, C2) : 87-135 Brompton Road, SW1. ☎ 730-12-34. M. : Knightsbridge. Ouvert de 10 h à 18 h les lundi, mardi et samedi, et jusqu'à 19 h les mercredi, jeudi et vendredi. Fermé le dimanche. Les fameux soldes commencent le 26 décembre et la première semaine de juillet. On ne porte ni short, ni jean déchiré pour entrer. Les sacs à dos doivent être déposés à la consigne, face à la porte n° 3. Ça rigole pas ! L'un de ces grands magasins de luxe comme on n'en fait plus. De temps en temps, la reine vient y acheter ses *cornflakes*. On dit même que le magasin est ouvert spécialement pour la famille royale le dimanche. N'oubliez pas que la devise du célèbre magasin est : *Omnia, omnibus, ubique* (Tout, pour tout le monde, de partout). Henry Charles Harrod, un négociant en thés, savons et bougies, ouvrit son magasin en 1849, avec deux employés. Aujourd'hui, Harrod's compte 4 000 personnes et appartient à Mohammed al-Fayed, riche Égyptien et père de feu Dodi al-Fayed, le dernier amoureux de Diana. On y trouve vraiment de tout. Ainsi, jusqu'en 1976 on y vendait encore des ceintures de chasteté. De venu monument à part entière, Harrod's possède des rayons qui sont des chefs-d'œuvre de décoration et de bon goût. Quelques exemples parmi d'autres :

- le rayon alimentaire *(Food Halls)* et ses cochonnailles « kitsch » accrochées au plafond. Ces saucissons et quartiers de viande en plastique ne feront saliver que les Pantagruel d'opérette. Superbe décor Art nouveau fait de splendides boiseries, marbres et carrelages colorés. Vous trouverez les fruits exotiques du Commonwealth et une centaine de variétés de thés.
- Les toilettes pour hommes (dans le rayon vêtements et confection). Fauteuils de cuir, boiseries. Un endroit où l'on aimerait vivre...
- Les orchidées et les bouquets somptueux du rayon des fleurs.
- Le rayon animaux : au 2e étage ; et si vous venez avec votre toutou, il pourra sagement attendre dans le chenil prévu à cet effet.

À voir aussi, au sous-sol du magasin, au pied de l'escalator égyptien (il fallait bien leur trouver une petite place !) et gardé par une sorte de *bobby*, le **Mémorial** dressé en hommage à Lady Diana et Dodi al-Fayed : une fontaine fleurie assez kitsch surmontée des photos des célèbres amants. Touristes curieux et Anglais émus attendent leur tour pour s'immortaliser devant. Pathétique ou émouvant, comme vous voudrez. En tout cas, les dons rejoignent les caisses d'une fondation dont le but est d'ouvrir une école dans le Kent pour enfants en difficulté.

⌂ *Harvey Nichol's* (plan couleur II, D2) *:* 109-125 Knightsbridge, SW3. ☎ 235-50-00. M. : Knightsbridge. Ouvert de 10 h à 19 h (20 h le mercredi et 18 h le dimanche). Un des plus chics et chers des grands magasins de Londres. Pas aussi beau que Harrod's, mais jetez-y un coup d'œil si vous êtes dans le coin.
⌂ *Joseph* et, en face, le **Conran Shop** dans le Michelin Building, sur Fulham Road *(plan couleur II, C3)*, sont – l'un pour les vêtements, l'autre pour l'ameublement et la décoration – les magasins les plus beaux, fous, chers et snobs que vous verrez jamais. Mais c'est encore le prix qui est le plus renversant !

Marché

– *Antique Market* (plan couleur I, A3) *:* King's Road. Très belles antiquités.

Galeries et musées

★ *Victoria and Albert Museum* (plan couleur II, B2-3) *:* Cromwell Road, SW7. ☎ 938-85-00. M. : South Kensington. Informations sur les expositions temporaires : ☎ 938-83-49. Informations générales sur répondeur (24 h/24) : ☎ 938-84-41. Ouvert le lundi de 12 h à 17 h 45 et du mardi au dimanche de 10 h à 17 h 45. Fermé du 24 au 26 décembre. Entrée payante sauf entre 16 h 30 et 17 h 45. À noter que ce musée subit d'importantes transformations depuis juillet 98 et que certaines galeries sont fermées au public, notamment les prestigieuses *British Galleries*. Un plan détaillé avec toutes ces informations vous est fourni à l'entrée.
Le *V and A*, comme l'appellent les Londoniens, est d'une exceptionnelle variété et d'une très grande qualité. Les autres grands musées londoniens font figure de monolithes en comparaison. Il présente à la fois les beaux-arts et les arts décoratifs de tous les pays occidentaux et orientaux et de toutes les périodes. Autant dire qu'il y en a pour tous les goûts et pour tous les appétits, même les plus gros. Il n'y a pas moins de 7 km de salles d'expositions ! C'est plus un musée de collections que de pièces uniques, ce qui explique peut-être qu'il n'ait pas la notoriété du British Museum. Le *V and A*, nous, on adore !

Renseignements pratiques

– *Orientation :* prendre un plan gratuit du musée avant de commencer (disponible en français). Si, malgré tout, vous ne retrouvez plus la sortie, la couleur de la bannière à l'entrée des salles vous aidera à vous orienter : placez-vous devant, si elle est rouge, l'entrée du musée est derrière vous ; verte, elle est devant ; jaune, elle est à droite ; bleue, elle est à gauche. Un système pas très sympa pour les daltoniens !
– *Visites guidées :* pour ceux qui parlent l'anglais. Visites générales sur des parties choisies du musée *(Introductory tours)* en principe le lundi à 12 h 15, 14 h et 15 h et les autres jours de la semaine toutes les heures de 11 h à 15 h. Visites à thème *(Theme tours)* le lundi à 13 h 30 et 14 h 30 et les autres

jours de la semaine à 11 h 30, 13 h 30 et 14 h 30. Durée : 1 h environ. Gratuit.
- *Où manger?* Première solution : la cafétéria du musée, au rez-de-chaussée de l'aile Henry Cole. Cuisine de bonne qualité à prix moyens. Les mercredi, vendredi et dimanche, formule économique et sympa *jazz-brunch* pour écouter du blues entre deux galeries. Seconde solution, aussi bonne et moins chère, à 2 mn du musée : le *coffee-shop* **Greenfields** (voir « Où manger ? »).
- *Bibliothèque :* pour ceux qui sont vraiment intéressés, on signale qu'il y a une bibliothèque superbe *(National Art Library)* ouverte à tous. Fermée les dimanche et lundi. On peut aussi y recopier des motifs de tapis, tapisseries, dentelles. Tout est prévu pour cela. N'oubliez pas vos crayons et aquarelles.
- Un autre lieu à signaler aux étudiants en histoire de l'art, la salle des gravures *(Print Room)*, qui permet de consulter sur demande les dessins et photographies non exposés. Au 5e étage de l'aile Henry Cole. Fermé les dimanche et lundi.

Un peu d'histoire

La première Exposition Universelle eut lieu non loin d'ici, à Hyde Park, en 1851. Pour la première fois, les technologies et les savoir-faire des pays du monde entier étaient confrontés. Les Anglais firent leur bilan : d'abord, l'esthétique des produits manufacturés anglais avait fait les frais de la production industrielle ; ensuite, dans ce domaine, les Français s'en tiraient mieux qu'eux. Hic ! Le prince Albert, le mari de Victoria, s'en mêla, faisant de la qualité esthétique des objets utilitaires l'un de ses défis culturels : il fallait montrer aux artistes et aux décorateurs anglais l'importance du design et former le goût du public. On éduque le peuple, quoi ! Grâce aux recettes de l'Exposition, des objets furent achetés aux différents exposants et l'on créa, l'année suivante, le « musée des Industries » pour les montrer. Puis le musée s'agrandit par différents legs dans le domaine des beaux-arts, de sorte qu'il dut changer de nom. La reine Victoria, qui posa en 1899 la première pierre de l'actuel édifice, lui donna son nom définitif.

UNE VISITE DES COLLECTIONS

Les salles sont consacrées soit aux expositions par période et par pays *(Art and Design Galleries)* – les œuvres les plus intéressantes sont au rez-de-chaussée (art médiéval, chinois, japonais, indien...) –, soit aux expositions par type d'objet ou de matériaux *(Materials and techniques Galleries)*, comme les costumes, instruments de musique, bijoux, orfèvrerie, céramique, etc. Une journée ne suffirait pas pour tout voir. Si vous disposez de 4 h, voici un circuit varié dans les salles du rez-de-chaussée sans oublier, au 1er étage, l'art anglais et la salle des tapisseries. Si vous n'avez pas l'emploi du temps d'un businessman, complétez la visite par les collections « À voir éventuellement ».

Rez-de-chaussée

● *Moyen Âge*

- Salle 43 (en face du bureau d'informations) : un vrai « trésor médiéval » constitué d'objets liturgiques du Ve au XIVe siècle provenant de toute l'Europe. Superbe *reliquaire d'Eltenberg* en bronze doré, du XIIe siècle, en forme d'église byzantine, décoré d'émaux d'une grande finesse et de statuettes en ivoire. *Chandelier de Gloucester* en bronze doré (XIIe siècle), étonnamment compliqué. Un homme grimpe le long d'un entrelacs de feuillage pour échapper à des monstres. Objets en ivoire sculpté comme le *coffret de Veroli* (fin du Xe siècle) décoré d'une frise de rosettes et de scènes

mythologiques, bel exemple de l'art byzantin ; une couverture d'évangile de l'époque carolingienne (IX⁰ siècle), somptueuse ; une petite crosse du XII⁰ siècle finement sculptée avec, au centre, l'Enfant Jésus dans son berceau.
– Salles 22 à 24 : 4 colonnes de la fin du XIII⁰ siècle sculptées dans du noyer. Les termites les ont oubliées. Petite sculpture en ivoire très réaliste représentant le Christ en croix par Giovanni Pisano ; le plus grand sculpteur gothique italien (1300 environ). Belle tapisserie d'Arras du début du XV⁰ siècle en laine brodée de soie et de fils d'or, représentant l'enterrement et la résurrection du Christ. Triptyque d'Allemagne du Nord représentant des scènes de l'Apocalypse (début du XV⁰ siècle).

● *Renaissance italienne*

– Salles 17 à 20 : prenez la rangée de salles longeant le côté gauche de la cour. Retable poignant d'un artiste piémontais du début du XVI⁰ siècle représentant la Crucifixion et la Nativité. De la même époque, plafond d'une villa de Crémone représentant en médaillon Apollon et les 9 muses.
– Salles 12 à 16 : beaux exemples de l'art des sculpteurs florentins au XV⁰ siècle, comme les bas-reliefs en marbre de Donatello représentant le Christ donnant les clés à saint Pierre. De tous les sculpteurs italiens, il les réussissait le mieux. Voir aussi la *Madone Chellini*, une pièce ronde en bronze dont le revers moulé en creux permettait de faire des copies en verre. Par ces salles, on accède aux *gamble rooms* décorées selon les goûts de l'époque victorienne (céramique, vitraux, plafond à caissons dans le style Renaissance).

● *Art gothique tardif et début de la Renaissance en Europe du Nord*

– Salles 26 à 29A : ne manquez pas la superbe *Nef de Burghley* fabriquée à Paris vers 1528. C'est une petite maquette de bateau en argent doré. La coque est en fait un coquillage. Certains détails montrent le talent de l'orfèvre : sur le pont, Tristan et Iseult jouent aux échecs... en attendant que le mauvais sort s'abatte sur eux. Une autre pièce d'orfèvrerie très originale : une coupe et son couvercle en forme de château de la Belle au bois dormant (fin du XV⁰ siècle). Drapé très étudié de la *Vierge à l'Enfant* de Veit Stoss (début du XVI⁰ siècle), d'autant plus remarquable qu'elle est de petite taille. *Retable de l'Annonciation et de la Passion du Christ* provenant de Troyes. Il n'est pas en bois, mais en calcaire peint, ce qui n'a pas empêché l'artiste de s'exprimer !
En quittant ces salles, on passe devant le grand *retable espagnol de Marzal de Sas* (début du XV⁰ siècle) représentant la vie de saint Georges. Monumental et coloré.

● *Art japonais*

– Salle 45 : dimensions et simplicité toutes japonaises. Superbes paravents et boîtes en laque (la plus belle collection hors du Japon !). Beau coffre du XVII⁰ siècle en marqueterie de cuivre et d'écailles ayant appartenu à Napoléon.

● *Art chinois*

– Salle 44 : décorée d'un auvent rappelant le dos d'un dragon. Sculptures en jade très anciennes. Superbes meubles en laque rouge des dynasties Ming et Qing sculptés avec force détails, dont un trône impérial. Statue de *Bodhisattva Guanyin* en bois laqué du XII⁰ siècle. Sa robe peinte en or lui donne un aspect de bronze doré. Cette figure du bouddhisme est si sainte qu'elle échappe au cycle de la renaissance après la mort et atteint directement le stade ultime du nirvana. D'où cet air blasé !
– Salles 47E et 47F : dans ce couloir menant au hall d'entrée, des objets

d'art fabriqués aux XVIIe, XVIIIe et XIXe siècles pour être exportés vers l'Occident. On comprend la fascination exercée alors par l'Orient. Sculptures en ivoire, porcelaines, dont une pagode colorée haute de plus de 2,50 m.

● *Art islamique*

Continuez dans le couloir et tournez à droite dans la salle 42 consacrée à l'art dans les pays musulmans. Selon un principe coranique, les artistes ne peuvent pas reproduire l'image de l'homme ou d'un animal pour décorer les mosquées. Ils se rattrapent largement sur les riches décorations des tapis et les boiseries exubérantes. Occupant tout un pan de mur, le *tapis d'Ardabil* (XVIe siècle) doit sa célébrité à ses dimensions impressionnantes (11 m sur 5!). À gauche, le plus beau tapis du monde selon les experts : le *tapis de Chelsea* (XVIe siècle). Bien sûr, ils sont tous les deux persans. Étonnante chaire du XIVe siècle en forme d'escalier *(minbar)* en bois incrusté d'ivoire provenant d'une mosquée cairote. Au centre de la salle, fontaine aux ablutions du XIIIe siècle en marbre sculpté (Syrie).

● *Art indien*

Dans la salle 41, exemples remarquables de l'essor que connut l'art indien à la suite de l'invasion des Moghols et de l'établissement de leur empire au XVIe siècle : peinture, ivoires sculptés, jades... Au début du XIXe siècle, l'arrivée des colons britanniques apporta aux artistes indiens son lot de réalisme et de complaisance, traduit en peinture dans le style « Compagnie ». Curieux automate grandeur nature d'un tigre dévorant un colon anglais. À l'intérieur, un orgue reproduit les cris de la pauvre victime. Ce *Tigre de Tipu* fut offert par les Français au sultan du même nom, un ennemi déclaré des Anglais. Pas très « gentle », ces Français ! Dans les salles du couloir, statuaires de l'Inde antique et médiévale, du Népal et du Sud-Est asiatique. Parmi les stèles en basalte, remarquez la divinité solaire *Surya* particulièrement bien travaillée. Somptueuse statue tibétaine de *Bodhisattva Avalokiteshvara* (XIVe siècle) en cuivre doré incrusté de pierres précieuses.

● *Costumes et instruments de musique*

Dans la salle 40, intéressante rétrospective sur l'histoire de la mode du XVIe siècle à nos jours, présentée en tableaux chronologiques et où les créateurs français sont à l'honneur : Dior, Balmain... Sur la mezzanine, belle collection d'instruments de musique. Harpes françaises rococo du XVIIIe siècle. Bel ensemble de clavecins, dont le plus vieux (début du XVIe siècle) qui soit parvenu jusqu'à nous. Quelques bêtes bizarres, comme le tympanon, le virginal, le serpent ou la lyre-guitare. De quoi rameuter tous les voisins du quartier !

● *Cartons de Raphaël*

Dans la salle 48A, en face de la salle des costumes, honneur encore à la Renaissance italienne avec ces 7 cartons peints par Raphaël. Ils ont servi à exécuter une série de tapisseries que le pape Léon X avait commandées en 1515 pour décorer la chapelle Sixtine dans les grandes occasions. L'artiste a choisi des scènes de la vie de saint Pierre et de saint Paul. Il fait des allusions au rôle suprême du pape, lorsque Jésus remet à Pierre les clefs du paradis ou qu'il lui annonce lors d'une partie de pêche que dorénavant il rapportera dans ses filets non pas des poissons, mais des hommes.

● *Arts décoratifs en Europe au XIXe siècle*

Revenez sur vos pas jusqu'au hall d'entrée pour descendre au sous-sol dans les salles 8 et 9, à droite du vestiaire. Dans la première salle, mobilier dans les différents styles « néo-... » faisant fureur au XIXe siècle : bibliothèque offerte par l'empereur François-Joseph à la reine Victoria, résolument néo-gothique, *cabinet de Barbetti* dans le style néo-Renaissance particulièrement chargé avec ses colonnes corinthiennes et ses moulures artificielles. Ce genre d'excès favorisa l'apparition de l'Art nouveau à la fin du siècle, qui se voulait moins « emprunté » et plus naturel. Au fait, saviez-vous qu'Émile Gallé fut très influencé par la collection japonaise du musée ?

Premier étage

● *Arts décoratifs en Angleterre du XVIe siècle au milieu du XVIIIe siècle*

– Salles 52 à 58 : personne ne parle mieux du mobilier et des objets d'art anglais que le *V and A*. Ça vaut la peine d'y jeter un œil, surtout pour les quelques reconstitutions d'intérieurs d'époque, comme la *chambre lambrissée du château de Sizergh* décorée de motifs mauresques (salle 52), ou celle du palais de Bromley-by-Bow (salle 54). Admirez dans cette salle le *grand lit de Ware* en chêne sculpté, un lit un peu spécial puisqu'il a été conçu pour quatre couples. Vive les galipettes !

● *Tapisseries*

Dans la salle 94, tapisseries des XVe et XVIe siècles très bien conservées. Les regards convergent bien sûr vers les quatre immenses *Devonshire Hunting Tapestries* (milieu du XVe siècle).

Aile Henry Cole

Accès par le rez-de-chaussée, en passant par la librairie du musée. Montez au 6e étage pour la vue dégagée sur les toits de Londres et pour les **tableaux** de **John Constable**, paysagiste anglais de la fin du XVIIIe siècle et digne représentant de l'école anglaise de l'époque. *La Cathédrale de Salisbury* et *Le Moulin de Dedham* sont les mieux réussis. Ce n'est pas étonnant qu'il ait influencé les peintres de Barbizon. Descendez d'un étage pour comparer : la *collection Ionides* présente des tableaux français de toutes les époques, dont *Les Scieurs de bois* de Millet (école de Barbizon), *La Halte du cavalier* de Le Nain et *L'Odalisque endormie* d'Ingres. Au même étage, magnifique vue de *Venise* par Turner.

À voir éventuellement

Si vous avez digéré le gâteau, voici la cerise. Au rez-de-chaussée, vous pouvez compléter la visite par les salles des **moulages** (salles 46A et 46B) remplies dans leurs 3 dimensions par des copies en plâtre de sculptures monumentales. Également quelques reproductions de bronzes célèbres obtenues par galvanotypie *(don't ask for more, please !)*. N'oublions pas que la mission du musée était à l'origine éducative : ces copies servaient au siècle dernier (et encore aujourd'hui) à l'enseignement de l'histoire de l'art. C'est mieux que les diapos ! À voir ou à revoir, donc : la colonne trajane, le portail de la cathédrale de Saint-Jacques-de-Compostelle, une porte du baptistère de Florence ou encore le *David* de Michel-Ange. Non loin de là, deux salles consacrées à la **sculpture** et à l'**architecture du XVe au XVIIIe siècle** (50A et 50B). On y retrouve une fenêtre à meneaux du magnifique château de Montal dans le Lot. Que fait-elle là ? Le baroque italien est bien représenté avec le Bernin *(Neptune et Triton)*. Si vous êtes sensible aux styles baroque et rococo, faites un tour dans les salles consacrées aux **arts décoratifs en Europe aux XVIIe et XVIIIe siècles** (salles 1A à 7 au sous-sol à gauche du hall d'entrée). Voir en particulier le superbe petit cabinet allemand en ébène orné de ferrure d'argent, le buffet de style Louis XIV décoré d'appliques en bronze doré et aussi le charmant boudoir de style Louis XVI ayant appartenu à l'une des dames d'honneur de Marie-Antoinette.

Au premier étage, la richissime collection de **bijoux** des premiers rois saxons jusqu'à Victoria. On y accède par la salle 93 uniquement. La plus

PLANS EN COULEURS

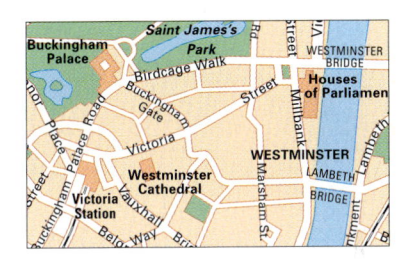

Planches **II-III** ————————	Londres - plan général
Planches **IV-V** ————————	Londres - plan I
Planches **VI-VII** ————————	Londres - plan II
Planches **VIII-IX** ————————	Londres - plan III
Planches **X-XI** ————————	Londres - plan IV
Planches **XII-XIII** ————————	Londres - plan V
Planches **XIV-XV** ————————	Londres - plan VI
Planche **XVI** ————————	plan du métro

SOMMAIRE

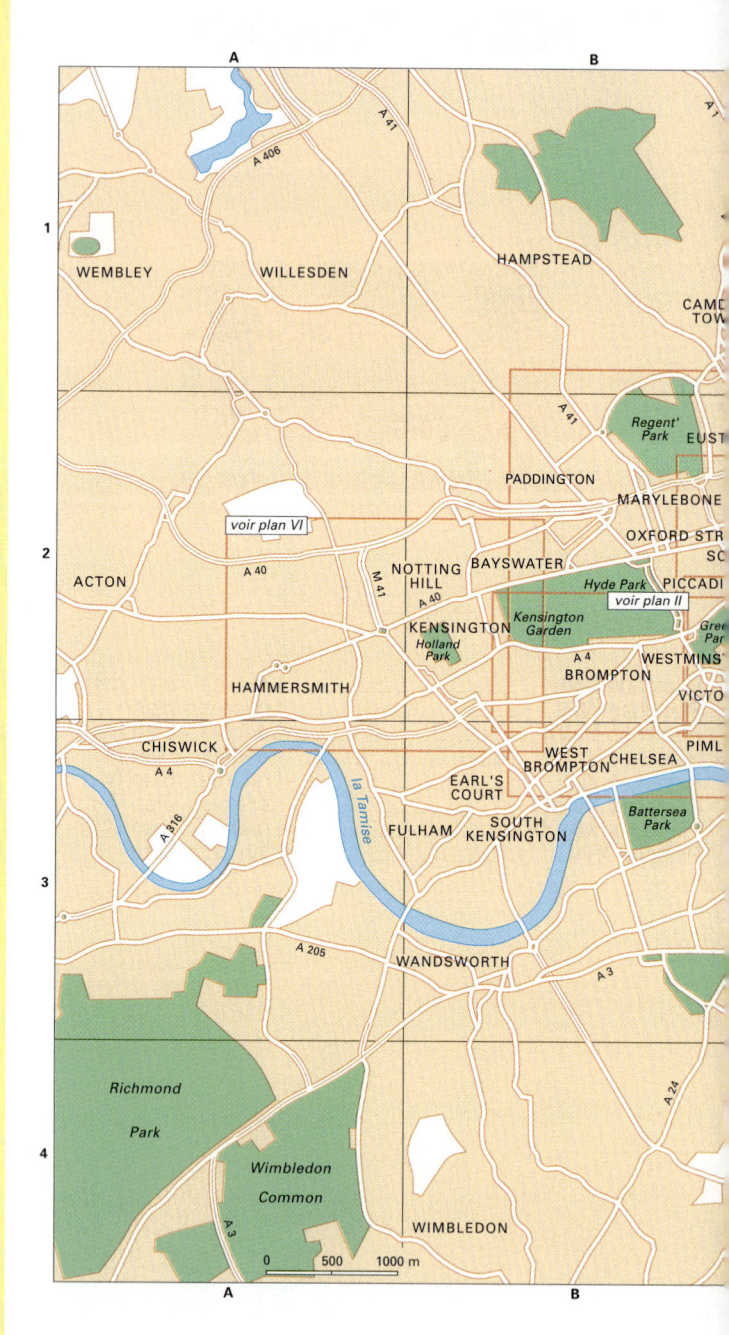

LONDRES – PLAN GÉNÉRAL

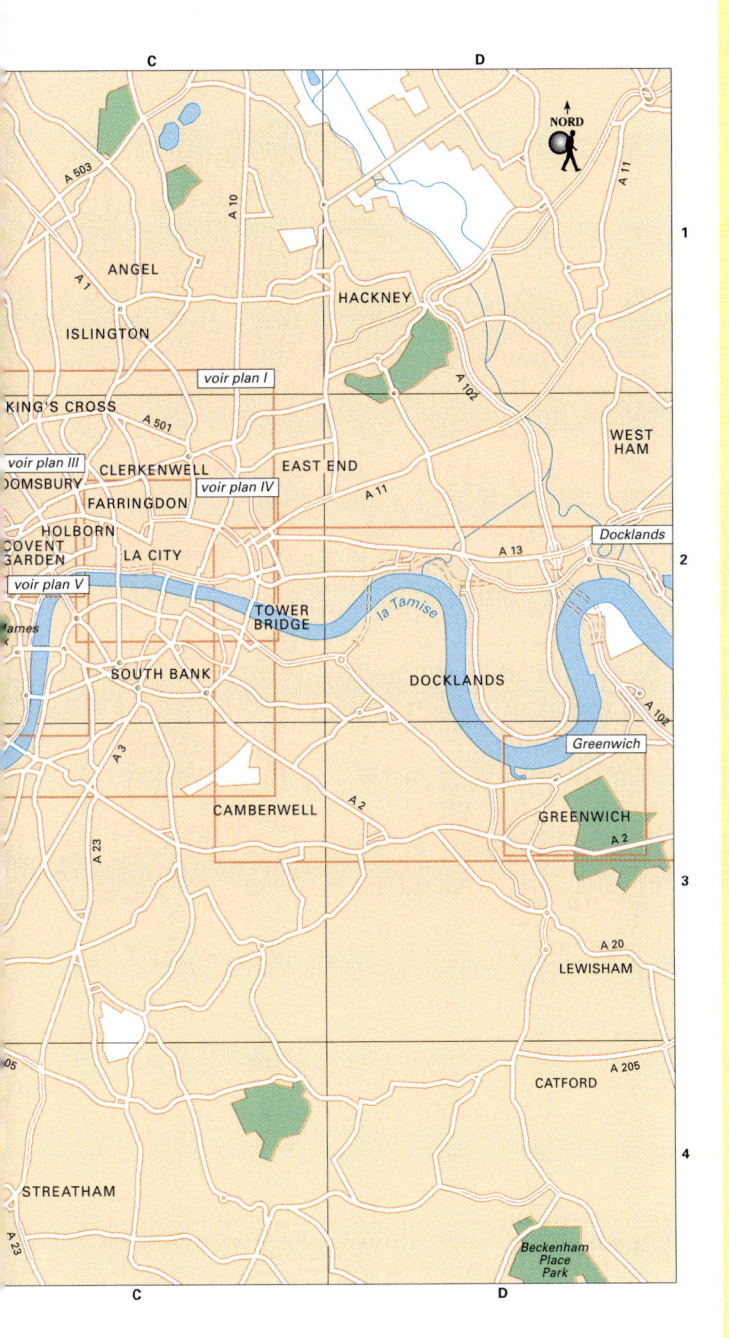

LONDRES – PLAN GÉNÉRAL

LONDRES – PLAN I

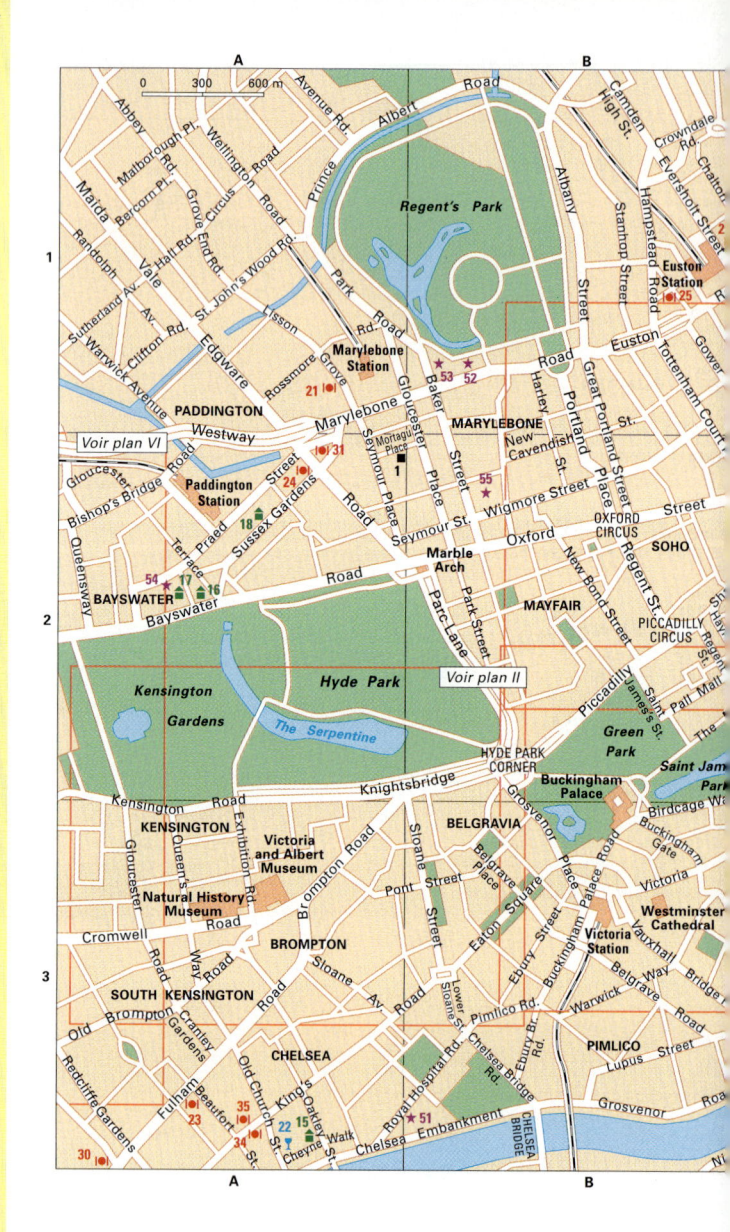

■ **Adresse utile**
1 Ambassade de Suisse

🛏 **Où dormir ?**
10 Tonbridge Club
11 Alhambra Hotel
12 Jesmond Dene Hotel et Apollo Hotel
13 Euro Hotel, Avalon Private Hotel et George Hotel
15 Oakley Hotel
16 Elysee Hotel
17 Oxford Hotel
18 Claremont Hotel, Olympia House Hotel, Beverley House Hotel et The Royal Cambridge Hotel
19 Cartwright University Hall

🍽 **Où manger ?**
21 The Sea Shell Fish Restaurant
22 King's Head and Eight Bells
23 Parsons et Vingt-Quatre
24 Mawar
25 Haandi
26 The Upper Street Fish Shop
27 Parveen Tandoori et Sarcan

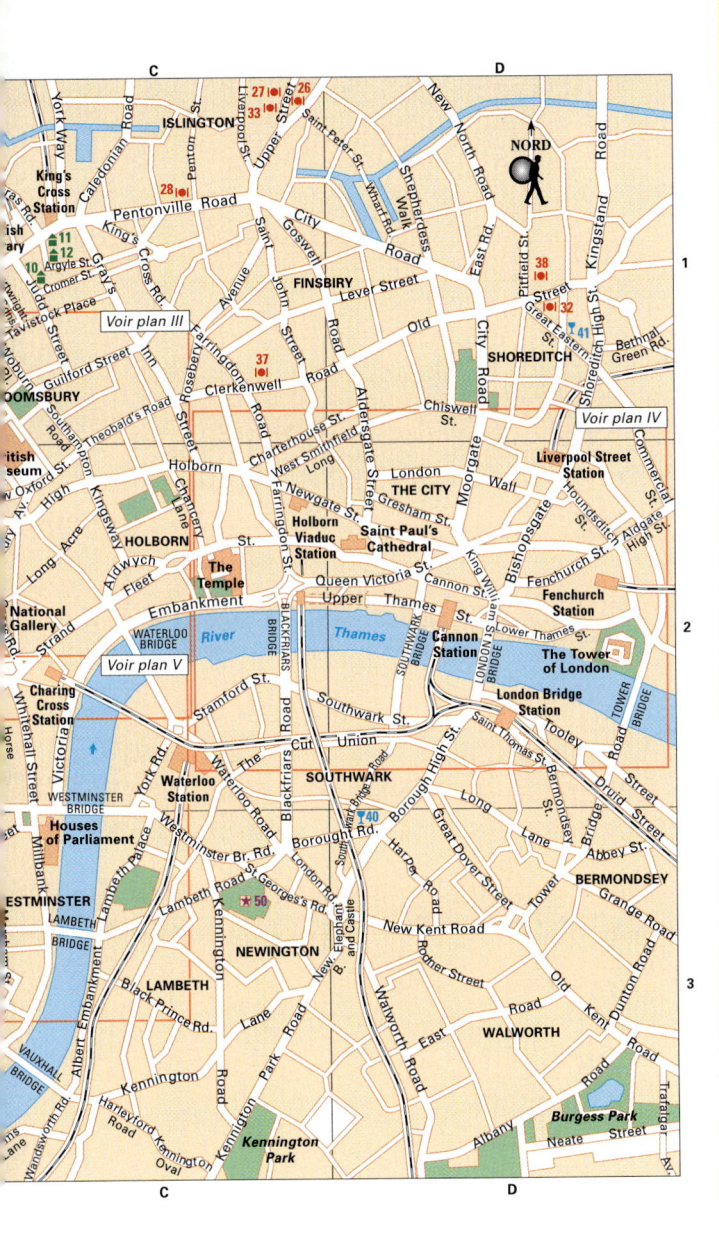

LONDRES – PLAN I

28	The Finca	37	Medina's
29	Pasta Plus Italian Restaurant	38	Hoxton Square Bar and Kitchen et Rongwrong
30	Café Lacroix		
31	The Chapel		
32	The Reliance		**Où boire un verre ?**
33	Ruby in the Dust Café	22	King's Head and Eight Bells
34	Buona Sera at the Jam	37	The Tree Kings
35	The Blue bird	40	The Goose and Firkin
36	The Woburn Tandoori Restaurant	41	Cantaloupe

★ À voir

- 50 Imperial War Museum
- 51 National Army Museum
- 52 Madame Tussaud's Museum et London Planetarium
- 53 Sherlock Holmes Museum
- 54 London Toy and Model Museum
- 55 Wallace Collection

LONDRES – PLAN II

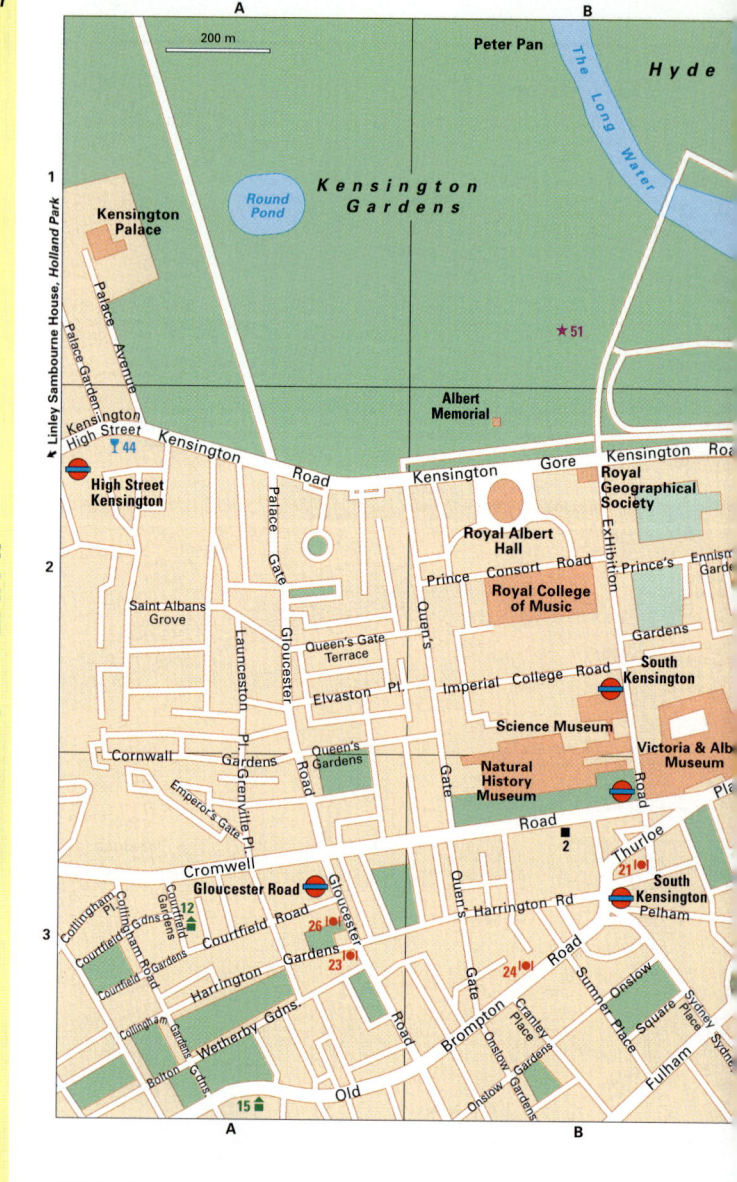

Adresses utiles

- 1 Ambassade de France
- 2 Consulat de France

Où dormir ?

- 12 Curzon House Hotel
- 13 The Claverley
- 14 The Willet
- 15 The Residence
- 16 Annandale House Hotel

Où manger ?

- 20 Chelsea Kitchen

LONDRES – PLAN II

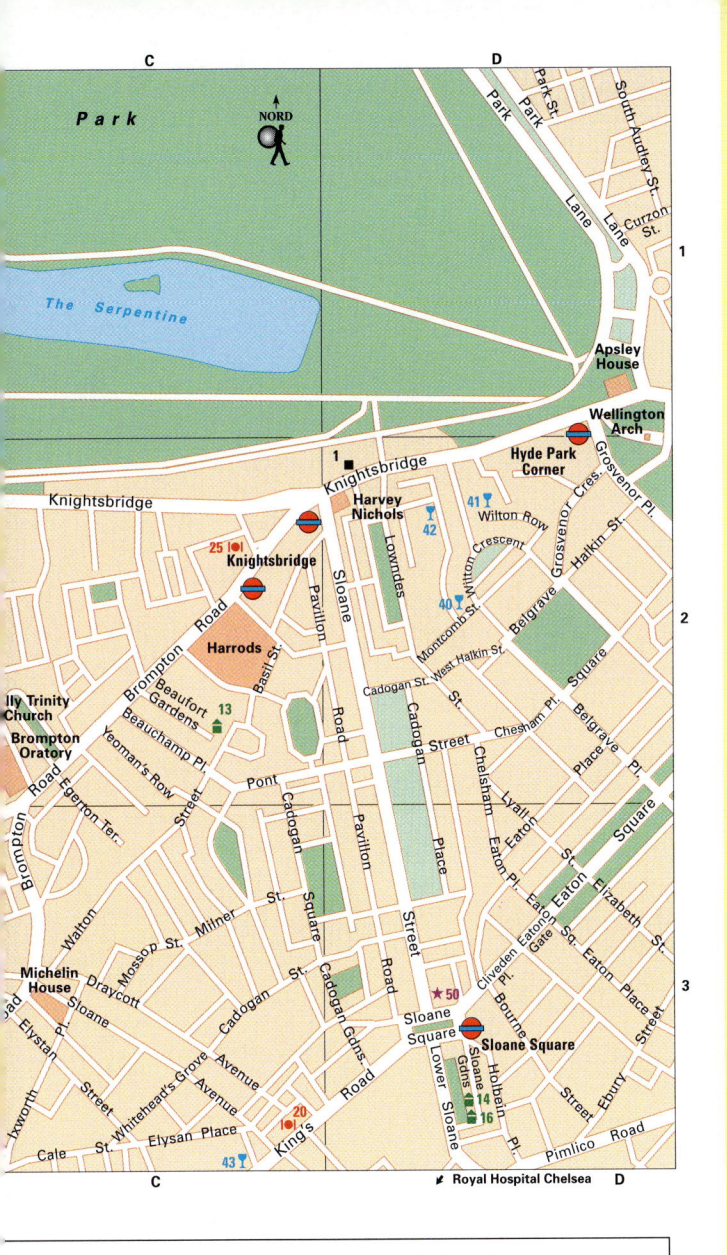

21	Greenfields
23	Texas Lone Star Saloon
24	La Bouchée
25	The Chicago Rib Shack
26	The Bombay Brasserie

Où boire un verre ?

40 Turk's Head
41 The Grenadier
42 Wilton Arms
43 Queen's Head
44 Cuba

★ **À voir**

50 Holy Trinity Church
51 Serpentine Gallery

LONDRES – PLAN III

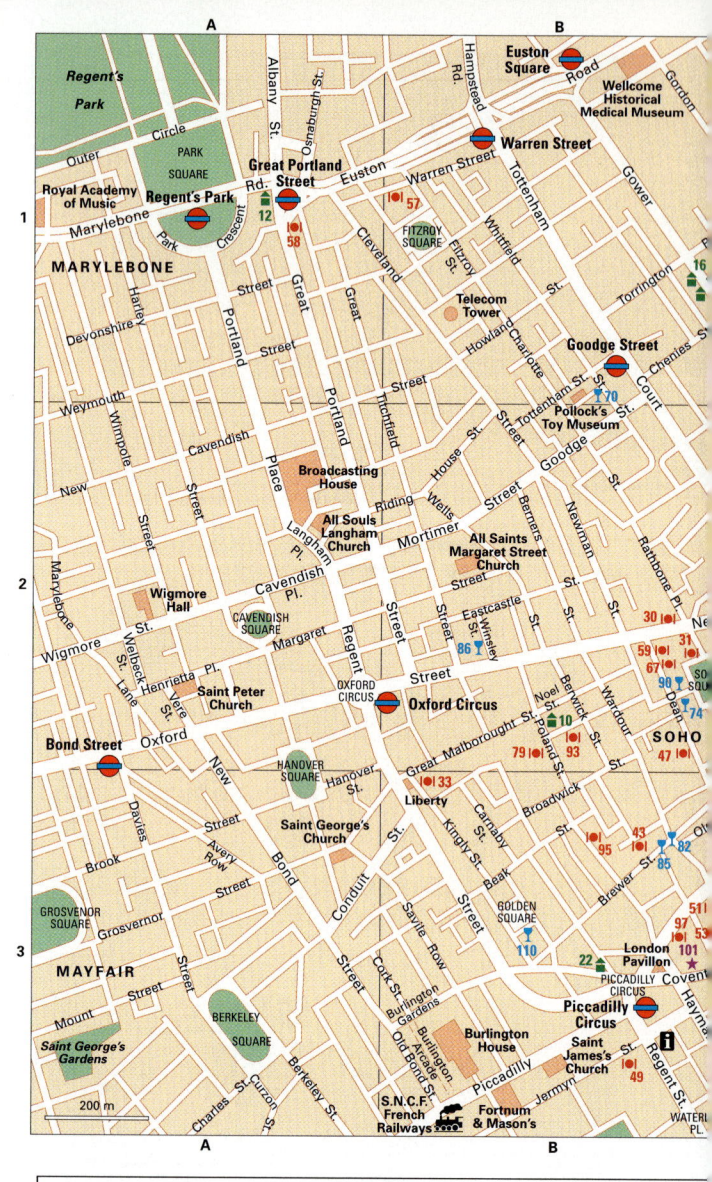

VIII

Adresses utiles

- **B** British Travel Centre
- **🚂** French Railways SNCF
- **1** Centre français Charles-Péguy
- **2** YHA Adventure Shop
- **3** Global Tele-Call

🛏 Où dormir ?

- **10** Oxford Street Youth Hostel (YHA)
- **11** Museum Inn Hostel
- **12** International Students House
- **15** Garth Hotel
- **16** Regency House Hotel et Arran House Hotel
- **18** Saint Margaret's Hotel
- **19** Ruskin Hotel
- **20** Thanet Hotel
- **22** Regent Palace Hotel
- **23** Celtic Hotel
- **24** Russell House Hotel
- **25** The Generator

🍽 Où manger ?

- **30** Prêt à Manger
- **31** Govinda's (Rada Krishna Temple)
- **32** Food for Thought
- **33** The Nuthouse
- **34** Jimmy's
- **36** The India Club
- **37** Stockpot
- **38** Cranks
- **39** The Mongolian Barbecue
- **40** The Punjab
- **41** T.G.I. Friday's
- **42** Rodos
- **43** Melati
- **44** Jazz After Dark
- **45** Centrale Restaurant
- **46** Plummers
- **47** The Red Fort
- **48** The Gay Hussar
- **49** Rowleys
- **50** Rules
- **51** Wong Kei
- **52** Poon's
- **53** Chuen Cheng Ku
- **55** Wagamama
- **56** China House
- **57** The Gurkhas Tandoori Restaurant

LONDRES – PLAN III

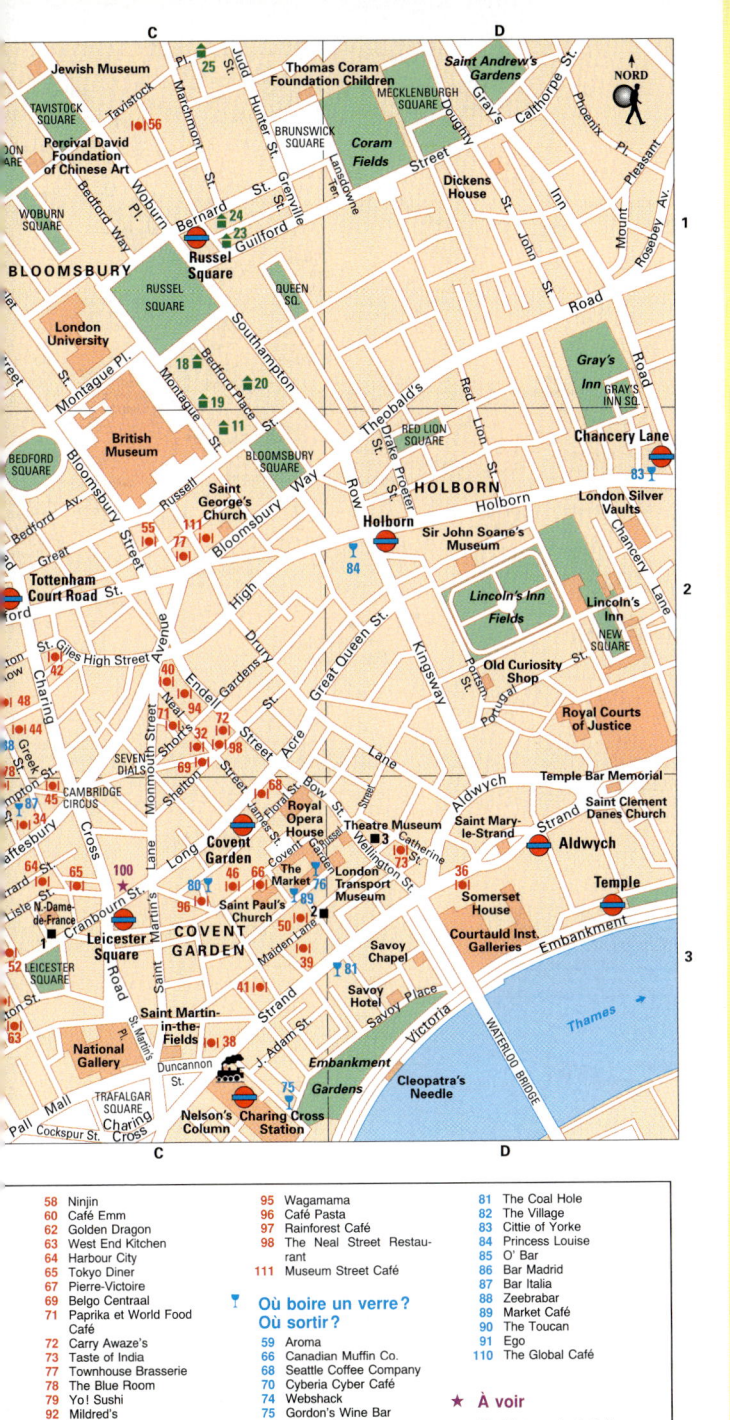

58	Ninjin
60	Café Emm
62	Golden Dragon
63	West End Kitchen
64	Harbour City
65	Tokyo Diner
	Pierre-Victoire
69	Belgo Centraal
71	Paprika et World Food Café
72	Carry Awaze's
73	Taste of India
	Townhouse Brasserie
78	The Blue Room
79	Yo! Sushi
92	Mildred's
93	Tactical
94	Café Mode
95	Wagamama
96	Café Pasta
97	Rainforest Café
98	The Neal Street Restaurant
111	Museum Street Café

♉ Où boire un verre ? Où sortir ?

59	Aroma
66	Canadian Muffin Co.
68	Seattle Coffee Company
70	Cyberia Cyber Café
74	Webshack
75	Gordon's Wine Bar
76	Crusting Pipe
80	Lamb and Flag
81	The Coal Hole
82	The Village
83	Cittie of Yorke
84	Princess Louise
85	O' Bar
86	Bar Madrid
87	Bar Italia
88	Zeebrabar
89	Market Café
90	The Toucan
91	Ego
110	The Global Café

★ À voir

| 100 | Photographer's Gallery |
| 101 | Segaworld |

LONDRES – PLAN IV

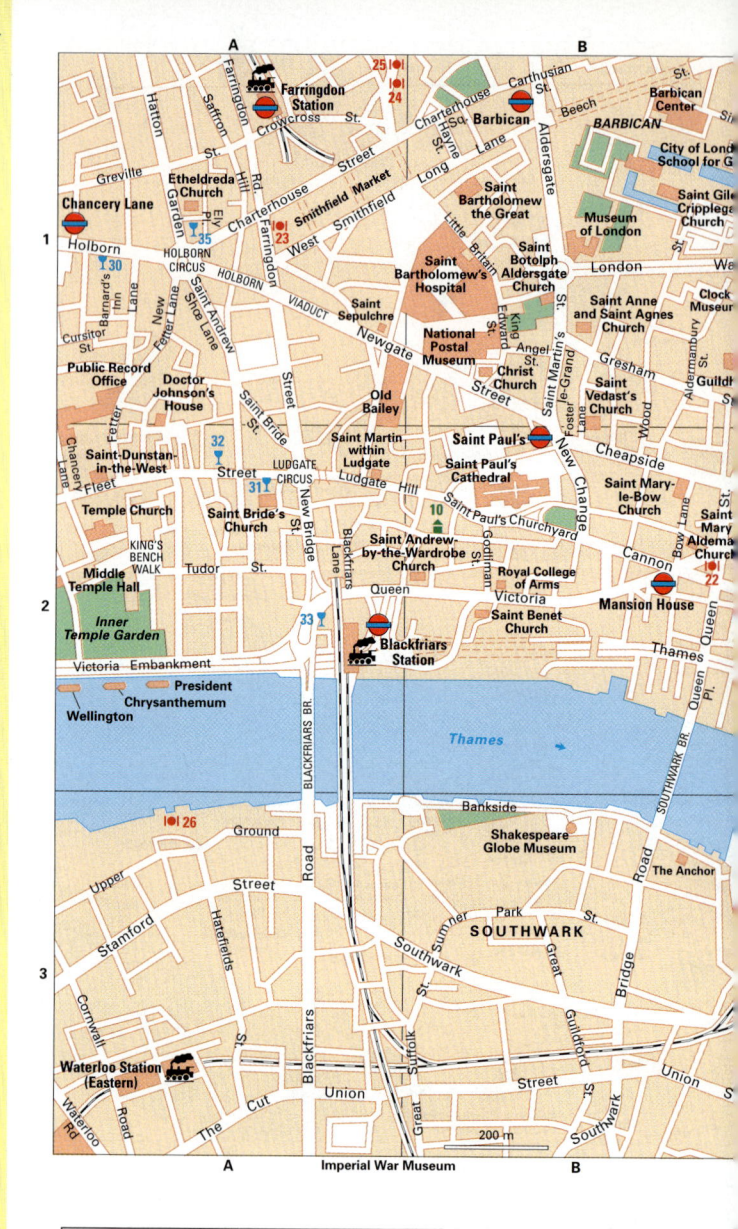

■ Où dormir ?
- 10 City of London Youth Hostel (YHA)
- 11 Saint Christopher's Inn

❚❘❚ Où manger ?
- 21 Sheba Tandoori Restaurant et Aladin
- 22 Sweetings
- 23 Jazz Bistro
- 24 St. John
- 25 Vic Naylor Bar and Grill et Tinseltown
- 26 Oxo Tower

LONDRES – PLAN IV

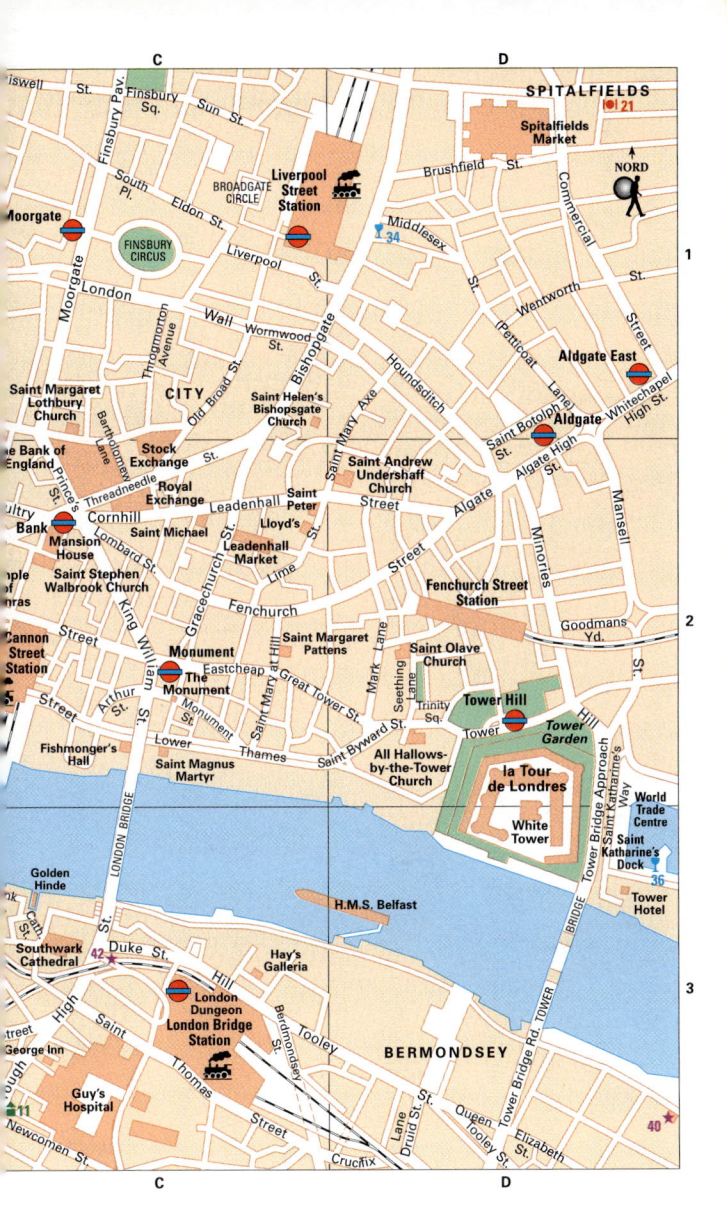

Où boire un verre ? Où sortir ?

- 30 Melton Mowbray
- 31 Old Bell Tavern
- 32 Ye Old Cheshire Cheese
- 33 Blackfriars
- 34 Dirty Dick's
- 35 Olde Mitre Tavern
- 36 Dickens Inn

★ À voir

- 40 Design Museum et Bramah Museum of Tea and Coffee
- 42 London Dungeon

LONDRES – PLAN V

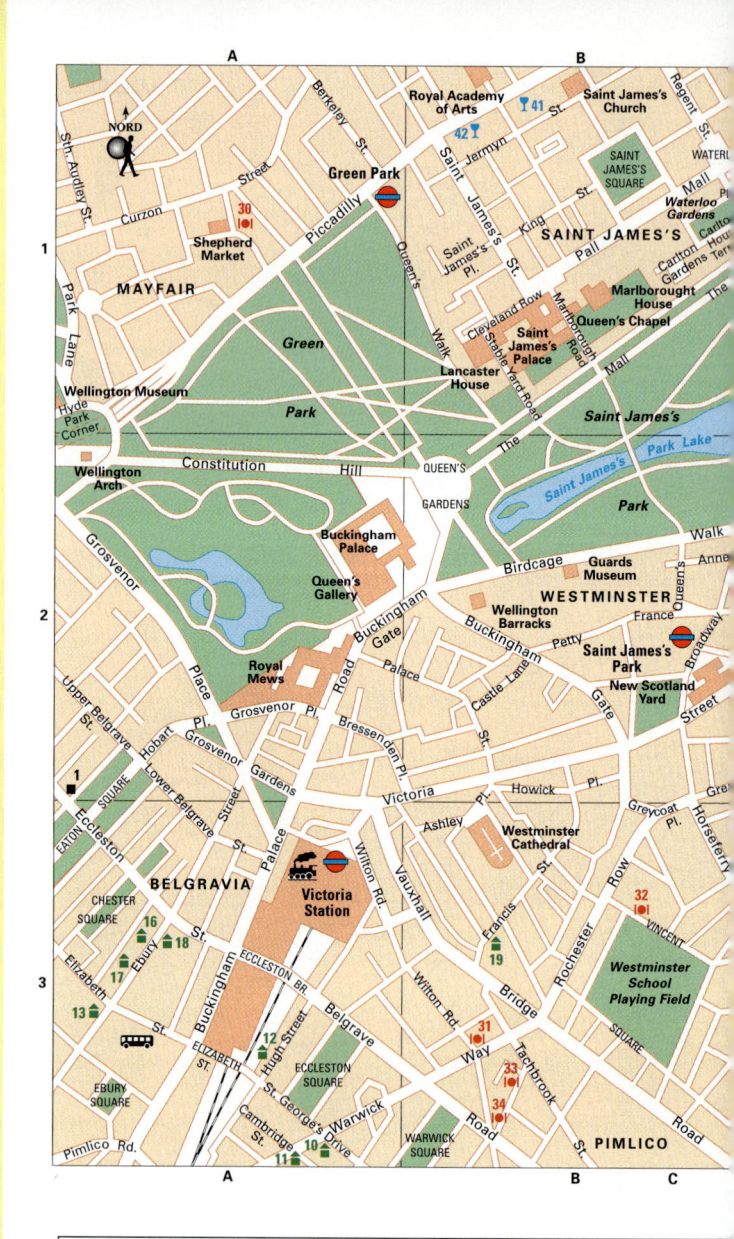

Adresse utile
1 Ambassade de Belgique

Où dormir ?
10 Elizabeth House
11 Oxford House Hotel
12 Alexander House
13 Morgan House
16 Alison House
17 Sir Gâr House
18 Woodville House
19 London Diocesan GFS Lodge

Où manger ?
30 L'Artiste Musclé
31 The Seafresh Fish Restaurant

XIII

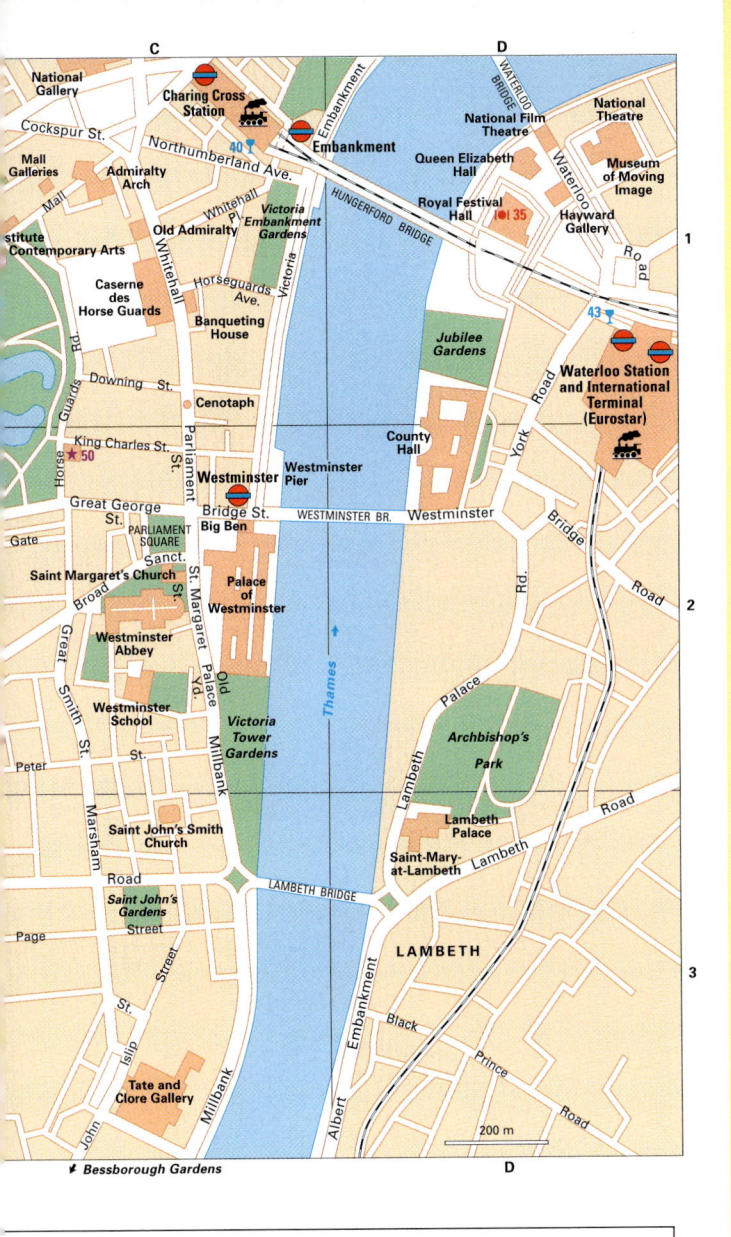

LONDRES – PLAN V

32	The Vincent Room Restaurant
33	Chimes
34	Mekong
35	The People's Palace

Où boire un verre ?
Où prendre le thé ?

40	Sherlock Holmes
41	Fortnum and Mason
42	Richoux
43	Hole in the Wall

★ **À voir**

50 Le cabinet de guerre de Churchill
(Cabinet War Rooms)

LONDRES – PLAN VI

🛏 Où dormir ?

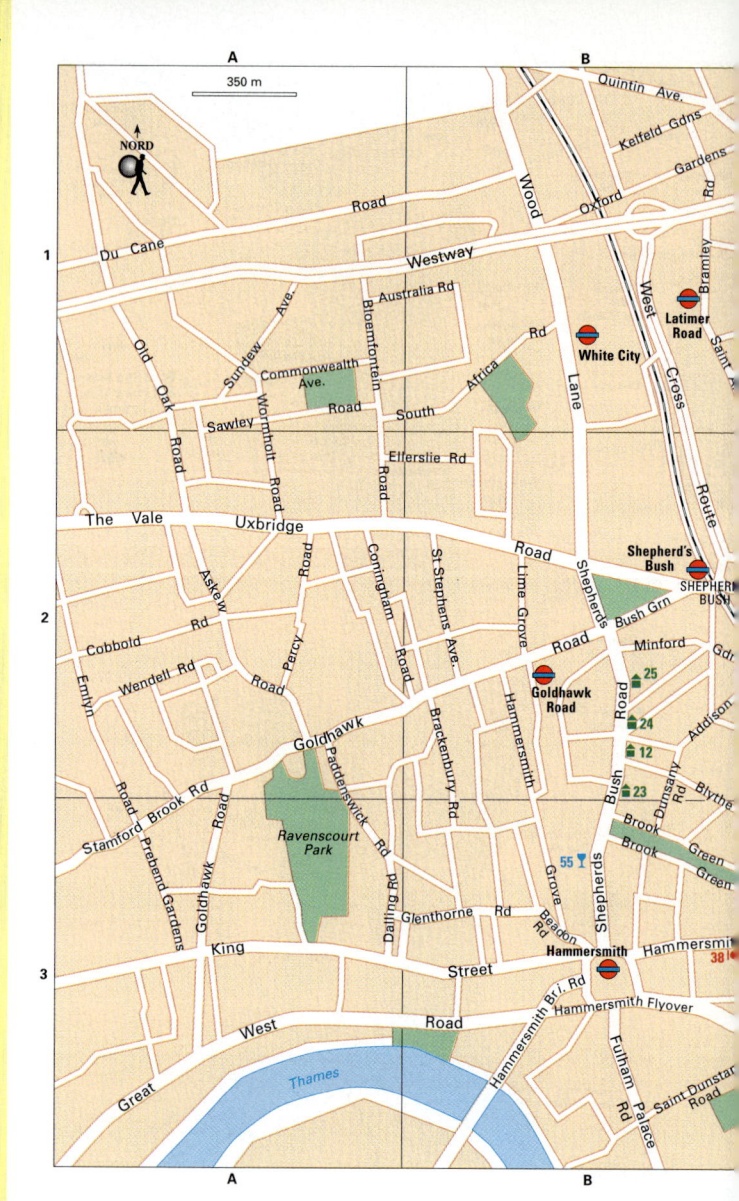

- 10 Quest Hotel
- 11 Anvil Hotel
- 12 Hôtel Orlando
- 13 London House Hotel
- 14 Manor Court Hotel
- 15 Holland House Youth Hostel (YHA)
- 16 Abbey House Hotel
- 17 Vicarage Private Hotel
- 18 King's College London
- 19 Earl's Court Youth Hostel (YHA)
- 20 Patrick House Hotel
- 21 Half Moon Hotel
- 22 Henley House Hotel
- 23 Star Hotel
- 24 Hotels 65, 67, 69, 73 et Dalmacia Hotel
- 25 Windsor Guesthouse
- 26 The Porchester Hotel
- 28 Abcone Hotel
- 29 Sinclair Hotel

🍴 Où manger ?

- 31 Geales
- 32 The Khyber

LONDRES – PLAN VI

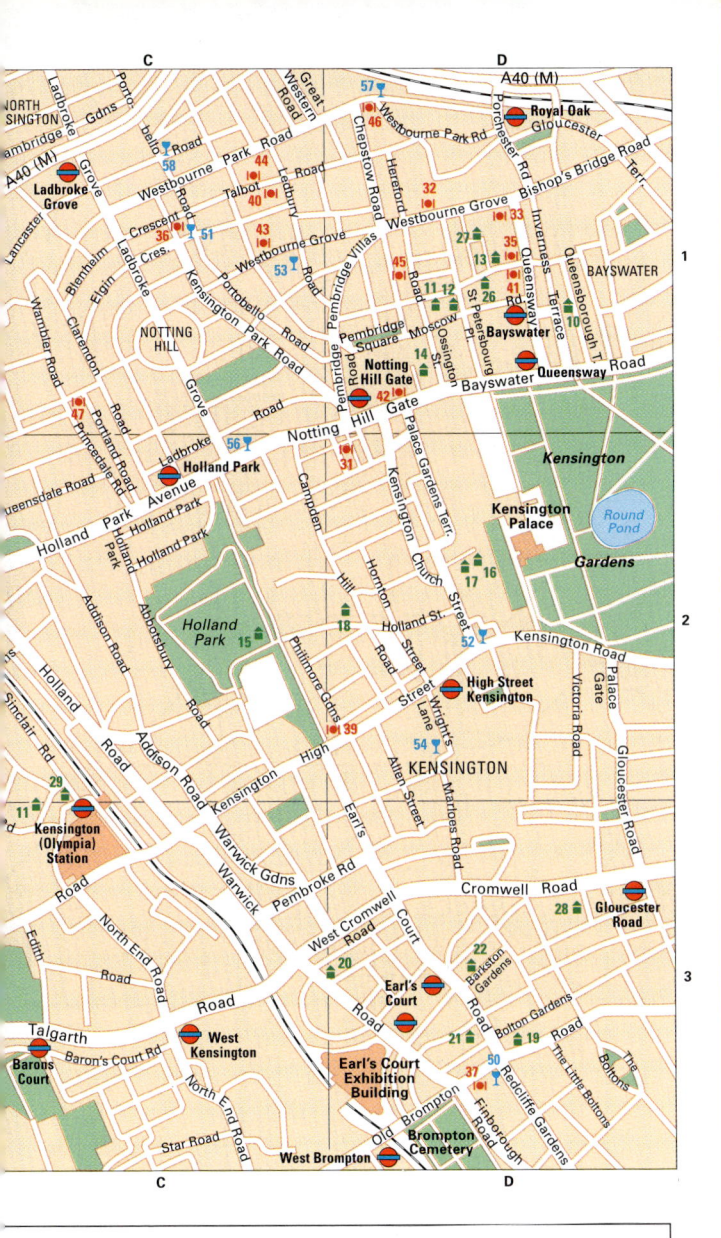

33 Khan's	44 The Tabernacle	51 The Duke of Wellington
35 Whiteleys	45 Hafez	52 Jimmies' Wine Bar
36 192	46 The Cow	53 B.B.B. (Beach Blanket Babylon)
37 The Troubadour	47 Julie's	54 The Muffin Man
38 Latymers Thaï Café		55 The London Palais
39 Sticky Fingers	⍓ **Où boire un verre?**	56 Pharmacy
40 Coins Coffee Store	**Où prendre le thé?**	57 The Westbourne Tavern
41 Norrman's	**Où sortir?**	58 Market Bar
42 Café Diana	50 Coleherne	
43 Tom's Restaurant		

XVI

LE MÉTRO DE LONDRES

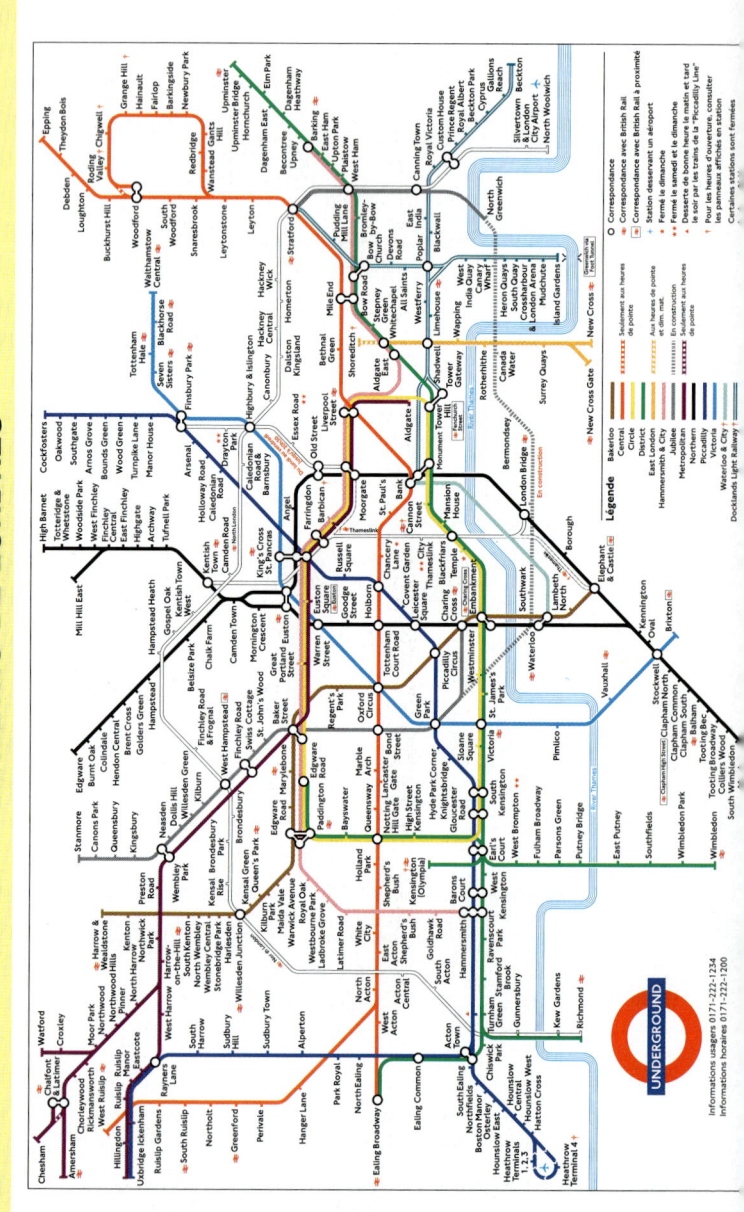

belle pièce de la Renaissance est un pendentif en or, diamant et rubis à l'effigie d'Élisabeth Ire. Des dizaines de bagues de tout âge et de toute taille. Les plus grosses, serties d'un énorme cabochon, datent du XVe siècle. Pour les mordus de design, rétrospective du *design anglais* de 1900 à nos jours (salles 70 à 74C et 104 à 106). Mobilier présentant les grands courants du XXe siècle (Charles Rennie Mackintosh, style Sécession à Vienne, style Art déco, atelier Oméga...). Toujours au même étage, la *Silver Gallery*, qui vient d'être refaite. Superbes pièces en argent du XIXe siècle. La galerie vaut aussi le détour pour ses somptueuses colonnes recouvertes de céramiques. Empruntez ensuite l'escalier qui rejoint les salles 11 à 16 consacrées à l'Italie.

Au deuxième étage, suite de l'évolution des *arts décoratifs en Angleterre* à la fin du XVIIIe siècle et à l'époque victorienne (salles 118 à 126). Intérieur dans le style néo-gothique qui fait carrément toc. Superbe intérieur d'aristocrates de la fin du XVIIIe siècle. Intérieurs décorés par William Morris, l'un des leaders du mouvement « Arts et Artisanats » qui soutenait la production artisanale face à la production de masse.

Au même étage, la *galerie du verre* (salle 131) vient de subir le relifting d'un designer qui a suivi les tendances actuelles des intérieurs froids et transparents : balustrade en verre, glaces au plafond et structures en acier.

★ *Natural History Museum* (plan couleur II, B3) : Cromwell Road, SW7. ☎ 938-91-23. M. : South Kensington. Ouvert du lundi au samedi de 10 h à 18 h et le dimanche de 11 h à 18 h. Fermé du 23 au 26 décembre. Entrée payante jusqu'à 16 h 30 en semaine, 17 h le week-end, gratuite après. Demi-tarif étudiants.

L'histoire naturelle fut le centre d'intérêt principal du British Museum jusqu'au milieu du XIXe siècle. La collection privée de Sir Henri Sloane, médecin naturaliste du XVIIe siècle, était à l'origine de sa création. L'archéologie prenant une place de plus en plus importante, on décida de transférer les collections d'histoire naturelle en 1860. La construction du nouvel édifice fut confiée à l'architecte Alfred Waterhouse. Les Londoniens découvrirent un bâtiment de style néo-roman, aux fenêtres géminées et recouvert de reliefs animaliers en terre cuite, que l'on retrouve un peu partout à l'intérieur. Deux catégories de salles : les *Life Galleries* (paléontologie, zoologie, entomologie, botanique) et les *Earth Galleries* (minéralogie, vulcanologie, sismologie). Les collections comptent près de 67 millions de pièces différentes !

Difficile de manquer le squelette de diplodocus dans le hall d'entrée. À sa gauche, galeries des dinosaures. Squelettes de camarasaurus, tricératops, allosaurus, galliminus... et tant et plus... Reconstitution de scènes de chasse et vidéos sur la vie des dinosaures. Tout est dit sur ces petites bêtes de manière détaillée et passionnante. Preuve que *Jurassic Park* n'a pas le monopole du sujet. Plus loin, l'exposition sur le corps humain est un voyage à l'intérieur de soi : sang, muscles, cerveau, sens, hérédité, mémoire, etc. On se rend compte qu'on aurait dû être plus attentif pendant les cours de sciences nat' ! Une occasion pour apprendre que les cigognes n'apportent plus les bébés depuis longtemps. Ne manquez pas l'exposition pédagogique sur l'écologie. La terre est bien notre plus beau trésor, au cas où certains en douteraient encore. Au premier étage, l'une des plus belles collections de minéraux au monde (130 000 échantillons, soit les trois quarts des pierres connues !). Au fond de cette grande salle, de l'uranium exposé sous haute protection, radiations obligent. À côté, un morceau de la *météorite de Cranbourne* qui pèse quand même 3,5 t. En s'écrasant, elle creusa un sillon long de 24 km dans le désert australien. Au deuxième étage, le département botanique s'ouvre sur une branche de séquoia vieille de plus de 1 300 ans. Imaginez que cet arbre est sorti de terre au VIIIe siècle ! Au rez-de-chaussée, on parle de volcans, magmas, plaques tectoniques, tremblements de terre... Avant de partir, prenez quelques minutes pour visiter la salle très philosophique des *Lasting Impressions*. Calme, blancheur et musique pour découvrir que « toute chose est imprégnée de son passé pour nous ouvrir une fenêtre sur l'avenir ». Aussi « zen » que flegmatiques, ces Anglais !

★ *Science Museum* (plan couleur II, B2) : Exhibition Road, SW7. ☎ 938-80-08. M. : South Kensington. Ouvert tous les jours, de 10 h à 18 h. Fermé du 24 au 26 décembre. Entrée payante jusqu'à 16 h 30. Demi-tarif étudiants. Fondé en 1856, le Science Museum est une véritable mine de savoir. Il contient plus de 10 000 pièces réparties dans 40 salles sur 5 niveaux. Les collections couvrent à peu près toutes les activités scientifiques, technologiques et médicales qui ont contribué à ce qu'il est convenu d'appeler le progrès. Petite visite au gré de ce que nous avons aimé.

Commencez par aller voir le gigantesque pendule de Foucault, au niveau des escaliers. Si vous repassez devant avant de partir, vous aurez la preuve, si vous en doutiez encore, que la Terre tourne. Dans la salle consacrée à la conquête spatiale, *capsule Apollo 10* (la vraie !). Il fallait vraiment avoir du courage pour aller sur la lune avec ça ! Section passionnante sur la seconde guerre mondiale et sur les V2, ces missiles allemands, véritables bombes volantes, qui ont terrorisé les Londoniens à la fin de la guerre. Plus loin, *Puffing Billy*, la première locomotive à vapeur datant de 1813, constitue la pièce maîtresse de l'exposition sur les transports terrestres. On se demande comment ils ont réussi à faire entrer tous ces wagons. Sur la droite, Rolls Royce a offert le plus vieux de ses modèles, une voiture de 1904. Les « Renault » n'avaient rien à leur envier... à l'époque. Au premier étage, les enfants devront s'arrêter au *Launch Pad*, une aire de jeux pleine d'expériences amusantes. On n'a toujours pas compris le coup des deux paraboles qui servent de téléphone ! Profitez-en pour découvrir un vrai standard électromagnétique dans la salle sur les télécommunications. Exposition particulièrement passionnante sur les techniques de mesure du temps. De la pendule à eau utilisée dans la Haute Égypte jusqu'à l'horloge atomique au césium, qui retarde quand même d'une seconde tous les 3 siècles. Amusante pendule de 1802 fabriquée par Sir William Congrave. Une petite bille fait passer le temps. Le deuxième étage sera un havre de bonheur pour les inconditionnels des bateaux. Les vitrines sont remplies de dizaines de maquettes. Superbe reproduction du *Queen Elizabeth* échoué à Hong Kong en 1972 et servant depuis de base pour les services secrets anglais. James Bond nous l'a dit alors qu'il cherchait *L'Homme au pistolet d'or*. Au troisième niveau, un sismographe vous renseigne en permanence sur les risques de tremblements de terre à court terme. Les alertes sont, somme toute, assez rares à Londres. Intéressez-vous ensuite à la grande salle dédiée au rêve d'Icare. Plus de vingt appareils sont suspendus au plafond. À voir : maquette de l'avion des frères Wright (1903), premier avion à réaction britannique et avion à décollage vertical P1127. Manifestement, les Français ne sont pour rien dans l'histoire de l'aviation. Aux derniers étages, nombreuses reconstitutions de scènes de l'histoire médicale. En voyant comment on soignait un petit bobo aux yeux au XVIe siècle (par « énucléation ») ou en visitant le cabinet d'un dentiste des années 30, on est finalement heureux de vivre à la fin du XXe siècle.

★ *Serpentine Gallery* (plan couleur II, B1, 51) : Kensington Gardens, W2. ☎ 723-90-72. M. : South Kensington. Ouvert tous les jours de 10 h à 18 h. Expositions temporaires d'art contemporain. Entrée gratuite.

★ *National Army Museum* (plan couleur I, B3, 51) : Royal Hospital Road, SW3. ☎ 730-07-17. M. : Sloane Square. Ouvert tous les jours de 10 h à 17 h 30 et le dimanche de 14 h à 17 h 30. Pour les amateurs, ce musée retrace l'histoire de l'armée britannique depuis la création des *Yeomen of the Guards* en 1485 jusqu'à la guerre du Golfe. Il y a même une salle consacrée à la place des femmes dans l'armée britannique.

★ *Mémorial Lady Di et Dodi al-Fayed :* voir le texte sur Harrod's dans notre rubrique « boutiques chères mais qui valent vraiment le coup d'œil ».

Monuments et balades

LE LONDRES RÉSIDENTIEL : SOUTH KENSINGTON, BROMPTON, KNIGHTSBRIDGE ET BELGRAVIA

Au menu de cette longue balade entre Hyde Park et Chelsea : palais royal, parcs, musées, boutiques de luxe et les plus beaux représentants des architectures georgienne et victorienne. De quoi entraîner les plus récalcitrants aux averses londoniennes dans une découverte des quartiers résidentiels les plus chics de la capitale : South Kensington, le quartier victorien dans le style et dans l'esprit; Knightsbridge, le quartier animé des commerces de luxe; Brompton quadrillé de *crescents*, ces rues en croissant de lune, et de *mews*, ces allées qui débouchaient des anciennes écuries, bordées de belles demeures bourgeoises. Et enfin Belgravia, à l'est de Brompton, dont le niveau des loyers n'attire plus que les ambassades.

★ Petite parenthèse musicale : les fans des Beatles apprendront avec émotion que John Lennon habita à Emperors Gate (à deux pas du métro Gloucester Road) avec Cynthia lorsqu'il arriva à Londres en 1964.

★ *South Kensington* est le résultat de l'urbanisation volontaire entreprise dans la seconde moitié du XIXe siècle par le prince Albert, l'époux de la reine Victoria, qui, sans cela, n'aurait pas tant marqué les mémoires. Les rues bordant le quadrilatère formé de grands musées et d'écoles élitistes, comme Prince Consort Road, Queen's Gate ou Exhibition Road, sont à la gloire de l'Empire victorien et de sa foi en l'élévation de l'esprit par les arts et le progrès scientifique. Le prince consort fut à l'origine de la fameuse Exposition universelle, la première du genre, qui se tint durant le printemps et l'été 1851 dans le *Crystal Palace*, une gigantesque serre futuriste en verre et acier construite au sud de Hyde Park, remontée ensuite dans le sud de Londres et finalement détruite lors d'un incendie en 1936. Grâce aux recettes considérables de l'exposition, il fit aménager le quartier selon ses idéaux culturels, pour en faire un lieu consacré aux arts, aux techniques et à l'éducation.

★ *Kensington Palace (plan couleur II, pp. 6-7, A1) :* en bordure est de Kensington Gardens, W8. ☎ 376-28-58 ou 376-24-52. M. : Queensway ou High Street Kensington. Ouvert tous les jours à partir de 10 h (dernière entrée à 17 h et 16 h de mi-octobre à mi-mars). Entrée payante. Réduction étudiants. Audio-guides en français.

Le seul palais royal que l'on puisse visiter sans trop s'éloigner du centre. Pas aussi fastueux que Hampton Court. Guillaume d'Orange acheta une belle demeure aristocratique à la fin du XVIIe siècle et confia son réaménagement à l'architecte baroque Christopher Wren. En 1720, une partie des pièces furent redécorées par un peintre encore plus exubérant, William Kent. Le palais servit de résidence royale pendant la première partie du XVIIIe siècle. Au XIXe siècle, la future reine Victoria y naquit et y mena sa vie de princesse. C'est le dernier lieu où vécut Diana. Aujourd'hui, la plus grande partie du palais est habitée par Margaret, la sœur d'Élisabeth.

– Au rez-de-chaussée, reconstitution de cérémonies de couronnement en costumes d'époque.

– Au premier étage, longue *galerie de la Reine* lambrissée de panneaux de chêne. Le célèbre Gibbons a orné les miroirs de sculptures baroques en bois dorées. Tout est d'origine, bien sûr.

– *Appartements du Roi :* plus majestueux et décoratifs. Salle du conseil privé *(Privy Chamber)* décorée dans le style palladien particulièrement prisé au XVIIIe siècle. Déco des plafonds un peu lourde par Kent. Portrait de Frédéric, prince de Galles, qui mourut d'une attaque... dans les toilettes du palais ! La pièce la plus spectaculaire du palais est la *Cupola Room* meublée d'une bien grosse horloge pour un si petit cadran. Le plafond peint en trompe l'œil n'est pas aussi haut qu'il paraît. Remarquez à l'extérieur les ouvertures de fenêtres bouchées par des briques après l'adoption de la taxe sur les fenêtres en 1881. Dans la *King's Council Chamber*, objets présentés à l'Exposition universelle de 1851, comme le *vase Helicon* en argent et acier rehaussé d'or ou le superbe trône en ivoire sculpté offert par un maharajah à la reine Victoria et dont le dossier est surmonté de deux créatures mi-lion, mi-éléphant.

– Terminez la visite à l'*orangerie* en allant boire un thé à la fleur d'oranger dans de la porcelaine anglaise. C'est royal et les prix sont tout à fait raisonnables.

★ Face au Kensington Palace, on trouve **Kensington Gardens**, le prolongement de Hyde Park. C'était, aux XVIIIe et XIXe siècles, le jardin privé de Kensington Palace, toujours aussi propret avec ses allées apprêtées, ses pelouses tirées au cordeau et sa grande quiétude. On y trouve la Serpentine Gallery (voir, plus haut, « Galeries et musées »). En suivant Broad Walk, puis Flower Walk, on arrive devant l'**Albert Memorial**, en bordure sud du parc, érigé par la reine Victoria après la mort subite de son époux en 1861. Sous un baldaquin à l'architecture néo-gothique particulièrement indigeste, une statue en bronze à son effigie tient le catalogue de l'Exposition universelle, comme Moïse tiendrait les Tables de la Loi. Frontons, flèches dorées et mosaïques témoignent du goût victorien carrément excessif pour le Moyen Âge. Tout autour du large socle ont été immortalisées sur la frise les figures anglaises marquantes des arts et des sciences.

★ Le prince Albert trône fièrement devant ses dernières créations, parmi lesquelles le **Royal Albert Hall**, une immense rotonde de 8 000 places surnommée le « couvercle de soupière ». Sa façade de brique rouge est simplement ornée d'une frise représentant l'histoire des civilisations. Ce haut lieu de la vie culturelle londonienne est surtout célèbre pour ses « concerts-promenades » (on dit plutôt *proms*) de grande qualité, qui animent les soirées d'été depuis un siècle. Le nom vient de la galerie supérieure de la salle, appelée « promenade ». À droite, le grand immeuble cossu en brique rouge et aux fenêtres blanches, **Albert Hall Mansions**, abrite de luxueux appartements au vu de leur taille et de leur situation. En face du Royal Albert Hall, belle façade néo-gothique du **Royal College of Music** ornée de tours et de poivrières. Contourner le bâtiment sur la gauche et descendre Exhibition Road jusqu'à Cromwell Road. Voici le quartier des musées aux façades froides et pompeuses. À droite, ne manquez pas la longue façade néo-romane du musée d'Histoire naturelle décorée d'animaux en terre cuite (pour en savoir plus, voir la rubrique « Galeries et musées »). En revenant sur ses pas dans Cromwell Road, on passe devant la façade imposante du Victoria and Albert Museum, un musée exceptionnel à la gloire de tous les arts et de toutes les époques (voir la rubrique « Galeries et musées »).

★ **Brompton Oratory** *(plan couleur II, C2)* : sur Brompton Road, jouxtant le Victoria and Albert Museum. Première église catholique à avoir été érigée après la Réforme anglicane de 1531. Elle fut construite à la fin du XIXe siècle dans un pastiche du baroque italien qui n'aurait pas déplu à Christopher Wren. Nef ample et imposante, bordée des deux côtés de chapelles et décorée de manière somptueuse. Pour faire plus vrai, des œuvres d'art datant de la Renaissance italienne ont été achetées, comme les statues des 12 apôtres, du sculpteur siennois Mazzuoli, qui ornent les pilastres. Dans la dernière chapelle de droite, autel de la Vierge en marbre polychrome très chargé, provenant de l'église de Brescia.

MONUMENTS ET BALADES 165

★ Prendre *Brompton Road* à gauche, qui borde à l'ouest le quartier du même nom. Jolies **demeures bourgeoises** avec leur jardin côté rue. À gauche, *Egerton Crescent* présente des façades homogènes et ordonnées. Voilà un exemple des maisons que la bourgeoisie d'affaires en pleine ascension fit construire au XVIIIe siècle dans un style élégant quoiqu'un peu austère. Les façades sont souvent ornées de moulures blanches à l'antique. Les fossés séparés du trottoir par une grille en fer, sur lesquels s'ouvrent les pièces réservées aux domestiques, datent de cette époque.

★ Un peu plus bas, Brompton Road fait place à Fulham Road, plus animée et moins sérieuse. À l'angle de Sloane Avenue, superbe entrée Art déco de **Michelin House** et **Bibendum Restaurant** surchargée à souhait.

★ Faisons un crochet dans les rues chics et tranquilles du quartier de Brompton, en prenant à droite Draycott Avenue juste après Sloane Avenue, puis **Walton Street**, bordée de petites boutiques plus huppées les unes que les autres, du pressing à la bijouterie en passant par l'orfèvrerie et les tissus d'ameublement. Pas étonnant que certaines concluent de bonnes affaires avec des membres de la famille royale ! « Pause-*cookies* » au n° 46, où la *Justin de Blanc Bakery* s'est fait une solide réputation depuis le siècle dernier. Prendre à gauche **Beauchamp Place** – on prononce « Bitcham » pour se faire comprendre – repaire de restos chics, de boutiques de mode anglaise et d'antiquaires. Devantures apprêtées et vieilles dames en chinchilla. Hors de prix, *of course !*

★ Au bout de la rue, on retrouve Brompton Road, moins intimiste puisque très commerçante dans le quartier de **Knightsbridge**. Mais pas n'importe quels commerces. Voyez plutôt aux nos 87 à 135 le magasin **Harrod's** qui occupe tout le pâté de maisons. La nuit tombée, il se transforme en un énorme sapin de Noël. Dire qu'au XIXe siècle ce n'était qu'une petite épicerie de quartier ! Un tour à l'intérieur s'impose, c'est inoubliable ! Les prix, même pendant les soldes de janvier, vous feront tourner la tête. Visitez-le comme le musée du commerce de luxe (voir la rubrique « Shopping. Boutiques chères mais qui valent vraiment le coup d'œil »).

★ Poursuivons dans le huppé bien ordonné en flânant dans les rues de *Belgravia*, le quartier des *squares* et des *terraces* aristocratiques. Le terrain a été aménagé dans la première moitié du XIXe siècle par la famille Grosvenor, propriétaire terrienne. Architecture typique des *terraces*, ces rangées monotones de maisons georgiennes en brique blanche ou crème ornées d'une colonnade et de frontons à l'antique. Prendre Hans Crescent puis Sloane Street à droite et tourner à gauche dans Cadogan Street prolongée par Halkin Street, qui débouche sur **Belgrave Square**, une réplique en miniature des grands exemples que créa l'architecte John Nash à la même époque autour de Regent's Park. On y tourna *My Fair Lady*. Et dire que la populeuse gare de Victoria n'est qu'à 10 mn à pied !

★ Profitez d'une éclaircie pour terminer cette longue balade par une pause réparatrice sur les pelouses de *Hyde Park*, qui est tout proche en prenant Grosvenor Crescent. À moins que vous ne préfériez canoter sur la Serpentine ou plonger dans l'unique piscine du centre de Londres. Plus fréquenté que Kensington Gardens à l'ouest (peut-être parce qu'il est moins apprêté), Hyde Park forme avec ce dernier le plus grand espace vert de la ville. Il appartenait à l'origine à l'Église catholique et fut confisqué au moment de la Réforme par Henri VIII, qui en fit son terrain de chasse. Il devint finalement jardin public en 1635 sous le règne de Charles Ier. Mais les détrousseurs remplacèrent les bêtes sauvages. La sécurité n'était assurée que sur *Rotten Row* (la rue Pourrie), l'ex-« route du Roi » qui subit une malheureuse déformation de langage. Alors la seule route éclairée de Londres, elle permettait au roi de se déplacer sûrement entre les palais de Kensington et de Saint James. Aujourd'hui, vous y croiserez vers 10 h 30 la garde à cheval montante, qui se dirige vers le quartier des *Horse Guards* près de Whitehall pour la relève quotidienne. À l'angle nord-est, **Speaker's Corner**, le « coin des Orateurs ». Tout Britannique ayant un message à apporter au monde peut l'exposer devant une masse d'auditeurs indifférents. On peut dire n'importe quoi, n'importe comment, le dimanche seulement. Sinon, il faut garder sa salive pour les prochaines fois. Naturellement, l'intérêt des échanges verbaux étant proportionnel à l'état d'ébriété des interlocuteurs, une bonne maîtrise de l'anglais s'avère indispensable : sens de l'humour exigé !

★ En face, **Marble Arch**, un arc de triomphe en marbre blanc du début du XIXe siècle, qui fit office à l'origine de porte d'honneur à l'entrée de Buckingham Palace. Non loin de là, à l'entrée d'Edgware Road, un triangle en pierre dans la chaussée nous rappelle qu'à cet endroit était jadis dressé le *gibet de Tyburn*, sur lequel les pauvres gens étaient exécutés, ceux du moins dont la condition n'autorisait pas une mort illustre à la Tour de Londres.

LE LONDRES DES ARTISTES : CHELSEA

Pendant des siècles, modeste village de pêcheurs loin de la capitale, Chelsea apparaît dans l'histoire de Londres au XVIe siècle sous l'impulsion de deux personnages : Henri VIII (pas mal comme attaché de presse !), qui s'y fit construire un manoir d'été, et Thomas More. Cet humaniste reçut nombre d'intellectuels et d'artistes de l'époque. Au XVIIIe siècle, l'installation de Sir Hans Sloane, l'un des fondateurs du British Museum, et la construction du Royal Hospital contribuèrent à rendre Chelsea encore plus populaire. L'endroit devint un lieu de promenade prisé des Londoniens qui fuyaient la vie (déjà) trépidante de la capitale. Véritable havre de paix, l'engouement s'amplifia encore au XIXe siècle, lorsque quelques artistes comme le peintre Turner, le poète Percy Shelley, les écrivains Henry James et Oscar Wilde vinrent s'installer ici. Suivis de George Bernard Shaw et de Virginia Woolf. Chelsea devint une sorte de refuge pour toute une série d'artistes maudits. Les stars de la musique (Mick Jagger), de la télévision, du cinéma et de la politique (Margaret Thatcher) ont remplacé les écrivains. Mais Chelsea a conservé son côté snob avant-gardiste. Il suffit de se promener sur King's Road pour s'en apercevoir.

★ **Sloane Square** *(plan couleur II, D3)* : station du même nom. Chelsea commence sur cette place bordée d'arbres, ornée d'une fontaine (l'une des rares de la ville, Londres n'est pas Rome !) et grouillante de circulation. Profitez de la station de métro, vous n'en reverrez plus dans ce quartier. Les habitants en ont empêché la construction pour être tranquilles. Du coup, il faut tout faire à pied ou en bus.

★ **Holy Trinity Church** *(plan couleur II, D3, 50)* : sur Sloane Street. Église sans grand intérêt architectural. À l'intérieur, vitraux de Morris représentant des scènes de l'Ancien et du Nouveau Testament, entourées d'une kyrielle de saints. Œuvre grandiose d'un des artistes emblématiques du mouvement préraphaélite en guerre contre l'académisme victorien et les maux de la société industrielle. Au fond, orgue romantique du XIXe siècle que l'on peut entendre presque tous les jours vers 13 h. Traverser Sloane Square et descendre Lower Sloane Street jusqu'à Royal Hospital Road.

★ **Royal Hospital** *(plan couleur I, B3)* : Royal Hospital Road, SW3. M. : Sloane Square. Ouvert du lundi au samedi de 10 h à 12 h et de 14 h à 16 h. Le dimanche, de 14 h à 16 h. Entrée gratuite.
Bâtiment de brique rouge et de pierre blanche construit par Wren en 1682 sur le modèle des Invalides à Paris. Charles II voulait, comme Louis XIV, un hôpital destiné aux anciens de l'armée royale qu'il venait de reconstituer. Aujourd'hui encore, l'hôpital accueille 400 pensionnaires qui sont logés, nourris et blanchis. De l'extérieur, on pourrait douter de la salubrité du bâtiment. Dans la cour, statue de Charles II en empereur romain par Gibbons.

Le hall imposant et lourd, dû à Wren, célèbre la royauté. Aux murs, portraits des rois et des reines de Charles II à Victoria. On peut également visiter la chapelle en marbre blanc et noir orné de boiseries sculptées par Gibbons et le petit musée rempli de photos, de médailles, d'uniformes, etc. Si possible, faites la visite avec l'un des pensionnaires, elle n'en sera que plus passionnante, mais n'oubliez pas de lui laisser un bon pourboire.

★ Bordant le Royal Hospital, **Ranelagh Gardens** fut le siège de fêtes insensées au XVIIIe siècle. Au centre, une rotonde décorée par Canaletto accueillit Haendel, qui créa la *Water Music*, ainsi que Mozart. L'aristocratie s'y donnait rendez-vous en masse. Seul le *Chelsea Flower Show* subsiste au chapitre des festivités. Durant quatre jours, la troisième semaine de mai, la reine inaugure ces floralies qui attirent une foule imposante.

★ Juste de l'autre côté de la Tamise, on ne peut pas manquer les quatre tours de l'*usine électrique de Battersea*. Construite en 1932, elle est classée monument historique. Certainement pour son hall d'entrée Art déco, le reste est monstrueux.

★ **Tite Street :** Oscar Wilde y vécut au n° 3 puis au n° 34. Il y écrivit *Le Portrait de Dorian Gray*, son unique roman. Non loin d'ici, il fut arrêté et emprisonné pour homosexualité en avril 1895. Aux n°s 44 et 46, remarquez ces deux maisons Art nouveau et leurs belles verrières.

★ Sur Embankment, point de vue idéal sur la **pagode de la Paix** de l'autre côté de la Tamise dans Battersea Park. Le bouddha d'or et de bronze de plus de 3 m fut construit en 11 mois par 50 moines venus du Japon. Prendre *Swan Walk*.

★ **Chelsea Physic Garden** *(plan couleur I, A3)* : 66 Royal Hospital Road, SW3. ☎ 352-56-46. Ouvert d'avril à octobre le dimanche de 14 h à 18 h et le mercredi de 14 h à 17 h. Entrée payante.
Le plus vieux jardin botanique d'Angleterre, que l'on doit notamment à Sir Hans Sloane. Pas étonnant qu'on l'appelle le bienfaiteur de Chelsea. On y planta les premiers cèdres de Grande-Bretagne. Les plants de coton introduits aux Amériques transitèrent par ce jardin comme les plants de thé de Chine qu'on envoya en Inde. C'est vrai que Pékin-Delhi via Londres, au XVIIIe siècle, c'était direct ! Aujourd'hui, on trouve des centaines d'essences, des milliers de plantes aromatiques, de fruits, de légumes. Un plaisir pour les yeux et pour le nez.

★ **Cheyne Walk :** redescendre vers la Tamise. Cette rue symbolise bien Chelsea, son art de vivre et son architecture georgienne. Au n° 23, une plaque rappelle l'emplacement du manoir construit par Henri VIII. Au n° 21, le poète et prix Nobel Thomas Stearns Eliott rédigea *Meurtre dans la cathédrale*, une pièce qui relate l'assassinat de l'archevêque de Canterbury par Henri II. Moins culturel, mais plus populaire, Mick Jagger habitait au n° 48. Allez vous perdre dans ces petites rues qui font tout le charme de Chelsea.

★ **Carlyle House :** 24 Cheyne Row, SW3. ☎ 352-70-87. Ouvert d'avril à octobre du mercredi au samedi de 11 h à 17 h. Entrée payante. Maison du célèbre écrivain qui donne une bonne idée des intérieurs de Chelsea au XIXe siècle. Mobilier, souvenirs, documents, rien n'a changé depuis qu'il est mort dans son fauteuil.

★ Tout près, sur Edith Grove, Mick Jagger, Keith Richards et Brian Jones partagèrent un appartement au temps des vaches maigres et des balbutiements « stoniens ».

★ Prendre Old Church Street pour remonter vers King's Road. Vous passerez à côté de l'*ancienne église* de Chelsea datant en partie du XIIe siècle. Thomas More est enterré dans la chapelle sud reconstruite au XVIe siècle.

★ **King's Road** *(plan couleur I, A3)* : en remontant vers Sloane Square, vous découvrirez l'exubérance et l'insolence de Chelsea où se mêlent une faune avant-gardiste et les touristes qui veulent rester dans le coup. Les restaurants et boutiques affichent des prix qui contraignent à regarder les menus et les étiquettes. Toutes les modes de l'après-guerre sont nées ici et le contraste est étonnant entre cette artère de folie et les petites rues, au sud, qui font figure de chics banlieues isolées.

EARL'S COURT, FULHAM ET WEST BROMPTON

Quartier résidentiel avec deux rues commerçantes : Earl's Court Road et Old Brompton Road, non loin de Chelsea. Au sud, la trépidante Fulham Road, toujours très encombrée de voitures. Peu d'adresses de restos et de bars par ici, on n'est pas dans le coin le plus dynamique de Londres.

Où dormir ?

C'est un quartier connu pour ses nombreux hôtels et B & B. Beaucoup sont cependant assez mal tenus. On obtient souvent, pour le même prix qu'ailleurs, un rapport confort-propreté radicalement différent. Avec les adresses qui suivent, en principe pas de surprises.

Bon marché

🛎 *Earl's Court Youth Hostel (YHA ; plan couleur VI, D3, 19)* : 38 Bolton Gardens, SW5. ☎ 373-70-83. Fax : 835-20-34. M. : Earl's Court. £ 19,45 (29,56 €) par personne (£ 17,15 ou 26,06 € pour les moins de 18 ans), petit déjeuner inclus. Attention, la rue n'a pas le même nom des deux côtés (Bramham Gardens) ! Carte de membre obligatoire, mais délivrée sur place. Réception ouverte de 7 h à 23 h. Réservation par téléphone possible si vous avez une carte de crédit. Chouette A.J., pas trop chère et possédant de nombreuses qualités. Au cœur d'un quartier animé et pas très loin du centre. Pas de couvre-feu. Dortoirs de 4 à 16 lits bien tenus (garçons et filles séparés), consigne, cuisine équipée, cafétéria servant des petits déjeuners. Il faut réserver au moins 3 mois à l'avance pour les plus petits dortoirs. Machine à laver à pièces. Bonne adresse à prix convenables.

🛎 *Patrick House Hotel (plan couleur VI, C-D3, 20)* : 60 Warwick Road, SW5. ☎ 373-95-84. M. : Earl's Court. £ 12 (18,24 €) par personne en dortoirs, £ 35 (53,2 €) la chambre double. Pour les fauchés. Ambiance squat de jeunes. Possibilité de cuisiner, salle TV, *safe box*... Pas de couvre-feu.

Prix moyens

🛎 *Half Moon Hotel (plan couleur VI, D3, 21)* : 6 et 10 Earl's Court Square, SW5. ☎ 373-99-56. Fax : 373-84-56. M. : Earl's Court. Petit hôtel sans prétention dans un coin calme situé à 2 mn du *tube*. TV dans toutes les chambres et douche dans quelques-unes. Effort de déco. Petit déjeuner continental inclus dans le prix. Propre et très bien tenu. Accueil correct.

🛎 *Curzon House Hotel (plan couleur II, A3, 12)* : 58 Courtfield Gardens, SW5. ☎ 581-21-16. 21-16. Fax : 835-13-19. M. : Gloucester Road. £ 16 à 18 (24,32 à 27,36 €) par personne en dortoirs, £ 28 (42,56 €) par personne en chambre simple. Également des studios à partir de £ 50 (76 €). Petit hôtel de 19 chambres dont 2 dortoirs de 4 avec sanitaires communs. Confort correct. Réception ouverte de 8 h à minuit mais pas de couvre-feu. Ambiance pension de famille pour jeunes routards. *Continental breafast* inclus et

cuisine à disposition. Pour de longs séjours, ils proposent aussi des studios. Pas cher et plutôt sympa.
▲ *Abcone Hotel* (plan couleur VI, D3, **28**) : 10 Ashburn Gardens, SW7. ☎ 460-34-00. Fax : 460-34-44. M. : Gloucester Road.

Vraiment plus chic

▲ *Henley House Hotel* (plan couleur VI, D3, **22**) : 30 Barkston Gardens, SW5. ☎ 370-41-11 ou 12. Fax : 370-00-26. M. : Earl's Court. £ 75 (114 €) la simple, £ 95 (144,4 €) la double, et £ 119 (180,88 €) la triple. Chacune des 20 chambres a une décoration et des couleurs différentes (les plus romantiques avec ciel de lit). Tissus aux motifs chaleureux et bouquets de fleurs séchées ajoutent au charme très *cosy* de l'endroit. Salle de bains et TV dans toutes les chambres. Buffet continental inclus dans le prix. Accueil froid. Assez cher mais ne manque pas de charme.

● E-mail : rooms@abcone.co.uk. Double sans sanitaires à £ 55 (83,6 €), avec sanitaires à £ 95 (144,4 €). Vastes chambres très correctes mais un peu ternes. Un peu cher pour le confort proposé.

Où manger ?

Bon marché

|●| *The Troubadour* (plan couleur VI, D3, **37**) : 265 Old Brompton Road, SW5. ☎ 370-14-34. M. : West Brompton. Ouvert tous les jours de 9 h jusqu'à 22 h 30 (les plats chauds ne sont servis que jusqu'à 22 h). Entrées autour de £ 2, plats entre £ 4 et 5. Vous ne pourrez pas rater sa vitrine remplie de vieilles cafetières. Un *coffee-house* plus qu'un restaurant. Petite carte avec salades, quiches, sandwichs et de délicieuses pâtisseries. La spécialité maison est le *ham-cream and mushroom sauce*. Parfois des spectacles le soir (poésie, concerts, jazz, blues, folk...), dans un décor un peu hétéroclite (instruments de musique, outils anciens et vieilles publicités) à l'atmosphère chaleureuse. Pas étonnant que de nombreux écrivains habitant dans le coin y aient élu domicile. Un endroit agréable pour prendre le petit déjeuner (de 10 h à 12 h 30), manger un morceau et boire un bon café.

|●| *Café Lacroix* (plan couleur I, A3, **30**) : 240 Fulham Road (angle avec Hollywood Road). M. : Fulham Broadway. Ouvert de 7 h à 15 h (à partir de 8 h le samedi). Fermé le dimanche. Un petit *estanco* qui ne paie pas de mine et dont les murs mériteraient un petit rafraîchissement. Cela dit, on y mange pour pas cher, sandwichs variés, lasagnes et *shepherd's pie* (sorte de hachis Parmentier). Le midi, vous assisterez au va-et-vient incessant des infirmières de l'hôpital de Chelsea, qui viennent chercher leur déjeuner (à croire qu'elles n'apprécient pas leur cantine...). Portions généreuses et prix doux. Que demander de plus ?

Prix moyens

|●| *Sticky Fingers* (plan couleur VI, C-D2, **39**) : voir le texte dans le chapitre « Holland Park et Kensington ».

Plus chic

|●| *Paulo's* : 30 Greyhound Road, W6. ☎ 385-92-64. Se rendre jusqu'à la station de métro Hammersmith, prendre Fulham Palace Road puis la 2e rue à gauche après Charing Cross Hospital. Ouvert du mardi au

samedi de 19 h 30 à 22 h 30, le dimanche de 13 h à 15 h 30. Très conseillé de réserver. Dans un quartier mi-populaire, mi-petit-bourgeois qui est en train de devenir l'un des plus recherchés. L'un des très rares restos brésiliens de Londres. Chaude atmosphère familiale au son de Gal Costa et Milton Nascimento. Buffet à volonté à prix fixe, avec un choix de plus de 20 plats *(arroz con feijao, farofa, angu a bahiana,...)*. Toute petite salle, avec tables de bistrot, mais l'endroit est devenu célèbre en quelques années. Normal : la cuisine est vraiment délicieuse. Le patron est un bon vivant, sympa comme tout. De plus, il adore les *Frenchies*...

Pub

Coleherne *(plan couleur VI, D3, 50) :* 261 Old Brompton Road, SW5. M. : Earl's Court ou West Brompton. Pub homo vraiment hard et un peu malsain. Ambiance sauvage le samedi soir : cuirs, sueur et regards pleins de fièvre. Atmosphère enfumée et musique hurlante. Un classique du genre à Londres. Déconseillé aux midinettes.

HAMMERSMITH ET SHEPHERD'S BUSH

À l'ouest du centre et de Hyde Park, ce coin ne revêt pas d'attrait particulier mis à part des hôtels parmi les meilleurs rapports qualité-prix de Londres. On dort ici, mais on n'y passe pas ses journées.

Où dormir ?

Bon marché

▪ *Sinclair Hotel* (plan couleur VI, C2-3, 29) : 11 Sinclair Road, W14. M. : Kensington Olympia. ☎ 602-26-66. £ 10 (15,2 €) par personne avec petit déjeuner. Sorte d'auberge de jeunesse pour fauchés. Chambres de 4 à 6 lits, spartiates et pas très proprettes. Service de laverie, cuisine à disposition. Accueil 24 h/24. Beaucoup de jeunes, ambiance routarde garantie. Parmi les lits les moins chers de Londres.

Prix moyens

▪ *Star Hotel* (plan couleur VI, B2, 23) : 97-99 Shepherd's Bush Road, W6. ☎ 603-27-55. Fax : 603-09-48. M. : Hammersmith. £ 29 (44,08 €) la simple (£ 25 soit 38 € à partir de 2 nuits), et £ 48 (72,96 €) la double (£ 45 soit 68,4 € à partir de 2 nuits). Également des chambres triples et familiales. 25 chambres correctes et propres avec TV et salle de bains. Copieux petit déjeuner à l'anglaise compris. Accueil chaleureux du patron italien, Orlando, le cousin de celui de l'hôtel *Orlando*.

▪ *Hotels 65, 67, 69, 73* (plan couleur VI, B2, 24) : le numéro correspond à celui de Shepherd's Bush Road, W6. ☎ 603-56-34. Fax : 603-49-33. M. : Hammersmith. Chambres doubles de £ 45 à 54 (de 68,4 à 82,08 €) selon la taille. Les prix varient aussi selon le petit déjeuner choisi, l'*English breakfast* étant plus cher que le petit déjeuner continental. 4 petits hôtels appartenant au même propriétaire. 49 chambres en tout, avec sanitaires privés. Les plus récentes sont les plus jolies (si plusieurs sont libres, visitez-les avant de faire votre choix). Petit déjeuner à l'anglaise compris dans le prix, servi dans une salle unique pour les 4 établissements. Réduction pour séjours. Accueil jeune et sympa.

▪ *Windsor Guesthouse* (plan couleur VI, B2, 25) : 43 Shepherd's Bush Road, W6. ☎ et fax : 603-21-16. M. : Hammersmith. £ 45 (68,4 €) la double avec salle de bains, petit déjeuner inclus. Jolies chambres peintes en jaune avec salle de bains nickel. Ça sent le neuf et le propre. Accueil familial, proprios sérieux. Les gens y reviennent, ce qui est plutôt bon signe. Assurément une des meilleures adresses de Londres dans cette gamme de prix.

▪ *Hôtel Orlando* (plan couleur VI, B2, 12) : 83 Shepherd's Bush Road, W6. ☎ et fax : 603-48-90. M. : Hammersmith. £ 40 (60,8 €) la double, £ 44 (66,88 €) la *twin*, £ 28 (42,56 €) la simple. Petit déjeuner inclus. Quelques triples également. Chambres très correctes et bien tenues avec sanitaires à l'intérieur. Accueil chaleureux du patron italien Giuseppe Orlando. Une des bonnes adresses de la rue.

▪ *Dalmacia Hotel* (plan couleur VI, B2, 24) : 71 Shepherd's Bush Road, W6. ☎ 603-28-87. Fax : 602-92-26. M. : Hammersmith. £ 35 (53,2 €) la simple, £ 55 (83,6 €) la double. Un peu plus chic que les autres hôtels de la rue, donc un peu plus cher. Bon confort, mais chambres un peu ternes.

▲ **Anvil Hotel** *(plan couleur VI, C2-3, 11)* : 26 Hazlitt Road, W14. ☎ et fax : 603-69-15. M. : Kensington Olympia

● E-mail : anviv@globalnet.co.uk
£ 27 (41,04 €) la simple, £ 40 (60,8 €) la double, £ 50 (76 €) la triple, et £ 60 (91,2 €) la chambre pour 4 personnes. Chambres très simples et propres avec salle de bains commune. Seules quelques chambres familiales ont une salle de bains privée. Accueil gentil.

Où manger ?

Bon marché

|●| **Cooke** : 48 Goldhawk Road, W12. ☎ (0181) 743-76-30. M. : Goldhawk Road. Attention aux horaires draconiens : ouvert de 10 h 30 à 16 h 30 du lundi au samedi, jusqu'à 15 h le jeudi et 17 h le vendredi. On ne vient pas jusqu'ici exprès mais si vous êtes dans le coin, allez faire un tour chez *Cooke*. Une véritable institution dans le quartier. C'est l'une des dernières *pie, mash & eels shop*. Certains jours, les gens font la queue pour emporter les délicieuses anguilles de M. Cooke. Elles sont préparées dans une soupe au cresson et aux pois onctueuse et parfumée. Ici, vous trouverez également la vraie *steak and kidney pie*. Décor très simple, genre cafet'. *Cooke* : une visite conseillée dans l'un des derniers témoins du vieux Londres !

Prix moyens

|●| **Latymers Thaï Café** *(plan couleur VI, B3, 38)* : 157 Hammersmith Road, W6. M. : Hammersmith. Pub ouvert toute la journée jusqu'à 23 h, restaurant ouvert de 12 h à 14 h 30 et de 18 h à 22 h. Fermé le dimanche. Plats de £ 4 à 5 (de 6,08 à 7,6 €). Curieux mélange que cette adresse... À l'avant, un pub traditionnel avec bar central et bonnes bières pression. À l'arrière, une formule self-service dans le même style mais où cadres et photos rappellent la Thaïlande. Au programme, nouilles sautées, riz frit et d'excellentes spécialités comme le *pad nahm prik pao* ou le *kaeng kiew wan (green curry)*. Plusieurs propositions du jour, dont un plat végétarien. On commande les boissons côté pub. Clientèle d'hommes d'affaires, principalement le midi. Ambiance animée, service efficace.

|●| **The Blue Anchor** *(plan couleur VI, B3)* : Lower Mall. À droite du pont Hammersmith, quand on vient du métro. ☎ 748-57-74. M. : Hammersmith. Ouvert tous les jours de 11 h à 23 h, de 12 h à 22 h le dimanche. Voilà un endroit qu'on apprécie, surtout quand il fait beau. Des tables en bois avec bancs sont installées à l'extérieur, en bordure de la Tamise. 5 ou 6 plats chauds à prix raisonnables, qui changent tous les jours : lasagnes, blanquette de poulet, gratin de légumes... Par mauvais temps, 2 salles rétros, dont une à l'étage avec vue sur la Tamise. De nombreux clubs d'aviron sont installés dans le coin, et vous pourrez les voir évoluer sur le fleuve. Ambiance campagnarde et familiale, loin de la foule et du bruit. Accueil chaleureux. Si c'est plein, vous pourrez vous rabattre sur **The Rutland Ale House**, installé juste à côté.

Où boire un verre et écouter du jazz ?

▼ *The Bull's Head Barnes :* 373 Lonsdale Road, SW13. ☎ (0181) 876-52-41. M. : Hammersmith, puis bus n° 9 jusqu'à Barnes Bridge. Sinon, le plus simple est de prendre le train depuis Waterloo, jusqu'à Barnes Bridge (le pub est à 50 m de la station). Pas moins de 80 sortes de *malt whiskies* ! Pour écouter du jazz moderne, du blues et du rhythm'n'blues, dans un vieux pub victorien surplombant la Tamise. Quelques-uns des meilleurs jazzmen anglais y sont régulièrement. Petit droit d'entrée. Musique à partir de 20 h 30 tous les soirs et le dimanche après-midi à partir de 14 h.

Où danser ?

- *The London Palais* (plan couleur VI, B3, 55) : 242 Shepherd's Bush Road, W6. ☎ 748-28-12. M. : Hammersmith. Ouvert du jeudi au samedi de 21 h à 3 h. Là encore, gigantesque discothèque pouvant accueillir 2 500 personnes. Elton John y a fêté son anniversaire. Musique techno, fusion, bref très branchée. Ambiance chaude et chaleureuse. Attention, nombreuses soirées privées et à thèmes ; téléphonez pour connaître le programme des réjouissances...

Théâtre

- *Bush Theatre :* Bush Hotel, Shepherd's Bush Green, W12. ☎ (0181) 743-33-88. M. : Shepherd's Bush. Au-dessus d'un pub. Spécialiste des succès d'avant-garde. Pièce en général à 20 h.

Marché

- *Shepherd's Bush Market :* suit la ligne de métro entre Shepherd's Bush et Goldhawk Road Stations. Ouvert tous les jours de 8 h à 18 h. Fruits et légumes, vêtements et jouets bon marché.

HOLLAND PARK ET KENSINGTON

Juste à l'ouest de Hyde Park et Kensington Gardens, un quartier « villageois » plein de charme par endroits et un des parcs les plus chouettes de Londres. En plus, opportunément situé sur la Central Line du métro, ligne qui permet l'accès à la plupart des points d'intérêt, de Notting Hill Gate à Liverpool Street, en passant par Oxford Circus.

Où dormir ?

Bon marché

▲ *Holland House Youth Hostel* **(YHA ;** *plan couleur VI, C2, 15)* **:** Holland Walk (c'est la rue qui borde à l'est Holland Park), W8. ☎ 937-07-48. Fax : 376-06-67. M. : Holland Park ou High Street Kensington. £ 19,45 (29,56 €), £ 17,15 (26,06 €) pour les moins de 18 ans. Petit déjeuner à l'anglaise inclus dans le prix. Un peu plus cher avec le dîner et encore plus avec le déjeuner. 201 lits dans cette A.J., répartis en dortoirs de 12 à 20 lits. Sanitaires complets pour chaque dortoir. Comme c'est un peu l'usine, il faut réserver 2 mois avant, pour l'été... Pas de couvre-feu. Carte de membre obligatoire (vendue sur place, à la journée ou à l'année). Cuisine disponible. *Quiet room* avec 2 ordinateurs branchés sur Internet. Deux bons points : la cafétéria sert de bons petits plats très abordables et vous êtes au milieu d'un beau parc.

▲ *King's College London* (*plan couleur VI, D2, 18) :* 61 Campden Hill Road, W8. Vacation Bureau : ☎ 873-29-56. Fax : 928-37-72. M. : High Street Kensington. Ouvert seulement de mi-juin à mi-septembre. Une des résidences étudiantes du King's College. La carte d'étudiant et la réservation par téléphone sont obligatoires. Normalement n'accepte que les groupes de 10 personnes, mais tentez votre chance si vous êtes au moins 4. Chambres simples, propres et pas trop chères.

Plus chic

▲ *Abbey House Hotel* (*plan couleur VI, D2, 16) :* 11 Vicarage Gate, W8. ☎ 727-25-94. M. : High Street Kensington ou Notting Hill Gate. La simple à £ 43 (65,36 €), la double à £ 68 (103,36 €), la triple à £ 85 (129,2 €), et la chambre pour 4 à £ 95 (144,4 €). Cette maison fut construite en 1860 par une riche famille londonienne. Elle appartient ensuite à un archevêque, puis à un député, avant de devenir un hôtel. D'où ces colonnes en marbre et ce grand escalier qui vous permet d'accéder à la réception. Intérieur élégant et soigné. Les chambres sont spacieuses, décorées simplement mais avec goût. Elles ont toutes la TV. Douches et w.-c. dans le couloir. Copieux *English breakfast*. Accueil extrêmement chaleureux. En outre, la rue est très calme (feu l'archevêque y veille) et à deux pas de Kensington Gardens. Pour le jogging, c'est idéal. L'une de nos meilleures adresses à Londres. En été, réserver au moins un mois à l'avance.

▲ *Vicarage Private Hotel* (*plan couleur VI, D2, 17) :* 10 Vicarage Gate, W8. ☎ 229-40-30. Fax : 792-59-89. M. : High Street Kensington ou Notting Hill Gate. Chambres

HOLLAND PARK ET KENSINGTON

simples à £ 43 (65,36 €), doubles de £ 68 à 95 (de 103,36 à 144,4 €), triples à £ 97 (147,44 €). Belle maison victorienne, disposant de 18 chambres. Confort excellent. Déco des chambres très soignée. Intérieur assez cossu, dégageant beaucoup de charme. Les prix comprennent le petit déjeuner (à l'anglaise s'il vous plaît). Salon TV. Accueil agréable. Bon rapport qualité-convivialité-prix (surtout si vous êtes plusieurs).

Où manger ?

Prix moyens

IOI *Sticky Fingers* *(plan couleur VI, C-D2, 39)* : 1 A Phillimore Gardens, Kensington, W8. ☎ 938-53-38. M. : High Street Kensington. Ouvert tous les jours, de 12 h à 23 h 30 (23 h le dimanche). *Sticky Fingers*... voilà un nom (d'album) qui dit quelque chose aux amateurs de rock! Pas étonnant : le patron des lieux n'est autre que le sympathique Bill Wyman, membre fondateur des Stones. Interrogé sur le but de ce resto, l'ineffable bassiste ironisa : « J'en avais marre d'entreposer tous les souvenirs des Stones dans mon appart'! Je trouvais l'idée d'un lieu comme celui-ci plus vivante qu'un musée... » On vient donc ici pour admirer sa collection de disques d'or, quelques guitares, des photos d'époque et des unes de journaux du monde entier. Accessoirement, pour la bonne cuisine « rock », entendez américaine : *burgers*, *T-Bones* et copieuses *spare-ribs*. Au dessert, une *apple pie* rebaptisée *Brown Sugar*, bien sûr. Nombre de personnalités défilent ici (Guns'N'Roses, Steph de Monac', Duran Duran). Avec un peu de chance, les nostalgiques verront même Wyman en personne, présent dans son resto une fois par semaine. Attention, pas de réservation le soir. On peut aussi se contenter d'y prendre un verre. *Happy hour* du lundi au vendredi de 17 h 30 à 18 h 30. Le dimanche, emmenez les enfants car il y a un spectacle présenté par un magicien et plein de cadeaux à gagner!

Bar à vin

♈ *Jimmies' Wine Bar* *(plan couleur VI, D2, 52)* : 18 Kensington Church Street, W8. En face de l'église. ☎ 937-99-88. M. : High Street Kensington. Ouvert de 11 h à 23 h les mercredi et jeudi; jusqu'à 1 h le vendredi. Fermé le dimanche. Un petit bar resto, tout en longueur, installé dans une cave. Musique du mercredi au vendredi, à partir de 21 h (jazz, rhythm'n'blues...). L'ambiance est animée, chaude et chaleureuse. On peut y manger en regardant les groupes, mais arrivez à l'avance si vous voulez une bonne place. Petite carte internationale, avec spécialités italiennes, tex-mex et françaises. Carte des vins bien pourvue. Prix raisonnables.

Où boire un verre après 23 h ?

♈ *Cuba* *(plan couleur II, A2, 44)* : 11 High Street Kensington, W8. ☎ 938-41-37. M. : High Street Kensington. Ouvert jusqu'à 2 h (1 h 30 le dimanche). Un peu dans le même style que le *Bar Madrid* (voir cette rubrique dans « Le centre touristique : Soho, Piccadilly, Covent Garden, Oxford Circus »). Au sous-sol, piste de danse un peu ringarde où, cela dit, l'ambiance est plutôt bonne. Musique 100 % latino, et la salsa est à l'honneur. Le rez-de-chaussée est un bar joliment décoré, dans le style cubain. Chaleur et bonne humeur sont toujours de rigueur ! Au fond de la salle, il est possible de dîner mais c'est un peu cher. Seule l'entrée de la cave est payante.

Où prendre le thé ?

– **The Muffin Man** *(plan couleur VI, D2, 54)* : 12 Wrights Lane, W8. ☎ 937-66-52. M. : High Street Kensington. Ouvert du lundi au samedi de 8 h à 17 h 30. Une vraie maison de poupée pour aller prendre le thé. Jolis rideaux aux fenêtres, nappes fleuries qui ressemblent étrangement aux tabliers des serveuses et tasses en porcelaine. L'un des derniers endroits de ce type à Londres. Essayez les sandwichs au concombre : avec le thé, c'est surprenant... Mais on vient avant tout pour déguster les délicieux gâteaux maison. Les *scones* et les *muffins* valent aussi le détour. Service agréable et rapide. Prix tout à fait raisonnables.

Shopping

Matériel électrique

◊ **Tempo Electrical Discount Store :** 190 Kensington High Street, W8. ☎ 937-51-66. M. : High Street Kensington. Ouvert tous les jours jusqu'à 18 h. Imbattable à Londres pour le petit matériel électrique. Payez-vous une belle *kettle*, c'est le moment.

Monuments et balades

Voir le texte sur le **Londres résidentiel** dans le chapitre « Brompton, Chelsea et South Kensington ».

NOTTING HILL (PORTOBELLO) ET BAYSWATER

Jamaïcain et populaire au nord, Notting Hill s'est largement embourgeoisé dans sa partie sud. Un de nos coins préférés de Londres tant ses rues bordées d'élégantes demeures revêtent l'aspect d'un gros village tranquille. Mais même si on est bien loin de l'image grouillante de la capitale, le quartier n'est pas en sommeil, bien au contraire. Restos et bars à la mode y attirent des noctambules toujours plus nombreux. À ne pas rater : le marché aux puces de Portobello Road le samedi, et le carnaval jamaïcain le dernier week-end d'août.

Où dormir ?

Bayswater est un quartier bourré d'hôtels (chers, au regard de la qualité), bordé au sud par Hyde Park et Kensington Gardens. Plus d'excuses pour manquer le footing matinal.

Bon marché

▲ ***Quest Hotel*** *(plan couleur VI, D1, 10)* : 45 Queensborough Terrace, W2. ☎ 229-77-82. Fax : 727-81-06. M. : Bayswater ou Queensway. £ 14 (21,28 €) par personne en dortoir, £ 18 (27,36 €) par personne en chambre double. Petit déjeuner continental inclus. Pas de couvre-feu. Hôtel genre auberge de jeunesse, dont les murs intérieurs s'ornent de superbes fresques, peintes par les voyageurs de passage. 19 petits dortoirs de 4 à 8 lits, et 2 chambres de 2 (un peu plus chères, mais prises d'assaut). Sanitaires communs. Beaucoup de jeunes de tous les pays. Arriver tôt le matin. Possibilité de location intéressante l'hiver et à la semaine ; par contre, réserver 1 mois à l'avance pour juillet-août. Bonne adresse à prix routards. Cuisine et salle TV. Accueil jeune et sympa.

Prix moyens

▲ ***The Porchester Hotel*** *(plan couleur VI, D1, 26)* : 33 Prince's Square, W2. ☎ 221-21-01. Fax : 229-39-17. M. : Bayswater. Chambres simples à £ 39 (59,28 €), *twins* à £ 54 (79,04 €), triples à £ 66 (100,32 €) et chambres pour 4 personnes à £ 80 (121,6 €). £ 19 (28,88 €) par personne dans les petits dortoirs. Petit déjeuner inclus dans le prix de la chambre. Hôtel de 58 chambres de confort modeste. Déco réduite à sa plus simple expression. Avec ou sans sanitaires privés. Préférer les chambres sur l'arrière, plus au calme. Resto tout à fait acceptable.

▲ ***London House Hotel*** *(plan couleur VI, D1, 13)* : 80 Kensington Gardens Square, W2. ☎ 727-06-96. Fax : 243-86-26. M. : Bayswater. Même style, même confort, et même prix que le précédent. Cher pour les prestations. Fait aussi partie du petit groupe *Vienna*. 75 chambres simples mais correctes, la plupart avec sanitaires communs sur le palier. Quelques dortoirs de 4 à 6 lits,

plus économiques. Salle TV. Réception 24 h/24. Les prix incluent le p'tit déj continental.
- ▲ *Manor Court Hotel* (plan couleur VI, D1, **14**) : 7 Clanricarde Gardens, W2. ☎ 792-33-61 ou 727-54-07. Fax : 229-28-75. M. : Notting Hill ou Queensway. Chambres simples de £ 30 à 45 (de 45,6 à 68,4 €), doubles de £ 40 à 55 (de 60,8 à 83,6 €), triples à £ 65 (98,8 €), et chambres familiales pour 4 personnes à £ 75 (114 €). Très bien situé, dans une rue tranquille. Hôtel calme et agréable. Chambres très correctes et propres avec TV. Accueil cordial.

Où manger ?

Beaucoup de surprises dans ces quartiers excentrés, mais proches de pas mal d'hôtels (à Bayswater) et surtout des puces de Portobello...
À Notting Hill, All Saints Road concentre quelques bars et restos, et des disquaires spécialisés en reggae.

Bon marché

- ΙΦΙ *Coins Coffee Store* (plan couleur VI, C1, **40**) : 105 Talbot Road, W11. ☎ 221-80-99. M. : Westbourne Park, Ladbroke Grove ou Notting Hill. Un café où se retrouvent les jeunes du quartier pour boire un café ou grignoter un petit plat. Terrasse. Au sous-sol, un salon de coiffure, *Jack Haircuts*, ouvert du mardi au samedi de 10 h à 19 h.
- ΙΦΙ *Norrman's* (plan couleur VI, D1, **41**) : sur Porchester Gardens, presque au coin de Queensway. M. : Bayswater. Service continu du matin au soir (23 h). Petite cantine sans prétention. Nourriture toute simple, genre snack amélioré. Accueil parfois un peu « pète-sec ».
- ΙΦΙ *Café Diana* (plan couleur VI, D1, **42**) : 5, Wellington Terrace, Bayswater Road, juste en face de Kensington Palace Gardens. ☎ 792-96-06. M. : Notting Hill. Petit café-snack où Diana, qui habitait tout près, au Kensington Palace, avait ses habitudes. Murs tapissés de ses photos, dont certaines prises dans le café avec les jeunes patrons. Étape obligée d'un éventuel pèlerinage sur les traces de la princesse. Salades, sandwichs, petits déjeuners...

Prix moyens

- ΙΦΙ *The Khyber* (plan couleur VI, D1, **32**) : 56 Westbourne Grove, W2. ☎ 727-43-85. M. : Bayswater. Ouvert tous les jours de 12 h à 15 h et de 18 h à minuit. Compter environ £ 10 (15,2 €) pour un repas complet sans le vin. Cadre agréable, accueil courtois et service efficace, avec en prime la serviette chaude en fin de repas. Cuisine du nord de l'Inde. Spécialités de *tandoori* et *mughulai lamb akbari* (agneau cuit avec une sauce à la crème, œufs et noisettes). Excellent *mixed grill*. Buffet le dimanche midi de 12 h à 15 h.
- ΙΦΙ *Khan's* (plan couleur VI, D1, **33**) : 13-15 Westbourne Grove, W2. ☎ 727-54-20. M. : Bayswater. Ouvert tous les jours, de 12 h à 15 h et de 18 h à minuit (dernière commande 15 mn avant la fermeture). Plats de £ 3 à 7 (de 4,56 à 10,64 €). Vaste salle colonialo-branchée, de presque 300 couverts, où se presse la foule des jeunes Londoniens. Service rapide, pas aussi classe que la déco le laisserait supposer. En fait, c'est un peu l'usine, mais ça marche depuis 15 ans ! Toute la cuisine indienne à prix raisonnables.
- ΙΦΙ *Tom's Restaurant* (plan couleur VI, C1, **43**) : 226, Westbourne Grove, W11. ☎ 221-88-18. M. : Notting Hill Gate. Ouvert jusqu'à 22 h du lundi au vendredi, 18 h le samedi et 16 h le dimanche. Entrées de £ 4

à 6,25 (de 6,08 à 9,5 €), plats jusqu'à £ 9,95 (15,12 €). Resto-*deli* du fils de Terence Conran, Tom, également propriétaire de *The Cow*. A la différence de son père, Tom ne fait pas dans le design moderne et épuré, mais plutôt dans le bistrotier convivial. Couleurs chaudes, vieilles affiches alimentaires, piments qui pendent au plafond, grosses boîtes de gâteaux et bonbons à l'anglaise, atmosphère joliment kitsch. Pas d'alcool servi sur place, mais on peut donc en acheter dans la petite épicerie en bas, à un prix bien moins cher que ceux pratiqués dans les restaurants. Bonne idée, non ? C'est ce qu'on appelle le *BYO*, « Buy Your Own ». Cuisine gentille mais un peu chère et plats pas très copieux. Les morfales prendront aussi une entrée. On peut juste y boire un verre ou y manger un dessert. Rigolo et sympa. Fumeurs, vous pouvez vous en griller une sur la petite terrasse, mais pas à l'intérieur.

|●| ***The Tabernacle*** *(plan couleur VI, C1,* **44)** *:* Powis Park, W11. ☎ 565-78-90 ou 565-78-00. M. : Westbourne Park, Ladbroke Grove ou Notting Hill. Ouvert de 9 h à 23 h (les cuisines ferment entre 15 h et 19 h, puis à 22 h 30). Fermé les lundi soir et dimanche soir. Le midi, comptez entre £ 7 et 12 (entre 10,64 et 18,24 €) pour une entrée et un plat. Le soir, on met des nappes sur les tables et les prix augmentent un peu : entre £ 9 et 16 (entre 13,68 et 24,32 €) pour une entrée et un plat. Dans un ancien tabernacle en brique transformé en centre artistique. Galerie, lieu d'exposition, librairie pour enfants, une grande salle accueille aussi régulièrement des concerts (jazz ou classique), des pièces de théâtre... Et dans cet ensemble à la décoration moderne, un bar-resto propose une cuisine simple et réussie à prix raisonnables.

|●| ***Hafez*** *(plan couleur VI, D1,* **45)** *:* 5 Hereford Road, W2. ☎ 229-93-98. M. : Bayswater. Ouvert tous les jours de 12 h à minuit. Petit resto iranien. C'est bon (ils fabriquent notamment leur pain eux-mêmes) et pas trop cher. Bon accueil.

|●| ***Whiteleys*** *(plan couleur VI, D1,* **35)** *:* angle Queensway et Porchester Gardens. Ouvert de 9 h à 22 h. Centre commercial dont le 2ᵉ niveau est consacré à la restauration. De tous les genres et pour tous les goûts : tex-mex, italien, fast-food, et même un cybercafé, pour ceux que les doigts démangent... La déco des restos est très recherchée, dans le souci du détail (à l'américaine quoi !).

|●| ***Geales*** *(plan couleur VI, D2,* **31)** *:* 2 Farmer Street, W8. ☎ 727-79-69. M. : Notting Hill Gate. Ouvert de 12 h à 15 h et de 18 h à 23 h. Fermé le dimanche soir. Dans une petite rue, à 100 m du métro. Propose le traditionnel *fish and chips* depuis plus de 50 ans. Malheureusement, ce resto travaille aujourd'hui sur sa réputation... Les prix ont beaucoup augmenté et le service est assez lent et négligé.

Plus chic

|●| ***192*** *(plan couleur VI, C1,* **36)** *:* 192 Kensington Park Road, W11. ☎ 229-04-82. M. : Notting Hill Gate. Service tous les jours de 12 h à 15 h 30 et de 19 h à 23 h 30. Compter au moins £ 18 (27,36 €) pour un repas complet. Idéal pour revenir sur vos éventuels préjugés concernant la cuisine anglaise ! Vous pourrez y déguster, suivant l'arrivage de produits frais, des plats dignes d'une bonne brasserie. Très bonnes spécialités de poisson. Présentation soignée et service diligent. Décor moderne haut en couleur, clientèle plutôt business le midi, branchée le soir. Ambiance très chaleureuse. Excellente carte des vins. On vous conseille de réserver car c'est très souvent complet. Le midi, formule 2 plats et café d'un bon rapport qualité-prix.

|●| ***The Cow*** *(plan couleur VI, D1,* **46)** *:* 89 Westbourne Park Road,

W2. ☎ 221-54-00 (bar) ou 221-00-21 (réservations pour le restaurant). M. : Royal Oak ou Westbourne Park. Ouvert tous les jours de 11 h à 23 h pour le bar, et de 19 h à 23 h (dernière commande) pour le restaurant du 1er étage. Compter au minimum £ 17 (25,84 €) pour un repas complet sans le vin. Moins cher dans la partie bar, où l'on peut déguster des poissons et fruits de mer. Les lieux appartiennent à Tom Conran, le fils de Terence, grand designer et propriétaire de plusieurs restos branchés à Londres dont on parle souvent dans ce guide. Cette jolie maison abrite un *saloon bar* au rez-de-chaussée, genre de pub à l'ambiance assez *cosy* et décontractée, et un restaurant, au premier étage, où la cuisine se veut raffinée. Finalement, une atmosphère et un cadre très plaisants où les moins argentés se contenteront d'étancher leur soif à défaut de passer leur faim. Le dimanche, *brunch* de 12 h 30 à 15 h 30.

|●| ***Julie's*** *(plan couleur VI, C1, 47)* : 137 Portland Road, W11. ☎ 727-79-85. Ouvert de 11 h à 23 h (22 h 30 le dimanche). Endroit chic à l'anglaise sur une jolie place de ce coin élégant de Notting Hill. Un côté bar à vin avec des plats chers presque abordables, un côté restaurant et *champagne bar* encore plus sélect. Il paraît que De Niro adore cette adresse.

Où boire un verre ?

☆ ***The Duke of Wellington*** *(plan couleur VI, C1, 51)* : 179 Portobello Road, W11. ☎ 727-67-27. M. : Notting Hill Gate. En plein marché. Le samedi, c'est quelque chose, ce pub ! Fusion de freaks, d'étudiants, de snobs et de jeunes prolos descendant des hectolitres de bière (pas moins de 10 à la pression), sur des banquettes usées. Ambiance authentique.

☆ ***B.B.B. (Beach Blanket Babylon*** ; *plan couleur VI, C1, 53)* : 45 Ledbury Road, W11. ☎ 229-29-07. M. : Notting Hill Gate. Ouvert de 12 h à 23 h (22 h le dimanche). Il s'agit plus d'un bar-restaurant que d'un pub, et surtout d'un des hauts lieux de la branchitude chic de Notting Hill. La décoration réalisée par Tony Weller en hommage à Gaudí, alliant à la fois le style moderne et le style oriental, vaut vraiment le coup d'œil (le resto, auquel on accède par des planches supportées par de grosses chaînes, oscille entre le palais arabe et une atmosphère presque religieuse). Plein de recoins et d'espaces intimistes. Quelques belles peintures. Les tables sont superbes. Ce genre de déco ne se retrouve qu'à Londres et on apprécie particulièrement ! Assez branché et bondé le week-end. Bon choix de cocktails à prix raisonnables. On vous conseille le *shooter* (plusieurs alcools forts servis dans un petit verre, qu'on doit boire d'un trait). Si vous mangez, comptez au minimum £ 13 (19,76 €) pour une entrée et un plat sans la boisson. Réservez une semaine avant pour le week-end et le jour même en début de semaine. Le midi, formules 2 plats à £ 12 (18,24 €) et 3 plats à £ 15 (22,8 €). *Brunch* les samedi et dimanche de 11 h à 16 h.

☆ ***Pharmacy*** *(plan couleur VI, C1-2, 56)* : 150 Notting Hill Gate, W11. ☎ 221-24-42. M. : Notting Hill. Ouvert de 12 h à 1 h (2 h les vendredi et samedi, et minuit le dimanche). Point besoin d'ordonnance pour obtenir son médicament. Les tubes d'aspirine et boîtes de cachets sont relégués derrière les vitrines au rang d'éléments de décoration. Ici, on vous soigne à coups de cocktails et d'autres breuvages habituels des meilleurs estaminets. Déco moderne et plutôt froide, forcément, une pharmacie n'est pas un salon de thé. L'idée est originale mais on n'a pas complètement « flashé ». Mais bon, c'est l'un des derniers lieux branchés du quartier. Au 1er étage, restaurant cher.

🍸 **The Westbourne Tavern** (plan couleur VI, D1, **57**) : 101 Westbourne Park Villas, W2. ☎ 221-13-32. M. : Royal Oak ou Westbourne Park. Ouvert de 12 h à 23 h (22 h 30 le dimanche). Juste en face du restaurant *The Cow*. Chouette bar un peu dans le style vieille brasserie avec photos noir et blanc aux murs. Fait aussi resto (attention, la cuisine ferme dans l'après-midi). Beaucoup de lumière et une bien belle terrasse pour les jours pleins de soleil. Pas vraiment grand-chose à voir par ici, mais ce coin un peu excentré de Notting Hill commence aussi à prendre vie.

🍸 **Market Bar** (plan couleur VI, C1, **58**) : Portobello Road (à l'angle de Lancaster Road), W2. Ouvert tous les jours jusqu'à 23 h. On aime bien ce bar à la déco baroque, ses chandeliers qui croulent sous des sculptures de cire, ses grosses tentures en velours. La musique forte ravit une faune bigarrée qui s'abreuve de bières et autres nectars enivrants. Fait également resto de spécialités thaïes dans une salle bien séparée du bar.

Où boire un verre à Kilburn ?

Petit entracte sur Kilburn, au nord de Notting Hill. L'ambiance dans les pubs y est beaucoup plus chaleureuse qu'ailleurs. L'immigration irlandaise y noie dans des flots de bière sa nostalgie du pays. Parfois triste, souvent poignant. De temps en temps, musique gaélique et chants républicains le soir et le dimanche matin.

🍸 **Biddy Mulligans** : 205 Kilburn High Road, NW6. ☎ 624-20-66. M. : Kilburn. Pub reconstitué dans son style antérieur... Ah oui ! Pub irlandais catholique, il a été plastiqué, il y a une dizaine d'années, par l'extrême-droite protestante. Musique pratiquement tous les soirs, du mercredi au dimanche, à partir de 21 h (musique traditionnelle irlandaise, celtique, rock'n'roll...). Décor genre brocante, avec une foultitude d'objets hétéroclites (lampes à pétrole, passoires, casseroles en tout genre...). Repas le midi.
– Sur 500 m, on trouve plusieurs pubs d'ambiance.

🍸 **The Old Bell** : 38 Kilburn High Road, NW6. ☎ 624-26-72. M. : Kilburn. Assez éloigné du métro. Bar irlandais, où l'on trouve du Jameson, trop cher pour les gens du quartier. Décor plus simple et moins chaleureux que le précédent. Clientèle assez âgée, qui vient profiter du sport sur grand écran. Musique parfois le week-end. Téléphonez pour connaître le programme.

🍸 **The Old Cock Tavern** : 125 Kilburn High Road. ☎ 624-18-20. Atmosphère sympa, chaude et bruyante. *Bands* le vendredi et le samedi vers 21 h (musique irlandaise et *60's*, principalement).

Où surfer sur Internet ?

– **Whiteleys** (plan couleur VI, D1, **35**) : angle Queensway et Porchester Gardens. M. : Queensway. Ouvert de 9 h à 22 h. Au 2e étage de ce grand magasin, Internet café, où 5 ordinateurs attendent vos doigts agiles. Réductions pour les étudiants.

Où danser ?

– **Subterania** : 12 Acklam Road, W10. ☎ (0181) 960-45-90. M. : Ladbroke Grove. Prix d'entrée variable selon les soirs. Là encore, c'est chébran and co. Groupes assez fréquemment et soirées à thème tout au long de la semaine. Sélection parfois sévère à l'entrée, du genre : « Toi t'es beau, tu rentres; toi tu pues, fous le camp! » Assez loin du centre, alors renseignez-vous, histoire de ne pas rester en carafe.

Shopping

Hi-fi

☖ *Music and Video Exchange :* 56 Notting Hill Gate, W11. ☎ 229-48-05. M. : Notting Hill Gate. Hi-fi, TV, instruments, jeux vidéo d'occasion. 20 m plus loin, le même magasin pour les disques, K7, etc. Passez-y en revenant des puces de Portobello Road.

Disques

☖ *Honest Jon :* 278 Portobello Road, W10. ☎ 969-98-22. M. : Ladbroke Grove. Ouvert même le dimanche. Pratiquement que des *secondhand* de grande qualité, en jazz, reggae et rock; très fréquenté le samedi, car dans cette rue se trouve le marché aux puces où il y a aussi quelques disquaires (pauvres).

☖ *Minus Zero :* 2 Blenheim Crescent, W11. ☎ 229-54-24. Ouvert les vendredi et samedi. En plein marché de Portobello. Super disquaire. Bill, le patron, connaît tout et notamment la pop américaine.

Livres

☖ *Grassroots Storefront :* 71 Golborne Road, W10. ☎ (0181) 969-06-87. Ouvert de 10 h 30 à 18 h 30. Librairie de la communauté noire.

Marché aux puces

– *Portobello Road :* M. : Notting Hill Gate. Le samedi de 8 h 30 à 18 h. Venir tôt car dès 10 h, il y a plein de monde. Le marché aux puces le plus célèbre de Londres et le plus fréquenté par les touristes (c'est fou le nombre de gens y parlant le français!). Il s'étale sur toute la longueur de Portobello. On y trouve des antiquités. Objets splendides mais à des prix décourageants. Également quelques disquaires d'occases, des stands de tee-shirts rigolos, beaucoup de bijoux (hippies), un tatoueur, etc. Vous pourrez peut-être faire encore des affaires en remontant Portobello à partir de Golborne Road. M. : Ladbroke Grove. Les autres jours, sauf le dimanche, marché aux fleurs et aux fruits.

Galeries et musées

★ *London Toy and Model Museum* (plan couleur VI, D1) *:* 21 Craven Hill, W2. ☎ 706-80-00. Informations sur répondeur : ☎ 402-52-22. M. : Queensway ou Bayswater. Ouvert du mardi au samedi de 10 h à 17 h 30 et le dimanche de 11 h à 17 h 30. Entrée payante.
Si vous visitez Londres avec vos enfants ou si vous avez envie de retrouver un peu de votre enfance, vous devez visiter ce musée caché derrière la façade de deux maisons victoriennes.

Commencez la visite au rez-de-chaussée avec l'impressionnante reconstitution d'une mine de charbon et du travail des mineurs. Extraordinaire train électrique avec six voies différentes, une vingtaine d'aiguillages, des gares, des voyageurs et même un service de bus pour rallier le village à la gare. Un chef-d'œuvre! Au premier étage, hommage à l'ours *Paddington*, véritable phénomène de société chez les enfants d'outre-Manche. Dans la *Traffic Room*, les amateurs de petites voitures seront verts de jalousie : elles sont presque toutes là, Dinky Toys, Corgi, Matchbox, Majorette et les *collectors* que Mercedes a édités pour leur centenaire. Également une belle collection de locomotives et de wagons. Au second étage, historique du jouet, de l'arche de Noé victorienne à la Barbie d'*Alerte à Malibu!* Au fond, une vitrine est consacrée au *Peter Pan* de J.-M. Barrie : manuscrits et photos. Plus loin, une galerie de type jouets militaires, mais attention, ne réveillez pas le soldat. Également une salle avec des jouets de science-fiction, dont le robot de *Planète interdite*. Enfin, reconstitution d'un grand huit américain datant de 1884 et d'une fête foraine de 1925 avec chevaux de bois, grande roue, vendeurs de confiserie, etc. Au sous-sol, salles consacrées aux jeux de société ainsi qu'au transport maritime et aérien avec un aérodrome miniature à faire paniquer un contrôleur du ciel. Vous pourrez également essayer les jeux que l'on trouvait sur les foires au début du siècle, les ancêtres des jeux électroniques, et assister à l'animation qui vous fait survoler en hélicoptère la ville imaginaire de City-Bay. En sortant, dans la cour, les enfants profiteront du manège ancien et du petit train à vapeur qui les promènera tout autour du jardin. Fin du voyage. Maintenant il vous reste à construire votre train électrique.

PADDINGTON ET MARYLEBONE

On ne trouvera pas ici le charme du voisin Notting Hill, mais plutôt l'ambiance tranquille et ronronnante d'un grand quartier bourgeois. Au nord, un des parcs les plus élégants de Londres, Regent's Park.

Où dormir ?

De prix moyens à plus chic

🛏 *Elysee Hotel* (plan couleur I, A2, 16) : 25-26 Craven Terrace, W2. ☎ 402-76-33. Fax : 402-41-93. M. : Paddington ou Lancaster Gate. La chambre simple à £ 44,50 (67,64 €), la double à £ 49,50 (75,24 €), et la familiale à £ 75 (114 €). Petit déjeuner inclus dans le prix. À deux pas de Hyde Park, petit hôtel dans une rue calme. Chambres propres, coquettes et très correctes, ce qui est plutôt rare à Londres dans cette catégorie de prix. TV, sèche-cheveux, téléphone... Une bonne adresse.

🛏 *xford Hotel* (plan couleur I, A2, 17) : 14 Craven Terrace, W2. ☎ 402-68-60 ou 0-800-318-798 (numéro gratuit). Fax : 262-75-74. M. : Paddington ou Lancaster Gate.
• Internet : www.freepages.co.uk/rca/
£ 60 (91,2 €) la chambre simple, £ 65 (98,8 €) la double, £ 75 (114 €) la triple. Petit déjeuner inclus dans le prix. À côté de l'*Elysee Hotel*, tout près de Hyde Park. Accueil souriant, tout comme la déco et les couleurs printanières de ce petit hôtel impeccable. Petite salle de bains, TV (satellite), frigo, micro-ondes, sèche-cheveux dans les chambres. Une chouette adresse.

– Beaucoup d'hôtels sur Sussex Gardens. Ceux qui recherchent le calme préfèreront les chambres sur l'arrière. Voici notre petite sélection :

🛏 *Claremont Hotel* (plan couleur I, A2, 18) : 158 Sussex Gardens, W2. ☎ 723-63-26. M. : Paddington. £ 40 (60,8 €) la chambre simple, £ 58 (88,16 €) la double. Petit déjeuner inclus. Chambres pas très grandes mais très correctes et presque jolies. Accueil un peu « sombre ».

🛏 *Olympic House Hotel* (plan couleur I, A2, 18) : 138-140 Sussex Gardens, W2. ☎ 723-59-35. Fax : 224-81-44. M. : Paddington. La double de £ 58 (sanitaires à partager) à £ 70 (106,4 €), la simple de £ 28 à 55 (de 42,56 à 83,6 €). Petit déjeuner inclus. Hôtel récemment refait aux chambres claires, agréables et bien tenues. Accueil sympathique.

🛏 *Beverley House Hotel* (plan couleur I, A2, 18) : 142 Sussex Gardens, W2. ☎ 723-33-80. Fax : 262-03-24. Doubles de £ 52 à 72 (de 79,04 à 109,44 €) selon la saison. Même style que le précédent mais des chambres un peu plus ternes.

🛏 *The Royal Cambridge Hotel* (plan couleur I, A2, 18) : 124 Sussex Gardens, W2. ☎ 873-00-00. Fax : 873-08-30. M. : Paddington. Double de £ 70 à 90 (de 106,4 à 136,8 €), chambre simple de £ 45 à 65 (de 68,4 à 98,8 €). Un des beaux hôtels de Sussex Gardens. Grandes chambres cossues, jolies et très bien tenues. Salon commun à disposition, service en chambre 24 h/24. Accueil pro et courtois. Impeccable.

Où manger?

Bon marché

I●I *Mawar* (plan couleur I, A2, 24) : 175 A Edgware Road, W2. ☎ 262-16-63. M. : Edgware Road. Ouvert tous les jours de 12 h à 23 h. En sous-sol, petit self malaisien et indonésien simple et pas cher. On n'y va pas pour le cadre, mais idéal quand on n'a pas trop de sous et une grosse faim. Également une partie restaurant aux prix un peu plus élevés (ouverte seulement le soir).

Prix moyens

I●I *The Sea Shell Fish Restaurant* (plan couleur I, A1, 21) : 49-51 Lisson Grove (à l'angle de Shroton Street), NW1. ☎ 724-10-63. M. : Edgware ou Marylebone. Ouvert en semaine de 12 h à 14 h et de 17 h à 22 h 30, le samedi de 12 h à 22 h 30 et le dimanche de 12 h à 14 h 45. Beaucoup de Londoniens le considèrent comme le meilleur *fish' n'chips* de la ville. Une partie est consacrée au resto, une autre uniquement aux plats à emporter. Délicieux, mais tout de même assez cher pour du poisson frit. On y fait souvent la queue.

I●I *Ninjin* (plan couleur III, A1, 58) : 244 Great Portland Street, W1. ☎ 388-46-57. M. : Great Portland Street. À deux pas du métro. Ouvert de 12 h à 15 h et de 18 h à 22 h. Fermé le dimanche. Un restaurant japonais à prix abordable, ça ne se trouve pas à tous les coins de rue. Celui-ci propose une cuisine agréable et variée mêlant *futomaki, sushi, naveyaki...* dans une salle à la déco aussi dépouillée qu'asiatique. Nombreux clients japonais. Service féminin et attentionné comme il se doit. À côté, épicerie japonaise.

I●I *The Chapel* (plan couleur I, A2, 31) : 48 Chapel Street, NW1. ☎ 402-92-20. M. : Edgware Road. Ouvert du lundi au samedi de 12 h à 23 h, et le dimanche de 12 h à 15 h et de 19 h à 22 h 30. Atmosphère détendue dans cette grande salle claire. Tables en bois, petites ou grandes, rondes ou carrées... Seul ou à plusieurs, on trouve son bonheur. Cuisine très correcte, certains plats cependant un peu chers. Carte des vins honnête et riche choix de bières à la pression.

Où prendre le thé?

– *Hudson's Dining Room* (plan couleur I, B1) : 221 B Baker Street, NW1. ☎ 935-31-30. M. : Baker Street. Ouvert tous les jours de 12 h à 15 h et de 18 h à 22 h 30 (22 h le dimanche). Juste à côté de chez Sherlock Holmes (voir la rubrique « Galeries et musées »). Ambiance très *cosy* et plus tranquille que dans certaines grandes maisons connues.

Théâtre

– *Open Air Theatre* : Regent's Park, NW1. ☎ 486-24-31. M. : Regent's Park. En plein air, l'été. On y joue essentiellement Shakespeare.

Shopping

Concentration de magasins spécialisés hi-fi : *Edgware Road*, à droite en sortant de la station de métro du même nom. Moins connu que Tottenham Court et donc prix peut-être plus intéressants.

Galeries et musées

★ ***Madame Tussaud's Museum*** *(plan couleur I, B1, 52)* : Marylebone Road, NW1. ☎ 935-68-61. M. : Baker Street. Ouvert tous les jours, de 10 h (9 h de juin à août) à 17 h 30. Entrée payante (très cher). Pas de réduction étudiants, mais prix spécial pour les moins de 16 ans. Attention : prévoir de faire la queue (souvent 2 h en été), c'est l'un des musées les plus fréquentés de Londres !
Tout le monde a entendu parler du Mme Tussaud's Museum, équivalent du musée Grévin à Paris. Normal : c'est le seul endroit où l'on peut côtoyer tous les grands de ce siècle (et des autres), dans la plus stricte intimité (ou presque)... Vous verrez, même si l'on est d'abord tout intimidé auprès de Marylin ou du général de Gaulle, on finit par s'habituer à la fréquentation de la *jet set !* Certains des personnages en cire sont vraiment saisissants (surtout les femmes, curieusement). Malgré la foule et le prix élevé de la visite, l'endroit vaut franchement le coup, grâce aux nombreuses surprises, parmi lesquelles la dernière grande attraction des lieux, *Spirit of London*.
Au fait, savez-vous qui était Mme Tussaud ? Elle était française, élevée par un médecin-sculpteur, et son grand passe-temps consistait à mouler dans la cire les masques mortuaires des condamnés qui montaient sur l'échafaud. Comme quoi certains *hobbies* peuvent conduire à la célébrité.
La visite est décomposée en plusieurs sections, ce qui fait qu'on y passe près de deux heures sans s'en rendre compte.
– *La Garden Party :* dans un grand patio, un cocktail très mondain au cours duquel on croise pas mal de stars contemporaines : Schwartzy, Kojak, Liz Taylor, Wilander, Grace Jones, Barbara Cartland et, dans un coin, un verre de rouge à la main, notre Depardieu national !
– *L'atelier de Mme Tussaud :* un « sculpteur » à l'œuvre (le modèle est de choix puisqu'il s'agit de la belle Jerry Hall, accessoirement Mme Mick Jagger). Une vidéo explique l'art de réussir un mannequin. Sur des étagères, une galerie de « têtes » célèbres.
– *Hollywood :* sur le podium, Bogart, Elvis, Chaplin, Brando, etc. James Bond et Indiana Jones, eux, sont en pleine action.
– *Soirée gala :* Eddy Murphy, Joan Collins, Mickael Jackson (raté), etc. Dans l'escalier, un Superman s'envole.
– *Le Grand Hall :* salon très versaillais où nous accueille Louis XVI (c'est fou ce qu'il fait penser à Balladur). À sa suite, les souverains anglais : Victoria et la Queen Mary sont d'une vérité criante (on a failli leur dire pardon en les frôlant !). Côté gratin politique, personne ne manque : Gorby, le dalaï-lama, Lénine, Walesa, Arafat, Saddam (au piquet), Mitterrand, Kohl, de Gaulle, Popaul II (sur un piédestal, on se demande pourquoi), Gandhi, etc. Dans un coin, une touriste épuisée dort dans un canapé (humour anglais). La meilleure place est bien sûr réservée à l'actuelle Cour anglaise (Diana et Fergie en retrait). Amusant : les Beatles font les fous dans un canapé ! Dans la pièce voisine, les grands artistes et scientifiques de l'histoire. On remarque entre autres Picasso (clope à la main) et Van Gogh, l'air pas content.
– *La chambre des horreurs :* on croise Hitler dans les escaliers (humour anglais, *bis repetita*) avant de se régaler de toutes les façons d'exécuter son prochain : par balle (simulation réussie), chaise électrique, pendaison, guillotine, etc. Le plus intéressant : la reconstitution d'une rue de Londres au

XIXᵉ siècle, avec bruitages, odeurs, fumées et assassins dans les recoins ! Également une mise en scène des plus grands criminels anglais. Celui qui prépare le papier peint en sifflotant, avant d'emmurer ses victimes, est vraiment drôle.

– ... Et les autres : une pléiade de nouvelles personnalités vient de rejoindre le panthéon de Madame Tussaud's : le nouveau James Bond, Pierce Brosman, David Copperfield, Václav Havel, Ayrton Senna et... Hugh Grant.

– *Spirit of London* : traverser le café-resto-mini-fête foraine avant d'embarquer dans un taxi londonien sur ses rails. Il vous emmène pendant environ 10 mn à travers une ahurissante reconstitution de l'histoire de Londres ! Un kaléidoscope de décors, de sons, de fumigènes et d'odorama, ponctué d'une quarantaine de personnages de cire et d'effets « animatroniques » (budget global : plus de 20 millions de livres !). On revit ainsi la grande peste et l'incendie de la ville (les pompiers vous envoient même de l'eau sur la figure), la reconstruction, l'ère industrielle (rigolo : Dickens déclamant tandis que Victoria mène le train), la *Blitz* (Churchill derrière ses sacs de sable), le *swinging London* et le Piccadilly des *bobbies*, des punks et des touristes.

★ *London Planetarium* (plan couleur I, B1, 52) : Marylebone Road, NW1. ☎ 935-68-61. M. : Baker Street. De juin à août, ouvert tous les jours de 10 h 20 à 17 h ; de septembre à mai, ouvert du lundi au vendredi de 12 h 20 à 17 h et les samedi et dimanche de 10 h 20 à 17 h. À côté de Madame Tussaud's Museum. Possibilité de ticket combiné avec ce dernier. Bon documentaire de 30 mn sur l'histoire de l'espace et du cosmos.

★ *Sherlock Holmes Museum* (plan couleur I, B1, 53) : 239 (même si la plaque indique 221 B) Baker Street, NW1. ☎ 935-88-66. M. : Baker Street. Ouvert tous les jours de 9 h 30 à 18 h. Dernière admission à 17 h 30. Entrée payante.

L'un des endroits les plus surprenants de Londres. Tout simplement parce qu'il s'agit d'une maison occupée par une personne... n'ayant jamais existé ! Le 221 B Baker Street est certainement l'adresse la plus connue de Londres (avec le 10 Downing Street), puisque Sir Conan Doyle l'avait attribuée au héros de ses romans... Cette charmante demeure victorienne de 1815 (classée monument historique), ancien meublé, fut acquise par la très sérieuse Sherlock Holmes Society, qui eut la bonne idée d'y recréer l'intérieur du célèbre détective, tel qu'il est décrit dans ses aventures ! Un *bobby* vous accueille devant le perron, avant de vous confier à l'une des « gouvernantes » de votre hôte prestigieux, navrée que celui-ci ne puisse vous recevoir... En l'attendant, vous pouvez profiter de son bon vieux fauteuil, au coin du feu. N'oubliez pas votre appareil photo, qu'on puisse vous immortaliser pipe au bec et chapeau à visière sur la tête ! Dans chaque pièce, des indices laissés par le fantôme des lieux : loupe, bien sûr, machine à écrire, violon, longue-vue, vieux journaux, ouvrages scientifiques et souvenirs rapportés de missions. Sans oublier le pistolet de Watson. On croit rêver. Attendez-vous à faire la queue en été, la maison n'est pas si grande.

★ *Wallace Collection* (plan couleur I, B2, 55) : Hertford House, Manchester Square, W1. ☎ 935-06-87. M. : Bond Street. Ouvert du lundi au samedi de 10 h à 17 h, et le dimanche de 14 h à 17 h. Fermé le jour de l'an, le Vendredi saint, le premier lundi de mai et du 24 au 26 décembre. Entrée gratuite. Il fallait bien la noblesse d'un grand hôtel particulier à Marylebone pour présenter cette splendide collection de mobilier, d'objets d'art et de tableaux, la plus grande collection privée du pays, qui fut léguée à l'État à la fin du XIXᵉ siècle. Elle fut rassemblée par le marquis de Hertford, puis complétée par son fils illégitime, Richard Wallace. Le marquis, un esthète élevé au bon goût bien de chez nous, fit ses emplettes à partir de son pied-à-terre parisien, le château de Bagatelle au bois de Boulogne. Il profita de la cession à prix imbattable du mobilier des châteaux et demeures d'aristocrates pendant la Révolution. Les meubles et objets d'art français du XVIIIᵉ siècle sont donc bien représentés, formant certainement la plus belle collection du genre hors de France. À part ça, il acheta des toiles de maîtres espagnols, flamands, hollandais et italiens des XVIe et XVIIe siècles. Ajoutons une importante collection d'armes et d'armures et l'on obtient un assemblage disparate dans un intérieur très aristo, quelquefois un peu chargé, mais toujours soumis à de grandes considérations esthétiques. Si vous n'avez jamais su faire la différence entre les styles Louis XIV, XV et XVI, vous serez incollable en ressortant de ce musée. De plus, il offre une alternative intéressante aux immenses salles des grands musées! Certaines pièces sont si exquises que l'on aimerait y vivre. Tout est calme et *cosy*, même le tic-tac des pendules (omniprésentes)! Attention au festival de carillons à 12 h!

Rez-de-chaussée

– Salle 2 : magnifique *armoire Boulle* en marqueterie de cuivre et d'écaille, ornée de bronzes ciselés et rehaussés d'or. Boulle fut le célèbre ébéniste de Louis XIV. Superbe pendule du XVIIIe siècle.
– Salle 3 : très beaux bronzes français des XVIIe et XVIIIe siècles. Sur la cheminée, *Pendule de Vénus* de 1715-1720 plutôt originale et rococo.
– Salle 4 : le bureau à cylindre est une copie du bureau de Louis XV à Versailles. Sur le couvercle, la marqueterie coquette représente les Arts. Belle console Louis XV (recouverte d'une plaque de marbre polychrome). Pendule astronomique baroque.
– Salle 6 : miniatures de cire des XVIe et XVIIe siècles (d'un mauvais goût évident ; c'est probablement pour cela qu'ils les cachent!). Manuscrits enluminés de différentes époques. Série de 24 émaux peints de Limoges (XVIe siècle).
– Salle 7 : deux bronzes imposants ayant servi de chenets à Versailles. Sous une vitrine, bijoux Renaissance d'une grande finesse. Ne manquez pas de faire un tour aux w.-c. décorés de carreaux en céramique (d'époque) et profitez-en pour joindre l'utile à l'agréable!
– Salles 8, 9 et 10 : collection d'armes et d'armures européennes du XVIe au XIXe siècle, qui n'a rien à envier à la collection de la Tour de Londres. Tout y est pour faire la guerre – ou faire le beau (il paraît que cela plaisait aux jeunes filles de l'époque) – : armes à feu du XVIIe siècle en marqueterie d'ivoire, palette de dagues et couteaux que même Rambo n'aurait pas osé utiliser, armure de cheval allemande hérissée de pointes ou corps d'armure italien décoré d'arabesques d'or et d'argent, casque de parade italien à tête de monstre fantasmagorique. Toujours aussi vantards, ces Italiens!
– Salle 11 : en Orient, l'art du raffinement en matière militaire est plus poussé, comme le prouvent ces cimeterres sertis de pierres précieuses.
– Salle 12 : remarquez le *Faust et Méphistophélès* de Delacroix.

Premier étage

Quatre toiles imposantes de Boucher, dans le hall d'escalier, dont *Le Lever* et *Le Coucher du soleil* (1752-1753) ayant appartenu à la Pompadour. Fraîcheur et grâce à la limite du licencieux (on entendrait presque les angelots nous parler des petits secrets de la Cour).
– Salle 13 : Greuze, pourtant contemporain de Boucher, s'oppose radicalement à sa légèreté et à ses thèmes favoris en préférant peindre des sujets plus sérieux (gracieuse allégorie de *L'Innocence*). Le peintre anglais Reynolds s'en est beaucoup inspiré.
– Salle 14 : pendule massive de Boulle. Sur la cheminée, pendule musicale du XVIIIe siècle qui joue à chaque heure une mélodie différente.
– Salle 15 : *L'Enfant en costume de pierrot* de Fragonard, dans son habit trop grand. À croquer!
– Salles 16 et 17 : porcelaines de Sèvres : les *vases à tête d'éléphant* et l'*écritoire à globe* (1756-1758) montrent la grande imagination des artisans

français de l'époque. Quelques Canaletto, dont les deux superbes *Vues du Bacino.*
– Salle 19 : sombre *Paysage rocheux* de Van Ruysdael (XVIIe siècle), le plus grand paysagiste de... l'autre pays du fromage.
– Salle 22 : la plus grande galerie du musée et aussi la plus prestigieuse avec son assortiment haut de gamme de toiles de maître du XVIIe siècle. *Le Cavalier riant* de Frans Hals, à la mine en fait plus vantarde que rigolarde, est une réussite dans l'art du portrait ; *La Femme à l'éventail*, portrait de Vélasquez, jouant avec le noir, le rose et le blanc. Portrait de *Titus*, le fils de Rembrandt, où l'on peut déceler des signes de tendresse. Le *Paysage à l'arc-en-ciel* de Rubens, peint au crépuscule de sa vie (d'aucuns pensent que l'arc-en-ciel est le symbole prémonitoire de la mort qui guette). Ne pas manquer également *Persée et Andromède* de Titien. Enfin, *Miss Nelly O'Brien* de Reynolds (1762) semble avoir été peinte par un impressionniste avant l'heure.
– Salle 23 : attendrissant *Polichinelle* de Meissonier.
– Salle 24 : superbe *commode Louis XV* tout en courbes, ornée de bronzes ciselés. Elle meublait la chambre du roi à Versailles. Coquette *Escarpolette* de Fragonard, une scène de genre comme on en raffolait au XVIIIe siècle. De Watteau, *La Halte pendant la chasse.*
– Salle 25 : l'un des portraits en pied de *Madame de Pompadour* par Boucher.

★ **Saatchi Gallery :** 98A Boundary Road, NW8. ☎ 624-82-99. M. : Saint John's Wood. Au nord du quartier de Marylebone. Ouvert du jeudi au dimanche de 12 h à 18 h. Entrée payante, sauf le jeudi. Expositions assez audacieuses d'art contemporain dans une galerie lumineuse.

Monuments et balades

LE LONDRES BOURGEOIS : MARYLEBONE, REGENT'S PARK ET LITTLE VENICE

★ **Marylebone** *(plan couleur III, A1-2) :* avant tout, prononcer « Merilbeune ». Quartier bourgeois délimité au sud par Oxford Street et à l'est par Regent Street. Il fut bâti à la fin du XVIIIe siècle et au début du XIXe siècle. Nombreux petits squares *cosy* bordés de maisons georgiennes. Marylebone a son lot de célébrités. Dickens y vécut une dizaine d'années, pendant lesquelles il écrivit entre autres *David Copperfield*. Chateaubriand y séjourna quelque temps pendant la Révolution française et y rédigea son premier ouvrage. Conan Doyle habitant lui-même à Marylebone, il était logique qu'il logeât son personnage, le mythique Sherlock Holmes, dans *Baker Street* (voir la rubrique « Galeries et musées »).

★ **Regent's Park** *(plan couleur III, A1) :* grande goutte verte au nord de la ville, entourée au sud et à l'est de *terraces* de style Régence. Ces grands corps de bâtiments aristocratiques recouverts d'une couche de stuc blanc ou crème ressemblent à de véritables façades de palais. Le parc et ses alentours furent aménagés par Nash au début du XIXe siècle comme point final de son axe triomphal partant du Mall. Il prévoyait de découper le parc, à l'origine une aire de chasse royale, en de somptueuses propriétés, dont l'une servirait de palais au prince-régent. Mais son projet n'a pas abouti, faute de moyens. Il atteignit le summum de son art dans les façades majestueuses de *Park Crescent* donnant sur *Marylebone Road*. Le parc est très plaisant. Autant dire qu'une balade est vivement conseillée. Magnifique roseraie (en fleurs dès le début de l'été) dans *Queen's Mary Gardens*.

★ Au nord, Regent's Park est prolongé par **Primhose Hill Park**. C'est là que Paul MacCartney venait promener son chien Martha (comme dans la chanson « *Martha my Dear* » qui figure dans le fameux double album blanc). Ce garçon dans le vent habita d'ailleurs quelque temps dans le coin, à Wimpole Street (entre Regent's Park et Oxford Circus), avec la famille de sa girl-friend, Jane Asher. En avril 1965, il acheta la maison au 7 Cavendish Avenue d'où sortirent quelques méga-tubes comme *Penny Lane* ou *Martha my Dear*, ou encore *Helter Skelter*. Ensuite, Jane oubliée, son cœur de rocker s'ouvrit à Linda Eastman et les deux tourtereaux scellèrent leur union au Registry Office de Marylebone Road en mars 1969. Son « collègue » Ringo épousa Barbara Bach au même endroit en avril 1991.
Non loin de là, les fameux studios d'**Abbey Road** et le plus célèbre des passages piétons qui « décore » la pochette de l'album *Abbey Road*. Toujours à la rubrique « Potins du Rock'n Roll », les membres du groupe Oasis se firent récemment virer du *Columbia Hotel*, incident qui leur inspira la chanson *Columbia*.

★ **London Zoo** *(hors plan couleur I, par B1)* : au nord de Regent's Park. ☎ 722-33-33. M. : Camden Town ; ou en bateau de Little Venice. Entrées sur Outer Circle, Broad Walk et Prince Albert Road. Ouvert tous les jours de 10 h à 17 h 30 de mars à octobre et de 10 h à 16 h de novembre à mars. Dernière admission 1 h avant la fermeture. Fermé à Noël. Entrée payante.
L'un des plus vieux et des plus grands zoos du monde. Un must pour les bambins. Au début du siècle, il innova en offrant aux animaux un environnement proche de leur habitat naturel. Grand vivarium rempli de reptiles. Intéressant « noctarium » pour observer les animaux nocturnes après s'être accoutumé à l'obscurité. Les enfants se familiariseront avec les animaux de la ferme au *Children's Zoo*. Dernier détail : le zoo de Londres est à notre connaissance le seul endroit au monde où l'on peut se procurer des sacs d'excréments de tigres congelés (la merde, pas les tigres) !

★ À l'ouest de Marylebone, **Little Venice** *(plan couleur I, A1)* est un bassin triangulaire formé par la rencontre de deux canaux, qui relient le port de Londres à Birmingham. Au milieu, petit morceau de terre recouvert d'arbres. La comparaison avec Venise est excessive, mais vous connaissez les Anglais, dès qu'ils virent cette petite île entourée d'eau, ils firent le rapprochement avec l'Italie. Néanmoins, les berges tranquilles de *Grand Union Canal* sur Maida Avenue ont leur charme. Un coin peu connu du Londres pittoresque. Navettes fluviales tous les jours de Pâques à octobre de 9 h à 17 h pour le zoo (en 30 mn) et les brocanteurs de Camden Lock (en 45 mn).

BLOOMSBURY, KING'S CROSS ET EUSTON

Bloomsbury l'intellectuel, voilà la réputation qui colle aux murs de ce quartier depuis longtemps. Il faut dire que quelques groupes d'écrivains et d'artistes y ont autrefois élu domicile, comme le Bloomsbury Group au début du siècle, et que des gens comme Virginia Woolf et son mari y organisaient des cercles de discussion dans leur maison. Aujourd'hui, cette renommée perdure par la présence de deux symboles culturels forts, le British Museum et l'université de Londres.

Plutôt calme et bourgeois, Bloomsbury devient plus animé et populaire en s'approchant de Euston et de King's Cross.

Où dormir ?

Vraiment bon marché

â *Tonbridge Club (plan couleur I, C1, 10)* : 120 Cromer Street, à l'angle de Judd Street. ☎ 837-44-06. M. : King's Cross. £ 5 (7,6 €) la nuit. L'hébergement le moins cher de Londres. Il s'agit d'un club de karaté. Le soir, deux salles sont transformées en dortoirs pour garçons et filles. Promiscuité garantie. Les tatamis (lavés tous les jours) se métamorphosent en lits, mais ce n'est pas une raison pour faire des galipettes. Couvertures fournies, mais préférer son sac de couchage sûrement plus propre. On vous demandera de quitter les lieux pour 9 h 15. Il faut bien que les habitués fassent du sport. Le soir, vous ne pourrez arriver qu'entre 21 h 30 et minuit. Douche spartiate, mais chaude à chaque étage. Local à bagages pas vraiment sûr. Foyer avec TV, tables de ping-pong et billard. Petite cuisine pour faire réchauffer ses conserves. L'ensemble est d'une simplicité extrême, mais c'est fait pour rendre service aux routards. Pas de réservation. Au fait, il faut avoir moins de 30 ans et ne pas être anglais. Pour le prix d'une place de ciné, *the cheapest in town* !

Bon marché

â *Museum Inn Hostel (plan couleur III, C2, 11)* : 27 Montague Street, WC1. ☎ 580-53-60. Fax : 636-79-48. M. : Russell Square ou Holborn. Bus n°s 14, 24, 29, 73 et 134. £ 14 (21,28 €) la nuit en dortoirs, £ 17 (25,84 €) en chambre de 2 ou 3 personnes. Dortoirs de 4 à 10 lits (mixtes) à peu près corrects et chambres doubles et triples répartis dans 2 édifices. Cuisine équipée. Ouvert toute la journée et pas de couvre-feu. Petit déjeuner continental compris. Penser à réserver à l'avance. Situé juste en face du British Museum (pour ceux qui veulent le visiter en plusieurs fois).

â *International Students House (plan couleur III, A1, 12)* : 229 Great Portland Street, W1. ☎ 631-32-23. Fax : 631-83-15. M. : Great Portland Street. Ouvert toute l'année. Grand immeuble blanc qui donne sur le très agréable Crescent Park. Prix très abordables pour Londres. Rempli en permanence de jeunes étudiants qui viennent des cinq continents. Tout pour l'étude : bar, restaurant, salles de sport et de snooker. Idéal pour ceux qui n'aiment pas se sentir seuls. De plus, quand on vous aura dit que la maison est placée sous le haut patronage de la *Queen Mother*, vous ne pourrez que reconnaître le sérieux de l'affaire. Écrire ou téléphoner pour réserver, il y a toujours beaucoup de monde. Attention, mieux vaut ne rien laisser en consigne. Les bagages ne sont pas vraiment surveillés.

▲ **The Generator** *(plan couleur III, C1, 25)* : MacNaghten House, Compton Place, au 37 Tavistock Place, WC1. ☎ 388-76-55 ou 388-76-66. Fax : 388-76-44. M. : Russell Square, King's Cross ou Euston. Prix par personne et selon la saison : de £ 36 à 38 (de 54,72 à 57,72 €) en chambre de 1 personne, de £ 23 à 26 (de 34,96 à 39,52 €) en chambre double, de £ 19,50 à 22 (de 29,64 à 33,44 €) en chambre de 3 à 6 lits, et de £ 18,50 à 20,50 (de 28,12 à 31,16 €) en dortoir de 7 à 8 lits. Grosse augmentation pendant les 4 jours autour du 1er janvier. Grand complexe d'hébergement à la déco futuriste ayant également fait des petits à Paris, New York, Berlin et Moscou, entre autres. Le symbole du lieu est une tête dont le cerveau a laissé place à une mécanique de pédaliers, un ordinateur, etc. Des couloirs aux puissants néons bleus mènent à des chambres dépouillées et modernes pour 1 à 8 personnes. Plusieurs grands bars et restos, *The Fuel Stop, The Turbine, The Generator,* entre autres, sont ouverts du petit déjeuner (inclus dans le prix) jusqu'à des heures tardives. Salle TV, salle de jeux, salle de conférences, accès à Internet. Ambiance assez jeune, bien pour les *teenagers*, également très pratique pour les groupes. Concept assez réussi, *clean* et très moderne. Entre bon marché et prix moyens selon le nombre de personnes par chambre.

▲ Dans cette catégorie bon marché, on peut également citer les *résidences universitaires,* notamment **Cartwright University Hall** *(plan couleur I, B-C1, 19)* : 36 Cartwright Gardens, WC1. ☎ 388-37-57. Fax : 388-25-52. M. : Russell Square ou Euston. £ 30 (45,6 €) la chambre simple, £ 42 (63,84 €) la double, £ 57 (86,64 €) la triple, £ 69 (104,88 €) la chambre de 4 personnes, et £ 84 (127,68 €) la chambre de 5 personnes. Dans une grande maison, chambres simples pour 1 à 5 personnes. Salles avec billard, TV, laverie. Même pendant l'année universitaire, des chambres restent disponibles pour les touristes. D'autres résidences universitaires sont situées sur la même place, mais dans des bâtiments froids et anonymes : **Commonwealth Hall** (☎ 387-03-11) et **Hugues Parry Hall** (☎ 387-14-77).

Bed & Breakfast à prix moyens

À deux pas de King's Cross Station, Argyle Street (à ne pas confondre avec Argyll Street près d'Oxford Circus) propose plusieurs *B & B* à prix honnêtes. Beaucoup sont tenus par des personnes originaires de l'île de Malte. Les tarifs peuvent varier en fonction de la durée de votre séjour. Pour ceux qui auraient réservé une chambre dans une de ces adresses proches de King's Cross et qui arriveraient par l'aéroport de Gatwick, prendre la Thames Link de Gatwick à King's Cross, plus rapide et plus pratique que de passer par Victoria Station.

▲ **Alhambra Hotel** *(plan couleur I, C1, 11)* : 17-19 Argyle Street, WC1. ☎ 837-95-75. Fax : 916-24-76. M. King's Cross.
● E-mail : postmaster@alhambrahotel.demon.co.uk
Chambre simple de £ 28 à 55 (de 42,56 à 83,6 €), la double de £ 38 à 55 (de 57,76 à 83,6 €), la triple de £ 55 à 70 (de 83,6 à 106,4 €), et la chambre pour 4 personnes à £ 85 (129,2 €). Les chambres les plus chères dans chaque catégorie ont douche et w.-c. privés. Hôtel tenu par une Française qui vit à Londres depuis plus de 22 ans. À deux pas

du métro, comme la suivante, vraiment pratique. Les chambres sont impeccables, claires et agréablement meublées. Ceci vaut pour la maison principale et les deux annexes de l'autre côté de la rue. Accueil enthousiaste, surtout lorsqu'on est français. Ça fait tellement plaisir de parler du pays. La patronne donne volontiers des tuyaux sur le quartier et Londres en général. L'adresse la plus confortable de la rue.

■ *Jesmond Dene Hotel* (plan couleur I, C1, 12) : 27 Argyle Street, WC1. ☎ 837-46-54. Fax : 833-16-33. M. : King's Cross.
• Internet : www.scoot.co.uk/jesmonddean
£ 38 (57,76 €) la chambre simple, £ 55 (83,6 €) la double, de £ 55 à 66 (de 83,6 à 100,32 €) la triple, de £ 75 à 85 (de 114 à 129,2 €) la chambre pour 4 ou 5 personnes. Adresse très bien tenue, impeccable et proposant des chambres modernes pour 2, 3, 4 ou 5, assez spacieuses pour la plupart. Familial. La plupart des chambres ont douche et w.-c. et toutes ont la TV. Accueil très sympa et bon rapport qualité-prix pour Londres. Ces gentils proprios louent aussi non loin de là une maison agréable avec cuisine et 4 chambres. Compter environ £ 20 (30,4 €) par personne (ce tarif varie en fonction de la durée du séjour).

■ *Celtic Hotel* (plan couleur III, C1, 23) : 62 Guilford Street, WC1. ☎ 837-67-37 ou 837-92-58. M. : Russell Square. Chambre simple à partir de £ 38,50 (58,52 €), la double à £ 50,50 (76,76 €), la triple à £ 70 (106,4 €), la chambre pour 4 à £ 80 (121,6 €), et pour 5 à £ 100 (152 €). Chambres simples et fort bien tenues, avec lavabo. Douches et w.-c. communs. Salon TV. Accueil familial agréable, et en français si vous avez affaire à la femme ou la fille.

■ *Russell House Hotel* (plan couleur III, C1, 24) : 11 Bernard Street, WC1. ☎ 837-76-86. M. : Russell Square. £ 55 (83,6 €) la double, £ 70 (106,4 €) la triple, et £ 80 (121,6 €) la chambre pour 4 personnes. La maison voisine de la sortie du métro. Chambres simples et propres avec salle de bains privée et TV. Accueil doux et sympathique.

■ *Apollo Hotel* (plan couleur I, C1, 12) : 43 Argyle Street, WC1. ☎ 837-54-89. Fax : 916-18-62. M. : King's Cross. Double de £ 36 à 50 (de 54,72 à 76 €), les plus chères avec douche. Chambres avec TV. Douches à l'étage pour la plupart. Un poil moins cher que le *Jesmond Dene* et que l'*Alhambra* voisins, mais aussi bien moins confortable. Réserver par téléphone et confirmer par fax. Attention, supplément si on paie par carte bleue.

Un peu plus chic

■ *Garth Hotel* (plan couleur III, B1, 15) : 69 Gower Street, WC1. Entre Chenies Street et Torrington Place. ☎ 636-57-61. Fax : 637-48-54. M. : Goodge Street. De £ 52 à 64 (de 79,04 à 97,28 €) la double. Salle de bains à partager pour les moins chères. Toute la maison est décorée de tableaux car le propriétaire est un collectionneur ; certains sont même à vendre ! Hôtel propre, chambres tout à fait correctes, de la simple à la familiale.

■ *Regency House Hotel* (plan couleur III, B1, 16) : 71 Gower Street, WC1. ☎ 637-18-04. Fax : 323-50-77. M. : Goodge Street. La double de £ 52 (79,04 € ; salle de bains à partager) à £ 72 (109,44 € ; salle de bains privée). Chambres très bien tenues avec TV. Le patron est doucement allumé, mais rigolo et très sympa. En plus, il est très attentif au confort de ses chambres. Double-vitrage efficace, bonne literie, matériaux de qualité notamment dans les salles de bains... Bon *English breakfast*.

■ *Arran House Hotel* (plan couleur III, B1, 16) : 77-79 Gower Street, WC1. ☎ 636-21-86 ou 637-11-40. Fax : 436-53-28. M. : Goodge

Street. La double de £ 50 à 70 (de 76 à 106,4 €). Chambres de 1 à 5 personnes plutôt simples, certaines avec salle de bains, d'autres avec juste une cabine de douche. £ 83 (126,16 €) la chambre pour 5 avec sanitaires à l'extérieur. Bon accueil, ambiance décontractée.

Bed & Breakfast plus chics

Le quartier résidentiel autour du British Museum propose des *B & B* de bonne qualité dans la pléthore de maisons georgiennes que l'on trouve ici. À quelques centaines de mètres au nord, l'ensemble superbe des *Cartwright Gardens*, où les maisons ont été agencées en demi-lune autour d'un petit parc, offre également des *B & B* aux prix encore abordables.

▲ *Euro Hotel (plan couleur I, B-C1, 13) :* 51-53 Cartwright Gardens, WC1. ☎ 387-43-21. Fax : 383-50-44. M. : Euston ou Russell Square. La double de £ 63 (sanitaires à partager) à £ 82,50 (125,4 €). Superbe place, pleine d'arbres et de verdure. Hôtel charmant, bon accueil, mais pas donné. Chambres de 1 à 4 personnes agréables, certaines avec douche et w.-c., toutes avec TV et téléphone. Très propre. C'est tellement chouette de se réveiller le matin avec une fenêtre qui donne sur ce square. Avantage énorme : l'endroit est particulièrement calme. Possibilité de jouer au tennis juste en face.

▲ *George Hotel (plan couleur I, B-C1, 13) :* 58-60 Cartwright Gardens, WC1. ☎ 387-77-77. Fax : 387-86-66. M. : Euston ou Russell Square.
• E-mail : ghotel@aol.com
De £ 64,50 à 79,50 (de 98,04 à 120,84 €) la double avec ou sans sanitaires privés. Même style que le précédent. Chambres confortables pour 1 à 4 personnes avec TV. Possibilité de jouer au tennis sur les courts juste en face de l'hôtel (demander aux gérants). Excellent accueil.

▲ *Avalon Private Hotel (plan couleur I, B-C1, 13) :* 46-57 Cartwright Gardens, WC1. ☎ 387-23-66. Fax : 387-58-10. M. : Russell Square.
• E-mail : avalonhotellondon@compuserve.com
De £ 55 à 69 (de 83,6 à 104,88 €) la double avec ou sans sanitaires privés. Chambres familiales de £ 75 à 95 (de 114 à 144,4 €). Toute la vieille Angleterre s'est figée dans cet hôtel à la décoration gentiment désuète. Plus vieillot que les précédents mais aussi moins cher. Seule touche de modernité : l'ordinateur et Internet derrière la réception. Hospitalité chaleureuse d'un patron attentionné. Chambres pas très spacieuses. Comme pour l'*Euro Hotel* et le *George Hotel*, il est possible de jouer au tennis.

▲ *Saint Margaret's Hotel (plan couleur III, C1, 18) :* 26 Bedford Place, WC1. ☎ 636-42-77. Fax : 323-30-66. M. : Russell Square ou Holborn. La double sans sanitaires à £ 56,50 (85,88 €), £ 58,50 (88,92 €) pour une nuit seulement ; la double avec douche à £ 70 (106,4 €) ; et la double avec douche et w.-c. à £ 74 (112,48 €). Demeure de caractère entretenue avec soin par la même famille depuis 40 ans. Tapis rouge dans l'escalier, salon coquet, c'est une bonne adresse dans sa catégorie. Propre et chaleureux.

▲ *Ruskin Hotel (plan couleur III, C1, 19) :* 23-24 Montague Street, WC1. ☎ 636-73-88. Fax : 323-16-62. M. : Holborn ou Russell Square. De £ 62 à 77 (de 94,24 à 117,04 €) la chambre double, de £ 78 à 88 (de 118,56 à 133,76 €) la triple. Les plus chères dans chaque catégorie ont douche et w.-c. privés. Bel édifice georgien. Déco classique et bonne tenue générale. Vaut mieux, vu le prix !

▲ *Thanet Hotel (plan couleur III, C1, 20) :* 8 Bedford Place, WC1. ☎ 636-28-69 ou 580-33-77. Fax : 323-66-76. M. : Russell Square ou Holborn. La simple à £ 57 (86,64 €),

BLOOMSBURY, KING'S CROSS et EUSTON

la double à £ 75 (114 €), la triple à £ 91 (138,52 €), et la chambre pour 4 personnes à £ 99 (150,48 €). Bel établissement plein de charme dans une rue calme. Chambres impeccables avec sanitaires et TV. Accueil prévenant. Prix en conséquence.

Où manger ?

Prix moyens

I●I *Wagamama* (plan couleur III, C2, 55) : 4 Streatham Street, WC1. ☎ 323-92-23. M. : Tottenham Court Road. Tout près du British Museum. De New Oxford Street, remonter sur Bloomsbury et prendre à droite dans Streatham. Ouvert tous les jours de 12 h à 23 h (12 h 30 à 22 h le dimanche). Un fast-food japonais qui passerait inaperçu sans la file d'attente débordant de l'entrée aux heures de pointe. Un point de repère : arrivé en haut des escaliers, il n'y a plus qu'un quart d'heure d'attente. Les Londoniens apprécient la grande salle bondée en sous-sol à la déco aseptisée, la cuisine japonaise (néanmoins généreuse) et surtout le concept marketing de *positive eating* qui enrobe le tout. *Pan-fried noodles*, *ramen* (leur spécialité, des nouilles chinoises baignant dans un bouillon servies avec des morceaux de poulet et des légumes dans un grand bol), *fried rice*, salades et boissons énergétiques. Portions copieuses et savoureuses pour quelques livres seulement. Un plat suffit et l'on paie à la caisse. Autre *Wagamama* dans Soho : 10 A Lexington Street. ☎ 292-09-90. M. : Piccadilly Circus (voir la rubrique « Où manger ? » dans le chapitre « Le centre touristique : Soho, Piccadilly, Covent garden, Oxford Circus »).

I●I *China House* (plan couleur III, C1, 56) : 51 Marchmont Street, WC1. ☎ 713-08-66. M. : Russell Square. Ouvert du lundi au vendredi de 12 h à 15 h et de 17 h 30 à minuit, les samedi et dimanche de 12 h à minuit. Le midi, 2 plats pour environ £ 4,50 (6,84 €), et le soir, 3 plats pour £ 6,80 (10,33 €). Ce bon chinois propose aussi le soir des menus copieux pour 2 ou 3 personnes à prix raisonnables. La cuisine est intéressante. Les mélanges aigre-doux sont particulièrement goûteux, les plats variés et les portions copieuses. Le bœuf aux noix de cajou est excellent. Plus cher à la carte, bien sûr.

I●I *Townhouse Brasserie* (plan couleur III, C2, 77) : 24 Coptic Street, WC1. ☎ 636-27-31. M. : Tottenham Court Road ou Holborn. Ouvert du lundi au vendredi de 12 h à 23 h 30, le samedi de 15 h à 23 h 30, et le dimanche de 12 h à 20 h. Service continu. Entrées entre £ 5 et 6 (entre 7,6 et 9,12 €), plats entre £ 9 et 12 (entre 13,68 et 18,24 €). Formules 2 plats le midi et 3 plats le soir à prix intéressants. Idéal pour se « retaper » après une longue visite du British Museum tout proche. Jolie petite salle tout en longueur (une autre au sous-sol) à la décoration moderne et soignée. Deux menus et la carte. Bonne cuisine et assiettes élégamment préparées. Carte des vins très honnête. Service efficace.

I●I *Mandeer* (plan couleur III, C2) : 8 Bloomsbury Way, WC1. ☎ 242-62-02. M. : Tottenham Court Road ou Holborn. Ouvert de 12 h à 15 h et de 17 h à 22 h. Fermé le dimanche. Excellent resto végétarien indien. Goûtez au bon riz brun frit dans le beurre et aux *kachoris*. À midi, menu très bon marché.

I●I *Museum Street Café* (plan couleur III, C2, 111) : 47 Museum Street, WC1. ☎ 405-32-11. M. : Tottenham Court Road ou Holborn. Ouvert de 10 h (9 h le week-end) à 18 h. Beau petit café tout près du British Museum comme son nom l'indique. Génial pour prendre des forces avant la visite de ce superbe musée ou en reprendre après : petit déjeuner, *lunch*, pâtisseries appétissantes... Bon accueil et atmosphère paisible.

|●| *The Woburn Tandoori Restaurant* (plan couleur I, B-C1, **36**) : 16 Woburn Walk, WC1. ☎ 383-79-57. M. : Euston ou Russell Square. Ouvert tous les jours de 12 h à 15 h et de 18 h à minuit. Compter environ £ 12 (18,24 €) pour un repas complet. Petit restaurant indien caché dans une ruelle. Accueilli par un patron affable, la bonne impression se confirme grâce à une cuisine savoureuse et un service diligent. Atmosphère apaisante. Heureusement que les Indiens sont là pour qu'on puisse bien manger à prix raisonnables à Londres.

|●| *Haandi* (plan couleur I, B1, **25**) : 161 Drummond Street, NW1. ☎ 383-45-57. M. : Warren Street. Ouvert tous les jours de 12 h à 14 h 30 et de 18 h à 23 h 30 (minuit le week-end). Les menus végétarien ou *tandoori* pour 2 personnes (3 plats, dessert et café) sont intéressants. Formule buffet à midi. Cuisine de bonne qualité. Cadre quelconque. Service sympa. *Happy hour* de 18 h à 19 h.

|●| *The Gurkhas Tandoori Restaurant* (plan couleur III, B1, **57**) : 23 Warren Street, W1. ☎ 383-49-85. M. : Great Portland Street ou Warren Street. Ouvert tous les jours de 12 h à 15 h et de 18 h à minuit (23 h 30 le dimanche). Petit resto népalais réputé pour sa délicieuse cuisine. Intime, sympathique et vraiment bon. Savoureux *curry* de mouton.

– Dans Warren Street, plusieurs autres cafés, sandwicheries, saladeries appétissants.

|●| *Pasta Plus Italian Restaurant* (plan couleur I, B1, **29**) : 62 Eversholt Street, NW1. ☎ 383-49-43. M. : Euston. Ouvert de 12 h à 15 h et de 17 h 30 à 23 h. Fermé les samedi midi et dimanche. Dans un cadre moderne et soigné, les proprios italiens proposent une cuisine de leur pays fine et copieuse. Bons *antipasti*, une vingtaine de spécialités de pâtes fraîches « maison », des poissons et viandes servis avec les légumes du jour. Également un bon menu très abordable. Bref, une bonne adresse assez douce pour le porte-monnaie et à l'accueil prévenant.

Où surfer sur Internet ?

– *Cyberia Cyber Café* (plan couleur III, B1, **70**) : 39 Whitfield Street, W1. ☎ 209-09-82. M. : Goodge Street. Ouvert de 9 h 30 à 22 h. Surtout pour pouvoir surfer sur le Net, tout en sirotant un café. Quelques plats chauds. Pour l'ambiance. Soirées spéciales les mardi et dimanche.

Où écouter du rock, du blues, du jazz, de la soul, du funk, du rap, etc. ?

– *Ulu* (plan couleur III, C1) : Malet Street. ☎ 323-54-81. M. : Goodge Street. En venant de Torrington Place, c'est au début de Malet Street sur la gauche. En Angleterre, tous les groupes rock passent dans les salles des universités avant de pouvoir espérer faire de grandes tournées. C'est donc dans un lieu comme celui-ci, entouré d'étudiants boutonneux, que vous pourrez voir les groupes qui feront dans trois ans la une des journaux de rock. Les boissons sont moins chères que dans les pubs, mais la nourriture est à éviter à tout prix. Attention, les concerts commencent vers 20 h.

Où danser ?

Deux adresses un peu excentrées vers le nord, mais qui valent le coup.

– **The Cross** *(plan couleur I, C1)* : King's Cross Freight Depot, N1. ☎ 837-08-28. M. : King's Cross. Ouvert de 22 h à 4 h 30 (jusqu'à 6 h les vendredi et samedi). Pour y accéder, prendre York Way, la rue qui longe King's Cross Station par la droite, puis à gauche sur le pont. On y est ! Chouette boîte sous les voûtes en pierre d'anciens entrepôts. Aux platines, *DJs* pro-techno qui font gigoter une jeunesse plutôt bien mise. Garçons mignons et jeunes filles en jupe courte à froufrous, sans oublier l'indispensable mini-sac à main fourre-tout. L'été, on peut profiter du patio et de ses confortables fauteuils.

– **Bagley's** *(plan couleur I, C1)* : juste en face de la précédente. ☎ 278-27-77. M. : King's Cross. Ouvert les vendredi et samedi à partir de 22 h. C'est géant ! Quatre anciens entrepôts frigorifiques immenses transformés en une véritable usine à bringue. Un bataillon de *DJs* survitaminés se succèdent aux platines pour faire groover une foule de clubbers venus prendre leur dose de décibels hebdomadaire.

Théâtre

– **Bloomsbury Theatre** : Gordon Street, WC1. ☎ 387-96-29. M. : Euston Square ou Goodge Street. Ce théâtre propose des pièces montées généralement par des étudiants de bon niveau. Places très bon marché, surtout pour les étudiants.

Shopping

Lainages

△ **Westaway and Westaway** *(plan couleur III, C2)* : 65 et 92 Great Russell Street (tout près du British Museum). ☎ 405-44-79. M. : Tottenham Court Road. Ouvert de 9 h à 17 h 30 (11 h à 18 h le dimanche). Cette boutique, souvent remplie de touristes, possède un choix énorme de shetlands, cachemires, tartans...

Livres

△ **Dillons** : 82 Gower Street, WC1. ☎ 636-15-77. Grande librairie généraliste. On y trouve tout. Deux autres au 23 Oxford Street, face au Megastore, et à Trafalgar Square.

△ **Cinema Bookshop** : 13 Great Russell Street, WC1. ☎ 637-02-06. M. : Tottenham Court Road ou Holborn. Ouvert de 10 h 30 à 17 h 30. Fermé le dimanche. Le spécialiste des livres touchant au cinéma. Un monde magique.

△ **Gosh Comics** : 39 Great Russell Street, WC1. Tout près du British Museum. ☎ 636-10-11. Ouvert de 10 h à 18 h (19 h les jeudi et vendredi). Pour les dingues de BD américaines. Surtout de la science-fiction.

△ **Housmans** : 5 Caledonian Road, N1. ☎ 837-44-73. M. : King's Cross. Ouvert de 10 h à 18 h 30 et de 12 h à 16 h le dimanche. Librairie de tendance libertaire proposant une vaste sélection d'ouvrages sur l'écologie, le mouvement antinucléaire, la politique, la sociologie, etc. Au sous-sol, toutes les brochures et journaux des mouvements alternatifs, tiers-mondistes. Cartes postales inédites, posters, etc. Une vraie mine !

△ **Gays the World** : 66 Marchmont Street, WC1. ☎ 278-76-54. M. : Russell Square. Ouvert de 10 h à 18 h (19 h le jeudi) et de 14 h à 18 h le dimanche. Librairie homo ayant un grand choix de bouquins et un petit café dans le fond de la boutique.

Disques

△ *Mole Jazz :* 311 Grays Inn Road, WC1. ☎ 278-07-03. M. : King's Cross-Saint Pancras. Le plus important magasin de Londres pour le jazz avec Ray's Jazz Shop (voir la rubrique « Shopping » du centre touristique). Énorme rayon de *secondhand* dont les meilleurs sont mis de côté pour des ventes aux enchères par correspondance. Laissez votre adresse, ils vous enverront une liste d'environ 2 000 titres tous les six mois. Ils ont également leur propre label : Mole Jazz Records (Gil Evans, Art Pepper, etc.).

Hi-fi

△ *Shasonic :* 42 Tottenham Court. ☎ 636-08-45. Ouvert de 9 h à 18 h (19 h le jeudi). La Fnac britannique! Le plus grand choix en hi-fi. Pas très cher comparé aux autres boutiques. N'hésitez pas à faire dédouaner votre appareil. On y gagne largement un tiers du prix d'achat malgré les *French customs* (une chaîne hi-fi est difficile à passer discrètement...). Pour les modèles au standard européen directement utilisables en France, nous vous conseillons les petits magasins de *Queensway*.

Papeterie

△ *Paperchase* (plan couleur III, B1) *:* Percy Street, W1. ☎ 580-84-96. M. : Goodge Street. Ouvert de 9 h à 18 h. Une très grande papeterie où vous trouverez un choix énorme de cartes au rez-de-chaussée. Au premier étage, tout ce dont vous avez besoin pour peindre et dessiner (papiers, pinceaux, peintures, etc.). Nombreuses autres adresses dans Londres, notamment à Victoria, au 92 Victoria Street; 441 Strand, près de Charing Cross Station; Euston Station; et Waterloo Station.

Maison

△ *Heal's* (plan couleur III, B1) *:* 196 Tottenham Court Road, W1. ☎ 636-16-66. M. : Goodge Street. Ouvert de 10 h à 18 h (20 h le jeudi). Vous y trouverez absolument tout pour décorer votre maison, de la brosse à dents design à la cuisine équipée. Très chic. Le meilleur choix de Londres.

Galeries et musées

★ *British Museum* (plan couleur III, C2) *:* Great Russell Street, WC1. ☎ 636-15-55. Informations sur répondeur 24 h/24 : ☎ 580-17-88. M. : Holborn, Tottenham Court Road ou Russell Square ; autre entrée sur Montague Place, moins de monde. Ouvert de 10 h à 17 h en semaine et de 14 h 30 à 18 h le dimanche. Fermé du 24 au 26 décembre, le jour de l'an, le vendredi saint et le premier lundi de mai. Entrée gratuite. Visites guidées payantes (durée : 1 h 30).

« LE » musée par excellence. L'un des plus riches du monde, même s'il n'a pas la variété du Louvre. Depuis notre passage, les travaux liés au projet « The Great Court » et le déménagement de la British Library dans un bâtiment tout neuf sur Euston Road (entre Euston Station et King's Cross) entraînent de nombreux changements dans l'affectation des salles par rapport à notre description. La direction du musée s'est en effet lancée dans un projet ambitieux, « The Great Court », confié au grand architecte Norman Foster et en grande partie financé par le gouvernement. Il s'agit de réaménager la Grande Cour, fermée au public depuis cent cinquante ans, en un large atrium, avec de nouvelles salles de lecture, de séminaires, des librairies, un centre pédagogique, des restaurants, etc.

Le « British » couvre l'histoire de l'humanité depuis ses origines jusqu'à nos jours, mais ce sont les collections d'antiquités qui occupent la plus grande partie des 26 000 m² de galeries. Impossible de tout voir en une fois. Si vous voulez aller au fond des choses, il vaut mieux choisir quelques sections et visiter le musée petit à petit. Attention : c'est un vrai labyrinthe ! Se procurer le plan au kiosque d'information.

Cette véritable institution britannique a été fondée au milieu du XVIIIe siècle grâce à l'argent d'une loterie publique, qui servit à acquérir de grandes collections privées. À l'époque, il n'était pas aussi simple de le visiter qu'aujourd'hui : il fallait faire une demande écrite, visée par une commission, ce qui limitait le nombre de visiteurs à une dizaine par jour ! Par la suite, il s'est enrichi des trésors dérobés par les armées britanniques lors des conquêtes. Un hommage éloquent à l'empire ! Cela dit, Napoléon fit de même pour le Louvre. Vastes collections archéologiques (sarcophages égyptiens, vases antiques, les marbres de Lord Elgin volés au Parthénon...). Les sections consacrées à l'Assyrie, à la Grèce et à l'Égypte sont d'une richesse époustouflante. Celles sur l'art oriental ne sont pas en reste. Il abrite aussi des manuscrits rarissimes et des collections de monnaies inestimables, ainsi qu'une toute nouvelle galerie consacrée aux civilisations mexicaines avant la conquête espagnole.

Le tout est conservé en plein cœur de Londres, derrière la gigantesque façade d'un temple grec.

UNE VISITE « ÉCLAIR » DU MUSÉE

Pour ceux qui ont peu de temps à accorder au British Museum, voici une balade de 3 h environ. En suivant cet itinéraire, vous verrez les pièces maîtresses du musée et les salles les plus intéressantes. Mais il ne s'agit que d'une visite édulcorée pour les stakhanovistes. La totalité des collections se visite en 3 jours sans traîner. Ceux qui souhaitent voir le musée à leur rythme doivent se reporter au parcours suivant, plus détaillé.

– Dirigez-vous vers le grand escalier, prenez à gauche et traversez la librairie. À l'entrée de la salle 25, la *pierre de Rosette* est l'objet de toutes les attentions. Un décret du conseil des prêtres de Ptolémée V (196 av. J.-C.) est gravé en 3 langues : hiéroglyphes, démotique et grec. Au début du XIXe siècle, elle permit à Champollion de percer le secret des hiéroglyphes. Juste en face, la *liste des rois*, hiéroglyphes sur bois récapitulant le nom des pharaons de Menès (3 100 av. J.-C.) jusqu'à Ramsès II (XIIe siècle av. J.-C.).

– Plus loin dans la même salle, la partie colossale de la statue de Ramsès II (1270 av. J.-C.). Un peu mégalo, il éleva plus de statues à son effigie que tous les autres pharaons d'Égypte. Remarquez les deux couleurs de marbre. La tête claire symbolise la supériorité de l'esprit sur le corps plus sombre.

– Prenez à gauche de la statue. Traversez deux salles. Sur la gauche (salle 16), les *portes de Khorsabad*. Les taureaux ailés à tête humaine gardaient les portes de la cité de Khorsabad, nouvelle capitale du roi assyrien Sargon II (VIIIe siècle av. J.-C.). Ils faisaient office de gardiens contre l'infortune. Chacun pèse 16 t. Pour vous rappeler que l'Irak a été administré par les Anglais...

– Continuez vers la salle 17. *Chasse au lion d'Assurbanipal*, le sport favori des rois assyriens. Le réalisme des scènes de cette grande frise montre la parfaite maîtrise de cet art au VIIe siècle av. J.-C.

– Revenez vers la salle 15 et tournez à gauche vers la salle 8. La *frise du*

Parthénon (Ve siècle av. J.-C.) ramenée en Angleterre au XIXe siècle par Lord Elgin alors que le site était à l'abandon (il a été mis en valeur depuis, mais les fresques sont toujours là...). Les plaques nous font assister aux préparatifs des fêtes en l'honneur d'Athéna, à la procession et à la cérémonie. Inoubliable !
– En sortant de la salle, tournez à gauche dans la salle 9. L'une des *cariatides du temple de l'Érechtéion* sur l'Acropole. Sublime drapé plein de grâce.
– Passez dans la salle 12. Vestiges de deux monuments de la Grèce antique figurant dans la liste très sélective des Sept Merveilles du monde. Tête du cheval trônant au sommet du *mausolée d'Halicarnasse*.
– Salle 14 : tambour sculpté provenant du *temple d'Artémis* à Éphèse.
– Montez au premier étage. Dans les salles 60 et 61, collection de momies et de sarcophages égyptiens. La plus belle hors d'Égypte, mais cela ne justifie pas les pillages de tombes perpétrés « au nom de l'histoire ». Notre préférée est dans la salle 66, après la salle des papyrus : *momie d'Artémidorus* du IIe siècle av. J.-C. Mélange de stucs dans le style pharaonique, d'inscriptions grecques et de peinture romaine.
– Revenez en arrière dans la salle 56 et prenez à gauche jusqu'au gigantesque *totem* en cèdre rouge dédié au dieu Corbeau (escalier est). Prenez à droite jusqu'à la salle 41. Trésor médiéval de *Sutton Hoo* (VIIe siècle) provenant d'un vaisseau funéraire dans lequel un roi anglo-saxon fut enterré. Le plus riche trésor jamais découvert en Angleterre : casque en fer orné de plaques de bronze et de fils d'argent, boucle de ceinture en or et décorée d'entrelacs, agrafes et fermoir de bourse en or et grenats.
– Passez dans la salle 40 et à gauche dans la salle 39. Le *bouclier de Battersea*, la plus remarquable pièce de l'art celtique primitif en Angleterre. La fine décoration en volutes montre une grande maîtrise du travail du bronze.
– Dans la salle 49, l'*Homme de Lindow*. Jeune garçon de 25 ans (il fait plus, non ?) mort il y a 2 000 ans et retrouvé au fond d'un marécage. L'examen du corps a montré que ce malheureux Celte a dû mourir lors d'un rituel horrible, après avoir été assommé, étouffé puis égorgé. Coutume locale un peu barbare, n'est-il pas ?
– Allez jusqu'à la salle 69 et tournez à droite. Dans la salle 70 (ou temporairement en salle 14), le *vase Portland* du Ier siècle av. J.-C., fabriqué dans une verrerie romaine suivant la technique du camée. Bien restauré après qu'un visiteur un peu dérangé l'eut fait tomber. Une pure merveille de goût et de raffinement.
– Revenez sur vos pas et descendez au rez-de-chaussée. Traversez le hall d'entrée vers la salle 29 et tournez à gauche dans la longue salle 32 pour voir l'une des *bibles de Gutenberg* (XVe siècle), qui n'a pas inventé l'imprimerie (encore un mythe qui tombe !). Il a seulement amélioré la technique en inventant les lettres mobiles.
– Passez par l'escalier est pour vous rendre dans la salle 33. Porcelaines chinoises dont un *vase Ming* du XVe siècle. Remarquez aussi la *tête de Bodhisattva* en laque sèche (VIIe siècle). Objet excessivement fragile parmi les derniers témoins de cette technique disparue.
– Descendez l'escalier nord. Dans la salle 34, pierre tombale en albâtre d'un sultan ottoman. Beau témoignage de l'art islamique.

UNE VISITE APPROFONDIE DES COLLECTIONS

La visite qui suit s'adresse à tous ceux que le parcours « éclair » n'a pas sevrés. Se vouloir exhaustif serait impossible. C'est pourquoi cette visite suit nos préférences, comme d'habitude. Pas de bla-bla sur les figurines d'argile d'Italie du Sud ou sur l'art cypriote. Mais rassurez-vous, il en reste assez pour satisfaire les plus gros appétits.

Antiquités égyptiennes

Le département le plus prestigieux du British Museum et, dans le genre, les collections les plus riches au monde avec celles du musée du Caire et du Louvre. Les découvertes faites dans la vallée du Nil par les archéologues anglais y sont bien sûr pour quelque chose, mais il faut ajouter que les pièces inestimables cédées par Napoléon (après le traité d'Alexandrie) ont été accueillies avec joie. L'histoire du voleur volé, en quelque sorte... On ne se lasse pas d'arpenter les salles consacrées à l'Égypte ancienne, comme ce fut le cas, entre autres, pour Flaubert... Il faut dire que les trésors ne manquent pas.

● *Rez-de-chaussée*

– Salle 25 : du hall d'entrée, traversez la librairie puis tournez à droite. La plus grande salle du musée, vouée comme il se doit aux œuvres monumentales. Sur la gauche, la fameuse *pierre de Rosette* (voir « Visite éclair ») et, en face, la *liste des rois,* autre pièce rare. Un peu plus loin, très belle *statue peinte de Nenkheftka* (2400 av. J.-C.) et de remarquables fragments de murs gravés (dont un en granit rouge), rapportés de Giza. On ne peut pas rater les 3 statues de granit noir représentant Sesostris III, ainsi que la tête colossale d'un roi de la XVIIIe dynastie. Son poing est posé à côté (celui qui a cassé la statue a dû se faire engueuler). Dans un renfoncement, la galerie 25a contient des reliefs sculptés et peints, trois superbes *statues en position d'attente* (1850 av J.-C.), un masque de momie sculpté et peint, des statuettes et fresques. Au centre de la salle 25 (carrefour avec la salle 20), splendide *babouin en quartz* (1400 av. J.-C.) et, dans un coin, statue en bois représentant Ramsès Ier. Dans les vitrines, l'une des pièces les plus connues du musée : un sublime petit *chat en bronze* (600 av. J.-C.). On remarque que les punks n'ont rien inventé puisque les Égyptiens lui ont percé le nez et les oreilles pour y glisser des anneaux (d'or, c'est ça qui fait la différence !). Derrière, la grosse tête est celle de Ramsès II. Plus loin, à l'entrée de la seconde galerie de droite, remarquez les yeux fascinants du faucon Horus. La salle 25b renferme un magnifique sarcophage de bois, entièrement recouvert d'or peint (1290 av. J.-C.). Au fond, imposant sarcophage de granit, une jolie tête sculptée, mi-grecque, mi-égyptienne, et quelques animaux amusants : chacal, babouin à tête de chien et faucon.

● *Premier étage*

– Salles 60 et 61 : momies et sarcophages. Essayez d'éviter les heures de *rush* : c'est le coin préféré des groupes scolaires ! Les pièces sont saisissantes, il faut l'avouer. Certaines sont dorées ou peinturlurées, d'autres simplement emmaillotées ou recouvertes de chiffons usés (depuis le temps !). La pièce 6704 (à gauche avant la salle 61) est la plus frappante : les bandelettes épousent chaque partie du corps, créant comme une seconde peau à la dépouille ! Des radiographies permettent de connaître l'âge, le sexe et les problèmes médicaux des personnes momifiées... Vous vous imaginez ainsi « auscultés » dans deux siècles ? Dans les vitrines (à l'un des angles), adorables momies d'animaux : un chat mimi comme tout, un chacal, des poissons, de minuscules souris et même un ver de terre.

– Salle 62 : collection de papyrus. Très beaux parchemins couverts de hiéroglyphes, certains parfaitement conservés. Également des vitrines de bijoux (superbes) et de vases, des amulettes et une riche collection de figurines.

– Salle 63 : vie quotidienne dans l'Égypte ancienne. Pêle-mêle : vannerie, vêtements, sandales, instruments de musique (harpe, flûte, guitare électrique...), meubles (de 1250 av. J.-C. !), vaisselle, armes et outils. À noter, une curieuse collection de repose-tête. On devait sacrément s'ennuyer, là-bas !

– Salle 64 : l'Égypte des débuts. Sculptures, amphores très vieilles, etc. Le plus incroyable : la dépouille d'un homme ayant vécu 3 400 ans av. J.-C. Comme le temps passe... La peau (on serait tenté de dire le cuir) a été conservée par le désert. Restent même quelques cheveux !
– Salle 65 : galerie d'Afrique et d'Égypte. Pierres sculptées, bijoux, statuettes et vases. Au fond, reconstitution d'un mur de la chapelle d'une pyramide, avec ses bas-reliefs.
– Salle 66 : retournez salle 63 et prenez à droite. L'Égypte copte. Figurines, tapisseries, belles icônes et très beau sarcophage rouge et or (voir la visite « éclair »).

Antiquités grecques et romaines

L'un des départements les plus riches. Il contribue, avec les antiquités égyptiennes, à la célébrité du musée. Les sculptures les plus grandioses se trouvent au rez-de-chaussée, qui présente l'évolution chronologique de l'art grec, de l'âge du bronze à l'époque romaine. Au premier étage, art grec dans les colonies d'Italie du Sud, antiquités pré-romaines et romaines.

● *Rez-de-chaussée et sous-sol*

– Salles 1 et 2 : les fondements de l'art grec. Art primitif des Cyclades (autour du IIIe millénaire av. J.-C.) avec sa statuaire en marbre très caractéristique, dont Brancusi s'est inspiré. Objets datant de l'époque des Minoans, dont la civilisation s'était développée en Grèce pendant l'Âge du Bronze. Elle servit de fondation à l'art mycénien, dont on découvre quelques exemples, notamment des bijoux.
– Salles 3 et 4 : Vases de la période géométrique qui débuta à Athènes au XIe siècle av. J.-C. Les motifs géométriques laissent peu à peu la place aux motifs figuratifs, très stylisés au début (hommes, dieux, animaux). Ce sont les éléments de base que les artistes grecs utiliseront désormais en les affinant. La Grèce archaïque (VIIe-VIe siècle av. J.-C.) : bronzes, céramiques et bijoux de la période orientalisante (VIIe siècle av. J.-C.) pendant laquelle les Grecs digérèrent le savoir-faire et le style des artisans du Proche-Orient. Voir surtout la parure trouvée dans une tombe à Rhodes. Superbe vase athénien à figures noires (vers 570 av. J.-C.). La frise supérieure représente les *Noces de Pelée* (le père d'Achille) *et de Thétis*. Remarquez le soin apporté à la décoration du col, la partie la plus visible lorsque le vase était posé sur son socle. La technique de la figure noire était en vogue à cette époque : les figures sont peintes en noir et les détails incisés. Impressionnante collection d'amphores et de coupes dans la salle du sous-sol. La salle 4 est consacrée à la technique de la figure rouge, inventée à Athènes à la fin du VIe siècle. C'est en fait l'inverse de la technique précédente : le vase est peint en noir, excepté les figures qui apparaissent dans la couleur rouge de l'argile. Les détails ne sont plus gravés à la pointe à tracer, mais sont peints au pinceau, ce qui permet de traiter avec plus de réalisme les corps et les drapés. Quelle révolution !
– Salle 5 : beaux cratères, coupes et lécythes à figures rouges. Les frises animalières de Xanthos nous amènent au début de la période classique, où le coup de ciseau s'affine considérablement. Au milieu des coqs et des poules, un satyre rôde.
– Salle 6 : autour de la mezzanine, superbe frise provenant du *temple d'Apollon à Bassae*, aux figures trapues et athlétiques (autour de 400 av. J.-C.).
– Salle 7 : reconstitution spectaculaire de la façade ionique du *temple funéraire des Néréides à Xanthos*. Entre les colonnes, les nymphes laissent subtilement découvrir leurs formes sous un drapé presque transparent.
– Salle 8 : voici le clou du spectacle, les *marbres d'Elgin*. En 1802, Lord Elgin, ambassadeur d'Angleterre à Constantinople, réussit un coup de maître en obtenant l'accord du sultan turc pour transporter des fragments du

Parthénon, alors que la Grèce était occupée par l'Empire ottoman. Il rapporta dans sa valise la quasi-totalité de la frise qui courait tout en haut de la galerie intérieure du temple. Précisons pour sa défense que le site était alors à l'abandon. Depuis lors, le gouvernement grec tente désespérément de les faire revenir, et l'on comprend pourquoi. Le thème choisi par Phidias, l'architecte du Parthénon, est la *fête des Grandes Panathénées*, célébrée tous les quatre ans à Athènes en l'honneur de la déesse protectrice. À l'issue d'une longue procession rassemblant cavaliers, magistrats et serviteurs, le peuple apportait solennellement à Athéna un nouveau *péplos*, sa tunique de laine. Grande précision du trait et grand classicisme de ces visages sereins, qui semblent idéalisés au-delà des affres de la passion humaine. Le fronton est, dont il reste peu de chose, représente la naissance peu banale d'Athéna en présence des autres dieux rassemblés pour l'occasion : elle sortit en armure de la tête de Zeus, après qu'Héphaïstos lui eut fendu le crâne d'un coup de hache. Le coup de ciseau adroit semble donner du poids aux étoffes. Les formes se laissent deviner sous les plis tourbillonnants. Notez que les sculptures sont aussi bien travaillées devant que derrière, alors qu'à une vingtaine de mètres au-dessous, les spectateurs ne pouvaient pas deviner le moindre détail. Quelques métopes représentent le combat mythique des Lapithes contre les Centaures.

– Salle 9 : suite et fin du butin d'Elgin avec l'une des fameuses *cariatides de l'Érechtéion*, faisant imperturbablement office de colonne. Celle-ci, remplacée à Athènes par une copie, est délivrée de son triste sort pour le bonheur des visiteurs. Les plis du péplos couvrant la jambe tendue rappellent les cannelures d'une colonne.

– Salle 10 : imposante *tombe de Payava* à Xanthos. Ce mélange d'art grec et d'art oriental est caractéristique de l'art de Lycie, contrée d'Asie Mineure occupée par les Grecs. Plusieurs jarres et amphores, remarquables exemples des techniques de peinture rouge et de peinture noire.

– Salle 11 : salle entièrement consacrée aux différentes techniques de peintures utilisées sur des vases et des objets de vaisselle. Techniques de la figure rouge surtout, mais aussi vernis noir et *white-ground*.

– Salle 12 : vestiges de deux des Sept Merveilles du monde, des œuvres monumentales de premier choix. Superbe tête de cheval qui appartenait au quadrige trônant au sommet de la *tombe du roi Mausole* à Halicarnasse (à l'origine du « mausolée »).

– Salles du sous-sol : accès par la salle 12. « Remise » d'antiquités grecques et romaines, parmi lesquelles les sculptures de la *collection Townley* (vase en marbre, discobole et autres sculptures du IIe siècle après J.-C.).

– Salle 14 : superbes fragments du tambour sculpté du *temple d'Arthémis* à Éphèse. Imaginez les dimensions de l'édifice par rapport à la taille des colonnes ! Beau travail du drapé sur la statue en marbre représentant une femme, qui a malheureusement perdu la tête. Notez aussi l'impression de douceur de la statue en marbre de Demeter, et l'élégance des petites figures en *terracotta*. Le *vase Portland* (voir la visite « éclair »), normalement exposé en salle 70, peut être déplacé en salle 14 en raison des vibrations dues aux travaux effectués dans le musée.

– Salle 15 : Aphrodite se lave...

● *Premier étage*

– Salle 69 : intéressante exposition didactique sur les arts et les techniques dans l'Antiquité gréco-romaine. Belle collection d'objets en verre, parmi lesquels des petits flacons à parfum délicatement peints.

– Salle 70 : la salle la plus intéressante de l'étage. Ne manquez pas le fameux *vase Portland* (voir la visite « éclair »). Attention, celui-ci peut être déplacé temporairement en salle 14 en raison des vibrations dues aux travaux effectués dans le musée. Nombreux objets en bronze de tailles et de fonctions diverses. Les plus petits sont aussi les plus mignons, comme cette

Allégorie de l'Automne portant des fruits dans son châle ou cette *tête de Bacchus* à la barbe frisottée. Étonnant harnais de cheval du Ier siècle après J.-C. et buste d'un homme au crâne rasé, aux traits particulièrement réalistes. Voir aussi la *tête en bronze d'Auguste de Méroé*, retrouvée au Soudan. Les billes de verre sont encore dans leur orbite. Veste et casque en peau de crocodile (ils ne se refusaient rien!) provenant d'une armure de parade utilisée par les soldats romains après l'invasion de l'Égypte.
– Salle 71 : antiquités pré-romaines et en particulier étrusques, où l'on sent l'influence décisive des artistes grecs. Urne funéraire, sarcophage en terre cuite, superbes bijoux en or et miroirs gravés en bronze.
– Salle 72 : antiquités chypriotes. Techniques du travail du bronze. *Limestone* statues : notez une certaine raideur des personnages qui se tiennent toujours poings fermés.
– Salle 73 : impressionnant ensemble d'amphores, cratères et lécythes d'Italie du Sud, parmi lesquels nos vases préférés : les cratères à volutes. Jarre en bronze du Ve siècle av. J.-C. et son couvercle très original sur lequel des archers à cheval entourent un couple dansant.

Antiquités du Proche-Orient

Les salles de ce riche département font revivre les anciennes civilisations d'Asie occidentale, notamment assyrienne, sumérienne, babylonienne et phénicienne. L'étendue géographique de ces royaumes oubliés (en gros, de l'Asie Mineure au Pakistan) et leur longévité (de 2500 av. J.-C. jusqu'au VIIe siècle) expliquent la richesse des collections présentées ici. L'Assyrie ancienne, qui occupe plusieurs salles du rez-de-chaussée, est la mieux représentée, grâce aux palais royaux mis au jour en Irak au XIXe siècle et en partie reconstitués pour les visiteurs du musée. « Kolossal »...

● *Rez-de-chaussée*

– Salle 16 : à l'entrée, les monumentaux gardiens de la porte du palais de Khorsabad (VIIe siècle av. J.-C.), fameux taureaux ailés à tête humaine. Notez qu'ils sont dotés de cinq pattes, entre autres particularités...
– Salle 17 : fresques superbes retraçant des scènes de chasse au lion, rapportées du palais du roi Assurbanipal (645 av. J.-C.). Dans la galerie attenante, scènes sculptées glorifiant la prise de la cité biblique de Lakish par les Assyriens (700 av. J.-C.).
– Salles 19 et 20 : ici aussi, deux gros taureaux gardent l'entrée. Sur des dizaines de mètres, des scènes sculptées racontent les conquêtes assyriennes. Ces œuvres finement exécutées proviennent du palais de Nimrud, alias Nemrod (IXe siècle av. J.-C.).
– Salle 21 : encore des scènes en relief, découvertes celles-ci dans le palais de Nineveh (vers 700 av. J.-C.). Notez la diversité des motifs : guerre, chasse, pêche, agriculture... On remarque même des esclaves transportant l'un des colossaux taureaux ailés, emblèmes du royaume. Au centre, bel obélisque noir entièrement sculpté (825 av. J.-C.).
– Salle 26 : revenez en arrière. Reconstitution des portes de Balawat (6 m de haut!), dont le bronze a survécu. De l'autre côté de l'allée, l'un des lions qui gardaient le temple d'Ishtar. Superbe gueule ouverte et corps entièrement sculpté.

● *Sous-sol*

– Salle 88 : consacré à l'Asie de l'ouest et à l'art assyrien.
– Salle 89 : pour descendre, prenez l'escalier salle 16. Très beaux reliefs représentant la bataille de Til-Tuba. Remarquez le chameau parfaitement exécuté.

• Premier étage

— Salles 53 et 54 : ancienne Anatolie. De bien jolies pièces parmi les figurines, poteries, bijoux, statuettes d'ivoire, etc. Remarquez le curieux casque pointu en bronze ainsi que les pieds de lion en bronze.
— Salle 55 : Mésopotamie. Très belles pierres gravées. Une vitrine explique l'importance du royaume de Nabuchodonosor.
— Salle 56 : Mésopotamie ancienne, autrement dit, l'aube de la civilisation. Un panneau raconte l'histoire de la ville de Babylone. Étranges *statues de Gudea* (remarquer ce bloc de roche noire d'où émergent deux pieds !) et beaux *bronzes du temple de Ninhursag*. Les trésors sumériens sont nombreux : incroyable chapeau décoré de feuilles d'or, casque d'or trouvé à Ur, collection de harpes, de mosaïques, etc. Les Sumériens, comme on le rappelle à point nommé dans cette salle, sont aussi à l'origine de l'écriture !
— Salle 57 : Syrie. Le roi d'Alalakh, Idrimi, nous accueille avec des vêtements recouverts d'inscriptions ! À voir aussi : des bustes trouvés à Palmyre, une porte de basalte, des bijoux phéniciens, des vestiges de Carthage, d'étranges têtes de sarcophages philistins...
— Salle 58 : les premières cités. Reconstitution d'une tombe découverte à Jéricho.

Préhistoire, art celte et antiquités anglo-romaines

Au premier étage, une mosaïque du IVe siècle, très bien conservée. En médaillon, l'une des plus vieilles représentations que l'on ait retrouvées du Christ.

— Salle 37 : âge de pierre et âge du bronze. Squelette humain et ex-voto trouvés à Barnack (vers 2100 av. J.-C.). Étranges petits *cylindres de craie de Folkton* (2300-2000 av. J.-C.) dont on ne comprend pas bien l'utilité.
— Salle 48 : la Grande-Bretagne pendant la domination romaine (du Ier siècle av. J.-C. au Ve siècle après J.-C.). Belles pièces d'orfèvrerie, comme le *trésor de Mildenhall*, et son grand plat en argent orné de bacchantes, ou le *trésor de Thetford*, comprenant des cuillères en argent et une parure de bijoux en or, dont une boucle de ceinture ornée d'un satyre dansant.
— Salle 49 : ne ratez pas le plus étonnant, l'*Homme de Lindow* (voir la visite « éclair »). Cette salle concerne également l'art celte à l'âge du fer (2000 à 100 avant J.-C.). Les Celtes avaient des mœurs barbares mais un goût raffiné. Ils maîtrisaient le travail des métaux et avaient un faible pour les décorations exubérantes. *Flacons de Basse Yutz* en bec de canard, ornés d'une anse délicate en forme de chien. Disque en bronze dans un style végétal d'une élégance surprenante. Leur art s'est déployé complètement dans les armes et les parures. *Bouclier de Battersea* et casque à cornes trouvé dans le port de Londres. Une pièce unique ! Splendides *torques d'Ipswich*, sorte de colliers formés d'une torsade en or.

Du Moyen Âge au XXe siècle

— Salle 41 : haut Moyen Âge. Salle d'une grande richesse. Collection d'ivoires, de bronzes et de bijoux byzantins. Somptueux ensembles d'objets ouvragés en métal, comme le trésor de l'Esquilin (vaisselle et harnais ; fin du IVe siècle) et surtout le *trésor de Sutton Hoo* (voir la visite « éclair »). *Coupe de Lycurgue* travaillée dans un verre diaphane, où la lumière joue avec les couleurs. *Coffret de Franks* (VIIIe siècle) sculpté dans un os de baleine et orné de scènes à la fois chrétiennes et profanes.
— Salle 42 : consacrée à tous les arts du Moyen Âge : orfèvrerie, émaillerie, sculpture, peinture, etc. *Cristal de Lothaire* de l'époque carolingienne (IXe siècle), taillé en creux. Magnifique ensemble de petites pièces d'échiquier du XIIe siècle, sculptées dans une défense de morse et retrouvées dans l'archipel des Hébrides. Petit pendentif anglais très soigné (or et émail blanc) en forme de cygne. Somptueuse *coupe en or et émail* du duc de Berry,

récupérée par les Tudors. Elle est l'œuvre d'un orfèvre parisien du XIVe siècle. Voir le bouclier de parade flamand du XVe siècle. Enfin, ne ratez pas la superbe *gittern* en bois, instrument de musique ancêtre de la guitare et qui ressemble à un violon. Sublime travail d'ornement du bois au dos de l'instrument, et tête de dragon au bout du manche.
– Salle 43 : exposition de carrelages.
– Salle 44 : consacrée à l'histoire de l'horlogerie du Moyen Âge à nos jours. Voir en particulier le *carillon astronomique d'Isaac Habrecht* et la *nef de Hans Schlottheim* (XVIe siècle), d'une grande précision.
– Salle 45 : abrite la *donation Waddeston* du baron Ferdinand de Rothschild, rendant un bel hommage à la créativité des artisans européens des XVe, XVIe et XVIIe siècles. Plats en argent, porcelaines, émaux de Limoges, etc. S'il n'y avait que deux pièces à voir, ce serait le *retable flamand* du XVe siècle délicatement sculpté et le *reliquaire en or et émail* commandé par le duc de Berry pour conserver une épine de la couronne du Christ.
– Salle 46 : arts du XVIe au XVIIIe siècle (émaux, bijoux, médailles et orfèvrerie).
– Salle 47 : somptueuse collection de *bijoux de Hull Grundy*.

Antiquités orientales

Les collections asiatiques du musée sont disséminées dans plusieurs salles, d'autres présentées au gré des expositions (comme les pièces japonaises). Mais l'essentiel est visible dans la salle 33, ouverte dans l'aile nord (bâtiment Édouard VII). Accès pas évident : monter au premier étage, prendre les salles 63 et 66 puis redescendre au rez-de-chaussée !
– Salle 33 : à gauche, les pièces d'Inde et d'Asie du Sud-Est, à droite celles de Chine. En vrac : superbe *Çiva* (vitrine 37), moine birman recouvert d'or et de pierres précieuses (17), éléphant sculpté dans l'ivoire (22), incroyable miniature du Cachemire (27), étonnant démon à 10 têtes et scènes d'amour indiennes (35), armes magnifiquement ouvragées (38), sublime orfèvrerie du Sri Lanka (39), portes balinaises, objets cambodgiens, bouddha thaïlandais, somptueux objets de culte tibétains (53-54) et grande statue népalaise en bronze, du XVIe siècle. Dans la salle 33a, sculptures du grand *stûpa d'Amaravati* (en Inde) du IIIe siècle av. J.-C. Un travail incroyable : des centaines de personnages inextricablement mêlés dans des scènes pleines de vie.
Côté collection chinoise : nombreuses porcelaines anciennes, coupes d'ivoire, tortue en jade du XVIIe siècle, bronzes superbes, rouleau du VIIIe siècle, etc.
– Salle 34 : collection d'art islamique. Accessible uniquement par l'entrée nord du musée (Montague Place). Pièces de tous les pays de culture islamique, dont l'Espagne, l'Indonésie et la Turquie (célèbres *céramiques d'Iznik*).

★ **British Library** *(plan couleur I, C1)* : 96 Euston Road, NW1. ☎ 412-71-11. Fax : 412-71-68. M. : King's Cross ou Euston.
● Internet : www.bl.uk/
Ouvert les lundi, mercredi, jeudi et vendredi de 9 h 30 à 18 h, le mardi jusqu'à 20 h, le samedi de 9 h 30 à 17 h, et le dimanche de 11 h à 17 h. Café, restaurant et *coffee-shop* dans la librairie. Située dans un bâtiment tout récent, après son déménagement du cadre prestigieux du British Museum. L'architecture de ce bâtiment tout en brique n'a pas fait que des heureux, elle est pourtant loin d'être scandaleuse. L'intérieur est très aéré et agréable. Après avoir monté à l'intérieur la volée de marches qui mène aux différentes galeries, s'impose au visiteur l'impressionnante et magnifique *King Library*. Dans cette bibliothèque vitrée haute de 17 m (!), sont conservés les quelques 85 000 ouvrages de la collection personnelle du roi George III.
La British Library abrite plus de 18 millions d'ouvrages. Le fonds est d'une grande richesse et de vrais trésors sont visibles dans la *John Ritblat Gallery*,

comme la *Bible de Lindisfarne* du VIIe siècle, un chef-d'œuvre de l'enluminure anglaise, les *Codex Sinaiaticus et Alexandrinus*, deux des trois bibles en grec du IVe siècle parvenues jusqu'à nous, ou la *Magna Carta* de Jean Sans Terre (1215) à laquelle les sujets de Sa Gracieuse Majesté vouent une passion. Elle représente un rempart contre tout pouvoir arbitraire. Vous découvrirez également la première édition des œuvres de Shakespeare, un exemplaire de la Bible de Gutenberg, le journal de bord de Nelson à Trafalgar et des manuscrits de Virginia Woolf, James Joyce, Lewis Carrol, Charles Dickens, ainsi que des partitions de Bach, Rossini et même des Beatles *(Yesterday)* !

The Pearson Gallery of Living Words abrite une partie des collections classées selon cinq thèmes : l'histoire de l'écriture, les livres pour enfants, les sciences, la Grande-Bretagne, et l'Art du livre. Cette galerie accueille aussi des expositions temporaires.

The Workshop of Words, Sound and Images retrace l'histoire du livre, des premiers documents écrits jusqu'à la production industrielle en passant par les manuscrits du Moyen Âge. Démonstration de calligraphie et d'imprimerie, points interactifs...

★ ***Dickens' House*** *(plan couleur III, D1)* : 48 Doughty Street, WC1. ☎ 405-21-27. M. : Russell Square. Ouvert de 10 h à 17 h du lundi au samedi. Fermé le dimanche. Entrée payante. Le célèbre écrivain a vécu ici d'avril 1837 à décembre 1839. Nombreux portraits, illustrations, lettres, « reliques » ayant appartenu à Dickens ainsi que la plus grande collection au monde de livres concernant cet écrivain. Pour les fans, donc. À noter que l'accueil fort sympathique de la responsable rend la visite de la maison encore plus agréable.

CAMDEN TOWN

Au nord de Londres. Camden Town est évidemment célèbre pour son marché aux puces, lieu privilégié de balade et de chine des jeunes Londoniens le week-end. Et quand le marché se vide, les bars et clubs se remplissent. Grosse affluence les vendredi et samedi soirs, nombreux groupes *live* et chaude ambiance.

Où dormir ?

Bon marché

▲ *Pax Christi Youth Hostel :* Our Lady's Hall, Falkland Road, NW5. ☎ (0181) 800-46-12. M. : Kentish Town. Une petite adresse sans prétention, située derrière l'église au bout d'une rue en cul-de-sac. 2 grands dortoirs, un pour les garçons, un pour les filles. Pas question de pécher par la chair ici. Ambiance jeune et un peu catho quand même. Seul problème : c'est ouvert seulement en août. Renseignez-vous avant donc.

Où manger ?

Prix moyens

I●I *Nontas (hors plan couleur I, par B1) :* 16 Camden High Street, NW1. ☎ 387-45-79. M. : Mornington Crescent ou Camden Town. Ouvert de 12 h à 14 h 45 et de 18 h à 23 h 30. Fermé le dimanche. Grande salle meublée en bois et nappes à carreaux. La lumière tamisée donne beaucoup de chaleur au cadre. Quand il y a du monde, on mange également dans la petite salle près de l'entrée, moins typée. Cuisine grecque correcte, sans excentricité. Service longuet le week-end. L'été, on peut manger dans le jardin.

I●I *Le Petit Prince :* 5 Holmes Road, NW5. ☎ 267-07-52. M. : Kentish Town. Ouvert tous les jours, jusqu'à 23 h 30 en semaine et 23 h le dimanche. Resto tenu par un jeune couple *cool* et très sympa. La déco « faite main » donne un côté baba et reposant pas désagréable du tout : coussins moelleux sur la banquette, tables en bois et abat-jour de soie peints de motifs oniriques. La carte est un patchwork dont la pièce centrale est le couscous.

I●I *L'Écluse (hors plan couleur I, par B1) :* 3 Chalk Farm Road, NW1. ☎ 267-81-16. M. : Camden Town. Juste à droite après le pont sur le canal. Ouvert tous les jours de 11 h à minuit (dernière commande à 23 h). Resto sympa tenu par une Française agréable. Crêperie, café et restaurant, l'éventail est donc large : crêpes, quiches, salades variées, glaces. Carte et menu également composés de bons plats plus élaborés et très copieux : moules à la provençale, saumon mariné, magret de canard au cidre et au miel, filet de sole à l'estragon, etc. Bon accueil.

I●I *The Mango Room :* 10, Kentish Town Road, NW1. ☎ 482-50-65. M. : Camden Town. Ouvert tous les jours de 12 h à minuit. Comptez £ 14 (21,28 €) en moyenne. À 50 m du métro. Intérieur presque chic et coloré, comme la cuisine. Réputé comme étant l'un des meilleurs restaurants caribéens de Londres. C'est vrai que c'est bon !

Plus chic

I●I ***The Queens :*** Regents Park Road, face au parc de Primrose Hill. Ouvert de 11 h à 23 h. M. : Chalk Farm. Plats de £ 7 à 10 (de 10,64 à 15,2 €). Dans le joli village de Primrose Hill, non loin de l'agitation des puces de Camden. Un grand pub classique au rez-de-chaussée. Au premier, la salle de restaurant à l'ambiance gentiment bourgeoise mais pas coincée. Bonne nourriture et assiettes bien présentées, ce qui ne gâche rien. Service sympathique.

Où boire un verre ?

Quartiers populaire, un brin prolétaire, qui contraste fortement avec le Londres aristocratique pour touristes. À voir ne serait-ce que pour se faire une idée plus précise des réalités sociales du royaume. Pas mal d'adresses chaleureuses, où la jeunesse règne en maître. Sociologues en herbe et amateurs de rock, le coin est pour vous !

▼ ***World's End :*** 174 Camden High Street, NW1. ☎ 482-19-32. M. : Camden Town. Face à la station de métro. Un pub immense, considéré comme l'un des plus grands de Londres ! Rien à voir avec ceux de la City : on ne trouve ici que des jeunes... Atmosphère détendue très sympa, grand choix de bières et bonne musique. Plusieurs salles et pas mal de recoins pour papoter et lier connaissance. Quelques plats chauds servis aux heures de repas (jusqu'à 19 h le soir). Dans le genre, l'un de nos pubs préférés à Londres. Et juste à côté, l'une des boîtes branchées à la mode : *Underworld Club.*

▼ ***Black Cap*** *(plan couleur I, B1) :* Camden High Street. Entre les n°s 165 et 177. ☎ 485-17-42. M. : Camden Town. Pub homo populaire et très animé. Ouvert jusqu'à 2 h mais, après 23 h, plus personne n'entre. *Drag* pratiquement tous les soirs (pour les « ignorants », un *drag*, c'est une soirée où plein de gens se travestissent et se font les maquillages les plus fous). Le samedi, c'est assez dément ! Façade noire et inquiétante.

Où boire un verre après 23 h ?

▼ ***The Monarch :*** Chalk Farm Road, NW1. ☎ 916-10-49. M. : Chalk Farm Camden. Ouvert du lundi au samedi jusqu'à 1 h. Pub très chaleureux où l'on retrouve une faune d'artistes en tout genre. Chaque soir, un groupe se produit : rock, acid jazz, reggae, etc. Entrée gratuite à partir de 23 h 30.

Où écouter du rock, du blues, du jazz, de la soul, du funk, du rap, etc. ?

– ***Forum :*** 9-17 Highgate Road, NW5. ☎ 284-22-00. M. : Kentish Town. C'est LA salle où les groupes doivent passer pour prétendre à une

parcelle de gloire rock'n'rollesque. Élue chaque année meilleure salle de concert de Londres par les lecteurs de la presse musicale britannique, elle offre une excellente acoustique, une bonne vue sur la scène du rez-de-chaussée comme des balcons, et sa décoration évoque tout sauf une boîte glauque. La Mano Negra est le seul représentant des forces françaises à y avoir joué. Ça s'est d'ailleurs terminé en baston générale.
– *Jazz Café :* 5 Parkway, NW1. ☎ 916-60-60. M. : Camden Town. À 20 m du métro. Ouvert tous les soirs à partir de 19 h, ainsi que le dimanche midi. Le temple anglais de la musique noire. Ambiance tout ce qu'il y a de plus *casual* (décontractée), mais tenue correcte exigée, dans des locaux tout neufs. Admission plus chère que la moyenne des clubs rock, mais les groupes sont toujours d'un excellent niveau. De grands noms du jazz (mais aussi du blues, de la soul ou du funk) un soir sur trois. On est rarement déçu. Tarif réduit pour les étudiants le mardi soir. Conseillé de réserver.

Où danser ?

Ces adresses reçoivent aussi souvent des groupes *live*.

– *Camden Palace :* 1 A Camden High Street (à l'angle de Crowndale Road), NW1. ☎ 387-04-28. M. : Camden Town. Entrée moins chère quand on arrive avant 22 h 30 le samedi soir. Un ancien théâtre reconverti en boîte longtemps à la mode (surtout pendant les grandes heures de la new wave). Désormais, c'est le rendez-vous de la jeunesse de tout bord et des touristes de tout poil. Immense et assourdissant, genre disco de province. Groupes *live* les mardi et mercredi soir.
– *Dingwalls :* Middle Yards, Camden Lock (au début de Chalk Farm Road, à gauche après le pont au-dessus du canal), NW1. ☎ 924-27-66. M. : Camden Town. Ouvert tous les soirs, et le dimanche de 12 h à 19 h. Du dimanche au jeudi c'est une boîte, et le week-end *Dingwalls* devient *Jongleurs*. Les Anglais appellent cela un *comedy club*. Des comiques (pas forcément les meilleurs) viennent faire leurs numéros. Et après, on danse. Un endroit plus branché qu'une prise de courant ! C'est tout bonnement le meilleur club acid jazz de Londres : des fans de toute l'Europe s'y précipitent. Quand vous vous baladez entre les échoppes des puces de Camden, un dimanche après-midi, et que votre copain (ou copine) vous dit : « Et si on allait en boîte ? », foncez-y ! Deux minutes plus tard, vous êtes dans un club bondé, avec le meilleur de la nouvelle musique, entouré de cette fameuse jeunesse branchée dont on vous parle tant. Heureusement qu'il y a un vestiaire *(cloak-room)*, sinon, avec vos emplettes, vous vous sentiriez un peu bête...
– *HQ's :* West Yard, Camden Lock (dans la même cour que le *Dingwalls*, au bord du canal), NW1. ☎ 485-60-44. M. : Camden Town. Ouvert tous les jours de 20 h à 2 h. Bar-club petit et sympa, réputé pour ses soirées house du mercredi et salsa du samedi.
– *Underworld Club :* 174 Camden High Street, NW1. ☎ 482-19-32. De 22 h 30 à 3 h. Entrée pas très chère. Sous l'immense pub *World's End* (face au métro Camden), une boîte très à la mode pour ses « soirées délire » (avec des groupes *live* en général) : le lundi, on mélange allégrement Abba et les punks ; le jeudi, top des *Sixties* aux *Nineties* ; le vendredi, soul et rhythm'n'blues, et le samedi *dance*, *hot* et ambiance *rave*.
– *W K D :* 18 Kentish Town Road, NW1. ☎ 267-18-69. M. : Camden Town. Ouvert de 16 h à 1 h du lundi au jeudi, de 12 h à 2 h les vendredi et samedi, et de 12 h à 23 h le dimanche. Une fois à l'intérieur, l'endroit est plus chaleureux qu'il n'y paraît. La déco confiée à de jeunes

designers est renouvelée régulièrement. Musique soul, jazz ou funk dans une douce atmosphère de laisser-aller. Groupes au moins une fois par semaine. *Cover charge* après 21 h 30.

Shopping

Disques

☼ *Rhythm Records :* 281 Camden High Street. ☎ 267-01-23. M. : Camden Town. Une des boutiques qu'on préfère. Au sous-sol, pas mal d'*oldies* de reggae, rock et jazz.

Instruments de musique

☼ *Ray Man Eastern :* 54 Chalk Farm Road, NW1. M. : Chalk Farm. Pour les fans de world music, tous les instruments d'Orient à des prix raisonnables : gongs chinois, tambourins marocains, clochettes tibétaines, flûtes indiennes... La vitrine est un vrai musée !

Livres

☼ *Compendium :* 234 Camden High Street, NW1. ☎ 485-89-44. M. : Camden Town. Ouvert de 10 h à 18 h. De bons bouquins et un grand choix en techniques alternatives, voyages, philo, féminisme et tout et tout. Dans le genre, la meilleure librairie de Londres.

Marché aux puces

– *Marché aux puces de Camden Town :* on l'adore. Ouvert le samedi et le dimanche. Visite à ne pas manquer. Et pourquoi ne pas y aller par le chemin des écoliers ? Il suffit de prendre l'un de ces bateaux qui partent de Bloomfield Road (M. : Warwick Avenue) et suivent le canal jusqu'à Camden Town. Promenade romantique à souhait. Renseignements : ☎ 286-34-28. Sinon, on peut, bien sûr, y aller en métro. Descendre à la station Camden Town et prendre à droite comme tout le monde *(plan couleur I, I, au nord de B1)*. Au bord de l'eau, très vivant, on l'appelle le *Camden Lock* ou *Dingwalls Market* ; à la fin du marché, le samedi et le dimanche, on peut manger à des prix dérisoires dans les échoppes. Un peu plus loin, il y a le marché d'antiquités proprement dit, sur Camden High Street. 90 % des antiquités sont bien plus jeunes que vous. Dans le quartier, vous trouverez aussi des tas d'artisans en poterie, peinture, vitraux. Quartier très branché rock : plein de petits bars avec musique *live*. Très intéressant aussi pour les disques (raretés, pirates, *collectors*) et les compacts. Indispensable d'écouter les cassettes avant d'acheter.

ANGEL ET ISLINGTON

Islington ne présente pas de caractère extraordinaire en soi. C'est un quartier populaire très vivant qui vous permettra de connaître un autre visage de Londres, moins composé de clichés, vrai et naturel. Upper Street concentre une partie de la vie sociale et culturelle du quartier. Nombreux cafés et restaurants, disquaires, librairies, antiquaires, et Chapel Market, petit marché populaire bien sympathique. N'hésitez pas à remonter Upper Street assez loin, l'animation gagne de plus en plus vers le nord, quasiment jusqu'au métro Higbury et Islington.

Où dormir ?

▲ *Kent House :* 325 Green Lanes, N4. ☎ (0181) 802-08-00. M. : Manor House. Vraiment éloigné de ce quartier, mais sur la ligne de métro Piccadilly Line. Pratique. Si vous avez entre 16 et 45 ans seulement. Ouvert 24 h/24. Pratique. Dortoirs de 4 en moyenne. Quelques chambres doubles. Pas cher pour Londres. Pas extrêmement bien tenu. Une roue de secours, quoi !

Où manger ?

Prix moyens

I●I *The Upper Street Fish Shop* (plan couleur I, C1, **26**) *:* 324 Upper Street, N1. ☎ 359-14-01. M. : Angel. Ouvert de 11 h 30 à 14 h (15 h le samedi) et de 17 h 30 à 22 h (venir le plus tôt possible quand même). Fermé le dimanche. Dans le nord de l'Angleterre, le *fish'n'chips* est une institution qui a ses lettres de noblesse. Ici, nappes à carreaux, plantes vertes et cadre agréable. La patronne est marrante. Ambiance familiale. Grosse part de haddock à déguster avec des *onion rings* et *mushy peas* (petits pois attendris). Bonne soupe de poisson. Au dessert, goûtez donc à la *bakewell tart !*

I●I *Ruby in the Dust Café* (plan couleur I, C1, **33**) *:* 70 Upper Street, N1. ☎ 359-17-10. M. : Angel. Service de 10 h à 23 h (23 h 30 le week-end). Chaleureux et coloré (bois, fleurs en tissus...), le genre d'endroit où rester fainéanter après le repas. Salades, pâtes, grillades et autres plats plutôt réussis. Et en plus, on vous accueille avec le sourire. Beaucoup de monde les samedi et dimanche midi. Au sous-sol, bar ouvert le week-end jusqu'à 2 h. D'autres adresses dans Londres : 102 Camden High Street, 53 Fulham Broadway, et 299 Portobello Road.

I●I *Parveen Tandoori* (plan couleur I, C1, **27**) *:* 6 Theberton Street (rue qui donne dans Upper Street), N1. ☎ 226-05-04. M. : Angel. Ouvert tous les jours de 12 h à 15 h et de 18 h à minuit (1 h les jeudi, vendredi et samedi). Un autre bon resto indien du coin et, de plus, pas cher. On ne vient pas ici exprès, mais si vous êtes dans le quartier et si vous avez soudain envie de cuisine indienne, c'est là qu'il faut aller.

I●I *Sarcan* (plan couleur I, C1, **27**) *:* 4 Theberton Street (rue qui donne dans Upper Street), N1. ☎ 226-54-89. M. : Angel. Voisin du précédent. Ouvert tous les jours de midi à minuit. Un des meilleurs restos turcs de Londres. Cadre plaisant et service soigné.

I●I *Le Mercury* (hors plan couleur I, par C1) : 140 A Upper Street, N1. À l'angle de Almeida Street. ☎ 354-40-88. M. : Angel ou Highbury et Islington. Ouvert tous les jours midi et soir. Entrées à £ 2,5 (3,8 €), plats à £ 5,5 (8,36 €), supplément pour les légumes. Petit resto peint en jaune et vert. Grandes vitres ouvrant largement sur la rue. Cuisine correcte d'inspiration française à prix plutôt raisonnables. Ne venez pas exprès, mais si vous êtes dans le coin, pourquoi pas ?

I●I *The Finca* (plan couleur I, C1, 28) : 96-98 Pentonville Road, N1. À l'angle de Pentonville Road et de Penton Street. ☎ 837-53-87. M. : Angel. Ouvert du lundi au jeudi de 12 h à 0 h 30, les vendredi et samedi jusqu'à 2 h 30, le dimanche jusqu'à minuit. Petite *cover charge* après 19 h. *Extra charge* quand il y a de la musique. La balustrade et les panneaux de bois sur les murs, les roues de charrette sur le crépi éclairé par une lumière blafarde donnent au comptoir rectangulaire et à la mezzanine un air de vieux *saloon*. On pense à un tex-mex. En fait, la carte est espagnole. Cuisine correcte. Tout est apporté en même temps. Bières et vins espagnols. Petit orchestre pour danser le flamenco le mercredi soir. Club salsa au 1er, ouvert du mercredi au dimanche de 21 h à 2 h 30. Musique *live*, cours de danse.

Où boire un verre ?

▼ *The Old Parr's Head* (hors plan couleur I, par C1) : 66 Cross Street, N1. À l'angle de Upper Street. M. : Angel ou Highbury et Islington. Ouvert de 17 h (12 h le week-end) à 23 h. Chouette pub entre brique et bois joliment « habillé » de beaux bouquets de fleurs. Ambiance bon enfant.

▼ *Medicine Bar* (hors plan couleur I, par C1) : 181 Upper Street, N1. ☎ 704-95-36. M. : Highbury et Islington, ou Angel. Ouvert du lundi au jeudi de 17 h à minuit, le vendredi de 19 h à minuit, le samedi de 13 h à 1 h, et le dimanche de 14 h à 22 h 30. Un vieux pub classique qui se meurt et des jeunes bien inspirés qui s'en emparent, ça donne un des endroits les plus chouettes et dynamiques du quartier. Atmosphère vaguement années 30 : intérieur bleu-mauve, un grand comptoir, quelques plantes vertes, et une superbe verrière sur la rue. Pour peu qu'on s'installe dans les fauteuils du fond sous le puits de lumière, on n'est pas sûr de pouvoir décoller avant la fermeture. Tous les vendredi et samedi soir, une jeunesse bigarrée « groove » au bon vouloir du *DJ*. Le dimanche après-midi, concerts de jazz ou *DJ* acid-jazz. Un de nos bars préférés.

▼ *Euphorium* (hors plan couleur I, par C1) : 202-204 Upper Street, N1. ☎ 704-69-09. M. : Highbury et Islington. Bar ouvert tous les jours en continu et repas servi de 12 h 30 à 14 h 30 et de 18 h à 22 h 30 (fermé le samedi midi). Pour manger, 2 menus : le vrai menu resto, un peu cher avec des entrées de £ 4,50 à 7,50 (de 6,84 à 11,4 €) et des plats de £ 8,50 à 16,50 (de 12,92 à 25,08 €), et le menu bar beaucoup plus abordable avec des plats plus simples (pâtes, poissons, *beef burger*... de £ 6,50 à 7,50 – soit de 9,88 à 11,4 €). Nouvelle adresse branchée de ce quartier qui attire de plus en plus de monde. Déco moderne très design parfaitement réussie. Sobriété et élégance dans la partie resto, un peu plus simple côté bar. Le dimanche, de 12 h à 15 h 30, *Sunday brunch* très copieux à £ 7,50 (11,4 €). Accueil avenant du jeune *staff*.

▼ *Bierodrome* (hors plan couleur I, par C1) : 173-174 Upper Street, N1. ☎ 226-58-35. M. : Highbury et Islington. Ouvert de 12 h à 23 h (22 h 30 le dimanche). Encore un grand bar au cadre moderno-design, celui-là un peu moins réussi à notre goût que celui de l'*Euphorium*. Le concept est belge, proche de celui du *Belgo Centraal* près de Covent Garden (ce sont les mêmes patrons ; voir « Où manger ? » dans le centre touristique). Moules-frites évidemment, mais aussi salades, tartines, viandes et poissons. Enfin, on vient surtout pour déguster une ou plusieurs des 201 bières belges et des 101 Genever schnapps. Les « boissans-soif » seront ravis !

Où danser ?

– **The Complex** *(plan couleur I, C1)* : 1-5 Parkfield Street, Islington, N1. ☎ 288-19-86. M. : Angel. Ouvert les vendredi et samedi soir. Une des dernières boîtes à la mode. Un club-labyrinthe sur trois niveaux, sans oublier le *Love Lounge* pour « socialiser », grande tendance techno, mais également quelques nuits funk et autres.

Théâtre

– **King's Head** : 115 Upper Street, N1. ☎ 226-85-61 et 226-19-16 (informations sur répondeur). M. : Islington ou Angel. Pub avec, en fond de salle, une scène où se jouent des pièces midi et soir.

– **Theatre Gay Sweat Shop** : 274 Upper Street, Islington, N1. ☎ 226-61-43. Troupe de théâtre composée uniquement d'acteurs professionnels homosexuels.

Shopping

Disques

⚠ **Reckless Records** : 79 Upper Street, Islington, N1 *(plan couleur I, C1)* ; et 30 Berwick Street, Soho, W1 *(plan couleur I, pp. 4-5, III, B2)*. ☎ 437-42-71 ou 359-05-01. M. : Oxford Circus. Une des meilleures adresses pour les occasions, avec garantie. Possibilité de leur revendre leurs disques, cassettes, compacts dans la semaine qui suit cet achat à taux vraiment intéressant.

HOLBORN, FARRINGDON ET CLERKENWELL

En gros délimité au sud par le Smithfields Market, à l'est par St. John Street, au nord par le « village » de Clerkenwell et à l'ouest par Farringdon Road, encore un quartier qui monte et qui tient son petit bout de gras de l'animation nocturne londonienne. Toujours grouillant de cols blancs la journée, voilà maintenant que Farringdon s'anime le soir, rejoint par Clerkenwell, dont les entrepôts trouvent quelques heureux repreneurs, artistes et autres. C'est encore timide, mais les adresses fleurissent, restos, bars et boîtes à la mode.

Coincé entre Covent Garden et la City, Holborn reste pour l'instant hermétique à cette agitation. Ce quartier est le siège d'un certain classicisme à l'anglaise. Les Inns of Court et les grands pubs séculaires sont sa marque de fabrique (voir la balade « Le Londres des traditions et de la finance » dans le chapitre « La City, Tower Bridge et les Docklands »).

Où manger 24 h/24 ?

I●I *Tinseltown* (plan couleur IV, A1, 25) : 44-46 St. John Street, EC1. ☎ 689-24-24. M. : Farringdon.
● Internet : www.tinseltownusa.com
Ouvert tous les jours et 24 h/24, c'est son principal intérêt. Déco de bar américain avec des écrans TV diffusant du sport en boucle. Cuisine pas trop chère.

Où manger ? Où boire un verre ?

I●I *St. John* (plan couleur IV, A1, 24) : 26 St. John Street, EC1. M. : Farringdon. Entrées de £ 2 à 6 (de 3,04 à 9,12 €), plats de £ 8 à 15 (de 12,16 à 22,8 €). Installé dans un ancien fumoir à jambon, ce restaurant dont l'emblème est un cochon, obéit à une devise gourmande : « From the nose to the nail », littéralement « du nez (ou groin pour le cochon) à la queue ». Cela rejoint notre « Tout est bon dans le cochon ». Il n'y a pas que du cochon à manger, rassurez-vous, mais régulièrement la carte se compose en partie de morceaux qu'on n'a pas forcément l'habitude de voir dans nos assiettes. Le chef a un certain talent, mais le comptable aussi et l'addition est parfois un peu lourde. Carte des vins très honnête : si vous avez un peu de sous, on vous conseille un côtes-du-rhône (Domaine Richaud, les Garrigues) et (mais hélas beaucoup trop cher), le Pacherenc du Vic Bilh (Château d'Aydie). Restaurant presque chic, salle immaculée comme le tablier des serveurs. Fait aussi bar et boulangerie.

I●I *Medina's* (plan couleur I, C1, 37) : 10 Clerkenwell Green, EC1. ☎ 490-40-41. M. : Farringdon. Ouvert tous les jours de 12 h à 23 h. Petit restaurant italien sur une jolie place. Déco moderne. Bonnes pizzas à prix raisonnables, de £ 4,5 à 6 (de 6,84 à 9,12 €).

I●I ▼ *Jazz Bistro* (plan couleur IV, A1, 23) : 340 Farringdon Street, EC4. ☎ 236-81-12. M. : Farringdon. Ouvert du lundi au vendredi de 12 h à 15 h et à partir de 17 h (20 h le lundi) jusque bien plus tard. *Happy hours* de 17 h à 19 h. Bon petit resto dans un cadre tout en bois. Concerts de jazz une fois par semaine, et chaude ambiance le week-end dans le night-club du sous-sol.

▼ *Vic Naylor Bar and Grill* (plan couleur IV, A1, 25) : 38-40 St. John Street, EC1. ☎ 608-21-81. M. : Farringdon. Ouvert de 12 h à minuit du lundi au vendredi. Entrées de £ 3 à 7,50 (de 4,56 à 11,4 €), plats de £ 7 à 15 (de 10,64 à 22,8 €). Chouette bar et resto à vin. Oublié le design épuré et froid de nombreuses adresses londoniennes à la mode ; ici on a gardé les vieilles briques vernies, le bois, et une belle cheminée qui réchauffe les fraîches journées d'hiver. Seule une salle un peu plus moderne au fond est venue agrandir l'endroit. Le genre d'adresse où on prend un verre au comptoir avant de passer à table et où on traîne volontiers en fin de repas. Pour être honnête, on n'a pas testé la nourriture, mais les assiettes qui nous sont passées sous le nez étaient plutôt appétissantes. Clientèle bien mise mais décontractée. Très sympa aussi juste pour boire un verre, mais attention, pas de bière à la pression.

▼ *The Three Kings* (plan couleur I, C1, 37) : 7 Clerkenwell Close, EC1. ☎ 253-04-83. M. : Farringdon. Ouvert de 12 h à 23 h du lundi au vendredi, et de 19 h à 23 h le samedi. Dans le village de Clerkenwell, face à l'église. Petit pub à la déco rigolote : plein de petits personnages en papier mâché habitent les murs de ce repaire convivial. Peu de touristes se perdent dans ce coin pourtant charmant, alors avant d'aller vous avaler une Guinness bien épaisse, musardez donc un peu au hasard des ruelles alentours.

▼ *Cittie of Yorke* (plan couleur III, D2, 83) : 22-23 High Holborn, WC1. ☎ 242-76-70. M. : Holborn ou Chancery Lane. L'un des plus vieux pubs de Londres. En 1430, c'était un bouge, il fut reconstruit en 1695 sous le nom de *Gray's Inn*. En 1890, le bâtiment, très insalubre, fut partiellement démoli et reconstruit dans sa forme actuelle. Un certain nombre de matériaux de l'ancien pub (poutres, cloisons, panneaux décoratifs, comptoir, etc.) furent heureusement réemployés. Il prit alors son nom actuel. Notez la hauteur de plafond, les compartiments pour boire, les immenses barriques (de 500 à 1 000 gallons), la vieille cheminée du *Gray's Inn*, et bien d'autres choses... Superbe ! Bière Samuel Smith à la pression. Repas de 12 h à 14 h 30 et de 17 h 30 à 22 h.

▼ *Princess Louise* (plan couleur III, D2, 84) : 208 High Holborn, WC1. ☎ 405-88-16. M. : Holborn. Au début de la rue en venant du British Museum. Pub magnifique : superbes miroirs recouvrant les murs, le reste en bois... Sur deux étages. A gagné en 1986 le prix du meilleur pub, décerné par l'*Evening Standard*.

▼ *Melton Mowbray* (plan couleur IV, A1, 30) : 14-18 Holborn, EC1. ☎ 405-70-77. M. : Chancery Lane. Grande et belle salle décorée de boiseries, caisses de vins et bibelots de viticulteurs. Au moins, dans ce pub, on n'aime pas que la bière ! Intéressante disposition des salles, qui permet de choisir entre galerie supérieure et boxes intimes. On y sert de délicieux plats pas très chers : *fish and chips, steak and ale, chicken and bacon pie*. Au dessert, succulente *apple pie* à la crème. Comme dans tous les pubs, n'oubliez pas de passer la commande au bar...

▼ *Olde Mitre Tavern* (plan couleur IV, A1, 35) : 1 Ely Court, EC1. ☎ 405-47-51. M. : Chancery Lane. Situé dans un minuscule passage entre Ely Place et Hatton Garden. Créé en 1546, ce petit pub est l'un des plus vieux de la ville. Clientèle d'habitués en complet cravate. Déco très cosy et atmosphère chaleureuse. Tableaux aux murs et banquettes confortables. Un endroit bourré de charme.

▼ *Old Bell Tavern* (plan couleur IV, A2, 31) : 95 Fleet Street, EC4. ☎ 583-00-70. M. : Aldwych. En plein quartier de la presse, ce pub historique est le rendez-vous des journalistes, cela va de soi. Construit en 1670 pour abreuver les maçons qui reconstruisaient l'église St. Bride

218 HOLBORN, FARRINGDON ET CLERKENWELL

après le Grand Incendie. Sympa et sans prétention.

▼ *Ye Old Cheshire Cheese* (plan couleur IV, A2, 32) : 145 Fleet Street, EC4. ☎ 353-61-70. M. : Blackfriars. Ouvert de 11 h 30 à 23 h du lundi au samedi, de 12 h à 16 h 30 le dimanche. Situé dans le petit passage. Reconstruit en 1667. Il eut comme consommateurs : Carlyle, Dickens, Mark Twain, Theodore Roosevelt, Conan Doyle, Yeats. La mort du perroquet de la maison fut annoncée par la BBC. L'intérieur vaut le coup d'œil : un vrai labyrinthe avec plusieurs salles, une cave, un resto et des recoins partout.

▼ *Blackfriars* (plan couleur IV, A2, 33) : 174 Queen Victoria Street, EC4. ☎ 236-56-50. M. : Blackfriars. C'est le pub qui fait l'angle en face de la gare. Fermé les samedi et dimanche. Décoration intérieure sophistiquée, principalement Art nouveau.

Où écouter du jazz ?

– Voir le texte sur le *Jazz Bistro* dans la rubrique « Où manger ? Où boire un verre ? »

Où danser ?

– *Smithfields* (plan couleur IV, A1) : 334-338 Farringdon Street, EC1. ☎ 236-42-66. M. : Farringdon. Ouvert du mercredi au samedi. Voisin du *Jazz Bistro* qui fait aussi boîte. Un des clubs les plus en vue de Londres.

– *Turnmills* (plan couleur IV, A1) : 63 Clerkenwell Road, EC1. ☎ 250-34-09. M. : Farringdon. Ouvert les vendredi, samedi et dimanche. Soirées variées, appeler pour connaître le programme. Presque aussi coté que le précédent.

Shopping

Boutiques ultra-spécialisées

☖ *James Smith & Sons* (plan couleur III, C2) : 53 New Oxford Street. ☎ 836-47-31. M. : Holborn. Ouvert de 10 h à 17 h 30. Le grand spécialiste du parapluie, du pépin, du pébroque, de l'ombrelle et de la canne à pommeau. Tout cela depuis 1830 ! Plus *British*...

☖ *Forbidden Planet* (plan couleur III, C2) : 71 New Oxford Street, WC1. ☎ 497-21-50. M. : Tottenham Court Road. Ouvert de 10 h à 18 h (19 h le jeudi et le vendredi). Pour les fans de Steve Austin, de Mr Spock, de John Steed, des Thunderbirds et du Numéro 6. Cassettes vidéo, livres et objets divers tout droit sortis des séries cultes de la télévision. On y a même trouvé une réplique du « commuteur » dont se sert le Capitaine pour contacter l'Enterprise. Beau rayon BD de science-fiction, rempli de *collectors*.

Marché

- **Smithfield Market** *(plan couleur IV, A1)* : halles centrales pour la viande. M. : Barbican ou Farringdon. Du lundi au mercredi. Le meilleur moment est de 9 h à 11 h. Viande, volaille et gibier en gros.

Galeries et musées

★ **Sir John Soane's Museum** *(plan couleur III, D2)* : 13 Lincoln's Inn Fields, WC2. ☎ 405-21-07. M. : Holborn. Ouvert de 10 h à 17 h du mardi au samedi. Fermé les dimanche, lundi et jours fériés. Entrée gratuite. Bordant Lincoln's Inn Fields, l'une des plus vastes places de Londres, dessinée au début du XVIIe siècle, on ne soupçonne pas ce que dissimule la façade banale du n° 13. Voici la maison de l'excentrique Sir John Soane, architecte et collectionneur d'objets de toutes sortes. Il l'a dessinée lui-même pour abriter ses très nombreux marbres, moulages antiques, tableaux et bibelots. Rappelons qu'il fut l'architecte de la *Bank of England*, dont il ne reste plus aujourd'hui que la façade extérieure. Sa trombine est au-dessus de la cheminée dans la salle à manger. Ce musée étrange est tel qu'il l'a laissé à sa mort, en 1837. Tout est resté figé dans le temps. Et quel fouillis ! On imagine une arrière-boutique d'antiquaire ou une maison d'archéologue de retour d'expédition. Les femmes de ménage doivent s'amuser ! Mais le plus intéressant, ce ne sont pas tant les objets exposés que le plan compliqué de la maison. On sent bien l'architecte torturé, romantique et un peu mythomane. Voyez plutôt l'agencement bizarre de la *chambre sépulcrale* recevant la lumière du soleil par le dôme et la *colonnade* à l'allure de temple antique. Ou le *Monk's Parlor* (« parloir du Moine »), décoré de moulages gothiques en plâtre pour tourner en dérision l'engouement de l'époque pour ce style remis au goût du jour. Ou encore le plafond surprenant de la *Breakfast Room*, en forme de coupole aplatie. Dans la *Picture Room*, système ingénieux de panneaux pivotants sur lesquels sont accrochés des tableaux... pour gagner de la place et les protéger de la lumière. Demandez au gardien de vous les montrer. D'ailleurs, ils font bien de préserver *Les Noces* de Watteau qui ont déjà terni. Bel ensemble de toiles de Hogarth. Ne manquez pas au sous-sol le *sarcophage de Seti Ier*, le père de Ramsès II, taillé dans une variété de calcaire translucide et très bien conservé. Il est décoré de scènes et de hiéroglyphes tirés du « Livre des Portes » décrivant aux Égyptiens le voyage des dieux Osiris et Râ au royaume des morts. Dans la *New Picture Room*, trois Canaletto, dont la superbe *Vue du Grand Canal à Venise*.

★ **Old Curiosity Shop** *(plan couleur III, D2)* : 13 Portsmouth Street, WC2. ☎ 405-98-91. M. : Holborn. Ouvert de 9 h à 17 h. Entrée gratuite. Petit magasin du XVIe siècle qui prétend avoir été immortalisé par Dickens dans le livre du même nom. Très pittoresque. Nombreux objets ayant rapport à Dickens et à Londres.

★ **House of Detention** *(plan couleur I, C1)* : Clerkenwell Close, EC1. ☎ 253-94-94. M. : Farringdon. Ouvert tous les jours de 10 h à 18 h. Dans le « village » de Clerkenwell. Bienvenue dans la terrible prison souterraine de Londres. De 1616 à 1880, ce labyrinthe souterrain glauque et humide « accueillit » meurtriers, voleurs et délinquants en tout genre. De 1846 à 1878, ce fut même la prison la plus fréquentée du pays. Visite qui fait froid dans le dos.

LA CITY, TOWER BRIDGE ET LES DOCKLANDS

Le monde de la finance, à l'est celui des docks qui revivent plus que timidement, et entre les deux, autour du Tower Bridge et de la Tower of London, un des pôles touristiques les plus courus de Londres.

Où dormir ?

▲ *City of London Youth Hostel* **(YHA**; *plan couleur IV, B2, 10)* : 36 Carter Lane. ☎ 236-49-65. M. : Blackfriars ou Saint Paul's. À la lisière de la City, derrière la cathédrale Saint-Paul. A.J. complètement rénovée dans une superbe maison ancienne de style victorien. Réception de 7 h à 23 h 30. Chambres de 1 à 15 lits. Pas de couvre-feu. Bonne adresse, car fort bien située. Plus le dortoir est grand, moins c'est cher. Réduction pour les moins de 18 ans. De plus, ultra-*clean*, personnel pro et accueillant. Sur place : cafétéria, point phone, salon TV, laverie, bureau de change et Internet. Plus cher que les autres A.J. ; normal vu la qualité de l'endroit. À partir de 160 F (24,4 €) la nuit environ.

Où manger ?

Plus chic

I●I *Sweetings* (*plan couleur IV, B2, 22*) : 39 Queen Victoria Street, EC4 ; à l'angle de Queen Street. ☎ 248-30-62. M. : Cannon Street. Ouvert du lundi au vendredi de 11 h 30 à 15 h. À midi, environ 200 costumes gris finement rayés et le même nombre de cravates voyantes dégustent la cuisine de poisson ultra-simple mais délicieuse de chez *Sweetings*. Alignés au comptoir sur de hauts tabourets ou assis dans la salle du fond. Exotisme assuré. Plus *British*, introuvable ! Et cela dure depuis 150 ans ! La sole de Douvres et le verre de chablis sont les musts. Femmes et fantaisie sont rares ici, mais le personnel n'en accueille qu'avec plus de gentillesse ceux qui sortent des stéréotypes. Délicieuse *home-made apple-pie*.

Pubs

♟ *Dirty Dick's* (*plan couleur IV, D1, 34*) : 202 Bishopsgate, EC2. ☎ 283-17-63. M. : Liverpool Street. Ouvert de 11 h à 21 h (3 h le dimanche). Fermé le samedi. Un pub à voir. Déco de barriques et objets divers. Plusieurs salles imbriquées les unes dans les autres. Idéal pour se reposer après le marché aux puces. Fait aussi resto et *wine-bar*. Beaucoup de monde (essentiellement des jeunes cravatés).

♟ *Prospect of Whitby* : 57 Wapping Mall, E1. ☎ 481-10-95. M. : Wapping. Ouvert tous les jours de 11 h 30 à 23 h. Vous risquez d'être déçu à

GALERIES ET MUSÉES 221

cause du nombre de touristes. Pourtant la vue sur les docks et la Tamise est splendide. Ce pub date du XVIe siècle. Le célèbre juge Jeffries y assistait, une pinte à la main, aux pendaisons de pirates qu'il ordonnait. Très belle décoration intérieure. Resto très cher. Mais les plats servis au bar sont abordables.

▼ *Dickens Inn (plan couleur IV, D3, 36) :* Sainte Katherine's Way, E1. ☎ 488-12-26. M. : Tower Hill. Près du Tower Bridge. Passer sous l'hôtel *Tower Thistle*, puis sur le pont rouge à bascule. Ouvert tous les jours de 11 h à 23 h. L'endroit est tout en bois, donnant sur le quartier des Docks. Port et bateaux de plaisance au milieu des immeubles. C'est le seul endroit agréable que nous ayons trouvé pour prendre un verre. Cuisine assez moyenne, remplissez vous l'estomac plutôt ailleurs. Le lieu, *a priori* très touristique, est en fait fréquenté surtout par des Anglais.

▼ *Mayflower :* 117 Rotherhithe Street, SE16. ☎ 237-40-88. M. : Rotherhithe. Sur la rive sud, assez éloigné, un pub du XVIIe siècle où les passagers du *Mayflower*, en route pour l'Amérique, éclusèrent leur dernier gorgeon... Émouvant, non ? On ne vient pas ici exprès. D'autant plus que si c'est bien le point de départ du *Mayflower*, il ne reste pas grandchose du pub de l'époque.

Concerts classiques

– *Barbican Hall (plan couleur IV, B1) :* dans le moderne et culturel Barbican Centre, Silk Street, EC2. M. : Barbican ou Moorgate. Réservations : ☎ 638-88-91 (de 9 h à 20 h). Informations sur répondeur 24 h/24 : ☎ 628-22-95 ou 628-97-60. Salle de concert du célèbre *London Symphony Orchestra*. Concert tous les soirs. Places à prix réduits pour les étudiants, vendues à partir de 9 h le jour de la représentation.

Marché

– *Leadenhall Street Market (plan couleur IV, C2) :* l'accès principal est par Gracechurch Street. M. : Bank ou Monument. Fruits et légumes au détail, volaille, viande et poisson. De petites échoppes ouvrant à des horaires différents, mais en général de 9 h à 17 h du lundi au vendredi.

Galeries et musées

★ *Museum of London (plan couleur IV, B1) :* 150 London Wall, EC2. ☎ 600-36-99. Informations sur répondeur : ☎ 600-08-07. M. : St. Paul's. Ouvert du mardi au samedi de 10 h à 17 h 50, le dimanche à partir de 12 h. Dernière admission à 17 h 30. Fermé le lundi sauf les lundis fériés. Gratuit après 16 h 30. Demi-tarif étudiants. Le ticket est valable 3 mois !
En plein cœur du quartier de Barbican, ce musée présente une exposition plus didactique qu'artistique sur l'histoire de Londres. Une sorte de résumé ethnologique et sociologique de la vie des Londoniens depuis plus de 10 millénaires. D'ailleurs, aux alentours de 8 000 ans avant notre ère, l'actuelle Grande-Bretagne était encore reliée au continent. La séparation ne se fit définitivement que 3 000 ans plus tard, empêchant ainsi toute migration. Peut-être le caractère insulaire des Britanniques s'est-il forgé à cette époque ? En 54 av. J.-C., César, qui avait déjà tout colonisé – sauf un petit village d'irréductibles gaulois –, envahit l'île.

Intérieur d'une maison romaine reconstitué et sculptures provenant du *temple de Mithras* découvert à Londres en 1954. Évocation du premier Grand Incendie en l'an 60 de notre ère. La reine Boadicea, rebelle à l'autorité de Rome, donna l'ordre à ses troupes de détruire totalement la ville. Un mot d'ordre : « pas de prisonnier ! » Bilan des viols, des crucifixions et des massacres : 70 000 morts ! Dans la salle suivante, bijoux, armes, poteries et mobilier de l'époque saxonne (du VIe au Xe siècle). C'est le *Dark Age* de Londres. Dans la salle médiévale, vitrines intéressantes sur Thomas Beckett à Londres et sur la peste noire qui sévit gravement en 1348 et 1349. Vient ensuite l'époque des Tudors et des Stuarts. Armures, bijoux, évocation de Cromwell (par son masque funéraire notamment) et du théâtre où l'on jouait les pièces de Shakespeare. Mais il ne reste pas grand-chose de cette période, presque tout ayant été détruit par le Grand Incendie de 1666 qui réduisit en cendres les quatre cinquièmes de Londres en quelques jours. La reconstruction démarre au sous-sol du musée. C'est le travail de Wren, celui qui a refait Saint Paul's Cathedral. On n'est pas obligé d'aimer. Les XVIIIe et XIXe siècles voient Londres devenir la capitale d'un empire sur lequel le soleil ne se couche jamais. En 1851, la première Exposition universelle se déroule au *Crystal Palace*, une immense halle de verre et d'acier construite dans Hyde Park. Il n'en reste que la maquette et des photos, l'édifice ayant brûlé en 1936 après avoir été démonté et remonté au sud de Londres. Ce 30 novembre, la BBC a inventé le scoop en interrompant pour la première fois ses programmes pour annoncer l'événement. Enfin, longue évocation des deux guerres mondiales et des suffragettes. Si vous n'avez pas le temps d'aller chez *Selfridges*, vous pourrez voir l'ascenseur de 1928, un peu chargé quand même. Juste avant de sortir, arrêtez-vous devant ce carrosse de 1757 que le maire de la City utilise encore pour sa parade annuelle. De quoi se prendre pour le roi !

★ ***Design Museum*** *(plan couleur IV, D3, 40)* **:** Shad Thames, Butler's Wharf, dans les Docklands. ☎ 403-69-33. M. : Tower Hill. Traverser le Tower Bridge et longer la Tamise à gauche sur 400 m. Ouvert du lundi au vendredi de 11 h 30 à 18 h, le samedi et le dimanche de 12 h à 18 h. Fermé à Noël, au *Boxing Day* et au Nouvel An. Réduction étudiants. Un café au rez-de-chaussée, le *Blue Print*.

Le musée est posé, tout blanc, comme un paquebot, au bord de la Tamise. En plein cœur des Docklands, au centre d'un quartier en pleine recomposition où les beaux immeubles de brique, fer, passerelles de bois ont remplacé les anciens entrepôts.

Nouveau musée résolument moderne à la gloire du design industriel, des années 50 à nos jours. Unique en son genre. Le premier étage *(Review Gallery)* est consacré à des expositions temporaires autour d'un produit ou d'un créateur. Un espace *New Design* suit l'actualité du design dans le monde : chaque trimestre, les innovations du moment sont exposées. La Twingo y eut son heure de gloire. Au deuxième étage *(Collection Gallery)*, exposition permanente sur l'évolution des formes pour des produits aussi banals que le téléphone ou l'aspirateur. De Charles Rennie Mackintosh à Starck, une communion solennelle entre le beau et l'objet. Intéressant et didactique. Les Anglais font bien de se demander pourquoi leur bouilloire ressemble à une bouilloire.

★ ***Bramah Museum of Tea and Coffee*** *(plan couleur IV, D3, 40)* **:** Maguire Street, Butlers Wharf, SE1. ☎ 378-02-22. M. : Tower Hill. Juste derrière le Design Museum. Ouvert tous les jours de 10 h à 18 h. Fermé les 25 et 26 décembre. Entrée payante. Demi-tarif étudiants.

Il fallait être à Londres pour trouver un musée tout entier consacré au thé et au café, à l'endroit même où les marchands négociaient les prix du thé au siècle dernier. On ne s'ennuie pas dans cette grande salle toute blanche, remplie des odeurs subtiles dégagées par le petit bar à dégustation. Le thé vient de Chine, où il est cultivé depuis quelques années maintenant !

En 1657, cette « boisson exotique » est servie pour la première fois en Angleterre au *Garraway's Coffee House*. Le succès ne fut pas franc et immédiat, d'autant que seuls les plus aisés avaient les moyens de s'en offrir. Il fallut attendre Charles II pour que le thé devienne une boisson vraiment populaire. Quand le roi aime, ça aide un peu ! Bientôt le succès fut si grand que le roi mit une taxe dessus. Un siècle plus tard, cette décision eut de fâcheuses conséquences à Boston, d'où partit en 1773 le mouvement insurrectionnel à l'origine de l'indépendance des États-Unis ! Les Bostoniens jetèrent à la mer les ballots de thé pour protester contre les droits de douane exorbitants frappant les importations de thé.

À voir ici, entre autres : des théières chinoises et anglaises des XVIIIe et XIXe siècles, de plus ou moins bon goût, comme celle en forme de chou-fleur. On n'a pas fait mieux aujourd'hui : Maggie et l'inévitable Sherlock Holmes sont aussi devenus des théières. Le thé devait même être prétexte à quelques parties de jambes en l'air à l'image de ce *tea-pot* pentagonal recouvert d'estampes carrément osées. Quelques vitrines retracent l'histoire du café et montrent comment faire un bon café. Nombreux percolateurs, cafetières, moulins à café, etc. Pour finir et si vous aimez le thé, goûtez le mélange spécial, il est super.

Monuments et balades

LE LONDRES DES TRADITIONS ET DE LA FINANCE : HOLBORN, LA CITY ET TOWER OF LONDON

Aligné le long de la Tamise, du Waterloo Bridge au Tower Bridge, voici le Londres 100 % londonien, celui des hommes en perruque (quartier des *courts*), des chapeaux melons (la City), des journalistes (Fleet Street) et des *Yeomen* (garde royale de la Tour de Londres)... Ici s'est forgée une grande partie de l'histoire du royaume, au milieu des cris de la Bourse, de la cour de justice et de la vieille prison. Dans ces quartiers soigneusement entretenus, où même le plus hardi des punks ne se rendrait jamais, sont jalousement conservés les plus grands trésors d'Angleterre : les lingots de la *Bank of England*, les secrets de la *Lloyd's* et les joyaux de la Couronne. Vous y verrez beaucoup de gens affairés, beaucoup de touristes, mais aussi le superbe *Tower Bridge*, qui garde avec fidélité l'accès à cette ville dans la ville...

★ ***Inns of Court*** *(plan couleur III, D1-2)* : entre Covent Garden et la City, un quartier très secret, exclusivement réservé aux juristes ! Les Inns of Court sont trois micro-arrondissements indépendants (Temple, Lincoln's Inn et Gray's Inn), fonctionnant en circuit fermé. Ici vivent, étudient et plaident les avocats londoniens, qui trouvent sur place tout ce dont ils ont besoin : hébergement, centres d'étude, clubs privés et bien sûr pubs. Ils ont leurs rites, leur langage, leur code vestimentaire, leur hiérarchie et leur règlement intérieur. Un peu comme à Oxford... D'ailleurs, tout le quartier des Inns est bouclé la nuit (à partir de 19 h) ! La visite de ce lieu aux mœurs étranges est des plus intéressantes, ne serait-ce que pour le charme du quartier, bourré de ruelles, de passages, de jolis jardins, de vieilles cours et de bâtiments anciens. Les visiteurs sont les bienvenus, excepté en période d'examens. Pour y aller, métro jusqu'à la station Temple. À voir, entre autres, dans le secteur : *Temple Church,* église du XIIe siècle, restaurée au XIXe, qui doit son nom aux Templiers. Ne pas manquer non plus le beau bâtiment *Middle Temple Hall* (Middle Temple Lane), célèbre pour sa salle Tudor où Shakespeare fit jouer l'une de ses pièces.

★ ***Royal Courts of Justice*** *(plan couleur III, D2)* : Fleet Street. M. : Temple. Ouvert pendant les audiences, généralement de 10 h 30 à 13 h et de 14 h à

16 h. On peut jeter un coup d'œil à l'intérieur de la cour de justice et assister à un procès civil (plusieurs salles d'audiences). Amusant à voir, avec juges et avocats portant perruque. Surtout ne pas oublier de saluer les juges en entrant! Une courbette suffit. Il vaut tout de même mieux connaître l'anglais...

★ *Le complexe Barbican* (plan couleur IV, B1) : au nord d'Holborn et de la City. M. : Barbican. Seulement pour les fans d'urbanisme et de modernité. Ne pas y aller un dimanche, vous n'y rencontrerez que le cafard. Une intéressante tentative d'architecture moderne. Bâtiments résidentiels, commerciaux et culturels fleuris, terrasses, pelouses, lacs intérieurs, jeux d'eau, galeries piétonnes aériennes. Mais le traitement de l'ensemble est résolument « brutaliste ». Le béton grisâtre et la brique sont laissés nus, ce qui donne cette impression d'inachevé un peu morose. Les Londoniens l'ont surnommé « la brosse à dents » ! Voir le *Barbican Centre* avec jardins suspendus et salles d'exposition. C'est aussi le nouveau temple de la musique classique avec les concerts du London Symphony Orchestra, et du théâtre, avec la Royal Shakespeare Company.

★ *Saint Paul's Cathedral* (plan couleur IV, B2) : Ludgate Hill, EC4. ☎ 236-07-52. M. : Saint Paul's. Ouverte de 8 h 30 à 16 h tous les jours sauf service spécial. Du temps de Rome, un temple consacré à la déesse de la Chasse avait été construit à cet endroit. Dès l'époque saxonne, on y élèva une cathédrale de bois dédiée à saint Paul. L'église fut incendiée et reconstruite plusieurs fois. Après un dernier désastre en 1087, les Normands entreprirent la construction d'une cathédrale. De style romano-gothique, l'ancienne cathédrale, qui dépassait largement en taille l'actuelle, devint l'un des hauts lieux de la chrétienté. On venait de loin pour se recueillir ici, mais également pour voir la flèche la plus haute jamais construite à cette époque. En 1666, le Grand Incendie détruisit totalement l'édifice. On confia à Wren le soin de reconstruire la cathédrale. Saint Paul's représente l'apogée du savoir-faire de l'architecte.

On entre par le grand escalier de la façade ouest. Le portique, formé de colonnes corinthiennes géminées, est surmonté d'un tympan représentant la conversion de saint Paul. Si vous n'êtes pas un mordu de soutane et d'architecture baroque, contentez-vous d'admirer l'intérieur depuis l'entrée. Autrement, il va falloir payer. Dès la première nef, la caisse enregistreuse tourne comme si les descendants des marchands du temple avaient élu domicile ici.

Arrêtez-vous sous la coupole pour admirer le chœur. L'ensemble, avec les mosaïques, les stalles en chêne, le buffet d'orgue, le maître-autel à baldaquin (1958) et les grilles ouvragées, donne une impression de richesse pas forcément du meilleur goût. On aime ou on n'aime pas. Derrière l'autel, la chapelle du Mémorial rend hommage aux 28 000 soldats américains basés en Angleterre, morts durant la seconde guerre mondiale. Au bout du transept nord, superbes fonts baptismaux en marbre jaune du XVIIIe siècle. Dans la crypte, 200 tombes parmi lesquelles celles de Nelson, Wellington, Henry Moore, Lawrence d'Arabie (le vrai, pas Peter O'Toole) et Christopher Wren. Maquettes de l'actuel édifice et de l'ancienne cathédrale du XIIe siècle. Elle était beaucoup plus belle, mais on ne va pas le dire trop fort. Si vous êtes (très) en forme, tentez l'ascension du dôme. De plus, vous aurez l'occasion de repayer. Il n'y a que 627 marches pour arriver au sommet d'où la vue sur la City, par beau temps, est superbe. Entre-temps, vous aurez pu voir les fresques monochromes de Thornill (scènes de la vie de saint Paul) de la *Whispering Gallery* (galerie des Murmures). Son nom vient de son acoustique particulière : si vous murmurez un secret contre le mur, votre copain (ou copine) l'entendra sans problème de l'autre côté. Si vous beuglez la même chose vers l'extérieur, on n'entendra rien et on vous regardera bizarrement.

★ **La City** (plan couleur IV, B-C1-2) : bordée par les Inns of Court à l'ouest, la Tower of London à l'est, Barbican au nord et la Tamise au sud. Considérée comme le vrai cœur de Londres, la City est surtout son centre vital, économique et financier. L'équivalent à l'échelle planétaire de Wall Street et Tokyo. Et cent fois l'importance du quartier de la Bourse à Paris.
N'oublions pas que la City fut le centre (économique) du monde à l'époque de l'Empire... Même si l'on ne peut plus aujourd'hui s'en rendre compte (à cause du Grand Incendie de 1666, puis de la *Blitz*), nous sommes ici dans la partie la plus ancienne de Londres. Artisans et commerçants prospérèrent dans les murs de la City, remplacés ensuite par les banquiers, les assureurs, les agents de change et autres as de la finance. Le *Royal Exchange* devint, à la glorieuse époque des colonies, l'incontournable lieu d'échange des marchandises pour le monde entier. Le *Stock Exchange* faisant office, quant à lui, de Bourse la plus importante d'Europe, les Rothschild parvenant, de leur côté, à faire fixer ici même le cours de l'or, dans leur propre banque ! Avec tout cela (et le reste), on comprend comment cette cité dans la ville a pu conserver une telle autonomie : la Couronne s'est toujours appuyée sur ce centre névralgique, n'hésitant pas à y puiser l'argent nécessaire pour financer les guerres, quitte à y perdre de son pouvoir.
Aujourd'hui encore, la City possède certains privilèges : son Lord (maire) élu chaque année (en 1984, une femme pour la première fois), une administration indépendante et sa propre police. La reine, chaque année, se fait remettre les clés de la City lors d'une cérémonie.

★ **Bank of England** (plan couleur IV, C2) : Threadneedle Street, EC2. ☎ 601-55-45. M. : Bank. Les murs d'enceinte de 10 m de haut, équipés de caméras, signalent tout de suite la *Banque d'Angleterre*, dont les sous-sols regorgent d'or. Il fallut 45 ans (!) à son architecte, John Soane, pour achever les travaux. Pour ceux de nos lecteurs que les mécanismes bancaires passionnent, on trouve un *musée* sur le côté droit de l'édifice (Bartholomew Lane). Ouvert de 10 h à 17 h, du lundi au vendredi. Vidéo explicative. Histoire de la *Banque d'Angleterre*. Cadre somptueux. Ça sent l'argent.

★ **Royal Exchange** (plan couleur IV, C2) : face à la banque. Beau bâtiment aux colonnes corinthiennes, inauguré au XIXe siècle. Cette bourse de commerce est pourtant bien plus ancienne et participa activement à l'enrichissement de la ville, à travers toutes sortes de transactions. Remarquez la sauterelle géante qui surmonte l'édifice. C'était l'emblème du fondateur des lieux, conseiller commercial de la Couronne, qui n'a pas hésité, selon la légende, à distribuer des lingots aux ouvriers pour que les travaux soient exécutés à temps ! La Bourse royale, supplantée par le *Stock Exchange*, s'est reconvertie dans les assurances. On peut y voir des expositions, ce qui permet d'admirer les vestiges du bâtiment précédent (du XVIe siècle), dont une jolie cour.

★ **Stock Exchange** (plan couleur IV, C2) : Old Broad Street, à l'angle de Threadneedle. C'est l'actuelle Bourse de Londres, construite en 1970 : on y échange plus de titres qu'à Wall Street. Les milliards y sont brassés dans l'allégresse générale, même si l'ambiance n'est plus aussi chaude depuis le krach de 1987. Ne se visite plus.

★ **L'immeuble de la Lloyds** (plan couleur IV, C2) : Lime Street. M. : Bank ou Monument. Le groupement d'assurances le plus important au monde. On remarque tout de suite cette immense structure de verre et d'aluminium, qui fit hurler plus d'un conservateur de la City lors de sa construction. Ce bâtiment moderne est dû à Richard Rogers, l'un des deux architectes de Beaubourg et il y a, en effet, une ressemblance frappante. Le nom *Lloyd's* vient d'un aubergiste du XVIIe siècle, chez qui se réunissaient armateurs et assureurs. D'ailleurs, ce bonhomme qui s'appelait Edward Lloyd fit bien des métiers, mais ne fut jamais lui-même assureur... La Lloyd's prend en charge tous les types d'assurances possibles : aussi bien la cargaison d'un pétrolier que les jambes d'une danseuse ou le temps qu'il fera à votre mariage. Fidèle à la tradition, le tintement fatidique d'une cloche signale les mauvaises nouvelles, les naufrages étant aussitôt inscrits sur le livre des sinistres, à la plume d'oie... Ne se visite malheureusement plus. À voir la nuit, illuminé.

★ *The Monument* (plan couleur IV, C2) *:* King William Street. M. : Monument. Ouvert en semaine de 9 h à 18 h (16 h en hiver) et le week-end de 14 h à 18 h. Entrée payante. Colonne d'une soixantaine de mètres de haut, élevée pour fêter la fin du Grand Incendie de Londres (1666). Celui-ci se déclencha tout près d'ici, dans une boulangerie de... Pudding Lane (ça ne s'invente pas). Du haut des 300 et quelques marches, beau panorama sur la Tamise et la Tower of London.

★ *Tower of London* (plan couleur IV, D2-3) *:* Tower Hill, EC3. ☎ 709-07-65. M. : Tower Hill. De mars à octobre, ouvert du lundi au samedi de 9 h à 18 h et le dimanche de 10 h à 18 h ; de novembre à février, du lundi au samedi de 9 h à 17 h et de 10 h à 17 h le dimanche. Fermé du 24 au 26 décembre et le 1er janvier. Dernière admission 1 h avant la fermeture. Entrée chère.
Il y a toujours 2 h de queue en août. Pour ceux qui arrivent par le métro, un détail insolite a été gravé à l'insu des officiels sur le cadran solaire devant la station Tower Hill : l'incroyable Maggie survole à 7 h 30 la Peste noire et la Révolte des paysans. Attention aux rapprochements hâtifs sur la gravité de ces fléaux !
Ensemble fortifié dont le cœur (la tour Blanche) a été construit dès la fin du XIe siècle par Guillaume le Conquérant à la suite de la bataille d'Hastings, pour servir de palais royal et défendre la ville. Aux XIIIe et XIVe siècles ont été ajoutés deux enceintes concentriques, des bastions et des fossés pour en faire une forteresse imprenable. Tour à tour résidence royale, atelier de frappe, ménagerie, observatoire et chambre du Trésor, c'est surtout comme lieu d'exécution pour les têtes couronnées et comme prison d'État que la « tour sanglante » a acquis sa triste réputation. Les opposants à la royauté, quels qu'ils soient, y étaient incarcérés.
D'ailleurs, il y eut des prisonniers célèbres comme les bourgeois de Calais, le roi de France Jean le Bon, et même Rudolf Hess, un copain d'Hitler, emprisonné avant d'être remis aux Alliés pour être jugé au procès de Nuremberg. Les deux femmes adultères d'Henri VIII, Anne Boleyn et Catherine Howard, furent exécutées dans la cour intérieure, près de la pelouse de la Tour. Vous marcherez sur les pas de Dickens qui toute sa vie fut obsédé par le souvenir de son père faisant de la prison pour dettes.
Aujourd'hui, on n'enferme plus et on n'exécute plus, mais les gardes sont toujours là, les *Yeomen of the Guard*, dans leur uniforme bleu de l'époque Tudor. Ils semblent participer à un jeu de rôle lorsqu'ils procèdent à la cérémonie des clés, tradition nocturne où les portes de la Tour sont fermées. Aucun événement, aucune catastrophe n'a jamais pu empêcher son déroulement. Et cela dure depuis 7 siècles ! Malheureusement, il faut écrire pour y assister. *God save the Queen !* Des corbeaux, de bon augure pour une fois, veillent sur les vieilles pierres. On dit que le royaume s'effondrera lorsqu'ils quitteront la tour. D'ailleurs, un décret royal de 1662 (!) fixe à 6 au minimum le nombre de ces corbeaux gardant la tour. Pour éviter le pire, on les gave de nourriture et on leur rogne le bout des ailes.
Au-delà du fossé, on entre dans la cour extérieure par la tour du Mot de Passe *(Byward Tower)*. En face, dans la tour de la Cloche *(Bell Tower)*, « Bloody Mary » fit enfermer sa demi-sœur Élisabeth, future reine d'Angleterre. À droite, la porte des Traîtres *(Trators Gate)*, donnant sur la Tamise, servait à débarquer les prisonniers qui venaient d'être condamnés à Westminster. Passez en face sous la tour Sanglante *(Bloody Tower)* pour entrer dans la cour intérieure. Son surnom est lié à un événement macabre de la

monarchie anglaise : les enfants d'Édouard IV y furent exécutés en secret sur ordre de leur oncle, le futur roi Richard III, afin d'assurer son accession au trône.
- **Les joyaux de la Couronne :** au sous-sol du bâtiment Waterloo, là où les gens font la queue. Extasiez-vous devant ce trésor inestimable. Pour être plus tranquille, vous pouvez rester sur la rampe supérieure, d'où l'on voit aussi bien. Les joyaux ne sont pas antérieurs au milieu du XVIe siècle, car, à la suite de l'exécution de Charles Ier et de l'instauration de la République, Cromwell décida de vendre les bijoux royaux. Parmi les objets les plus insolents, le sceptre royal de 1661 surmonté de l'*Étoile d'Afrique*, le plus gros diamant du monde, la couronne de la reine mère ornée du *Koh-I-Noor*, un diamant gros comme le poing, rapporté du Pendjab à la reine Victoria lors des conquêtes britanniques, et surtout la couronne d'État d'Élisabeth II, éclairée par le rubis du Prince Noir et la deuxième Étoile d'Afrique. Victoria la porta pour son couronnement.
- **La tour Blanche** (White Tower) : donjon carré très massif trônant au milieu de la cour intérieure. Cette architecture militaire normande réduite à sa plus simple expression est la partie la plus ancienne de la forteresse (XIe-XIIe siècles). Ce fut la résidence de Guillaume le Conquérant, puis une prison. La *chapelle de Saint-Jean* est la partie la plus intéressante du bâtiment. Construite par Guillaume le Conquérant avec le donjon, c'est la plus ancienne chapelle de Londres. Une nef entourée d'un déambulatoire et surmontée de tribunes et d'une simple voûte en berceau incarne la pureté du début de l'art roman.
- **La chapelle de Saint-Pierre-aux-Liens :** chapelle funéraire rebâtie au XVe siècle dans le style gothique tardif. Ci-gisent les malheureuses épouses d'Henri VIII et les partisans jacobites du retour à une monarchie catholique.
- **Le musée des Fusiliers royaux :** pour les fans du service militaire et des uniformes. Petit musée à la gloire du 1er régiment de fusiliers royaux évoquant toutes les campagnes, batailles et guerres, de Napoléon jusqu'aux Malouines. Il faut quand même verser une obole de 20 p pour le visiter.
- **La tour Beauchamp :** elle abrita de nombreux prisonniers. Amusez-vous à déchiffrer leurs graffitis gravés sur les murs. Un de nos compatriotes enfermé ici en 1571, Charles Bailly, fut particulièrement prolixe.
- **Les nouvelles armureries :** même remarque que précédemment. Armes des XVIIIe et XIXe siècles, fabriquées pour les armées britanniques. Étonnant lance-roquettes du XIXe siècle de plus de 2 m de longueur. Plus ils étaient longs, plus ils visaient juste.

★ **Tower Bridge** (plan couleur IV, D3) : ☎ 403-37-61. M. : Tower Hill. Ouvert tous les jours de 9 h 30 à 18 h 30 (18 h de novembre à mars). Fermé les 1er janvier, 4e mercredi de janvier, et du 24 au 26 décembre. Dernier ticket vendu 1 h 15 avant la fermeture.
Avec Big Ben, l'une des cartes postales les plus envoyées de Londres. Édifié à la fin du XIXe siècle dans le style néo-gothique cher à la reine Victoria, il servit à désengorger le trafic du London Bridge et à suivre le développement de la capitale vers l'est. Avec un peu de chance, vous verrez la chaussée se lever pour laisser passer un gros navire, mais les occasions se font de plus en plus rares. Au milieu des années 70, un système de levage électrique a remplacé l'ancien système hydraulique, mais, bien sûr, on n'a pas touché à l'architecture d'origine du pont le plus célèbre du monde. Une anecdote : un milliardaire américain, fou amoureux du pont, décida paraît-il de l'acheter. Les Anglais lui livrèrent un pont en pierre sans grand intérêt. Le milliardaire, comme beaucoup d'étrangers, avait tout simplement confondu le Tower Bridge avec... le London Bridge ! La traversée offre de bons points de vue et il n'est pas nécessaire pour cela de monter sur la passerelle, d'où le panorama n'a rien de spectaculaire. Musée dans la salle des machines, consacré à la construction du pont. Aussi inintéressant que les reconstitutions

LA CITY, TOWER BRIDGE ET LES DOCKLANDS

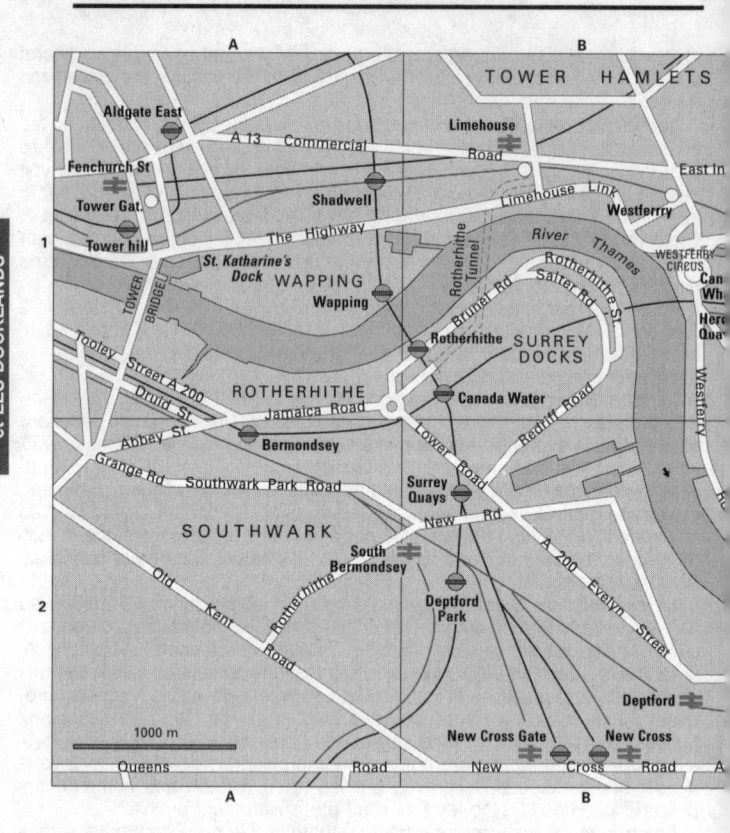

historiques qui jalonnent la montée sur la passerelle par la tour nord. De plus, c'est hors de prix, même pour les étudiants, et touristique à souhait.

LE LONDRES FUTURISTE : LES DOCKLANDS (plan couleur IV, pp. 10-11, à l'est de D3)

Au sud de l'East End et dans le prolongement de la City, juste après le Tower Bridge, on entre dans un nouveau royaume, celui de la mégalomanie des promoteurs immobiliers, que le gouvernement Thatcher rêvait de transformer en City de l'an 2000. Bienvenue aux Docklands ! Coincé dans un méandre de la Tamise, cet ancien quartier portuaire servait autrefois de point d'ancrage pour les bateaux faisant la navette avec les Indes. Fini tout cela. Place à une mini-pole (on dit bien méga !) composée d'un centre d'affaires, de gratte-ciel, de centres commerciaux, d'un port de plaisance, de résidences pour yuppies et de sa propre ligne de métro. Bref, un mélange Manhattan-Silicon Valley, ou, pour prendre une image parisienne, une brochette La Défense-Bercy-Marne-la-Vallée ! Le chantier démarra sur les chapeaux de roues, puis les promoteurs, frappés de plein fouet par la crise immobilière entraînée par la récession, se rendirent compte qu'ils avaient vu

MONUMENTS ET BALADES 229

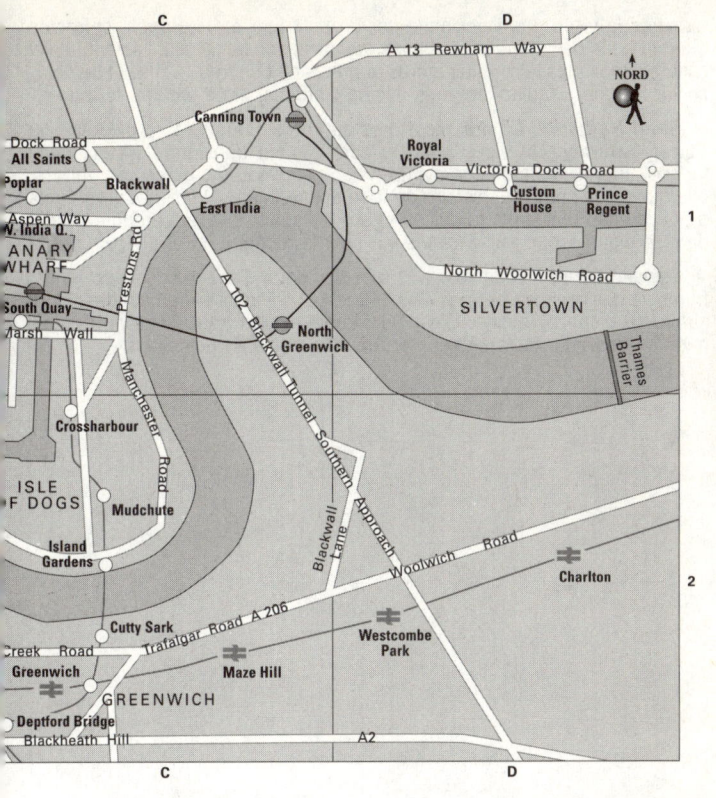

LA TAMISE, DE TOWER BRIDGE À THAMES BARRIER
(LES DOCKLANDS)

trop grand. Les chantiers se ralentirent, certains stoppèrent. On ne saura jamais combien de millions de livres furent perdus dans l'aventure. Toujours est-il que la population hésite encore à s'y installer. Malgré la venue d'éditeurs de journaux et de quelques grandes entreprises, de nombreux bureaux restent désespérément vides. Un gâchis monumental, dénoncé par la presse, et une pilule amère à avaler pour les classes sociales modestes qu'on avait délogées. Cela dit, pour de simples visiteurs, il faut reconnaître que l'endroit a de la gueule. Le vieux dock pourri a été transformé en une sorte de centre d'attraction sympa au bord de la Tamise. Les amateurs d'architecture y découvriront des ensembles de buildings « pavés » de verre fumé, armés de fer, aux lignes audacieuses. Dans certains coins, les vieux pâtés de maisons ont été simplement restaurés et les immeubles futuristes s'allient harmonieusement avec la brique rose. Les espaces ménagés donnent une respiration à l'ensemble et on a même tenté de recréer une vie de quartier en maintenant la tradition des pubs et des restos. Une catastrophe surtout financière, donc, puisque les urbanistes, eux au moins, semblent avoir bien fait leur boulot.

Pour visiter les Docklands, prendre la ligne de métro Docklands Light Railway (sans chauffeur!) à la station Bank. N'oubliez pas de demander une carte 2 zones si vous ne voulez pas attraper une amende! Une suggestion :

terminez la visite des Docklands par un petit tour à *Greenwich*, charmant quartier de la périphérie londonienne qui abrite son lot de sites historiques et culturels (voir plus loin, « Les autres quartiers de Londres »). Il suffit de poursuivre la ligne jusqu'au terminus (Island Gardens) et de prendre le tunnel.

★ *Saint Katharine Docks :* tout près du Tower Bridge. M. : Tower Hill ou Tower Gateway. Un vieux coin du port joliment transformé en luxueuse marina. Intéressant mélange d'ancien et de nouveau. Au milieu des voiliers, quelques vieux navires, histoire de faire bonne figure. Promenade agréable au milieu des bâtiments futuristes et sur les quais. On peut prendre un pot dans le gigantesque pub *Dickens Inn* (voir la rubrique « Pubs » plus haut).

★ *Canary Wharf :* nous voici au cœur du centre d'affaires des Docklands. Symbole des lieux : la *Canary Wharf Tower*, building de verre haut de 266 m, surmonté d'une pyramide. C'est l'immeuble le plus haut du pays. Promenade intéressante dans ce quartier futuriste, criblé de petits lacs.

WHITECHAPEL, SPITALFIELDS ET HOXTON

Notre cœur en pince beaucoup pour l'est de Londres (en particulier Whitechapel et Spitalfields). Habitants beaucoup plus chaleureux, rapports plus spontanés et naturels. Vieux quartiers sentant encore bon leur XIXe ouvrier. Dépêchez-vous cependant : comme chez nous, les promoteurs cassent tout et livrent des quartiers neufs sans âme... Voici quelques bonnes adresses parmi d'autres pour ceux qui auront arpenté les pittoresques puces de Bricklane et Cheshire Street, ainsi que les rues plus au nord. À propos, si c'est dimanche, ne pas manquer de prendre un verre dans l'un des nombreux pubs populaires de ces quartiers. Il y a souvent de bons amuse-gueule sur le comptoir (crevettes, coques, harengs, *pickles*, etc.) et pour les petites faims, ça constitue presque un repas.

Au nord-ouest, Shoreditch et Hoxton sont à leur tour en train de se transformer, et deviennent carrément à la mode.

Où manger ? Où boire un verre ?

Bon marché

|●| *Sheba Tandoori Restaurant* (plan couleur IV, D1, **21**) : 136 Brick Lane, E1. ☎ 247-78-24. M. : Aldgate East. Ouvert tous les jours. Dans l'un des quartiers de Londres qu'on préfère. Celui-ci sera, paraît-il, protégé contre les pelleteuses. On y sert un bon *tandoori* (très épicé). Goûtez aussi au *mutton tika*, viande de mouton marinée avec des herbes et cuite au charbon de bois. Les *brinjal bhajee* sont des aubergines sautées délicieuses. Jolies fresques naïves sur les murs. Carte *Visa* acceptée.

|●| *Aladin* (plan couleur IV, D1, **21**) : 132 Brick Lane, E1. ☎ 247-82-10. M. : Aldgate East. Ouvert tous les jours de 11 h 30 à 23 h 30 (minuit le week-end). Cadre banal genre coffee-shop. Qu'à cela ne tienne : les jeunes et les Pakistanais du quartier viennent ici nombreux pour la bonne et copieuse cuisine indienne. Simple et bon marché.

|●| *Cherry Orchard* (hors plan couleur IV, par D1) : 241 Globe Road (presque à l'angle de Roman Road), E2. ☎ (0181) 980-66-78. M. : Bethnal Green. Ouvert de 11 h à 15 h le lundi, de 11 h à 19 h du mardi au vendredi. Fermé les samedi et dimanche. Excellent resto végétarien, dans une grande salle claire et fleurie. Fine cuisine, là aussi pas chère du tout. L'été, quelques tables sont sorties dans le jardinet. Fait partie d'un grand centre bouddhique. Chouette adresse originale.

En sortant, vous noterez que tout le quartier est un mélange équilibré de l'ancienne architecture de l'East End (maisons ouvrières, logements sociaux en brique caractéristiques du XIXe siècle, et HLM modernes sans grâce). Combinaison plutôt rare partout ailleurs, tout ayant été rasé pour rebâtir.

|●| ▼ *The Reliance* (plan couleur I, D1, **32**) : 336 Old Street, EC2. ☎ 729-68-88. M. : Old Street. Bar ouvert de 12 h à 23 h et restaurant de 11 h à 15 h et de 19 h à 22 h 30 (21 h 45 le dimanche). Repérable de loin à la voile qui orne la façade. Bar au rez-de-chaussée, restaurant à

WHITECHAPEL, SPITALFIELDS ET HOXTON

l'étage. Comme à l'extérieur, la déco est maritime et de bon goût (photos et objets de navires, mobilier en bois...). La cuisine y étant de plus très correcte, arrêtez-vous volontiers si vous êtes dans le coin.

Iel Y The Coffee House *(hors plan couleur IV, par D1) :* 1 Dray Walk, Brick Lane. M. : Aldgate East ou Liverpool Street. Ouvert du lundi au vendredi de 8 h à 20 h et les samedi et dimanche de 10 h à 18 h. Café situé dans l'ancienne brasserie Truman. Bel espace. On commande son sandwich ou sa salade au bar en bas, et on s'installe en haut. Poufs, gros coussins, canapés ou sièges de récup', on a le choix. Rideaux, lumière douce. Atmosphère assez planante, entre new age et baba-cool.

Iel Y Vibe Café *(hors plan couleur IV, par D1) :* 91 Brick Lane, E1. ☎ 426-04-91. M. : Aldgate East ou Liverpool Street.
• Internet : www.vibe-bar.co.uk
Ouvert tous les jours de 11 h à 23 h. Dans l'ancienne brasserie Truman, comme le précédent. Grand espace à la déco un peu sombre et gentiment branchée, à la fois bar, resto, Internet café et magasin de disques. Pour manger : sandwichs, pâtes, et autres plats corrects tendance cuisine du monde.

Iel Y Hoxton Square Bar and Kitchen *(plan couleur I, D1, 38) :* Hoxton Square, N1. ☎ 613-07-09. M. : Old Street. Ouvert du lundi au samedi de 11 h à minuit, et le dimanche de 12 h à 22 h 30. Vaste bar tout en longueur ouvert sur le square et la rue derrière. Grand comptoir et tables basses. Musique forte, beaucoup de jeunes viennent se chauffer ici avant d'aller en boîte. On peut aussi y goûter une cuisine correcte.

Iel Rongwrong *(plan couleur I, D1, 38) :* Hoxton Square, N1. Tout petit café-restaurant très agréable avec une jolie terrasse face au square. Plats simples et bons.

Iel Spitalfields Market : plein d'excellents « bouis-bouis » de cuisine exotique (voir le texte dans la rubrique « Marchés »).

Y Hoop and Grapes *(plan couleur IV, D1-2) :* 47 Aldgate High Street, EC3. ☎ 480-57-39. M. : Aldgate. Ouvert de 11 h à 22 h du lundi au mercredi, jusqu'à 23 h les jeudi et vendredi. Fermé les samedi et dimanche. Ce pub, classé monument historique, remonte au XIIIe siècle. Le pâté de maisons où il se niche a été le seul préservé et restauré de tout le quartier. Mignon tout plein, avec de vieux objets aux murs. Pas mal de jeunes. Quelques plats servis à l'heure du *lunch*.

Iel Y Cantaloupe *(plan couleur I, D1, 41) :* 35-42 Charlotte Road, EC2. ☎ 613-44-11. M. : Old Street. Ouvert tous les jours de 11 h à minuit. Une des adresses en vogue de Hoxton. Trois espaces différents dans cette ancienne manufacture. Lignes pures, un peu austères, mais de grands aplats de pastels aux murs ; les briques et l'éclairage donnent une certaine intimité au lieu. Une partie bar avec de grosses tables en bois et un long comptoir, un petit salon et, derrière, un autre bar plus moderne et le coin resto caché par des vitres opaques. Cuisine correcte mais un peu chère (on pourrait dire ça pour la majorité des restos londoniens d'ailleurs !). Si vous n'avez pas très faim, autant vous contenter des amuse-gueules améliorés proposés au bar. Entre autres, clientèle d'artistes ayant élu domicile ou atelier dans le coin. Ça reste simple, ni chicos, ni m'as-tu vu.

Iel Y Great Eastern Dining Room *(plan couleur I, D1) :* 54-56 Great Eastern Street, EC2. ☎ 613-45-45. M. : Old Street. Juste en face du précédent, à l'angle de Charlotte Road. Un grand bar-restaurant très design dans les tons gris, blanc et marron. On n'a pas testé le restaurant, relativement cher, mais se contenter d'y boire un verre est déjà plaisant.

Y The Bricklayer's Arms *(plan couleur I, D1) :* 63 Charlotte Road, EC2. ☎ 739-52-45. M. : Old Street. Ouvert jusqu'à 23 h. Dans le quartier de Hoxton, près du *Cantaloupe (plan couleur I, D1, 41)*. On aime bien ce pub assez « roots » sur deux étages, fréquenté par une jeunesse ouverte et bigarrée. On est loin de l'ambiance « cols blancs » de certains grands pubs chic du centre. *DJs* les vendredi et samedi soir à partir de 21 h.

|●| ⊺ *Mother* (plan couleur I, D1) : 333 Old Street, EC1. Au 1er étage, juste au-dessus du *Club 333*. Pour manger, boire un verre et danser. Déco « qui part un peu dans tous les sens ». Assez kitsch et ringard, ambiance marrante. Bouffe plutôt moyenne.

Où danser ?

– *Club 333* (plan couleur I, D1) : 333 Old Street, EC1. ☎ 739-18-00. M. : Old Street. Ouvert du mercredi au dimanche de 22 h à 5 h. Tout près de Hexton Square, au rez-de-chaussée du resto Mother. Décor sans fioritures, tout comme la clientèle qui s'égaye sur les trois niveaux du lieu. Rendez-vous au sous-sol pour les fous de techno aux tympans increvables.

Théâtre

– *Half Moon* : 213 Mile End Road, E1. ☎ 791-11-41. Peut-être le meilleur théâtre expérimental jouant des pièces populaires et politiques.

Cinéma

– *Lux* : 2-4 Hoxton Square, N1. Complexe cinéma-galerie d'art assez chouette. Bonne programmation.

Shopping

Vêtements

⌂ *Burberrys'* : 29-53 Chatham Place, Hackney, E9. ☎ (0181) 985-33-44. M. : Bethnal Green. Très excentré. Hors mode, mais incontournable pour les fans du fameux imprimé à carreaux, le stock Burberrys' propose en soldes le parapluie pour la belle-mère, le trench pour Colombo, le ciré jaune pour la Bretagne et tous les classiques anglais.

Livres

⌂ *Centerprise Community Bookshop* : 136 Kingland High Street, E8. ☎ 254-96-32. M. : Old Street, puis bus ou marche à pied. Ouvert de 10 h 30 à 17 h 30. C'est pas parce qu'on habite l'East End qu'on n'a pas le droit d'avoir une très bonne librairie. Journaux féministes, socio, politiques. Une section intéressante de livres d'enfants. Si on ne lit pas l'anglais ou si on n'a pas de mômes, on peut toujours y prendre le thé.

Marchés aux puces

– **Petticoat Lane :** sur Middlesex Street et toutes les rues adjacentes. M. : Liverpool Street ou Aldgate. Le dimanche matin de 9 h à 14 h. Beaucoup de fringues, de sacs, de chaussures, de montres de pacotille... Le tout saupoudré d'un nuage d'antiquités dans les rues avoisinantes. Très touristique.
– **Brick Lane Market :** à deux pas de Petticoat Lane, le long de Brick Lane, mais surtout de Cheshire Street et de Slater Street. M. : Bethnal Green ou Liverpool Street Station, puis 10 mn de marche. Tous les dimanches, de 8 h à 13-14 h. Plus authentique et fréquenté par les vrais Londoniens. Pour l'ambiance de l'East End. Celui qu'on préfère de loin. Pour les nostalgiques des puces de Bicêtre ou de la porte de Vanves à Paris, avant que les autorités, par leur « campagne de propreté », ne chassent les petits vendeurs sans patente et autres marginaux... Le paradis des chineurs : antiquités, bibelots, disques, vêtements, un amoncellement invraisemblable ! À côté du carrefour de Slater Street et Brick Lane, grand entrepôt sous les arcades en brique : des tonnes de fringues, chemises, cuirs, etc.
Tout près, les quelques marchands du *Vallance Road Market* s'abritent sous les voûtes d'un vieux chemin de fer. Y aller pour l'endroit. C'est indiqué.
– **Spitalfields Market** *(plan couleur IV, D1)* **:** Brushfield Street. M. : Liverpool Street. Autobus nos 6, 8, 22. Ouvert de 9 h à 13 h et le dimanche de 9 h à 16 h. Fermé le samedi. Pas trop touristique. Sous une grande halle, un mélange de marché aux puces, brocante et artisanat, ainsi que de nombreux stands de cuisine étrangère... Et pour les enfants, un petit tour sur un très beau petit train.
– **Marché aux fleurs :** Columbia Road, près du coin de Ravenscraft Street, à moins de 10 mn à pied de Brick Lane, dans le quartier de Shoreditch. Tout le long de la rue. Le dimanche matin seulement. Assez animé en fin de matinée, les fleurs sont bradées à tout va.

Galeries et musées

★ **Whitechapel Art Gallery :** Whitechapel High Street, E1. ☎ 522-78-78. M. : Aldgate East. Ouvert du mardi au dimanche de 11 h à 17 h (20 h le mercredi). Entrée gratuite. Très belle galerie d'art moderne et contemporain. Une chouette visite à faire après un tour aux puces de Brick Lane le dimanche. Expos temporaires uniquement. Peinture, sculpture, photographie... Toujours des artistes de niveau international. Cafétéria pour grignoter.

★ **Bethnal Green Museum of Childhood :** Cambridge Heath Road. ☎ (0181) 980-24-15. M. : Bethnal Green. Ouvert du lundi au jeudi et le samedi de 10 h à 17 h 50, le dimanche de 14 h 30 à 17 h 50. Fermé le vendredi et les jours fériés. Entrée gratuite.
Ce musée est en fait une branche du Victoria and Albert Museum. Il possède un très large éventail de jouets allant du XVIIe siècle jusqu'à nos jours. Plus qu'une distraction pour les plus jeunes, le Bethnal Green Museum est un témoignage de l'évolution de la jeunesse au travers de livres, magazines, costumes d'époque et jouets bien sûr. Vous y verrez notamment une très belle exposition de maisons miniatures, un ensemble de poupées allant d'une figurine en bois datant de 1690 jusqu'à la très célèbre poupée blonde américaine...
Le musée propose des activités d'initiation à l'art pour les enfants à partir de 3 ans, le samedi de 11 h à 12 h 45 et de 14 h à 15 h 45. Gratuit. Renseignements : ☎ (0181) 983-52-00.

Monuments et balades

LE LONDRES DES FAUBOURGS : L'EAST END

Quel contraste entre la City, toute proche, et les quartiers populaires de l'East End, pauvres et cosmopolites, grouillants et colorés, héritiers directs des banlieues industrielles typiques du XIXe siècle britannique... N'hésitez pas à venir y flâner, ce n'est pas Harlem. L'East End a su conserver un charme qui lui est propre, mélange d'exotisme et de campagne oubliée, de dérive urbaine et de poésie prolétarienne. On retrouve dans ses rues les héros de Dickens et de Stephen Frears, les exclus du Londres de la finance, les rescapés d'un empire planétaire naufragé. Si Piaf avait été anglaise, sans doute serait-elle née ici...

Après le Grand Incendie de 1666, c'est ici que les SDF de la ville vinrent s'établir, alléchés par les offres d'emplois des docks. Ils furent rejoints par des huguenots français victimes des persécutions religieuses, puis au XVIIIe siècle par des milliers d'émigrés écossais, gallois ou irlandais. Devant l'afflux croissant de réfugiés, la demande de main-d'œuvre dans le port et les usines de textile cessa brutalement, entraînant un chômage puis une misère tels que l'East End acquit une réputation de quartier insalubre. Au même moment, l'essor des distilleries londoniennes provoqua un taux d'alcoolisme inimaginable. Ce que l'on appela par la suite la « folie du gin » entraîna l'East End dans la délinquance et la déliquescence des mœurs. Normal : tout le monde s'était mis à vendre des bouteilles, encouragé par les fabriquants ! Une législation (tardive) sur les alcools, puis le « boom » de l'industrialisation ramenèrent un semblant d'ordre. À la fin du XIXe siècle, l'East End voit arriver les juifs fuyant les pogroms russes. Grâce à la politisation des masses (Marx et Engels ont trouvé beaucoup d'échos dans le quartier), les prolétaires de l'East End découvrent la solidarité. Des millionnaires anglais, surtout influencés par Dickens, construisent des foyers ouvriers et lancent des projets ambitieux pour embellir les rues. Depuis, l'East End s'est bien assagi mais n'est pourtant pas figé. Chacun de ses quartiers conserve une certaine cohérence ethnique, tout en continuant à établir une grande tradition d'hospitalité et de tolérance... Anciennement industriels et ouvriers, ils se transforment aujourd'hui sous la patte des agents immobiliers et des promoteurs. Immeubles réhabilités, usines reconverties accompagnent les mutations sociales. Les populations laborieuses (dans le sens premier du terme) y font peu à peu place à des gens en quête de nouveaux « territoires », les artistes en premier lieu. L'East End, vers Shoreditch, Brick Lane et Hoxton, en est un parfait exemple. Il suffit de se promener le nez en l'air dans certaines rues. De grands lofts rénovés y abritent agences de graphisme, ateliers, et les pancartes « To let » (« À louer ») fleurissent sur les façades. Certains de ces quartiers vivent une douce mutation, comme à Brick Lane où la forte communauté indienne, présente depuis longtemps, continue d'ouvrir restaurants et commerces, trouvant une nouvelle clientèle avec les nouveaux venus. D'autres coins, comme Hoxton, accueillent une population plus « mode » qui investit les vieux immeubles retapés par les promoteurs. La vie s'y reconstruit peu à peu et de plus en plus de chouettes bars, restaurants et clubs, récemment ouverts pour la plupart, attirent le soir les « locaux » et des jeunes d'autres quartiers de Londres. Les vendredi et samedi soir, la station de métro Old Street en déverse des flots venus « s'encanailler » dans ces nouveaux lieux à la mode.

★ **Spitalfields** *(plan couleur IV, D1)* : derrière la gare de Liverpool Street. M. : Aldgate East. L'un de nos quartiers préférés de l'Est londonien. Pour son marché, l'ambiance de sa rue principale (Brick Lane) et son coin de campagne du côté de Shoreditch. Aujourd'hui, une vague d'immigration indienne et pakistanaise a quasiment remplacé la population juive. Ces changements ethniques sont symbolisés par la belle église au coin de *Fournier Street* et de *Brick Lane*. Construite par les huguenots français, elle devint ensuite synagogue et, pour finir, mosquée il y a une quinzaine d'années. Sur *Brick Lane*, n'oubliez pas de déguster un *tandoori* dans l'un des nombreux restos indiens. Noter en passant le bel alignement de maisons avec façades en escalier (en principe classées) sur *Hanburry Street*, à droite en remontant Brick Lane.

Plus haut, le dimanche matin, toujours sur Brick Lane, se tient l'un des plus authentiques marchés aux puces de Londres. Sur *Brushfield* se déroule le marché aux fruits et légumes de Spitalfields (vieilles enseignes des anciennes corporations de la laine, des marchands fruitiers, etc.). Encore quelques maisons caractéristiques du XIX° siècle. À l'angle de *Crispin Street*, un vieux pub : *The Gun*.

★ ***Spitalfields Farm Association*** (plan couleur IV, à l'est de D1) : Weaver Street (en haut de Brick Lane, fléché à partir du métro Shoreditch). ☎ 247-87-62. M. : Shoreditch (attention, la station est souvent fermée) ou Aldgate East. Ici, les crêtes d'Iroquois de quelques punks-fermiers côtoient fraternellement celles des coqs, dans un décor de matériaux de récupération agencés par les enfants du quartier. Il s'agit en fait d'une ferme alternative où l'on peut acheter des produits locaux. Ils organisent une visite de Spitalfields en calèche. C'est surtout la localisation de la ferme qui vaut le coup d'œil : dans une zone préservée de toute construction immobilière, où l'herbe prend ses aises ! Au milieu des chevaux et des clôtures, Londres nous paraît brutalement se trouver à des centaines de kilomètres.

★ ***Le quartier de Whitechapel*** (plan couleur IV, D1-2) : descendre à Whitechapel Station. De nombreux juifs russes s'installèrent ici dès 1881. Beaucoup de tailleurs et commerçants (Brady Street). Ce quartier fut aussi le témoin des crimes de Jack l'Éventreur qui terrorisa les populations de Spitalfields et Whitechapel (voir paragraphe suivant). Sur Middlesex Street, marché de *Petticoat Lane* le dimanche matin. Sur Heneage Place, parallèle à Creechurch Lane, synagogue datant de 1700. Tout le secteur se restructure rapidement et les grands immeubles d'affaires poussent comme des champignons, ne laissant que quelques vestiges du passé comme le vieux pub *Hoop and Grapes* (47 Aldgate High Street) et les maisons qui l'entourent.

★ ***Balade sur les traces de Jack l'Éventreur*** : départ au métro Whitechapel. Arrivée au métro Liverpool Street. Distance : 6 km. Durée : 2 h 30.

Les Anglais l'appellent « Jack the Ripper ». Il secoua l'opinion publique en automne 1888, des deux côtés de la Manche. Il faut dire que Jack avait la détestable habitude de trancher la gorge des prostituées dans les quartiers de Whitechapel et de Spitalfields. Pour une de ses premières affaires, Scotland Yard ne parvint jamais à démasquer le coupable.

Pour cette balade, tout ce qu'il y a de moins romantique, le principal est de se mettre dans l'ambiance. Choisissez de préférence une nuit brumeuse (facile !), sans rater le dernier métro, histoire de ne pas jouer un *remake*, et imprégnez-vous de l'atmosphère de l'époque : le brouillard, les immeubles insalubres, les passages douteux, la réputation glauque du quartier. Le légendaire criminel de cette fin du XIX° siècle rôde. Un siècle plus tard, retour sur les lieux du crime.

Il existe une visite organisée, *Jack the Ripper Walk*, sur ce thème. Rendez-vous à 18 h 45 à la sortie de la station de métro Whitechapel. Un guide déguisé en Sherlock Holmes vous fait découvrir, à la tombée de la nuit, les ruelles et sombres passages du quartier. Ambiance garantie. Prix correct.

Sinon, depuis la station de métro Whitechapel, rejoignez l'hôpital de Londres (construit en 1740). Sa silhouette évoque le décor fantastique du film *Elephant Man* de David Lynch (1981). Tournez à droite en direction de « Woods Buildings » par un étroit passage vers Winthrop Street, puis Durward Street, autrefois Buck's Row. Mary Ann Nichols, 42 ans et mère de 5 enfants, y fut trouvée assassinée le 31 août 1888 à 3 h 45 du matin par un portier. Sa gorge avait été deux fois tranchée et son ventre lacéré. Premier indice : l'assassin est un perfectionniste.

Traversez le parking et prenez sur la droite par Vallance Road, Old Montague Street, Greatorex Street, Hanbury Street. La traversée de Brick Lane vous permet de continuer sur Hanbury Street. Au niveau du n° 29, le corps de la 2e victime, Annie Chapman, fut trouvé à 6 h du matin, le 8 septembre 1888. Deuxième indice : c'est un noctambule, mais on s'en doutait avec l'histoire de la première.

Revenez à Brick Lane pour rejoindre Whitechapel Road, puis Fieldgate Street et tout de suite à droite Plumbers Row, Coke Street, Commercial Road et enfin Henriques Street, autrefois Berner Street. La 3e victime, Elizabeth Stride, une Suédoise de 45 ans, fut découverte au niveau de l'école actuelle, le 30 septembre 1888. Troisième indice : c'est un homme aux (dé)goûts éclectiques : Anglaises, Scandinaves...

Revenez à Commercial Road pour rejoindre Aldgate High Street et Mitre Street. Les restes de la 4e victime, Catherine Eddowes, furent identifiés ce même jour dans Mitre Square. Elle avait subi de nombreuses mutilations après sa mort. Quatrième indice : s'acharner au cours d'une même nuit sur deux pauvres femmes, ce n'est plus du zèle, il a vraiment un problème (avec sa mère peut-être ?).

Traversez Duke's Place et Houndsditch pour arriver sur Stoney Lane et Middlesex Street, connue autrefois sous le nom de Petticoat Lane. Continuez par Commercial Street et Thrawl Street. La 5e victime, Mary Jane Kelly, vivait au n° 18. Son propriétaire la renvoya, voyant son état d'ivresse avancé au milieu de la nuit. Elle retourna vers Buck's Row où elle eut la malchance de rencontrer Jack, à 2 h du matin. Son dernier crime marqua l'apothéose de cette macabre série. Le corps fut retrouvé entièrement dépecé. 5e indice : et si on appelait Rintintin ?

Scotland Yard ne manqua pas d'efforts, ni d'imagination pour découvrir le coupable. On photographia même les yeux des victimes, suivant les méthodes policières de l'époque, espérant que leur rétine avait conservé la dernière vision de l'assassin. On soupçonna bien l'avocat John Druitt qui se noya dans la Tamise en décembre 1888, ou encore le Polonais George Chapman qui fut pendu en 1903. On envisagea même un complot politique, mais rien ne fut prouvé. C'est ainsi que le « Ripper Case » entra dans la légende.

SOUTH BANK

Contrairement à Paris où la ville s'est développée de façon égale sur les deux rives, Londres a longtemps ignoré la rive sud de la Tamise (sauf les quartiers résidentiels de l'ouest, vers Putney ou Wimbledon, par exemple). Aujourd'hui, notamment grâce à l'aménagement de la promenade le long de la Tamise, les Londoniens et les touristes en découvrent quelques atouts, même si l'exploration est encore limitée (il faut dire que la plupart de ces quartiers, notamment Southwark, ne sont pas spécialement attirants).
Brixton, situé aussi sur la rive sud de la Tamise, fait l'objet d'un chapitre particulier.

Où dormir ?

Bon marché

▲ *Saint Christopher's Inn* (plan couleur IV, C3, 11) : 121 Borough High Street, SE1. ☎ 407-18-56. Fax : 403-77-15. M. : London Bridge ou Borough. A.J. ouverte jour et nuit, placée sous les bons auspices de saint Christophe, le patron des voyageurs. Chambres de 2, 4 ou 6 lits. Sanitaires pas très bien tenus en période d'affluence. Grande salle commune très chouette avec un bar, des jeux, un billard, lecteurs CD, TV, magnétoscope, etc. Laverie. L'été, on active le barbecue sur un petit bout de terrasse donnant sur la rue. Au rez-de-chaussée, le grand pub appartenant aux mêmes patrons désemplit rarement. Sur sa devanture, un généreux « Welcome to the Backpackers » invite à poser son sac à cette adresse conviviale. Le *staff* est sympa et les prix doux.

▲ *Eurotower* : Courtland Grove, South Lambeth, SW8. ☎ 720-51-91. Fax : 720-51-75. M. : Stockwell (Northern et Victoria Lines). Plutôt excentré, mais super adresse pour les routards fauchés. Grande tour en béton tout près de Larkhall Park et à 10 mn à pied du métro. 570 lits en tout en chambres simples, doubles, triples et à quatre lits. Les chambres sont petites, les draps propres, mais on ne garantit rien pour les couvertures ! Ambiance super, internationale et tout. Douches et toilettes à l'étage (il y en a bien 14 !). Bar et resto pas chers ouverts jusqu'au petit matin. Ils organisent des soirées pour permettre aux voyageurs de se rencontrer. Pas de couvre-feu. Possibilité de jouer au tennis et au billard. Le quartier craint un peu la nuit.

Où séjourner plus longtemps ?

▲ *YMCA of Lambeth* : King's George's House, 40-46 Stockwell Road, SW9. ☎ 501-97-95. Fax : 501-80-05. En plein quartier ouvrier au sud de la Tamise. Si vous avez envie de vous immerger dans la vie londonienne, la vraie, loin du centre, de Harrod's, des boutiques de luxe... Plein d'étudiants venant des quatre coins du monde. Garçons et filles acceptés. Plus de 300 lits, en chambres de 1, 2 ou 3. Complètement excentré. Séjour de 3 mois minimum. Les prix comprennent le petit déjeuner et le repas du soir. Pas cher. Programmes d'animation, sauna et salle de fitness. Pas de couvre-feu, mais visites interdites après 22 h.

Où manger?

Prix moyens

IOI ***The People's Palace*** *(plan couleur V, D1, 35)* : Level 3, Royal Festival Hall, South Bank Centre, SE1. ☎ 928-99-99. M. : Waterloo. Ouvert tous les jours de 12 h à 15 h et de 17 h 30 à 23 h. Au-dessus du Royal Festival Hall, grande salle assez chicos, entièrement vitrée, avec une vue magnifique sur la Tamise. Cadre moderne et calme. 2 menus différents sont proposés : un le midi et un le soir, mais uniquement jusqu'à 19 h (après, il vous faudra choisir à la carte, et là, c'est évidemment plus cher). Cuisine internationale, service soigné. Pensez à réserver.

De plus chic à beaucoup plus chic

IOI ***Oxo Tower*** *(plan couleur IV, A3, 26)* : Oxo Wharf, Barge House Street, SE1. ☎ 803-38-88. M. : Blackfriars ou Waterloo. Les pieds dans la Tamise, ce bâtiment est dominé par une belle verrière qui abrite un restaurant-bar-brasserie avec l'une des plus belles vues de Londres. Certes la cuisine est bonne, mais c'est surtout pour cette vue et éventuellement pour boire un verre au bar qu'on se hissera au 8e étage, car les prix pratiqués sont presque prohibitifs (même côté brasserie, comptez environ £ 20 pour une entrée et un plat). Au 2e étage, la vue étant moins spectaculaire évidemment, un autre restaurant plus abordable.

Où boire un verre?

♈ ***The George Inn*** *(plan couleur I, D2)* : 77 Borough High Street, SE1. ☎ 407-20-56. M. : Borough. Bâti en 1554. Si vous n'avez pas beaucoup de temps, c'est ça qu'il faut visiter ! Ça tiendrait plutôt du musée que du pub. Shakespeare écrivait ses pièces sur le rebord d'une table. D'ailleurs, ses pièces, on les joue toujours dans la cour du pub. Rien n'a changé depuis cette époque où les géants étaient obligés de se courber en deux pour entrer et il y fait toujours aussi sombre. Splendide galerie extérieure. L'un des plus fameux pubs de la ville.

♈ ***The Goose and Firkin*** *(plan couleur I, D2-3, 40)* : au coin de Borough Road et Southwark Bridge Road. ☎ 403-35-90. M. : Borough ou Waterloo. Vieux pub dans un quartier sans intérêt. Tables de bois polies par les années, plancher poussiéreux. Plein de classe quand même. Clientèle jeune et populaire. Un des rares pubs à brasser sa propre bière dans sa cave... Si, si ! Goûtez aux différentes variétés : Goose, Borough medium, etc. Celle qu'on préfère : la Dogbolter, la plus forte. Vous pouvez prendre une carte de membre à vie du pub.

♈ ***Hole in the Wall*** *(plan couleur V, D1, 43)* : 5 Mepham Street, SE1. ☎ 928-61-96. Dans une petite rue, juste en face de la gare de Waterloo (côté Royal Hall Festival). Pour les dingues de la bière, atmosphère introuvable ailleurs. Une douzaine de bières super chouettes au tonneau, y compris les noms célèbres : Ruddles, Young, Fuller, Brackspears, Old Speckled Hen, etc. Clientèle d'étudiants, cheminots, musiciens et comédiens. Si vous voyez le plafond vibrer, ce n'est pas parce que vous êtes trop soûl, c'est seulement un train qui passe.

▼ *Fire Station* (plan couleur IV, A3) : 150 Waterloo Road, SE1. ☎ 620-22-26. M. : Waterloo. Ouvert du lundi au samedi de 11 h à 23 h et le dimanche de 12 h à 17 h. À deux pas de Waterloo Station, juste à droite en sortant. Le patron a eu la bonne idée de reconvertir en un chouette pub cette belle caserne abandonnée par ses pompiers. L'eau n'est plus le liquide le plus précieux, vous l'aurez deviné, et c'est pour la bière qu'accourt dans ce bar une clientèle populaire et sympathique. Restaurant dans la salle du fond.

▼ *Mayflower :* voir le texte dans « La City, Tower Bridge et les Docklands ».

Concerts classiques

– À *South Bank* sont regroupées trois valeurs sûres : le *Royal Festival Hall,* le *Purcell Room* et le *Queen Elizabeth Hall.* M. : Waterloo ou Embankment (et traverser la passerelle). Informations et réservations : ☎ 960-42-42. Des concerts « Foyer Music » ont lieu tous les jours de 12 h 30 à 14 h dans la cafétéria. On peut manger une salade gigantesque pour pas cher ou boire un verre en écoutant de la musique.

Où danser ?

– *Ministry of Sound :* 103 Gaunt Street, SE1. ☎ 378-65-28. M. : Elephant and Castle. Ouvert le vendredi jusqu'à 6 h et le samedi jusqu'au dimanche 10 h. C'est La Mecque de la techno, dont tout le monde parle à Londres. 3 pistes de danse dont l'une qui a fait la réputation de la boîte ; on y accède par un sas gris sur lequel est inscrit : « Caution, high level sound » ! Ici la musique vous prend les tripes et le cœur et ne vous lâche plus. Rythme garage, fusion, toujours à la pointe de l'actualité musicale. Entrée chère, mais une fois à l'intérieur on en a pour sa monnaie.

Théâtre

– *Royal National Theatre :* South Bank, SE1. ☎ 633-08-80. M. : Waterloo. Une sélection judicieuse. Beaucoup de créativité. À la même adresse, le *National Theatre Bookshop* propose plus de 3 000 pièces, critiques ou essais sur le théâtre.

– *Théâtre du Globe de Shakespeare* (plan couleur IV, B3) : New Globe Walk, Bankside, SE1. ☎ 344-44-44 ou 401-99-19. M. : London Bridge ou Mansion House. Il s'agit de la fidèle reconstruction (seule concession à la modernité, le toit de chaume est ignifugé), tout proche de l'emplacement initial, du théâtre pour lequel Shakespeare a écrit ses plus célèbres pièces. Construit en 1599 puis reconstruit après un incendie en 1613, on y joua jusqu'en 1642. Ce théâtre est un superbe édifice tout en bois dont la particularité est d'être à ciel ouvert. La première a eu lieu en mai 1997. La programmation y est éclectique, du théâtre (avec du Shakespeare bien sûr), mais également des concerts classiques, car l'acoustique y est remarquable.

– *Albany Empire :* Douglas Way, SE8. ☎ (0181) 691-33-33. Très excentré, près de Greenwich. Un

Cinéma

– **IMAX Cinema** (plan couleur V, D1) : Museum of the Moving Image, South Bank, SE1. ☎ 815-13-30 ou 31. M. : Waterloo ou Embankment (et traverser la plate-forme). Ouvert depuis l'été 1999, ce cinéma abritera le plus grand écran d'Europe. 2D et 3D.

Marchés

– **Bermondsey Market** (plan couleur I, D3) : le vendredi matin, sur Abbey Street. M. : Borough Market ou London Bridge, rive droite. Ouvert à partir de 4 h, ferme vers 12 h, mais c'est surtout avant 9 h que les transactions s'opèrent et que l'atmosphère est la plus belle. Beaucoup de professionnels. Antiquités, bijoux, porcelaines, etc. Beau, mais tout de même cher.

Galeries et musées

★ À noter l'ouverture prévue, à l'été 2000, de la **Tate Gallery of Modern Art**, installée dans une ancienne centrale électrique au bord de la Tamise, à Bankside.

★ **Imperial War Museum** (plan couleur I, C3, **50**) : Lambeth Road, SE1. ☎ 416-53-97. M. : Lambeth North ou Elephant and Castle. Ouvert tous les jours de 10 h à 18 h. Entrée payante (réduction étudiants), mais gratuite si l'on arrive après 16 h 30. Un musée entièrement consacré à la guerre, sur plusieurs étages, il faut aimer... Pourtant, malgré notre antimilitarisme primaire, on a trouvé celui-ci passionnant. Outre la quincaillerie habituelle (avions de chasse, tanks et fusées), ce musée avant tout didactique a la bonne idée d'impliquer ses visiteurs (par exemple, avec la *Blitz experience*, qui reconstitue les bombardements de Londres pendant la seconde guerre mondiale, avec bruits et odeurs!), mais aussi de les faire réfléchir au travers d'expositions thématiques, par exemple, sur les jouets ou les histoires d'amour pendant la guerre, les tranchées ou encore les opérations high-tech de la guerre du Golfe. Également des projections de films et, certains soirs, des exposés, conférences ou reportages sur des sujets d'histoire ou d'actualité. Le musée propose également une exposition permanente, *Secret War*, qui retrace l'histoire de l'espionnage britannique, de 1909 à nos jours. Vous trouverez aussi un grand nombre de peintures ; deux salles d'exposition au deuxième étage : l'une sur la première guerre mondiale, l'autre sur la seconde. Arrêtez-vous principalement sur la toile du peintre Gassed (la plus belle du musée), au rez-de-chaussée, au fond, à gauche.

★ **Museum of the Moving Image** (plan couleur V, D1) : South Bank Arts Centre, Waterloo, SE1. ☎ 401-26-36. M. : Waterloo ou Embankment (et traverser la plate-forme). Ouvert de 10 h à 18 h (les entrées s'arrêtent à 17 h). Fermé du 24 au 26 décembre. Entrée payante (réduction étudiants). Fait partie du nouveau complexe d'édifices bordant le sud de la Tamise. On y trouve le *National Film Theatre*, le *Queen Elizabeth Hall*, etc.
Le MOMI constitue un bel hommage au 7e art et à la télévision. Au travers d'une quarantaine d'arrêts qui rythment le parcours, on refait tout le chemin depuis les frères Lumière et Georges Méliès, jusqu'à *E.T.* Expériences

optiques, premières caméras, reconstitutions de studios, extraits de films en pagaille, hommages aux plus grands, décors en tout genre. On zappe d'un espace à l'autre, on saute d'un imaginaire à un autre, on rêve, on s'évade. De nombreux acteurs animent le tout. Régulièrement, expos sur des genres précis et rétrospectives consacrées à de grands cinéastes.

★ *Hayward Gallery* (plan couleur V, D1) : South Bank Centre, S 1. ☎ 928-31-44. M. : Waterloo. Ouvert tous les jours de 10 h à 18 h. Entrée payante. Expositions temporaires d'art anglais et international.

★ *The London Aquarium* (plan couleur V, D1) : County Hall, Riverside Building, sur la rive sud à deux pas du Westminster Bridge. ☎ 967-80-00. M. : Westminster. Ouvert de 10 h à 18 h (dernière entrée à 17 h). Un des plus grands aquariums d'Europe. Sur trois niveaux sont représentées des espèces des principaux océans, ainsi que la vie dans les milieux coralliens, dans la mangrove, dans la forêt tropicale, etc.

★ *The Golden Hinde* (plan couleur IV, C3) : Saint-Mary Overy's Dock. M. : London Bridge. Ouvert de 9 h au coucher du soleil. Ce bateau est la réplique fidèle d'un navire de guerre du XVIe siècle, commandé de 1577 à 1580 par un redoutable capitaine de vaisseau, Sir Francis Drake. De sa circumnavigation sur le *Golden Hinde*, celui-ci rapporta de riches trésors dérobés notamment sur des galions espagnols, et fit flotter le pavillon anglais sur des eaux encore jamais explorées par ses compatriotes. Il aborda notamment sur les côtes de l'actuelle Californie. Il est aujourd'hui connu comme le corsaire britannique ayant remporté le plus grand nombre de succès. La visite est rapide mais intéressante pour les passionnés d'histoire maritime. On devine les conditions de vie des quelque soixante hommes d'équipage de l'époque en déambulant dans les cales et à la lecture d'une petite brochure explicative. Mise à l'eau en 1973, cette réplique a beaucoup navigué autour du monde, notamment sur les traces de sa « grande sœur » et de son illustre capitaine. Elle fut aussi un élément du décor de plusieurs films, dont *Drake's Venture*.

★ *Southwark Cathedral* (plan couleur IV, C3) : sur la rive droite de la Tamise, près du London Bridge. M. : London Bridge. On ne s'attend pas à trouver un lieu de prière calme et verdoyant au milieu des voies ferrées et du trafic du London Bridge. Cathédrale à l'architecture intéressante, construite au XIIIe siècle sur un couvent de nonnes du VIIe siècle devenu prieuré. Il reste de l'édifice d'origine, en gothique primitif, le superbe chœur et son déambulatoire, les piliers massifs à la croisée du transept et la chapelle Notre-Dame derrière le chœur. Le reste fut remanié de nombreuses fois. Le transept date du XVe siècle et la nef imposante et haute, terminée par une abside profonde en plein cintre, a été reconstruite au XIXe siècle dans le style néo-gothique après s'être effondrée. Au-dessus de l'autel, magnifique retable doré du XVIe siècle.

Pour les passionnés d'histoire maritime, le *Golden Hinde* est amarré tout près (voir plus haut).

★ *London Dungeon* (plan couleur IV, C3, 42) : 28/34 Tooley Street, SE12. ☎ 403-06-06. M. : London Bridge (de l'autre côté de la Tamise par rapport à la Tour de Londres). Situé sous la gare de London Bridge. Ouvert tous les jours, de 10 h à 17 h 30 d'avril à septembre et jusqu'à 16 h 30 le reste de l'année. Dernière entrée 1 h avant la fermeture. Entrée payante (cher).
Un « musée des horreurs » – le prospectus déconseille d'y emmener les enfants de moins de 10 ans ! Beaucoup de mauvais goût en cire sur le thème « torture, maladie et sorcellerie médiévales », pire que la chambre des tortures au sous-sol de Mme Tussaud's. Vous vous assureriez la haine de tout adolescent si vous ne l'emmeniez pas sous ces voûtes suintantes pour y faire provision de cauchemars. « Fange, puanteur, hémoglobine et déchéance » garanties.

Des exemples? On y voit un pendu, une femme battue, des lépreux, des accessoires de sorcières et toutes les formes de sadisme : main bouillie, tête dans le feu, éviscération, arrachage des dents, des yeux, etc. Bon appétit! Quelques informations à glaner, tout de même : sous Henri VIII (XVIe siècle), la mort par ébouillantage était une exécution officielle! On trancha la tête de Charles Ier car on craignait sa résurrection... Richard II (XIVe siècle), grand coquet, se faisait saigner tous les jours pour garder un teint blême, très à la mode en son temps. On apprend aussi que la syphilis se disait *French evil* (le « mal français »)! Dans le théâtre de la Guillotine, exécution toutes les heures. Assez décevant. Plus drôle, la reconstitution des aventures de Jack *the Ripper* (l'Éventreur)... Ceux qui veulent conserver un souvenir des lieux se feront photographier la tête sur le billot.

★ **HMS Belfast** *(plan couleur IV, D3)* **:** Morgan's Lane, Tooley Street, SE1. ☎ 407-64-34. M. : London Bridge. Fléché au départ du London Dungeon. Ouvert tous les jours, de 10 h à 18 h (17 h de début novembre à fin février). Dernière admission 45 mn avant la fermeture. Entrée payante.
Ancré sur la Tamise, à deux pas du superbe Tower Bridge, ce beau croiseur est l'un des rescapés de la flotte britannique ayant participé au Débarquement en Normandie. Annexe de l'Imperial War Museum, il présente des reconstitutions de scènes guerrières (dont la simulation d'une attaque aérienne) et la vie à bord à l'époque. La visite (en tout 1 h 30) intéressera aussi les passionnés de bateaux. Ensuite, balade sympa à faire sur les quais.

★ **Design Museum et Bramah Museum of Tea and Coffee** *(plan couleur IV, D3, 40)* **:** voir texte dans « la City, Tower Bridge et les Docklands ». Ces musées sont situés près de Butler's Wharf, ancien entrepôt des docks réhabilité en bureaux et centre commercial.

★ **Wimbledon Lawn Tennis Museum :** Church Road, Wimbledon, SW19. ☎ (0181) 946-61-31. Ouvert du mardi au samedi de 10 h 30 à 17 h et le dimanche de 14 h à 17 h. Assez excentré. Fermé pendant les championnats et les jours fériés. Entrée payante. Réduction pour les étudiants. Retrace l'histoire du tennis avec des reportages sur les champions passés et présents... À noter, une vue intéressante sur le court central. Pour les fanas de la raquette, cela va de soi!

Balade

★ **Thames Path, balade pédestre sur les bords de la Tamise :** la randonnée de la Tamise, ou Thames Path, est devenue une réalité. Avec 16 miles (25 km environ) et la construction de 3 passerelles sur la Tamise, cette opération lancée il y a une dizaine d'années est enfin terminée. Le Thames Path croise même le degré 0 du méridien à Greenwich. Un sentier à suivre depuis les sources de la Tamise dans les Costwolds (Kemble, Gloucestershire) jusqu'à la mer, près du barrage de Greenwich (Thames Barrier).
Voici un exemple de parcours dans Londres.
Départ et arrivée : parking du Waterloo Bridge.
Distance : 7 km, 3 h 30 aller. Retour par l'autre rive (14 km, 7 h aller et retour), sinon métro ou bus.
Depuis le Waterloo Bridge, vous apercevez le mélange architectural étonnant de St. Paul's Cathedral, des sites historiques londoniens, des immeubles contemporains et des navires anciens qui font tout le charme de la Tamise.
Au Waterloo Bridge, empruntez la rive droite de la Tamise. L'itinéraire passe par la South Bank, le National Theatre, le quai coloré de Gabriel's Wharf, Oxo Tower (montez donc au 8e étage pour la vue. Voir aussi le texte dans la

rubrique « Où manger ? »), le pub de *Dogget's Coat et Badge*, le Blackfriars Bridge, la Fonderie nationale, New Globe Theatre vers le Southwark Bridge. Le Thames Path longe le *Anchor Pub* et le Clink Museum, un musée médiéval. Le *Golden Hinde* (voir « Galeries et musées ») est amarré un petit peu plus loin et, avant d'arriver au Tower Bridge, on ne peut manquer le *HMS Belfast*, ancien navire de la Navy aujourd'hui ouvert aux visiteurs. Le Tower Bridge vous permet alors de traverser la Tamise pour rejoindre sa rive gauche et la Tour de Londres. Contournant le profil impressionnant de la forteresse, vous continuez vers le marché au poisson de Billingsgate.

En arrivant au niveau du London Bridge, poursuivez par Alhallows Lane, le tunnel de la station de métro de Cannon Street et Cousin Lane.

À la hauteur du Southwark Bridge, l'itinéraire se confond avec celui de Paul's Walk et bénéficie d'une belle vue sur la cathédrale. Le Blackfriars Bridge et les escaliers de Victoria Embankment vous ramènent au Waterloo Bridge.

BRIXTON

Ce quartier afro-antillais du sud de Londres a perdu son image « coupe-gorge », repaire de dealers et théâtre d'émeutes. Il était temps car l'endroit n'est aujourd'hui pas moins sûr qu'un autre à Londres. Artistes et gays sont venus s'y installer en nombre et cohabitent sans heurt avec la communauté afro-antillaise. C'est là, sur Stansfield Road, que le petit Bowie David vit le jour.

Où manger ?

Bon marché

|●| *Souls of Black Folk :* 407 Coldharbour Lane, SW9. ☎ 737-55-28 ou 738-41-41. M. : Brixton. Ouvert de 10 h à 22 h du lundi au jeudi, jusqu'à 1 h le vendredi et 2 h le samedi. Café et *bookshop*. Tout petit café de quartier. Ambiance années 50 et culture black. Bouffe toute simple (quiches, salades, pâtisseries). Coin lecture. On peut lire sur place ou acheter les bouquins. Bon accueil. Prix moyens.

|●| *SW9 :* 11 Dorrell Place, SW9. ☎ 738-31-16. M. : Brixton. Ouvert du lundi au mercredi de 10 h 30 à 23 h 30, du jeudi au samedi de 10 h 30 à 1 h 30, et le dimanche de 10 h 30 à 23 h. En sortant du métro, un peu sur la droite, c'est dans une ruelle qui part de l'autre côté de l'avenue. Au calme, petit café-resto lumineux avec terrasse sur la rue piétonne. Cuisine mélangeant les influences anglaise et caribéenne. Sert aussi des petits déjeuners. Bar bondé les vendredi et samedi soir. Ambiance gay.

|●| *Bah Humbug :* Saint Matthew's Peace Garden, SW2. ☎ 738-31-84. M. : Brixton. Ouvert du lundi au vendredi de 17 h à 23 h, les samedi et dimanche de 11 h à 23 h. Dans la crypte de l'église située face à la fameuse boîte *The Fridge*. Des jeunes branchés ont ouvert un bon resto végétarien en ce lieu empreint de solennité. Pour les fans d'ambiance médiévale. Voûtes en pierre éclairées à la bougie, mobilier « d'époque », etc. L'endroit est tout de même chaleureux, laissez donc votre armure au vestiaire. Nécessaire de réserver.

|●| *Helter Skelter :* 50 Atlantic Road, SW9. Tout près du marché. ☎ 274-86-00. M. : Brixton. Ouvert du lundi au samedi de 19 h à 23 h. Ce petit resto à la devanture d'acier se taille peu à peu une réputation flatteuse justifiée par une cuisine de bonne tenue. Comptez en moyenne £ 15 à 18 (de 22,8 à 27,36 €) pour un repas complet.

Où boire un verre ?

🍸 *Dog Star* (hors plan couleur I, par C3) *:* 389 Coldharbour Lane, SW9. ☎ 733-75-15. M. : Brixton. À 3 mn à pied, prendre deux fois à gauche en sortant du métro. Ouvert de 12 h à 2 ou 3 h du mat', le dimanche jusqu'à minuit. Un des endroits *groove* de Brixton. Une jeunesse bigarrée et sympatoche y déboule nombreuse chaque soir (c'est bondé le week-end), elle aime comme nous ce repaire au plafond haut, son comptoir immense et sa déco brute. Accoudé au « zinc » ou socialisant autour de robustes tables en bois, on parle, on danse, on boit... On vit quoi ! *DJs* ou concerts au moins une fois par semaine.

▼ *Bug Bar* (hors plan couleur I, par C3) : Saint Matthew's Peace Garden, SW2. M. : Brixton. Ouvert du lundi au mercredi de 19 h à 1 h, du jeudi au samedi de 19 h à 2 h, et le dimanche de 17 h à 22 h 30. Dans la crypte de l'église Saint-Matthew's. Fait partie du resto *Bah Humbug*. Gros fauteuils, canapés et murs en brique dans ce bar qui accueille régulièrement des *DJs*.

▼ *The Two Brewers :* 114 Clapham High Street, SW4. ☎ 622-36-21. M. : Clapham Common. Ouvert de 18 h à 1 h du lundi au jeudi, de 12 h à 15 h et de 18 h à 2 h les vendredi et samedi, de 12 h à 15 h et de 19 h à 23 h 30 le dimanche. Bar homo ringard à souhait. Déco totalement surannée et clientèle d'un autre âge. Animations, groupes de musique et *drag show*. Dans la salle d'à côté, discothèque tous les soirs. Patrons moustachus et avenants. L'endroit idéal pour les fans de Village People.

▼ *The Plug :* 90 Stockwell Road, SW9. ☎ 274-38-79. M. : Stockwell. Ouvert de 11 h à 23 h (jusqu'à 2 h le week-end). Pub qui vient d'être entièrement refait à neuf. Malheureusement, il n'y passe plus de groupe. Ambiance jeune et agréable. Déco très colorée avec de confortables canapés. Le week-end, les *DJs* se succèdent à la sono et vous pourrez danser sur une minuscule piste, prévue à cet effet.

Où écouter du rock, du rap, du funk... ?

– *Academy Brixton :* 211 Stockwell Road, SW9. ☎ 924-99-99. M. : Brixton. Le grand théâtre de Brixton (capacité de 4 000 personnes) est l'endroit le plus chaud du sud de Londres. Ne pas s'étonner de voir des patrouilles de policiers à cheval devant la salle les soirs de concert. L'endroit est réservé au rock et aux musiques black (rap et funk en tête). Peu de chances de voir un groupe de folk à l'affiche.

– *MASS :* voir le texte dans « Où danser ? »

Où danser ?

– *The Fridge :* Town Hill Parade, SW2. À 150 m du métro sur Brixton Hill, juste après Acre Lane. ☎ 326-51-00. M. : Brixton. Ouvert le mardi de 22 h à 3 h, le vendredi jusqu'à 5 h et le samedi jusqu'à 6 h. Sans conteste la boîte gay la plus en vogue en ce moment. Immense salle au rez-de-chaussée, pouvant accueillir plusieurs milliers de personnes, et au 1er étage, une salle réservée uniquement aux femmes (faut ce qui faut !). Musique techno, garage et fusion. Tout ce qu'il y a de plus « in » ! Soirée « straight » le vendredi, normalement, et « Love Muscle » le samedi (soirée homo, cuir, tatouages, piercing et compagnie). Groupes *live* régulièrement et toujours les meilleurs *DJs*. Pour tout savoir, on trouve des programmes – qui donnent droit à des réductions – dans les bars gays de Soho. Le 1er de chaque mois, soirée « Venus Rising » réservée aux dames. Ambiance folle, chaude, jeune et très mode. Ne pas arriver avec le cousin de province !

– *MASS* (hors plan couleur I, par C3) : Saint Matthews Church, SW2. ☎ 274-64-70 ou 736-76-16. M. : Brixton. Sous l'église, comme le restaurant *Bah Humbug* et le *Bug Bar*. Ouvert de 22 h à 3 h ou 6 h. Un des lieux phares de ce Brixton qui devient un des pôles de la nuit londonienne. Concerts, *DJs*, funk, techno, drum'n'bass... Chaude ambiance.

– ***Dog Star :*** voir le texte dans « Où boire un verre ? »

Shopping

Disques

⌂ ***Recommended Record :*** 387 Wandsworth Road, SW8. ☎ 622-88-34. M. : Stockwell. Avant-garde rock, jazz ou musique contemporaine. Disques importés et rares.

Marché

– ***Brixton Market :*** terminus de la ligne Victoria, à Brixton, ou bus de la ligne 2 à partir de Victoria. Tous les jours, sauf le dimanche, de 9 h à 17 h 30. On y trouve de tout : marché aux puces, mais aussi légumes, viande, des *take-away* pas chers, des vieux disques, des ventes militantes du *Socialist Worker;* on y fait des rencontres. Le tout sur fond de Bob Marley. Y aller le matin, comme pour la plupart des marchés.

LES AUTRES QUARTIERS DE LONDRES

GREENWICH

Au sud-est de Londres, sur la rive droite, Greenwich se présente comme un adorable village, bien préservé et très animé le week-end. Pubs, restos et marchés dans la rue principale (Church Street). Pas mal de choses à visiter, alors autant prévoir une bonne demi-journée. Entre autres curiosités : le joli port et, à 5 mn à pied, un *parc royal* (encore un !) célèbre pour son observatoire. C'est ici, bien sûr, que fut tracé le méridien du même nom, « centre du temps et de l'espace », qui marque la longitude zéro ! Le nombril du monde, en quelque sorte. À voir en priorité si vous avez peu de temps... Les attractions du parc royal (Queen's House, Musée maritime et observatoire), ainsi que le *Cutty Sark*, ont les mêmes horaires : tous les jours, de 10 h (12 h le dimanche) à 18 h (17 h en hiver). Attention : dernière visite 30 mn avant la fermeture, dans tous les cas. Un forfait permet de visiter Queen's House, le Musée maritime et The Royal Observatory. Vu le prix, les étudiants n'hésiteront pas à demander une réduction. Forfait famille également.

Comment y aller ?

– *En train :* de Charing Cross Station, via Cannon Street et London Bridge. 1 train toutes les 30 mn. Environ 15 mn de trajet. Le plus simple.
– *En métro ou bus :* métro jusqu'à Tower Hill, puis sortir pour prendre la Docklands Light Railway à Tower Gateway. On peut aussi prendre le bus D9 face à la Tour de Londres. Dans les deux cas, descendre à Island Gardens. Emprunter le tunnel (Greenwich Foot) qui passe... sous la Tamise ! Vous vous retrouvez ensuite au Greenwich Pier.
– *En bateau :* moyen le plus original pour y aller. Toutes les 30 mn des ports de Westminster ou de la Tower of London.

Adresses utiles

■ *Greenwich Information Centre* (plan B2) : 46 Greenwich Church Street. ☎ (0181) 858-63-76. Ouvert de 10 h 15 à 16 h 45.

■ *Park Visitors' Centre* (plan B2) : à Saint Mary's Gate, l'entrée principale du parc.

Où dormir ?

Plusieurs *B & B* à Greenwich, plus agréables que dans le centre de Londres car ils ne possèdent chacun que quelques chambres. Le contact avec les hôtes y est beaucoup plus facile, et leur rapport qualité-prix est bien meilleur. Idéal pour ceux qui recherchent le calme et le confort.

Prix moyens

▲ **Mr and Mrs Courtney** (plan A3, **10**) : 4 Egerton Drive, Greenwich, SE10. ☎ (0181) 691-55-87. Pas loin de la gare. *B & B* très tranquille dans une belle maison restaurée des années 1820. Chambres très confortables, très *cosy*, et belle salle de bains à partager entre les trois chambres. Chacune d'elles a la TV. *Breakfast* copieux, café ou thé à disposition toute la journée. Excellent accueil. Mrs Courtney donne volontiers des infos sur Greenwich dont elle connaît tous les atouts.

▲ **Jane Hartley** (plan B2, **11**) : 20 Circus Street, Greenwich, SE10. ☎ (0181) 333-10-20. Mêmes caractéristiques que le précédent, tout aussi confortable et accueillant. Vraiment une bonne adresse.

▲ **Sue Robbins and Kevin Manton** (plan A3, **12**) : 69 Ashburnham Place, Greenwich, SE10. ☎ (0181) 692-90-65. Un chouia moins cher que les deux précédents, pour un standing un poil inférieur. Salle de bains moins grande, déco plus simple. Bon confort.

Où manger ?

Prix moyens

I●I **Saigon** (plan B2, **20**) : 16 Nelson Road, Greenwich, SE10. ☎ (0181) 853-04-14 ou 853-37-42. Ouvert du lundi au jeudi de 12 h à 23 h 30, minuit les vendredi et samedi, 23 h le dimanche. Bon resto vietnamien ; carte très riche. Pour les grosses faims, formule « Eat as much as you like », valable du lundi au jeudi.

I●I **Bar du Musée** (plan B2, **21**) : Nelson Road, Greenwich, SE10. ☎ (0181) 858-47-10. Ouvert tous les jours de 12 h 30 à 23 h. Beau cadre rustique. Autant pour boire un verre que pour manger un des plats copieux proposés à prix raisonnables.

Plus chic

I●I **The Spread Eagle** (plan B2, **22**) : 1-2 Stockwell Street, Greenwich, SE10. ☎ (0181) 853-23-33. Ouvert tous les jours de 12 h à 15 h puis de 18 h 30 à 22 h 30. Resto d'inspiration française appartenant au même propriétaire depuis plus de 30 ans. Cadre *cosy* à l'anglaise. Service attentionné. Cuisine assez raffinée et assiettes copieuses. Heureusement, car c'est quand même pas donné.

Monuments et balades

★ **Cutty Sark** (plan B1) : Greenwich Pier, SE10. ☎ (0181) 858-34-45. Ouvert de 10 h à 18 h ; le dimanche, de 12 h à 18 h (17 h en hiver). Payant. Le plus célèbre et le dernier des clippers. Ces bateaux de la fin du XIXe siècle étaient destinés au transport du thé de Chine vers l'Angleterre. Ce voyage annuel Angleterre-Chine-Angleterre était une véritable course entre tous ces élégants trois-mâts. En effet, le premier arrivé obtenait les prix les plus élevés pour le chargement. Mais les clippers furent rapidement concurrencés sur cette route du thé par les vapeurs, qui, grâce à l'ouverture du canal de Suez, trouvaient une route beaucoup plus courte. Le *Cutty Sark* fut orienté vers d'autres commerces, notamment celui de la laine d'Australie, dont il tira son prestige puisqu'il était le plus rapide sur cette route. Puis il battit pavillon portugais à partir de 1895, avant d'être racheté par un Anglais en 1924. Il est aujourd'hui en cale sèche et se visite. Élégant trois-mâts dans lequel on trouve quelques maquettes, des tableaux et de nombreux souvenirs liés à la

250 LES AUTRES QUARTIERS DE LONDRES

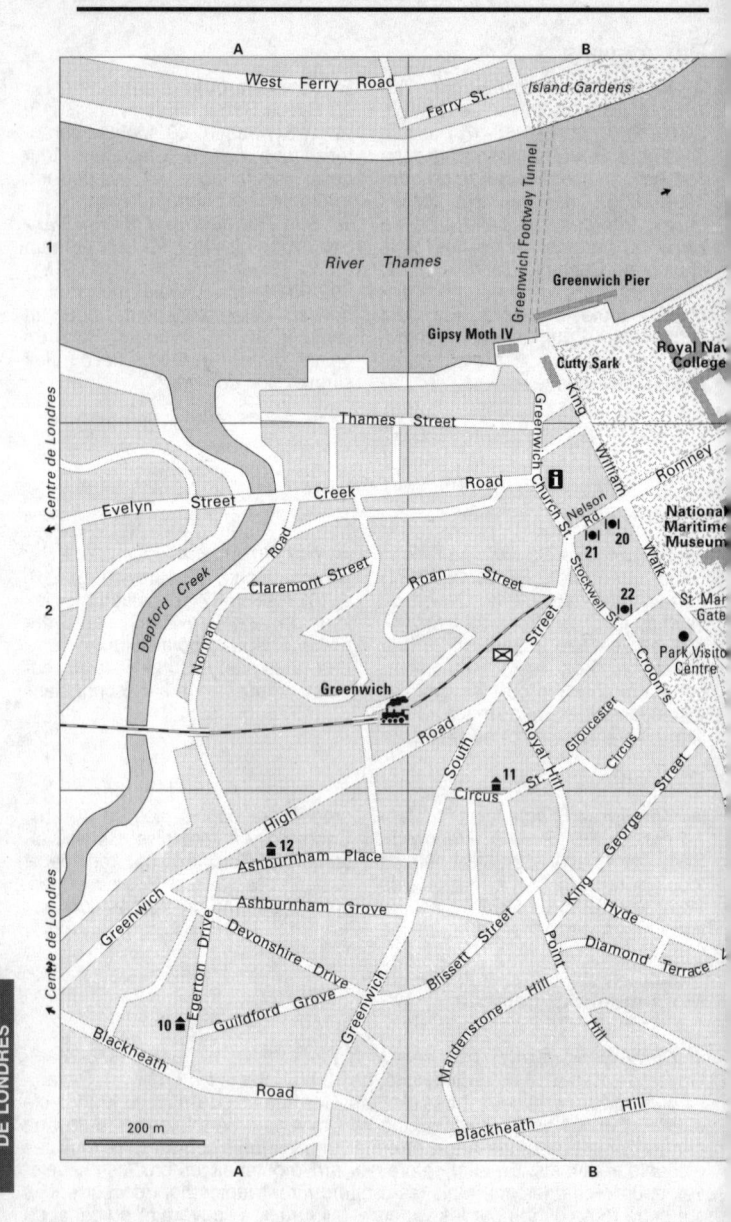

Adresses utiles
- Greenwich Information Centre
- Poste
- Gare

Où dormir ?
- 10 Mr and Mrs Courtney

GREENWICH 251

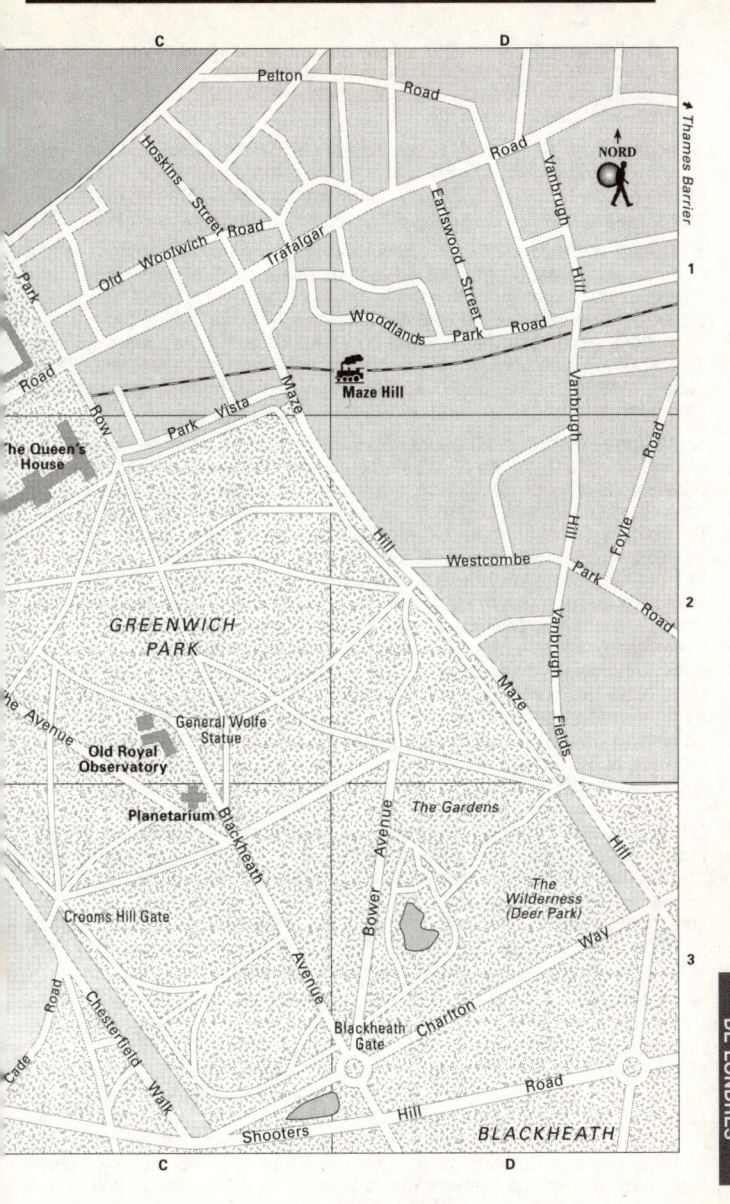

GREENWICH

11 Jane Hartley
12 Sue Robbins and Kevin Manton

|●| Où manger ?

20 Saigon
21 Bar du Musée
22 The Spread Eagle

mer et à l'histoire de ce fameux clipper. La partie basse du navire abrite une belle collection de figures de proue colorées et naïves. Les enfants seront sans doute émerveillés. Un film très intéressant montre la vie à bord des grands voiliers des années 1920.

★ *Gipsy Moth IV* (plan B1) : en cale sèche, à deux pas du *Cutty Sark*. ☎ (0181) 858-34-45. Ouvert d'avril à septembre de 10 h à 18 h ; le dimanche, de 12 h à 18 h. Ce petit voilier est le ketch de Francis Chichester, à bord duquel il établit le record du tour du monde en solitaire en 1966-1967.

★ *Queen's House* (plan C2) : dans l'enceinte du parc royal évidemment, à 5 mn du port. C'est fléché. Ces édifices du début du XVIIe siècle, plutôt jolis bien qu'assez lourds, constituaient la résidence d'été de la reine (pourquoi, il pleuvait moins que dans le centre de Londres?). Visite guidée par système acoustique assez bien fait mais un peu asservissant. Au sous-sol, salle du Trésor. Sinon, une gentille série de salons, chambres à coucher, avec tapisseries, mobilier... C'est beau... et très ennuyeux. Le reste du parc est bien plus intéressant.

★ *National Maritime Museum* (plan B2) : juste à côté de la *Queen's House*. ☎ (0181) 858-44-22. Les amoureux de bateaux, de maquettes, de batailles navales et de tout ce qui touche à la mer seront ravis. Vaste, complet, divers et intéressant.
Un étage est consacré au XXe siècle, notamment à ses grandes batailles navales. Nombreux textes et photos. Le poste de commandement d'une frégate et un bout d'intérieur de sous-marin ont été reconstitués. Superbe maquette du *King George V* (1939). Sont exposées des œuvres de « War Artists » comme Sir Muirhead Bone, le premier d'entre eux, dont les dessins sont remarquables, ainsi qu'une partie de la collection du « War Artists Advisory Committee », créé en 1939. Beaux tableaux : portraits de grands noms de la Navy, peintures de grandes batailles (Pearl Harbour, etc.). Une autre partie de cet étage traite de l'évolution du transport maritime.
La *Nelson Gallery*, passionnante, raconte la vie du célèbre amiral, sa montée dans la hiérarchie, ses commandements, ses batailles contre la flotte de Napoléon, etc. Superbe maquette de la frégate *Sea Horse*, fabriquée avec un morceau du mât principal de l'*Orient*, navire coulé pendant la bataille du Nil qui marqua l'arrêt de l'avancée de Napoléon en Égypte. La célèbre bataille de Trafalgar est illustrée par une toile de Turner, et reconstituée sur une animation en images de synthèse. Collection d'armes, trophées, et souvenirs liés à la vie de Nelson.
Une section du musée renferme des maquettes de navires de guerre de 1650 à 1815. La plupart d'entre elles sont d'ailleurs d'époque.
Une autre section, interactive, amusera les enfants.

★ *Old Royal Observatory* (plan C2) : toujours dans le parc royal, au sommet de la colline. Mêmes horaires que les autres visites (voir plus haut). Site ravissant, qui offre, en prime, un large panorama sur Londres.
L'observatoire, fondé en 1675, a tout de ces espèces de petits châteaux pour savants fous qu'on voit dans certains vieux films de science-fiction ! Au sommet, un curieux ballon rouge surmonté d'une croix (la *Time ball*), qui tombe tous les jours à 13 h tapantes. Cette « balle » fut installée en 1833 pour permettre aux marins de la Tamise de régler leurs montres avec précision... Auparavant, un système moins pratique avait été mis au point : une *time lady* se rendait chaque jour au port pour donner l'heure exacte affichée à Greenwich ! Dans la cour d'entrée, le célèbre méridien, symboliquement représenté par des pointillés lumineux. Chevauchez-le et dites-vous qu'à cet instant précis vous avez un pied dans l'hémisphère ouest et l'autre à l'est ! Ça fait tout drôle, surtout pour les routards passionnés de géo... Une machine vous distribuera un « certificat de passage », avec l'heure exacte de votre visite, contre quelques pennies.

Dans le Old Royal Observatory, visitez la *Flamsteed House* et le *bâtiment Méridien*.
- **Flamsteed House :** bâtiment du XVIIe siècle où logeaient les astronomes. Petit *musée* à l'intérieur. Amusant : la salle octogonale d'où l'on observait les étoiles. Le grand télescope est simplement fixé... aux barreaux d'une échelle. Jetez un œil dedans et vous verrez Pluto (le chien de Mickey !). Dans les galeries Harrison, belles horloges anciennes, toutes sortes de montres et instruments compliqués.
- **Bâtiment Méridien :** instruments de mesure, dont un gigantesque télescope à réfraction, vieux de cent ans et toujours en forme. Le bâtiment est lui-même étonnant : les murs sont en fait des panneaux s'ouvrant sur commande pour mieux admirer le ciel... C'est en 1884, lors de l'*International Meridian Conference*, qu'on décida que le méridien de Greenwich serait longitude 0 et le *Greenwich Mean Time* la base du système de temps international.

★ **Thames Barrier** *(le grand barrage de Londres)* : Woolwich, SE18. ☎ (0181) 854-13-73. À l'est de Greenwich. *Visitors' Centre* sur la rive sud de la Tamise. Ouvert du lundi au vendredi de 10 h 30 à 17 h, jusqu'à 17 h 30 les samedi et dimanche. Le mieux pour y aller est de prendre le bateau au quai de Westminster. Chouette balade sur la Tamise. Plusieurs départs par jour. Le bateau va jusqu'à Barrier Gardens. Croisière d'une durée de 1 h 15. Pour infos : ☎ 930-33-73. De Barrier Gardens, balade en bateau faisant le tour du barrage.
Il s'agit de sept portes monumentales en acier dont la forme en coquille rappelle celle du célèbre opéra de Sydney. Cette barrière devra servir, en cas d'inondation, à empêcher la Tamise de sortir trop de son lit. L'idée de sa construction remonte à 1953, année où des inondations catastrophiques avaient noyé 2 000 Londoniens. Le barrage lui-même ne se visite pas, mais une présentation audiovisuelle en explique le fonctionnement.

HAMPSTEAD ET HIGHGATE

À quelques kilomètres seulement du centre de la capitale et pourtant si loin dans l'esprit, Hampstead et Highgate, séparés par le grand parc Hampstead Heath, sont d'anciens villages que l'urbanisation a englobés au début du siècle dans l'anonyme « Grand Londres ». Ils ont su garder leur caractère villageois et résidentiel, ce qui a été facilité par la configuration illogique de leurs ruelles (surtout à Hampstead) épousant les reliefs de la colline. Et malgré l'attrait touristique, ils sont toujours aussi authentiques avec leurs *cottages* georgiens du XVIIIe siècle en brique rouge, leurs maisons blanches de style victorien et leurs pubs coincés entre deux maisons, dans des endroits où, en France, on ne trouverait même pas un bistrot. Ce charme inné attire, depuis des siècles, artistes, écrivains et penseurs en mal d'isolement et de quiétude : Robert Louis Stevenson, George Orwell, le poète John Keats et, plus récemment, Elton John, Sting ou Boy George. Karl Marx a même « choisi » de mourir ici (1883). Le célèbre peintre paysagiste Constable, également un inconditionnel, a immortalisé Hampstead sur nombre de ses toiles.
La manière la plus simple de découvrir Hampstead est de descendre à la station de métro du même nom et de flâner au hasard des ruelles pittoresques, comme Flask Walk, Well Walk ou Christ Church Hall. Sur Hampstead High Street, prolongée par Rosslyn Hill, la rue principale du village, les magasins sont ouverts même le dimanche. Une promenade idéale, alors que le centre de Londres est d'un mortel ennui ce jour-là.

Comment y aller ?

– **En métro :** par la Northern Line, descendre à Hampstead (direction Edgware) pour le quartier du même nom, et Archway ou Highgate (direction High Barnet ou Mill Hill East) pour le quartier de Highgate.

Où dormir ?

Bon marché

▲ *Hampstead Heath :* 4 Wellgarth Road, NW11. ☎ (0181) 458-90-54. Fax : (0181) 209-05-46. M. : Golders Greens. Une belle auberge de jeunesse entourée de verdure sur les hauteurs de Londres et à 15 mn du centre, c'est pas mal. De plus, les prix sont raisonnables. Chambres de 2 à 10 lits propres et agréables. Pas de couvre-feu. À une station de Hampstead, l'un des quartiers les plus vivants de la ville, truffé de restaurants, de pubs et de boutiques sympas.

▲ *YHA Highgate Village :* 84 Highgate West Hill, N6. ☎ (0181) 340-18-31. Fax : (0181) 341-03-76. M. : Archway. Assez éloignée du métro, prendre un bus (n° 143, 210 ou 271) vers Highgate Village à la sortie de la station. Une des plus vieilles auberges de jeunesse de Londres. Même genre que la précédente. Chambres très correctes, douches et toilettes à tous les étages. Salon avec TV, jeux, etc. Petit jardin. Bureau de change, vente de cartes de transport. Local à vélos et parking. Bon accueil.

Plus chic

▲ *Hampstead Village Guesthouse :* 2, Kemplay Road, NW3. ☎ 435-86-79. Fax : 794-02-54.
• E-mail : hvguesthouse@dial.pipex.com
M. : Hampstead ou Belsize Park. Chambre simple de £ 40 à 55 (de 60,8 à 83,6 €), la double de £ 60 (salle de bains à partager) à £ 70 (de 91,2 à 106,4 €), le studio (grande chambre et cuisine) à £ 75 (114 €) pour 1, £ 100 (152 €) pour 2, £ 115 (174,8 €) pour 3, £ 125 (190 €) pour 4, et £ 135 (205,2 €) pour 5 personnes. Petit déjeuner à l'anglaise non obligatoire et en supplément : £ 6 (9,12 €), servi à partir de 8 h. Grande maison au calme en plein cœur de Hampstead. À 1 mn à pied du parc Hampstead Heath. Ambiance bohème. Chambres toutes différentes et conviviales, des vraies pièces de vie avec des bouquins, une déco un peu fourre-tout. On a presque l'impression d'être chez des amis. Deux des chambres ont leur propre terrasse en plus de celle du jardin où on prend le petit déjeuner quand le soleil se montre. Non-fumeurs. Bon accueil.

▲ *Rosslyn House Hotel :* Rosslyn Hill, à l'angle de Pond Street, NW3. Près du terminus de bus de South End Green. ☎ 431-38-73. Fax : 433-17-75. M. : Belsize Park. La simple de £ 40 à 55 (de 60,8 à 83,6 €), la double de £ 65 à 80 (de 98,8 à 121,6 €), la *twin* de £ 70 à 80 (de 106,4 à 121,6 €), la triple de £ 85 à 100 (de 129,2 à 152 €), £ 15 (22,8 €) pour un lit supplémentaire dans la chambre. Douches, w.-c., TV dans chaque chambre, de la simple à la familiale, dans cette grande et élégante maison. Bon petit déjeuner. Déco plutôt quelconque. Rapport qualité-prix pas extraordinaire.

Où manger ?

N'oubliez pas que les pubs cités plus loin servent aussi souvent des plats de bonne qualité.

HAMPSTEAD ET HIGHGATE / MONUMENTS ET BALADES 255

Prix moyens

|●| *The House on Rosslyn Hill* : 34 Rosslyn Hill, NW3. ☎ 435-80-37. Fax : 794-57-36. M. : Hampstead. Ouvert de 12 h à minuit du lundi au vendredi et de 10 h à minuit les samedi et dimanche. Restaurant qui fait aussi bar et salon de thé. L'endroit est très prisé des Londoniens. Il ne désemplit pas le week-end. Beaucoup d'ambiance et de musique. Les murs sont couverts de photos dédicacées, pour la plupart prises sur des tournages. Cuisine simple et sympa à base de poisson, de pâtes et de sandwichs. Excellent *breakfast*. Petite *cover charge*.

|●| *Sabor do Brasil* : 36 Highgate Hill, N19. ☎ 263-90-66. M. : Archway. Ouvert de 11 h à 23 h (minuit les samedi et dimanche). Sur réservation le midi en semaine. Fermé le lundi. Vu le nom, on peut s'attendre à manger brésilien. C'est le cas ! Alberma (une autochtone de là-bas) est venue à Londres avec son livre de cuisine et vous pourrez découvrir ici ses *cozidos* ou ses *feijoadas*. Salle pleine de couleurs chaudes, musique brésilienne (évidemment). On s'y croirait !

Les pubs

❢ *Spaniard Inn* : Spaniard Road, NW3. ☎ 455-32-76. M. : Hampstead. Pub vieux de 500 ans. Dick Turpin (le Mandrin de l'époque) y préparait ses mauvais coups et beaucoup de poètes entre deux bières y accouchaient de leurs vers. Ce fut aussi la résidence de l'ambassadeur d'Espagne à Londres. Jardin aux beaux jours. Bons petits plats le midi.

❢ *William IV* : Hampstead High Street, NW3. ☎ 435-57-47. M. : Hampstead. Pub sympa dans la rue la plus animée de Hampstead. Clientèle homo le soir et le week-end, *straight* à midi (beaucoup d'étudiants du *college* voisin). Aux beaux jours, petit jardin. Bonnes bières.

❢ *The Holly Bush* : 22 Holly Mount, NW3. ☎ 435-28-92. M. : Hampstead. Du métro, remontez Heath Street, puis prenez Holly Bush Steps sur la gauche. En haut des escaliers, l'établissement est sur la droite. On est presque dans l'Angleterre profonde en entrant dans ce vieux pub. Clientèle d'habitués qui se retrouvent autour de la cheminée en hiver. Pour les amateurs, la *real ale* vaut le détour.

❢ *The Flask* : 77 West Hill, Highgate, N6. ☎ 340-72-60. M. : Highgate ou Archway. Ouvert du lundi au samedi de 11 h à 23 h, le dimanche de 12 h à 22 h 30. Toujours plein, atmosphère étouffante mais amicale. Ces pubs de la « Ceinture » de Londres ont vraiment du charme. Quand il fait beau, on boit dehors. Régulièrement fréquenté par Karl Marx. Enfin, autrefois. Attention à vos têtes, plafonds bas. Bonne bouffe servie toute la journée.

Monuments et balades

★ *Fenton House* : Windmill Hill, NW3. ☎ 435-34-71. M. : Hampstead. Ouvert de début mars à fin octobre les samedi, dimanche et jours fériés de 11 h à 18 h, et les lundi, mardi et mercredi de 13 h à 17 h. Entrée payante. Pas évident à trouver. En sortant du métro, prendre en face la montée appelée Holly Bush Hill. La maison est devant soi en arrivant à la fourche. Dans cette grande demeure de brique rouge de la fin du XVIIe siècle, intérieur

AUTRES QUARTIERS DE LONDRES

anglais tel qu'on se l'imagine : broderies, mobilier de style Régence, bibelots et porcelaines à faire tomber par terre les mamies anglaises. Nous, ça nous laisse plus sceptiques. Quelques chambres mignonnes. Collections de clavecins et d'épinettes, parmi lesquels le clavecin de Haendel. Au milieu de tout cela, une eau-forte de Dürer représentant un monstre marin !

★ Après les ruelles escarpées du vieux Hampstead, il faut aller savourer la tranquillité de **Hampstead Heath**, cette lande verdoyante qui fait la liaison entre Hampstead et Highgate. Les bois, les étangs et les grandes étendues de pelouses doucement vallonnées sont très prisés par les Londoniens du dimanche. De *Parliament Hill* au sud du parc, vue dégagée sur les environs. Baignade possible dans l'un des trois plans d'eau (attention, un seul est mixte). En marchant en direction du nord, on arrive dans le domaine de Kenwood, où des concerts ont lieu en plein air en été, dans un cadre très bucolique, tout près de *Kenwood House*.

Hampstead Heath est également l'un des points les plus élevés de Londres ; c'est le rendez-vous de tous les amoureux de cerfs-volants le dimanche matin, quand il ne pleut pas.

★ **Kenwood House :** Hampstead Lane, NW3. ☎ (0181) 348-12-86. M. : Hampstead ou Archway, puis bus n° 210. Ouvert tous les jours de début avril à fin septembre de 10 h à 18 h et de début octobre à fin mars jusqu'à 16 h. Fermé les 24 et 25 décembre. Entrée gratuite. Au nord de la lande, belle demeure aristocratique du XVIIIe siècle dans le style néoclassique, abritant la *Donation Iveagh*, qui intéressera les amateurs de peinture. Scènes pastorales de Boucher, nombreux portraits de peintres anglais comme Gainsborough, Romney ou Reynolds, tableaux de Van Dyck. Ne pas manquer le *Joueur de guitare* de Vermeer, la seule toile de l'artiste visible en Grande-Bretagne en dehors de la National Gallery et de la collection royale. À voir aussi l'*Autoportrait* de Rembrandt, qui n'est pas à son avantage, et l'éclatante *Vierge à l'Enfant avec saint Joseph* de Rubens, où l'on ne voit que le manteau bleu et vermillon de la Vierge. La bibliothèque est très originale avec ses deux absides et son plafond voûté en berceau et orné de stucs. À l'époque, elle servait également de salle de réception, ce qui explique sa riche décoration.

★ Profitez donc de votre flânerie dans Hampstead pour découvrir son vieux **cimetière**, autour de l'église et juste de l'autre côté de la rue. En sortant du métro Hampstead, descendre Heath Street en face, puis un tout petit peu plus loin, prendre Church Row à droite. On aime bien ce cimetière pentu et « en désordre », son côté romanesque : ses tombes simples et penchées, ses petites allées pavées grignotées par l'herbe folle, ses arbres en fleurs au printemps...

★ **Highgate Cemetery :** Swain's Lane, N6. M. : Archway. Ouvert tous les jours de 10 h à 16 h. Entrée payante (eh oui !) et relativement chère. C'est comme ça ! Karl Marx, qui repose ici, n'aurait pas forcément apprécié. Quand on commence à aimer l'exubérance de ce cimetière, dont les tombes et les monuments funéraires se perdent dans une végétation romantique, on devient vraiment anglais. Visite guidée uniquement. En semaine, à 12 h, 14 h et 15 h, le week-end toutes les heures entre 10 h et 16 h.

Dans les environs de Hampstead

★ **Freud Museum :** 20 Maresfield Gardens, NW3. ☎ 435-20-02. M. : Finchley Road (Jubilee Line). Bien indiqué en sortant du métro. Ouvert du mercredi au dimanche de 12 h à 17 h. Entrée payante. Une belle maison où papa Sigmund passa ses derniers mois, jusqu'à sa mort en 1939. D'origine juive, le père génial de la psychanalyse avait dû fuir l'Autriche, annexée par Hitler un an plus tôt. Installé ici, Freud reconstitua le célèbre intérieur de sa demeure viennoise : divan, bien sûr, bureau, bibliothèque...

LE GRAND LONDRES

Monuments et balades

★ *Windsor Castle :* à 20 miles (32 km) à l'ouest de Londres. Accès direct en train de Waterloo Station en 45 minutes, puis environ 10 mn de marche. Train toutes les 30 mn (1 h le dimanche). ☎ (01753) 831-118 ou 868-286. Ouvert de 10 h à 17 h 30 de mars à octobre, de 10 h à 16 h de novembre à février. Entrée payante : £ 7,5 (11,4 €) par adulte. Sont ouverts à la visite : *State Apartment*, *Queen Mary's Dolls House* et *The Gallery*, ainsi que les chapelles. Attention, celles-ci sont fermées le dimanche sauf si vous participez à la totalité du culte. À 11 h, relève de la garde (tous les jours d'avril à juin, sinon un jour sur deux).
Paraît-il le plus grand château du monde encore habité. La reine y séjourne tous les ans au mois de juin, pendant 15 jours. L'architecture de la propriété a de quoi surprendre avec son superbe look médiéval tout en tours crénelées et mâchicoulis. Entièrement remanié au XIVe siècle par Édouard III, puis à l'époque victorienne, Windsor n'a plus rien à voir avec la modeste forteresse de bois construite par Guillaume le Conquérant pour surveiller l'accès de Londres... Le même Édouard III est célèbre dans l'histoire comme étant le créateur de l'ordre de la Jarretière, club très fermé des meilleurs chevaliers anglais. Tout le monde a entendu parler de la création de l'ordre : lors d'un bal, une jeune comtesse perdit sa jarretière et le roi s'empressa de la lui remettre. Exaspéré par les éclats de rire dans son dos, il eut alors cette réplique : « Honni soit qui mal y pense, tel qui rit aujourd'hui demain s'honorera de la porter... » Ce qui fut dit fut fait et le lendemain, les plus éminents seigneurs du royaume se voyaient obligés d'arborer une jarretière ! Le plus drôle, c'est que l'ordre existe toujours : seule la reine est autorisée à porter la jarretière au bras... Ça ne lui a pas porté chance puisque l'aile sud du château brûla en 1992 ! S'ensuivit une vive polémique médiatico-politique : il fut pour la première fois question de reconsidérer les sommes énormes allouées par l'État à la reine... La visite du château n'est autorisée que dans la partie nord. C'est largement suffisant, vu les proportions de l'ensemble ! Outre les labyrinthes des jardins (immenses) et le beau panorama sur la Tamise procuré par les terrasses, on visite :
– *la chapelle Saint-Georges*, du XVe siècle. Dans la salle du trône ont lieu les cérémonies de l'ordre de la Jarretière.
– *Le salon Waterloo*, où se fête chaque année l'anniversaire de cette bataille tant aimée des Anglais.
– *Le Grand Vestibule* : belle panoplie d'armes anciennes. La balle qui tua Nelson y est pieusement conservée !
– *La maison de Poupée*, adorable petit palais construit pour la reine Marie. Tout y est miniaturisé ! Un chef-d'œuvre du genre.
– Également une expo de *carrosses* royaux et autres trésors.

★ Si vous avez du temps, le fameux *collège d'Eton* est à 15 mn de Windsor. Fondé au XVe siècle, il eut quelques élèves prestigieux, parmi lesquels George Orwell, Aldous Huxley et... John Le Carré.

★ *Legoland :* à 3 km de Windsor et à 1 h de Londres sur la B 3022, par les autoroutes M4 et M3 ou par le train jusqu'à Windsor avec un changement à Waterloo, puis navette vers Legoland. ☎ (01753) 626-111 (depuis la France), ou ☎ (0990) 626-375 (de Grande-Bretagne). Ouvert de fin mars à début octobre de 10 h à 18 h, jusqu'à 20 h en juillet et août. Entrée assez chère.

Fondée en 1932 par un Danois, la société Lego (du danois *leg godt*, qui signifie « bien joué ») ouvre aujourd'hui son 2e parc d'attractions (l'autre est implanté dans son pays natal). La petite brique est bien sûr à l'honneur. On y trouve des reconstitutions de villes à taille d'enfant comme Londres, Paris (avec un impressionnant Sacré-Cœur), Amsterdam et même Honfleur (dernière colonisation britannique en terre normande !). En tout, 800 bâtiments qui ont demandé 3 ans de travail aux 100 experts-monteurs en Lego. Le parc met l'accent sur sa vocation à la fois créative et éducative. Ainsi, les enfants peuvent, par exemple, conduire des petites voitures électriques (avec feux rouges et passages piétons), se promener dans une jungle tropicale ou encore descendre des rapides en canoë. Également des spectacles de marionnettes et de clowns. Il ne vous reste plus qu'à faire aussi bien à la maison !

★ **Hampton Court Palace :** à 25 km au sud-ouest de Londres, lové dans une boucle de la Tamise. Accès en 30 mn de train de la gare de Waterloo jusqu'au terminus. Si vous résidez dans l'ouest de Londres, prendre le métro par la District Line jusqu'à Wimbledon, puis le train jusqu'à Hampton Court (moins cher et plus rapide que par Waterloo). Bateau du pont de Westminster en été, si vous avez plus de temps : départ toutes les 30 mn en semaine et toutes les heures le dimanche. ☎ (0181) 781-95-00. Ouvert tous les jours de 9 h 30 à 18 h (16 h 30 de mi-octobre à mi-mars). Le lundi toute l'année, ouvert à partir de 10 h 15. Fermé du 24 au 26 décembre. Entrée payante : £ 9,25 (14,06 €) pour les adultes et £ 7 (10,64 €) en tarif réduit. Les jardins ferment à la tombée de la nuit (accès gratuit, sauf pour le labyrinthe). Possibilité d'acheter un billet combiné avec la visite de la Tour de Londres, cela vous reviendra moins cher que d'en acheter un pour chaque visite, et cela vous évitera de faire la queue à la Tour de Londres.

Château à deux faces, l'une Tudor en brique rouge, l'autre néo-palladienne, d'un grand intérêt architectural vu les nombreux remaniements que ses hôtes successifs (des têtes couronnées) lui ont fait subir. Vous avez regretté Buckingham Palace, mais vous adorerez Hampton Court. Intérieurs fastueux et mobilier superbe, tapisseries et peintures appartenant à la collection royale. S'il n'y avait qu'un palais à voir à Londres, ce serait celui-là !

Un peu d'histoire

Ce palais n'avait rien de royal à l'origine. Il fut construit au début du XVIe siècle pour servir de résidence au cardinal Wolsey, archevêque d'York et ministre d'Henri VIII (le Gros). « Une maison un peu trop luxueuse pour un catho ! », se dit le roi, mort de jalousie, d'autant que le cardinal s'opposait à la Réforme anglicane. Henri VIII profita de ses démêlés avec la papauté pour lui confisquer son jouet. Il ne faut jamais être plus royaliste que le roi. Il agrandit la demeure pour le plaisir de ses nombreuses femmes. C'est lui, d'ailleurs, qui inventa l'anglicanisme pour avoir le droit de divorcer. Six mariages. Chronologiquement : un divorce, une exécution, une mort naturelle, une répudiation, encore une exécution ; la dernière lui survécut. À part ça, c'était un souverain éclairé de la Renaissance. Il eut deux filles : Marie Tudor, dite « Bloody Mary », rétablit le catholicisme et fit enfermer sa demi-sœur, Élisabeth Ire, laquelle, ensuite, régna presque cinquante ans et rétablit l'anglicanisme. Pendant ce temps-là, une autre Marie catholique, Marie Stuart, princesse écossaise, se révoltait, d'abord encouragée puis exécutée sur l'ordre d'Élisabeth, la « Reine Vierge », qui avait pourtant des favoris. L'explorateur Sir Walter Raleigh nomma la Virginie en son honneur, et poussa la galanterie, un jour, jusqu'à étendre son manteau par terre pour qu'elle ne marche pas dans la boue et n'abîme pas les superbes robes brodées de diamants et de perles qu'on lui voit sur les tableaux.

Le troisième et dernier grand remaniement du palais fut entrepris à la fin du XVIIe siècle par Guillaume III et sa femme Mary. Ils choisirent Christopher

Wren pour son inégalable style néo-Renaissance. Le but était de faire aussi bien que Versailles! Heureusement, il manqua d'argent pour redécorer tout le palais et ne put s'attaquer qu'à l'aile orientale.

Visite

Entrée majestueuse du palais avec sa façade rouge de style Tudor, crénelée de blanc et ornée de fines cheminées en brique et de tourelles. Dans la cour de l'Horloge, étrange *horloge astronomique* datant d'Henri VIII : elle donne l'heure, la date, les phases de la lune, ainsi que les marées au London Bridge! Copernic n'ayant pas encore fait parler de lui, c'est le soleil qui tourne autour de la Terre. À droite, colonnade de style antique qui tranche avec le reste de la cour.

– **Appartements royaux des Tudors :** entrée sous le porche d'Anne Boleyn. La partie la plus ancienne du palais est celle qu'on préfère. Le dépouillement des pièces attire l'attention sur les beautés architecturales de la période Tudor. La *Grande Salle* est ornée d'un superbe plafond en bois sculpté et ajouré. Tapisseries racontant l'histoire d'Abraham. Elles étaient déjà là au XVIe siècle. Dans la grande *salle des Gardes*, plafond cloisonné et orné de pendentifs. La *Galerie hantée* mène à la *chapelle royale*. Notre bon roi Henri VIII avait fait enfermer ici sa 5e femme (Catherine Howard) avant de la faire exécuter dans la Tour de Londres. Selon la légende, son esprit erre encore autour du palais... Également un plafond de bois sculpté dans la chapelle. Superbe retable sculpté.

– **Appartements officiels de la reine :** changement d'époque avec les fastes baroques des Stuarts à la fin du XVIIe siècle. Succession de pièces lambrissées et décorées de peintures baroques ou de superbes tapisseries. Mobilier d'époque, *of course!*

– **Salles georgiennes et cabinet de Wolsey :** enfilade de pièces datant de l'époque georgienne, les appartements privés de la reine Caroline, la femme de George II. Au bout, la longue *galerie des Cartons*, recouverte du sol au plafond de lambris et pompeusement décorée par Wren. Elle contient les tapisseries de Bruxelles tissées d'après les cartons de Raphaël, exposés au Victoria and Albert Museum. La *galerie de la communication* relie les appartements du roi à ceux de la reine. Au mur, les somptueuses *Beautés de Windsor* par l'Anglais Peter Lely, des dames de la cour de Charles II. Une manière d'affrioler le roi avant ses visites nocturnes. Un couloir mène au *cabinet de Wolsey*. Cette petite pièce adorable est tout ce qu'il reste des premières années du palais avant qu'il ne devienne une demeure royale. Mais le cardinal ne se privait pas, comme le montre le faste de la décoration.

– **Appartements du roi :** entrée sous la colonnade de la cour de l'Horloge. Sans conteste les plus beaux appartements royaux qu'il soit donné de voir à Londres (mais on n'a pas vu Buckingham!). Et ils reviennent de loin. Les voici à nouveau ouverts au public après six ans de restauration pour effacer les traces de l'incendie qui eut lieu dans cette aile du palais en 1986. Les restaurateurs ont rendu leur splendeur à ces pièces décorées par Wren (jusqu'à l'écœurement) pour le compte de Guillaume d'Orange. Plafonds en trompe l'œil et panneaux de cheminée en bois de tilleul sculpté.

– **Salles Wolsey et galerie Renaissance :** peintures des écoles anglaise, italienne, hollandaise au XVIe siècle. Voir en particulier le *Portrait d'Henri VIII* par Joss Van Cleve (1535) et celui du sénateur vénitien *Girolamo Pozzo* par le Tintoret. Destinée surprenante du *Massacre des Innocents* de Bruegel l'Ancien (1565). Au départ, l'artiste avait représenté le passage de la Bible où le roi Hérode décide de l'assassinat des jeunes garçons juifs. Mais la reine Christine de Suède, qui acquit la toile, ne jugea pas le sujet à son goût et lui demanda de repeindre sur les enfants pour en faire une scène villageoise. Des traces de ces ajouts sont encore visibles. Superbe *Jugement de Pâris* de Lucas Cranach. Un ange passe...

– **Les cuisines :** il fallait bien des cheminées gigantesques et des passe-plats aussi longs qu'un comptoir pour nourrir tout ce petit monde. Reconstitution lourdingue de l'ambiance à l'époque la plus faste du palais. Audio-tour gratuit, mais pénible.

– **L'orangerie :** au sud du palais, à droite du jardin privé. On peut y admirer les *Triomphes de César*, 9 toiles imposantes peintes par Mantegna, le maître de la Renaissance italienne. Grand souci du détail dans le traitement des costumes, des armes et des monuments.

Près de l'orangerie, remarquez la grande treille formée d'un seul cep de vigne qui pousse depuis plus de deux cents ans !

– **Les jardins :** aussi plaisants que le palais qu'ils entourent. Les dessinateurs se sont largement inspirés des jardins de Le Nôtre à Versailles. Splendides au printemps. On ne se perd pas réellement dans le labyrinthe *(Maze)*, mais ça amuse beaucoup les bambins. Terrain de jeu de paume, l'ancêtre du tennis.

★ **Kew Gardens :** au sud-ouest de Londres, au bord de la Tamise. ☎ (0181) 940-11-71. M. : Kew Gardens (à 30 mn du centre de Londres). Passer de l'autre côté de la voie ferrée et suivre en face Lichfield Road. Également accessible en train (gare de Kew Bridge), en bateau du pont de Westminster d'avril à octobre et en bateau-mouche de Victoria Embankment, près de Westminster. Ouvert tous les jours en juillet et août jusqu'à 20 h 30 environ ; en avril, mai, juin, septembre et octobre de 9 h 30 à 18 h ; d'octobre à décembre jusqu'à 17 h ; en janvier et février jusqu'à 16 h 30. Fermé à Noël et le jour de l'an. Les heures de fermeture dépendent du coucher du soleil. Les serres ferment 1 h 30 avant les grilles. Entrée payante. On vous le dit tout de suite, c'est une visite à ne pas manquer... Il faut au moins compter 3 h pour profiter des serres principales. N'oubliez pas votre pique-nique, ce serait dommage, d'autant que les pelouses sont complètement libres d'accès.

Superbe jardin botanique d'une extraordinaire variété : 90 000 végétaux différents sur pas moins de 120 ha, le jardin des Plantes fait figure de square, à côté ! C'est le résultat de la « collectionnite » aiguë dont souffraient les aristocrates anglais au siècle dernier.

La période idéale pour le visiter est bien sûr le printemps, lorsque les rosiers et les rhododendrons sont en fleur.

Bel aménagement de la nature, où les changements surprenants de paysages rappellent que rien n'est laissé au hasard : au sud-ouest du parc, on passe brusquement d'une forêt de conifères à une forêt de feuillus. De là, vue sur la « Tamise à la campagne », calme et bucolique, et sur *Syon House*, un manoir du XVIe siècle un peu austère. Ne manquez pas de visiter les serres, immenses architectures de fer et de verre, en particulier le très design *Princess of Wales Conservatory* et ses *Victoria Amazonica*, des nénuphars géants de 2 m de diamètre. Dix zones climatiques différentes y sont reproduites, des plantes du désert jusqu'à la forêt tropicale : superbes orchidées, cactus géants et incroyables plantes carnivores. La *Palm House* abrite une forêt tropicale en miniature et toutes les espèces de palmier du monde. Au sous-sol, des aquariums présentent des coraux multicolores et de superbes poissons. La *Temperate House*, encore plus grande que la précédente (4 800 m^2 et 42 m de haut !), abrite elle aussi des plantes tropicales, des bambous et des rhododendrons géants. Une coursive vous permettra d'apprécier les plantes vues d'en haut. Derrière celle-ci, on trouve l'*Evolution House*, ou comment la vie est apparue sur terre. Une belle mise en scène avec terre en ébullition, volcan fumant et chants d'insectes géants (on s'y croirait !). Également une belle collection de papillons.

Pour les fans de résidences royales, **Kew Palace** (ouvert tous les jours d'avril à septembre de 9 h 30 à 17 h 30, entrée payante), qui servit d'asile au roi George III, lorsqu'il devint fou. À l'intérieur, collection de jouets royaux.

★ Si vous êtes venu jusqu'ici, ça vaut le coup de reprendre le métro jusqu'à la prochaine station (Richmond) pour voir la nature livrée à elle-même dans **Richmond Park**, une immense forêt qui servait de terrain de chasse à Charles Ier. Il n'est pas rare d'y croiser des daims. Balade très sympa et vue superbe sur les méandres de la Tamise du haut de *Richmond Hill*.

★ **Dulwich Picture Gallery :** College Road, SE21. ☎ (0181) 693-52-54. Train jusqu'à West Dulwich à partir de la gare de Victoria ou de Brixton (toutes les 30 mn en semaine et toutes les heures le dimanche). De la gare, prendre à droite sur Thurlow Park Road, puis la première à gauche sur Gallery Road et continuer tout droit. Ouvert du mardi au vendredi de 10 h à 13 h et de 14 h à 17 h, le samedi de 11 h à 17 h et le dimanche de 14 h à 17 h. Fermé le lundi et les jours fériés. Réduction étudiants. Dans le « village » huppé de Dulwich aux belles façades georgiennes – ne prononcez pas le « w » si vous voulez vous faire comprendre –, ce musée abrite la collection de peinture la plus intéressante du Grand Londres. C'est aussi la plus ancienne galerie publique, puisqu'elle fut ouverte en 1817, une dizaine d'années avant la National Gallery. Le fondateur du musée est aussi le père du *Dulwich College* situé un peu plus loin sur College Road, réservé à l'origine aux enfants des familles pauvres. Détail insolite, il repose avec sa femme dans le mausolée du musée. Nombreux tableaux de maîtres, parmi lesquels Gainsborough *(Les Sœurs Linley)*, Van Dyck *(Emmanuel Philibert de Savoie*, en armure de parade), Le Brun *(Le Massacre des Innocents)*, Poussin *(Rinaldo et Armila)*, mais aussi, pêle-mêle, Rembrandt, Watteau, Reynolds. Superbe *Fille aux fleurs* de Murillo, d'une grande délicatesse, un portrait de sa fille et peut-être aussi une « vanité ». Ce type de toile, en vogue au XVIIIe siècle, est une allégorie du temps qui passe. Les objets représentés sont souvent les mêmes (un fruit trop mûr, un crâne humain, etc.). Ici, l'association des fleurs qui fanent avec ce jeune visage ne symbolise-t-elle pas le caractère furtif du temps ? Voir aussi *Les Deux Jeunes Paysans*.

★ *La vallée de la Tamise :* prendre le train jusqu'à Windsor (voir plus haut). Ensuite un excellent service de bus dessert les villes citées plus loin. Sinon, possibilité de prendre à nouveau le train.
Prendre la direction de ces deux charmantes villes : **Marlow** puis **Henley-on-Thames**. Puis descendre sur **Reading** par l'A321, puis l'A4 en n'oubliant pas le superbe village de **Sonning**, 3 km avant Reading. Jolies maisons de brique rouge, une petite église et son cimetière... Voir aussi la geôle où, de sinistre mémoire, moisit Oscar Wilde, coupable d'homosexualité patente. Si le comique de Wilde ne nous fait plus rire, pensez que ce décadent, dessiné par son collègue en décadence Aubrey Beardsley, semblait lui-même se décrire dans *Le Portrait de Dorian Gray*. Et laissez-vous émouvoir par *The Ballad of Reading Gaol*.

I●I **Sweeney and Todd :** à Reading, derrière le Civic Centre. Tout près du centre. Resto où l'on peut déguster une grande variété de *pies*, spécialité du coin.

Ensuite monter sur Oxford par l'A329 qui longe la Tamise, avec les *Berkshire Downs* aux splendides petits villages fleuris (*Bradfield, Yattendon, Hampstead, Noris,* etc.).

♈ S'arrêter absolument à *Streatley-Goring*. On y trouve un pub très sympa : **Ye Olde Leatherne Bottle**. Prendre la B 4009, sur la gauche, à la sortie du village, puis la petite route qui descend à pic sur la Tamise. Le pub est juste au bord du fleuve, d'ailleurs les bateaux y accostent. L'intérieur est super, le patron aussi.

Pour continuer sur Oxford, prendre l'A329. Intéressants : *Wellingford, Brightwell, Dorchester* (abbaye).

★ *Osterley Park :* à l'ouest de Londres, station de métro du même nom, encore techniquement dans l'enceinte londonienne. ☎ (0181) 560-39-18. Ouvert d'avril à octobre du mercredi au samedi de 13 h à 17 h et les dimanche, lundi et jours fériés de 11 h à 17 h. Entrée payante.

Banlieue résidentielle très plaisante malgré le bruit de Heathrow ; on y loge souvent les hôtes payants en famille. Le *château* et le *parc* valent la promenade si vous êtes dans le coin.

Beau manoir de l'époque élisabéthaine, pompeusement remanié au XVIIIe siècle dans le style néoclassique. Entrée « à l'antique » avec fronton et colonnade, et déco très chargée des salles d'État. À l'intérieur, *salle des Tapisseries des Gobelins* et un surprenant *salon étrusque*.

Et si vous allez à Oxford par l'autoroute, en 1 h 30, en évitant les heures de sortie des bureaux, admirez à droite la belle usine Art déco de *Hoover*.

Quitter Londres

En bus

La compagnie *National Express* dessert de nombreuses villes de Grande-Bretagne à partir de Londres, au départ de Victoria Coach Station.

On vous donne les fréquences et certains horaires pour les principales villes :

– *pour Aberdeen :* 3 départs quotidiens à 8 h 30, 10 h 30 et 22 h 30. Durée du trajet : entre 11 et 12 h.
– *Pour Bath :* 10 départs quotidiens entre 8 h et 23 h 30. Trajet : 3 h 15.
– *Pour Birmingham :* départ toutes les heures de 8 h 30 à 23 h 30. Trajet : 3 h.
– *Pour Brighton :* toutes les heures à partir de 8 h 30. Trajet : 1 h 40.
– *Pour Bristol :* toutes les heures entre 8 h et 23 h 30. Trajet : 2 h 20.
– *Pour Cambridge :* au moins toutes les heures entre 7 h 45 et 23 h 30. Trajet : environ 2 h.
– *Pour Canterbury :* toutes les heures ou heures et demie entre 7 h et 23 h 30. Trajet : environ 2 h.
– *Pour Cardiff :* 7 départs quotidiens entre 9 h 30 (11 h 30 le dimanche) et 19 h 30. Trajet : 3 h.
– *Pour Carlisle :* 4 départs quotidiens entre 8 h 30 et 23 h. Trajet : 6 h.
– *Pour Douvres :* départ toutes les heures de 7 h à 23 h. Trajet : 2 h 30.
– *Pour Dundee :* 3 départs quotidiens à 8 h 30, 10 h 30 et 22 h 30. Trajet : 10 h.
– *Pour Édimbourg :* 4 départs quotidiens à 9 h 30, 12 h, 21 h et 22 h 30. Trajet : entre 8 h 30 et 10 h.
– *Pour Glasgow :* 5 départs quotidiens à 8 h 30, 10 h 30, 12 h 30, 18 h 30 (seulement les vendredi et dimanche), et 23 h. Trajet : environ 8 h.
– *Pour Leeds :* une dizaine de départs quotidiens. Trajet : 4 h.
– *Pour Liverpool :* 6 départs quotidiens entre 10 h et 23 h. Trajet : 4 h 30, 7 h en bus de nuit.
– *Pour Manchester :* 7 départs par jour entre 8 h 30 et 23 h 30. Trajet : entre 4 h 30 et 6 h.
– *Pour Newcastle-upon-Tyne :* 7 à 8 départs par jour entre 8 h 15 (les vendredi, samedi et lundi seulement) et 23 h 30. Trajet : 6 h 15.
– *Pour Nottingham :* 7 départs quotidiens entre 8 h 30 et 23 h 30. Trajet : 3 à 4 h.
– *Pour Plymouth :* 7 départs quotidiens entre 9 h 30 et 23 h 30. Trajet : entre 4 h 30 et 5 h, 6 h 30 pour le bus de nuit.

– **Pour Southampton :** 12 départs quotidiens entre 8 h et 23 h 30. Trajet : entre 2 et 3 h.
– **Pour Swansea :** 4 départs quotidiens entre 9 h 30 (à partir de 12 h 30 le dimanche) et 19 h. Trajet : 4 h.
– **Nombreux points de vente, dont :**
• 52 Grosvenor Gardens, Victoria.
• *Fregata Travel :* 13 Regent Street. M. : Piccadilly Circus.
• *Victoria Coach Station :* Buckingham Palace Road. M. : Victoria.
• *London Tourist Board :* Tourist Information Centre, à Victoria Railway Station. M. : Victoria.
• *Greenline Travel :* 4 A Fountain Square, Buckingham Palace Road. M. : Victoria.
– Réservation par téléphone avec une carte de crédit : ☎ 0990-80-80-80. Ligne ouverte de 8 h à 22 h. Prévoir un délai de 5 jours pour l'envoi du ticket.
– Réservation sur Internet : www.nationalexpress.co.uk

En train

🚆 *Départ de la gare de Euston :*
– *pour Birmingham :* toutes les 15 et 45 de chaque heure. Trajet : 1 h 40.
– *Pour Glasgow :* toutes les 2 heures. Trajet : 5 h 15. Également un train de nuit tous les jours sauf le samedi. Réservation de couchettes obligatoire.
– *Pour Liverpool :* toutes les 30 mn. Trajet : 3 h.
– *Pour Manchester :* toutes les heures. Trajet : environ 3 h.

🚆 *Départ de la gare de King's Cross :*
– *pour Édimbourg :* toutes les heures. Trajet : 4 h 30. Également un train de nuit au départ de la gare de Euston, sauf le samedi. Réservation de couchettes obligatoire (voir ci-dessus).
– *Pour Glasgow :* mêmes fréquences qu'au départ de Euston. Pas de train de nuit au départ de King's Cross.
– *Pour Leeds :* toutes les 30 de chaque heure. Trajet : 2 h 30.
– *Pour Newcastle :* toutes les 30 de chaque heure. Trajet : environ 3 h.

🚆 *Départ de la gare de Paddington :*
– *pour Bristol :* toutes les heures. 1 h 30 de trajet.
– *Pour Cardiff :* toutes les heures. 2 h de trajet.
– *Pour Plymouth :* toutes les 45 mn. 3 h 45 de trajet.

🚆 *Départ de London Bridge ou de Victoria :*
– *pour Brighton :* toutes les 20 mn de chaque gare. Trajet : 2 h 30.
– *Pour Douvres :* toutes les 35 mn de chaque gare. Également 5 départs quotidiens de la gare de Waterloo. Trajet : 1 h 45.

🚆 *Départs de Waterloo :*
– *pour Douvres :* 5 départs quotidiens. Trajet : 1 h 45.
– *Pour Portsmouth :* toutes les 20 mn. Trajet : 1 h 30.

🚆 *Départ de Liverpool Street :*
– *pour Norwich :* toutes les 30 de chaque heure. Trajet : 2 h.

– **Renseignements par téléphone :**
• *en France :* BritRail à la Maison de la Grande-Bretagne à Paris, ☎ 01-44-51-06-00.
• *En Angleterre :* Rail Europe, ☎ (0171) 803-30-30.

TICKET POUR UN ALLER-RETOUR-ALLER-RETOUR-ALLER-RETOUR-ALLER-RETOUR...

LES PRÉSERVATIFS VOUS SOUHAITENT UN BON VOYAGE. **AIDES**
Association de lutte contre le sida
Reconnue d'Utilité Publique

3615 AIDES (1.29 F/MIN.) www.aides.org

NOTES PERSONNELLES

NOTES PERSONNELLES

NOS NOUVEAUTÉS

ALPES (paru)

Malgré le massacre des bétonnières et des planteurs de pylônes, les Alpes françaises continuent de culminer par-dessus les petits soucis de notre quotidien. La Nature y joue de son charme, déchaînant la sauvagerie des aiguilles, des chaos et des éboulis pour mieux s'apaiser dans les alpages immaculés et les neiges éternelles. Sur ces abrupts, aux couleurs du Grand Nord, la vie se lit en vertical, au fil de balcons successifs surplombant des abîmes où l'homme, qui s'échine sur ses prés pentus, reste en contact avec la vie sauvage. La mystique des cimes, l'amour de l'oxygène se vivent aussi l'hiver avec les sports de glisse, où l'effort ne se vit plus dans l'ascension, mais dans la descente souvent sublime.

DES MÉTIERS POUR GLOBE-TROTTERS (paru)

Ingénieur pétrolier sur une plate-forme en mer du Nord, enseignant dans un lycée français à Addis Abeba, médecin dans une organisation humanitaire au Soudan, coopérant du service national au Yémen, l'aventure est encore possible tout en travaillant. Le guide des métiers pour globe-trotters est là pour vous aider à réaliser vos rêves d'enfant. Il vous donnera tous les conseils, formations et adresses utiles sur les secteurs qui recrutent à l'international : l'humanitaire, le tourisme, l'enseignement, la diplomatie, le transport, la recherche, le journalisme, l'industrie, le commerce, etc. Et pour ceux qui n'ont pas froid aux yeux, un chapitre pour créer son entreprise à l'étranger. Un guide qui ouvre de nouveaux horizons.

attention
touristes

Le tourisme est en passe de devenir la première industrie mondiale. Ce sont les pays les plus riches qui déterminent la nature de l'activité touristique dont les dégâts humains, sociaux ou écologiques parfois considérables sont essuyés par les pays d'accueil et surtout par leurs peuples indigènes minoritaires. Ceux-ci se trouvent particulièrement exposés : peuples pastoraux du Kenya ou de Tanzanie expropriés pour faire place à des réserves naturelles, terrain de golf construit sur les sites funéraires des Mohawk du Canada, réfugiées karen présentées comme des "femmes-girafes" dans un zoo humain en Thaïlande... Ces situations, parmi tant d'autres, sont inadmissibles. Le tourisme dans les territoires habités ou utilisés par des peuples indigènes ne devrait pas être possible sans leur consentement libre et informé.

Survival s'attache à promouvoir un "tourisme responsable" et appelle les organisateurs de voyages et les touristes à bannir toute forme d'exploitation, de paternalisme et d'humiliation à l'encontre des peuples indigènes.

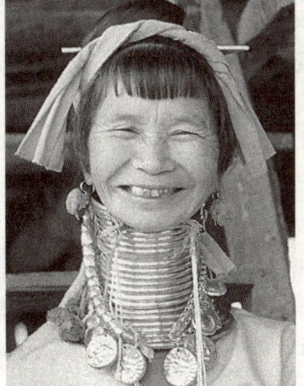

Soyez vigilants, les peuples indigènes ne sont pas des objets exotiques faisant partie du paysage !

Survival est une organisation mondiale de soutien aux peuples indigènes. Elle défend leur volonté de décider de leur propre avenir et les aide à garantir leur vie, leurs terres et leurs droits fondamentaux.

Survival
pour les peuples indigènes

✂ ....

Oui, je veux soutenir l'action de Survival International
A retourner à Survival 45 rue du Faubourg du Temple 75010 Paris.

❏ Envoyez-moi d'abord une documentation sur vos activités et votre fiche d'information « Tourisme et peuples indigènes »
❏ J'adhère à Survival : ci-joint un chèque de 250 F (membre actif)
❏ J'effectue un don : ❏ 150 F ❏ 250 F ❏ 500 F ❏ 1000 F ❏ autre ....
(L'adhésion ou le don vous permettent d'être régulièrement tenus au courant de nos activités, de recevoir les Bulletins d'action urgente et les Nouvelles de Survival.)

Nom ....
Adresse ....

NOS NOUVEAUTÉS

PARIS À VÉLO (mars 2000)

Ça y est, faire du vélo à Paris va enfin devenir facile. Connaître les itinéraires les plus pratiques pour aller au boulot, dénicher les balades dans les coins les plus secrets de Paris, faire la tournée des grands monuments avec le cousin de province... Choisir un vélo (bi-cross pour le petit, course pour papa, VTC pour maman, à assistance électrique pour mamie), apprendre à le bichonner, réparer une crevaison sous la pluie, trouver un loueur ouvert le dimanche. Apprendre que, oui, sur une piste cyclable vous êtes prioritaire sur l'ahuri qui tourne à droite, mais que non, vous n'avez pas le droit de griller un feu rouge, surtout pas devant un agent. Ne pas confondre RER-SNCF (autorisé) et RER-RATP (interdit aux vélos). Le vélo, ce n'est pas si dangereux et puis, ça donne le teint frais. Enfin un guide qui dit tout sur la petite reine à Paris. Tout ? Non, il manque encore la descente sans côte, mais ça, ce sera pour la prochaine édition !

PARIS DES AMOUREUX (janv. 2000)

Parce que les amoureux suivent distraitement des chemins tranquilles, s'émerveillent de la taille d'un arbre ou de la singularité d'une maison, toujours à la recherche d'un banc public, le *Guide du routard* se devait d'explorer, à la lueur d'une bougie, l'intimité d'un Paris romantique en diable. Venelles, passages, îlots de verdure et cités d'artistes révèlent leurs charmes sous de nouveaux auspices, car la promenade enchante. Nous avons sélectionné des hôtels croquignolets, des restaurants qui incitent aux confidences, trouvé des lieux bucoliques pour pique-niquer et recensé les adresses utiles à tous ceux dont le cœur bat pour de tendres attentions.

Les conseils *nature* du Routard
avec la collaboration du **WWF**
Fonds Mondial pour la Nature - France

Vous avez choisi le Guide du Routard pour partir à la découverte et à la rencontre de pays, de régions et de populations parfois éloignés. Vous allez fréquenter des milieux peut être fragiles, des sites et des paysages uniques, où vivent des espèces animales et végétales menacées.

Nous avons souhaité vous suggérer quelques comportements simples permettant de ne pas remettre en cause l'intégrité du patrimoine naturel et culturel du pays que vous visiterez et d'assurer la pérennité d'une nature que nous souhaitons tous transmettre aux générations futures.

Pour mieux découvrir et respecter les milieux naturels et humains que vous visitez, apprenez à mieux les connaître.

Munissez vous de bons guides sur la faune, la flore et les pays traversés.

❶ Respectez la faune, la flore et les milieux.
Ne faites pas de feu dans les endroits sensibles - Rapportez vos déchets et utilisez les poubelles - Appréciez plantes et fleurs sans les cueillir - Ne cherchez pas à les collectionner… Laissez minéraux, fossiles, vestiges archéologiques, coquillages, insectes et reptiles dans la nature.

❷ Ne perturbez d'aucune façon la vie animale.
Vous risquez de mettre en péril leur reproduction, de les éloigner de leurs petits ou de leur territoire - Si vous faites des photos ou des films d'animaux, ne vous en approchez pas de trop près. Ne les effrayez pas, ne faites pas de bruit - Ne les nourrissez pas, vous les rendrez dépendants.

❸ Appliquez la réglementation relative à la protection de la nature, en particulier lorsque vous êtes dans les parcs ou réserves naturelles. Renseignez-vous avant votre départ.

❹ Consommez l'eau avec modération, spécialement dans les pays où elle représente une denrée rare et précieuse.
Dans le sud tunisien, un bédouin consomme en un an, l'équivalent de la consommation mensuelle d'un touriste européen !

Les conseils *nature* du **Routard** (suite)

⑤ Pensez à éteindre les lumières, à fermer le chauffage et la climatisation quand vous quittez votre chambre.

⑥ Évitez les spécialités culinaires locales à base d'espèces menacées. Refusez soupe de tortue, ailerons de requin, nids d'hirondelles…

⑦ Des souvenirs, oui, mais pas aux dépens de la faune et de la flore sauvages. N'achetez pas d'animaux menacés vivants ou de produits issus d'espèces protégées (ivoire, bois tropicaux, coquillages, coraux, carapaces de tortues, écailles, plumes…), pour ne pas contribuer à leur surexploitation et à leur disparition. Sans compter le risque de vous trouver en situation illégale, car l'exportation et/ou l'importation de nombreuses espèces sont réglementées et parfois prohibées.

⑧ Entre deux moyens de transport équivalents, choisissez celui qui consomme le moins d'énergie ! Prenez le train, le bateau et les transports en commun plutôt que la voiture.

⑨ Ne participez pas aux activités dommageables pour l'environnement. Évitez le VTT hors sentier, le 4x4 sur voies non autorisées, l'escalade sauvage dans les zones fragiles, le ski hors piste, les sports nautiques bruyants et dangereux, la chasse sous marine.

⑩ Informez vous sur les us et coutumes des pays visités, et sur le mode de vie de leurs habitants.

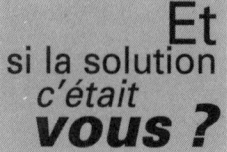

Et si la solution c'était *vous* ?

Avant votre départ ou à votre retour de vacances, poursuivez votre action en faveur de la protection de la nature en adhérant au WWF.

Le WWF - Fonds Mondial pour la Nature est la plus grande association privée de protection de la nature dans le monde. C'est aussi la plus puissante :

- **5 millions de membres**
- **29 organisations nationales**
- **un réseau de plus de 3 500 permanents**
- **11 000 programmes de conservation**
- **une présence effective dans plus de 100 pays.**

Devenir membre du WWF, c'est être sûr d'agir, d'être entendu et reconnu. En France et dans le monde entier.

Ensemble, avec le **WWF**

Pour tout renseignement et demande d'adhésion, adressez vous au WWF France:
151 bd de la Reine 78000 Versailles ou sur 36 15 WWF (2,19F / min.).

WWF® Fonds Mondial pour la Nature
France

© Copyright 1986 WWF International - ® Marque déposée par le WWF - Espace offert par le support.

LE GUIDE DU ROUTARD ET VOUS

Nous souhaitons mieux vous connaître. Vous nous y aiderez en répondant à ce questionnaire et en le retournant à :
Hachette Tourisme - Service Marketing
43, quai de Grenelle - 75905 Paris cedex 15
Chaque année, le 15 décembre, un tirage au sort sélectionnera les 500 gagnants d'un Guide de Voyage.

NOM : .... Prénom : ....
Adresse : ....
.... Routard

1 - VOUS ÊTES :

a - Qui êtes vous ?
❏ 1 Un homme   ❏ 2 Une femme

b - Votre âge : .... ans

c - Votre département de résidence : |__|__|

d - Votre profession : ....

e - Quels journaux ou magazines lisez-vous ? *Indiquez les titres.*

f - Quelles radios écoutez-vous ? *Précisez.*

2 - VOUS ET VOTRE GUIDE :

a - Dans quel guide avez-vous trouvé ce questionnaire ? *Précisez le titre exact du guide.*

b - Où l'avez-vous acheté ?
❏ 1 Librairie ❏ 2 Fnac/Virgin/Grands mag. ❏ 3 Maison de la Presse ❏ 4 Hypermarchés
❏ 5 Relais H : ○ aéroport ○ gare ❏ 6 Ailleurs ❏ 7 On vous l'a offert

c - Combien de jours avant votre départ ? .... jours
Pour un séjour de quelle durée ? .... jours

d - Quels sont, d'après vous, les points forts du GDR : ....

- Quels sont, d'après vous, les points faibles du GDR : ....

e - Que pensez-vous du Guide du Routard ?
Notez les points suivants de 1 à 5 *(5 = meilleure note)*.

Présentation	1 2 3 4 5	Adresses	1 2 3 4 5
Couverture	1 2 3 4 5	Cartographie	1 2 3 4 5
Informations culturelles	1 2 3 4 5	Rapport Qualité / prix du livre	1 2 3 4 5

Précisez vos réponses ....

f - Depuis quelle année utilisez-vous le Guide du Routard ? ....

g - Parmi toutes les collections de guides de voyage proposées en librairies, quelle est, selon vous,
- la plus séduisante ....
- la plus fiable, sérieuse ....
- la plus actualisée ....
- la plus complète (contenu) ....
- la plus "pratique" (adresses) ....
- la plus maniable ....
- celle qui offre le meilleur rapport qualité/prix ....

Remarques : ....

3 - VOUS ET LES VOYAGES :

a - Dans le cadre de vos voyages, utilisez-vous :

☐ Le GDR uniquement
☐ Le GDR et un autre guide   lequel ? ....
☐ Le GDR et 2 (ou +) autres guides   lesquels ? ....

Cochez, par destination, les voyages de 3 jours au moins, que vous avez effectués au cours de ces 3 dernières années et précisez les guides que vous avez utilisés (tous éditeurs confondus).

	Vous êtes allé...	avec quel(s) guide(s) ?		Vous êtes allé...	avec quel(s) guide(s) ?
FRANCE			**AMÉRIQUE**		
Tour de France			Canada Est		
Alsace			Canada Ouest		
Auvergne			Etats-Unis Est		
Bretagne			Etats-Unis Ouest		
Corse			Argentine		
Côte-d'Azur			Brésil		
Languedoc-Roussillon			Bolivie		
Midi-Pyrénées			Chili		
Normandie			Equateur		
Paris - Ile de France			Mexique - Guatemala		
Pays de la Loire			Pérou		
Poitou - Charentes			Autres :		
Provence					
Sud-Ouest			**ASIE / OCÉANIE**		
Autres :			Australie		
EUROPE			Birmanie		
Allemagne			Cambodge		
Autriche			Chine		
Belgique			Hong-Kong		
Bulgarie			Inde		
Danemark			Indonésie		
Espagne			Japon		
Finlande			Laos		
Grande-Bretagne			Macao		
Grèce			Malaisie		
Hongrie			Népal		
Irlande			Sri Lanka		
Islande			Thaïlande		
Italie			Tibet		
Norvège			Vietnam		
Pays-Bas			Singapour		
Portugal			Autres :		
Rép.Tchèq./Slovaquie					
Russie			**ILES**		
Suède			Antilles		
Suisse			Baléares		
Autres :			Canaries		
AFRIQUE			Chypre		
Maroc			Crète		
Tunisie			Iles anglo-normandes		
Afrique Noire			Iles grecques		
Autres :			Maurice		
PROCHE-ORIENT			Madagascar		
Egypte			Maldives		
Israël			Malte		
Jordanie			Nlle Calédonie		
Liban			Polynésie-Tahiti		
Syrie			Réunion		
Turquie			Sardaigne		
Yemen			Seychelles		
Autres :			Sicile		
			Autres :		

ROUTARD ASSISTANCE

L'ASSURANCE VOYAGE INTEGRALE A L'ETRANGER

VOTRE ASSISTANCE "MONDE ENTIER" LA PLUS ETENDUE !

RAPATRIEMENT MEDICAL (voir 36.15 code ROUTARD) (au besoin par avion sanitaire)	**1.000.000 FF.**
VOS DEPENSES : MEDECINE, CHIRURGIE, HOPITAL GARANTIES A 100% SANS FRANCHISE	**2.000.000 FF.**
HOSPITALISE ! RIEN A PAYER... (ou entièrement remboursé)	
BILLET GRATUIT DE RETOUR DANS VOTRE PAYS : En cas de décès (ou état de santé alarmant) d'un proche parent père, mère, conjoint, enfants	**BILLET GRATUIT (de retour)**
*BILLET DE VISITE POUR UNE PERSONNE DE VOTRE CHOIX si vous êtes hospitalisé plus de 5 jours	**BILLET GRATUIT (aller retour)**
Rapatriement du corps - Frais réels	**Sans limitation**

avec CHUBB INSURANCE COMPANY OF EUROPE S.A.

RESPONSABILITE CIVILE "VIE PRIVEE" A L'ETRANGER

Dommages CORPORELS .. garantie à 100 %	**30.000.000 FF**
Dommages MATERIELS .... garantie à 100 % (dommages causés aux tiers)	**5.000.000 FF** (AUCUNE FRANCHISE)

EXCLUSION RESPONSABILITE CIVILE AUTO : ne sont pas assurés les dommages causés ou subis par votre véhicule à moteur : ils doivent être couverts par un contrat spécial : ASSURANCE AUTO OU MOTO.

ASSISTANCE JURIDIQUE (Accident)	**3.000.000 FF.**
CAUTION PENALE	**50.000 FF.**
AVANCE DE FONDS en cas de perte ou vol d'argent	**5.000 FF.**

VOTRE ASSURANCE PERSONNELLE "ACCIDENTS" A L'ETRANGER

Infirmité totale et définitive	**500.000 FF.**
Infirmité partielle - (SANS FRANCHISE)	**de 1.000 à 495.000 FF.**
Préjudice moral : dommage esthétique	**100.000 FF.**
Capital DECES	**20.000 FF.**

VOS BAGAGES ET BIENS PERSONNELS A L'ETRANGER

Vêtements, objets personnels pendant toute la durée de votre voyage à l'étranger : vols, perte, accidents, incendie, :	**6.000 FF.**
dont APPAREILS PHOTO et objets de valeurs	**2.000 FF.**

COMBIEN ÇA COUTE ? **124 FF** par semaine
Payable par chèque ou carte bancaire.
Voir bulletin d'inscription au dos.

Informations MINITEL **36.15 code ROUTARD**

ROUTARD ASSISTANCE
L'ASSURANCE VOYAGE INTEGRALE A L'ETRANGER
BULLETIN D'INSCRIPTION

NOM : M. Mme Melle

PRENOM   AGE

ADRESSE PERSONNELLE

CODE POSTAL   TEL.

VILLE

VOYAGE DU   AU   =   SEMAINES

DESTINATION PRINCIPALE. ....
PAYS D'EUROPE OU USA OU MONDE ENTIER (à entourer)

Calculez exactement votre tarif en SEMAINES selon la durée de votre voyage:
7 JOURS DU CALENDRIER = 1 SEMAINE.

COTISATION FORFAITAIRE 1999/2000 !

Pour un Long Voyage (3 mois ...), demandez le *PLAN MARCO POLO*

Prix spécial "JEUNES" : **124 FF.** x   =   FF.
ou
De 36 à 60 ans (et - de 3 ans) : **186 FF.** x   =   FF.

Faites de préférence, un seul règlement pour tous les assurés :

Chèque à l'ordre de : ROUTARD ASSISTANCE - ***A.V.I. International***
28, rue de Mogador - 75009 PARIS - Tél. 01 44 63 51 00
Métro : Trinité - Chaussée-d'Antin / RER : Auber - Fax : 01 42 80 41 57

ou Carte bancaire : Visa ☐ Mastercard ☐ Amex ☐
N° de carte :
Date d'expiration :   Signature

Je veux recevoir très vite ma *Carte Personnelle d'Assurance.*
Si je n'étais pas **entièrement** satisfait,
je la retournerais pour être remboursé, aussitôt !

JE DECLARE ETRE EN BONNE SANTE, ET SAVOIR QUE LES
MALADIES OU ACCIDENTS ANTERIEURS À MON
INSCRIPTION NE SONT PAS ASSURES.
SIGNATURE :

Faites des copies de cette page pour assurer vos compagnons de voyage.

Contrats souscrits et gérés par **AVI INTERNATIONAL**
VOIR MINITEL 36.15 CODE ROUTARD

Le plein de campagne.

Tables et chambres à la campagne

Les bonnes adresses du routard

1999

Des centaines de réductions !

HACHETTE

Plus de 1 600 adresses dont 130 inédites de fermes-auberges, chambres d'hôtes et gîtes sélectionnés dans toute la France. Un certain art de vivre qui renaît.

Le Guide du Routard.
La liberté pour seul guide.

Hachette Tourisme

INDEX GÉNÉRAL

HÔTELS

– A –

Abbey House Hotel	175
Abcone Hotel	170
Alexander House	136
Alhambra Hotel	193
Alison House	137
Annandale House Hotel	150
Anvil Hotel	173
Apollo Hotel	196
Arran House Hotel	194
Avalon Private Hotel	195

– B-C –

Beverley House Hotel	185
Cartwright University Hall	193
Celtic Hotel	194
City of London Youth Hostel (YHA)	220
Claremont Hotel	185
Claverley (The)	150
Commonwealth Hall	193
Curzon House Hotel	169

– D-E –

Dalmacia Hotel	172
Earl's Court Youth Hostel (YHA)	169
Elizabeth House	136
Elysee Hotel	185
Euro Hotel	195
Eurotower	238

– G –

Garth Hotel	194
Generator (The)	193
George Hotel	195

– H –

Half Moon Hotel	169
Hampstead Heath	254
Hampstead Village Guesthouse	254
Henley House Hotel	170
Holland House Youth Hostel (YHA)	175
Hôtel Orlando	172
Hotels 65, 67, 69, 73	172
Hugues Parry Hall	193

– I-J –

International Students House	192
Jane Hartley	249
Jesmond Dene Hotel	194

– K –

Kent House	213
King's College London	175

– L –

London Diocesan GFS Lodge	137
London House Hotel	178

– M –

Manor Court Hotel	179
Morgan House	137
Mr and Mrs Courtney	249
Museum Inn Hostel	192

– O –

Oakley Hotel	150
Olympic House Hotel	185
Oxford Hotel	185
Oxford House Hotel	136
Oxford Street Youth Hostel (YHA)	106

– P-Q –

Patrick House Hotel	169
Pax Christi Youth Hostel	209
Porchester Hotel (The)	178
Quest Hotel	178

– R –

Regency House Hotel	194
Regent Palace Hotel	106
Residence (The)	151
Rosslyn House Hotel	254
Royal Cambridge Hotel (The)	185
Ruskin Hotel	195
Russell House Hotel	195

– S –

Saint Christopher's Inn	238
Saint Margaret's Hotel	195
Sinclair Hotel	172
Sir Gâr House	137

INDEX GÉNÉRAL

Star Hotel	172
Sue Robbins and Kevin Manton	249

– T –

Thanet Hotel	195
Tonbridge Club	192

– V-W –

Vicarage Private Hotel	175
Willet (The)	157
Windsor Guesthouse	172
Woodville House	137

– Y –

YHA (City of London Youth Hostel)	220
YHA (Earl's Court Youth Hostel)	169
YHA (Holland House Youth Hostel)	175
YHA (Oxford Street Youth Hostel)	106
YHA Highgate Village	254
YMCA of Lambeth	238

CAMPINGS

Abbey Wood	70
Lee Valley Campsite, Sewardstone	70
Lee Valley Park, Eastway Cycle Circuit and Campsite	70
Tent City	70
Tent City Hackney	70

RESTOS

– A –

Aladin	231
Artiste Musclé (L')	110

– B –

Bah Humbug	245
Bar du Musée	249
Belgo Centraal	111
Blue Anchor (The)	173
Blue Room (The)	109
Bluebird (The)	153
Bombay Brasserie (The)	153
Bouchée (La)	152
Buona Sera at the Jam	152

– C –

192	180
Café Diana	179
Café Emm	108
Café in the Crypt	114
Café Lacroix	170
Café Mode	107
Café Pasta	111
Cantaloupe	232
Carry Awaze's	107
Centrale Restaurant	108
Chapel (The)	186
Chelsea Kitchen	157
Cherry Orchard	231
Chicago Rib Shack (The)	152
Chimes	138
China House	196
Chuen Cheng Ku	113
Coffee House (The)	232
Coins Coffee Store	179
Cooke	173
Côte à Côte	151
Cow (The)	180
Cranks	109

– E-F –

Écluse (L')	209
Finca (The)	214
Food for Thought	107

– G –

Gay Hussar (The)	112
Geales	180
Golden Dragon	113
Govinda's (Rada Krishna Temple)	107
Great Eastern Dining Room	232
Greenfields	152
Gurkhas Tandoori Restaurant (The)	197

– H –

Haandi	197
Hafez	180
Harbour City	114
Helter Skelter	245
House on Rosslyn Hill (The)	255

INDEX GÉNÉRAL

Hoxton Square Bar and Kitchen 232

– I –
ICA (cafétéria de l') 114
India Club (The) 108

– J –
Jazz After Dark 111
Jazz Bistro 216
Jimmy's 108
Julie's 181

– K-L –
Khan's 179
Khyber (The) 179
King's Head and Eight Bells .. 151
Latymers Thaï Café 173

– M –
Mandeer 196
Mango Room (The) 209
Mawar 186
Medina's 216
Mekong 138
Melati 110
Mercury (Le) 214
Mezzo 112
Mildred's 107
Mongolian Barbecue (The) 109
Mother 233
Museum Street Café 196

– N –
Neal Street Restaurant (The) . 112
Ninjin 186
Nontas 209
Norrman's 179
Nuthouse (The) 108

– O –
Oxo Tower 239

– P –
Paprika 107
Parsons 152
Parveen Tandoori 213
Pasta Plus Italian Restaurant . 197
Paulo's 170
People's Palace (The) 239
Petit Prince (Le) 209
Pierre-Victoire 109
Plummers 112
Poon's 113
Prêt à Manger 107
Punjab (The) 110

– Q-R –
Queens (The) 209
Rada Krishna Temple (Govinda's) 107
Rainforest Café 111
Red Fort (The) 112
Reliance (The) 231
Rodos 110
Rongwrong 232
Rowleys 112
Ruby in the Dust Café 213
Rules 113

– S –
Sabor do Brasil 255
Saigon 249
Sarcan 213
Sea Shell Fish Restaurant (The) 186
Seafresh Fish Restaurant (The) 138
Sheba Tandoori Restaurant 231
Souls of Black Folk 245
Spitalfields Market 232
Spread Eagle (The) 249
St. John 216
Sticky Fingers 176
Stockpot 108
SW9 245
Sweeney and Todd 261
Sweetings 220

– T –
Tabernacle (The) 180
Tactical 109
Taste of India 111
Tate Gallery 138
Texas Lone Star Saloon 152
T.G.I. Friday's 110
Tinseltown 216
Tokyo Diner 112
Tom's Restaurant 179
Townhouse Brasserie 196
Troubadour (The) 170

– U-V –
Upper Street Fish Shop (The) . 213
Vibe Café 232
Vic Naylor Bar and Grill 217
Vincent Room Restaurant (The) 138
Vingt-Quatre 152

– W –
Wagamama (à Bloomsbury) 196
Wagamama (à Piccadilly) 109
Webshack 118

INDEX GÉNÉRAL

West End Kitchen	108
Whiteleys	180
Woburn Tandoori Restaurant (The)	197
Wong Kei	113

– Y –

World Food Café	109
Yo ! Sushi (Knightsbridge)	152
Yo ! Sushi (Soho)	111

BARS, SALONS DE THÉ, CYBERCAFÉS

– A –

Aroma	117

– B –

Bar Italia	116
Bar Madrid	116
B.B.B. (Beach Blanket Babylon)	181
Biddy Mulligans	182
Bierodrome	214
Black Cap	210
Blackfriars	218
Bricklayer's Arms (The)	232
Bug Bar	246
Bull's Head Barnes (The)	174

– C –

Canadian Muffin Co	117
Cantaloupe	232
Cittie of Yorke	217
Coal Hole (The)	115
Coffee House (The)	232
Coleherne	171
Crusting Pipe	114
Cuba	176
Cyberia Cyber Café	197

– D –

Dickens Inn	221
Dirty Dick's	220
Dog Star	245
Duke of Wellington (The)	181

– E –

Ego	116
Euphorium	214

– F –

Fire Station	240
Flask (The)	255
Fortnum and Mason	116

– G –

George Inn (The)	239
Global Café (The)	117
Goose and Firkin (The)	239
Gordon's Wine Bar	114
Great Eastern Dining Room	232
Grenadier (The)	153

– H –

Hole in the Wall	239
Holly Bush (The)	255
Hoop and Grapes	232
Hoxton Square Bar and Kitchen	232
Hudson dining room	186

– J-K-L –

Jimmies' Wine Bar	176
King's Head and Eight Bells	153
Lamb and Flag	115

– M –

Market Bar	182
Market Café	116
Mayflower	221
Medicine Bar	214
Melton Mowbray	217
Monarch (The)	210
Mother	233
Muffin Man (The)	177

– O –

O' Bar	116
Old Bell (The)	182
Old Bell Tavern	217
Old Cock Tavern (The)	182
Old Parr's Head (The)	214
Olde Mitre Tavern	217

– P –

Pharmacy	181
Plug (The)	246
Princess Louise	217
Prospect of Whitby	220

– Q-R –

Queen's Head	153
Reliance (The)	231
Richoux	117
Richoux Coffee and Co	117

INDEX GÉNÉRAL

– S –

Seattle Coffee Company	117
Sherlock Holmes	115
Soho Brewing Company	115
Spaniard Inn	255

– T –

Three Kings (The)	217
Toucan (The)	115
Turk's Head	153
Two Brewers (The)	246

– V –

Vibe Café	232
Village (The)	116

– W –

Westbourne Tavern (The)	182
William IV	255
Wilton Arms	153
World's End	210

– Y-Z –

Ye Old Cheshire Cheese	218
Ye Olde Leatherne Bottle	261
Zeebrabar	116

DISCOTHÈQUES, BOÎTES, CONCERTS

– A-B –

Academy Brixton	246
Bagley's	198
Barbican Hall	221
Bar Rumba	119
Bar 12 Club	118
Bordeline (The)	119
Bull's Head Barnes (The)	174

– C-D-E-F –

Camden Palace	211
100 Club	118
Clinic (The)	119
Club 333	233
Complex (The)	215
Cross (The)	198
Dingwalls	211
Dog Star	245
English National Opera	118
Forum	210
Fridge (The)	246

– H-J –

Heaven	119
Hippodrome	119
HQ's	211
Jazz Bistro	218
Jazz Café	211
Jongleurs	211

– L-M –

Legends	119
Limelight	119
London Palais (The)	174
MASS	246
Ministry of Sound	240
Monarch (The)	210

– P-Q-R –

Pizza Express	118
Purcell Room	240
Queen Elizabeth Hall	240
Ronnie Scott's Club	118
Royal Albert Hall	154
Royal Festival Hall	240
Royal Opera House	119

– S-T-U-W-Z –

Smithfield	218
Subterania	182
Turnmills	218
Ulu	197
Underworld Club	211
W K D	211
Zeebrabar	118

THÉÂTRES, CINÉMAS

Albany	240
Bloomsbury Theatre	198
Bush Theatre	174
CIC Empire	120
Duchess Theatre	120
Half Moon	233
IMAX Cinema	241
IMAX Theatre	120
King's Head	215
Lux	233
Open Air Theatre	186
Prince Charles	120
Royal National Theatre	240
Saint Martin's Theatre	120

INDEX GÉNÉRAL

Theatre Gay Sweat Shop..... 215
Théâtre du Globe de Shakespeare 240
Virgin Cinema............... 154
Warner 120

SHOPPING

– A –

Agent Provocateur (vêtements et chaussures) 120
Anything Left-Handed (tout pour les gauchers)......... 124

– B –

Bead Shop (perles) 123
Burberrys' (vêtements) 233

– C –

C & A (lainages)............ 120
Capital Newsagent (journaux) . 122
Carluccio's (épicerie italienne). 123
Centerprise Community Bookshop (livres) 233
Cinema Bookshop (livres) 198
Compendium (livres) 212
Condomania (préservatifs).... 124
Conran Shop ((boutique chère qui vaut le coup d'œil) 156

– D –

D.H. Evans (lainages)........ 180
Dillons (livres)............... 198
Discount Shoe Sales (chaussures) 139
Dr. Martens Department Store (vêtements et chaussures).. 120

– E –

Edward Stanford (livres)...... 122
ENO Shop (disques) 122
European Bookshop (The) (livres).................... 122

– F –

Flashbacks (posters et photo). 122
Forbidden Planet (séries culte TV) 218
Fortnum and Mason (boutique chère qui vaut le coup d'œil)..................... 124
Foyles (livres)............... 122

– G –

Gays the World (livres)....... 198
Going For a Song (Discount Music Store ; disques) 121

Gosh Comics (livres)......... 198
Grassroots Storefront (livres).. 183

– H –

Hamley's (jouets) 124
Harold Moores Records (disques) 122
Harrod's ((boutique chère qui vaut le coup d'œil)......... 155
Harvey Nichol's (boutique chère qui vaut le coup d'œil).................... 156
Heal's (maison) 199
HMV (His Master's Voice ; disques et vidéos) 121
Honest Jon (disques) 183
Housmans (livres) 198

– J –

James Asmam (disques) 121
James Smith & Sons (parapluies)................... 218
John Lewis (lainages) 120
Joseph (boutique chère qui vaut le coup d'œil)......... 156

– L –

Liberty (boutique chère qui vaut le coup d'œil)......... 124
Lillywhites (articles de sport) .. 124
Littlewoods (lainages) 120
Lush (produits de beauté) 155

– M –

Marks and Spencer's (lainages) 120
Minus Zero (disques) 183
Mole Jazz (disques) 199
Music and Video Exchange (hi-fi) 183
Music Discount Centre (disques) 121

– N-O –

National Theatre Bookshop (pièces de théâtre)......... 240
Neal Street East (spécialiste de l'Orient)................ 123
Neal's Yard Dairy (fromage) .. 123
Odd Bins (vin)............... 123

– P –

- Paperchase (papeterie) 199
- Paul Smith (vêtements et chaussures) 120
- Poster Shop (posters) 122

– R –

- Ray Man Eastern (instruments de musique) 212
- Ray's Jazz Shop (disques) ... 121
- Reckless Records (à Islington ; disques) 215
- Reckless Records (à Soho ; disques) 121
- Recommended Record (disques) 247
- Reject China Shop (porcelaine et cristal) 155
- Rhythm Records (disques).... 212

– S –

- Selfridges (lainages) 120
- Shasonic (hi-fi) 199
- Steve's Sounds (disques)..... 121

– T –

- Tea House (The ; spécialiste du thé) 123
- Tempo Electrical Discount Store (matériel électrique) .. 177
- Tintin Shop (tout à l'effigie de Tintin) 123
- Tower Records (disques) 121

– V –

- Virgin Megastore (disques et vidéos) 121
- Vivienne Westwood (vêtements et chaussures) 120

– W –

- W.H. Smith (journaux)........ 139
- Waterstone's Booksellers (livres).................... 122
- Westaway and Westaway (lainages) 198

MARCHÉS ET MARCHÉS AUX PUCES

- Antique Market 156
- Bermondsey Market 241
- Berwick Street Market........ 125
- Brick Lane Market 234
- Brixton Market 247
- Camden Town 212
- Covent Garden............... 125
- Leadenhall Street Market..... 221
- Marché aux fleurs 234
- Petticoat Lane 234
- Portobello Road 183
- Shepherd's Bush Market 174
- Smithfield Market............. 219
- Spitalfields Market 234

QUARTIERS DE LONDRES

– A-B –

- ANGEL...................... 213
- BAYSWATER 178
- BELGRAVIA 163
- BLOOMSBURY 192
- BRIXTON.................... 244
- BROMPTON 163

– C –

- CAMDEN TOWN 209
- CHELSEA 166
- CITY (la) 223
- CLERKENWELL............... 216
- COVENT GARDEN 194

– D-E –

- DOCKLANDS (les) 228
- EARL'S COURT.............. 169
- EAST END (l') 235
- EUSTON 192

– F –

- FARRINGDON 216
- FULHAM 169

– G –

- GRAND LONDRES (le) 257
- GREENWICH 248

– H –

- HAMMERSMITH 172
- HAMPSTEAD 253
- HIGHGATE 253
- HOLBORN 216, 223
- HOLLAND PARK.............. 176
- HOXTON 232

– I-K –

- ISLINGTON.................. 213

INDEX GÉNÉRAL

KENSINGTON	176
KING'S CROSS	192
KNIGHTSBRIDGE	163

– L-M –

LITTLE VENICE	190
MARYLEBONE	190
MAYFAIR	132

– N-O –

NOTTING HILL (PORTOBELLO)	178
OXFORD CIRCUS	106
OXFORD STREET	132

– P –

PADDINGTON	185
PICCADILLY	132
PIMLICO	136
PORTOBELLO (NOTTING HILL)	178

– R-S –

REGENT'S PARK	190
SAINT JAMES'S PARK	147
SHEPHERD'S BUSH	172
SOHO	134
SOUTH BANK	238
SOUTH KENSINGTON	163
SPITALFIELDS	232

– T –

TOWER BRIDGE	227
TOWER OF LONDON	223
TRAFALGAR SQUARE	141

– V-W –

VICTORIA	136
WEST BROMPTON	169
WESTMINSTER	141
WHITECHAPEL	232
WHITEHALL	141

GALERIES, MUSÉES, MONUMENTS ET BALADES

– A –

Admiralty Arch	147
Albert Hall Mansions	164
Albert Memorial	164

– B –

Bank of England	225
Banqueting House	142
Barbican (complexe)	224
Battersea (usine électrique de)	167
Beauchamp Place	165
Belgrave Square	165
Belgravia	165
Bethnal Green Museum of Childhood	234
Bibendum Restaurant	165
Big Ben	144
Bramah Museum of Tea and Coffee	222
British Library	207
British Museum	199
Brompton Oratory	164
Buckingham Palace	148
Burlington Arcade	133

– C –

Cabaret Mechanical Theatre	132
Cabinet de guerre de Churchill (Cabinet War Rooms)	140
Cabinet Office	143
Canary Wharf	230
Carlyle House	167
Cénotaphe	143
Chambre des communes	144
Chambre des lords	144
Charles Ier (statue équestre de)	142
Chelsea (ancienne église de)	167
Chelsea Physic Garden	167
Cheyne Walk	167
Christie's	148
City (la)	225
County Hall	143
Courtauld Gallery	129
Covent Garden	135
Cutty Sark	249

– D –

De Gaulle (statue en bronze du général)	147
Design Museum	222
Dickens' House	208
Downing Street	143
Dulwich Picture Gallery	261

– E –

Édouard VII (statue d')	147
Eton (collège d')	257

INDEX GÉNÉRAL

– F –

Fenton House	255
Freud Museum	256
Fusiliers royaux (musée des)	227

– G –

Gipsy Moth IV	252
Golden Hinde (The)	242

– H –

Hampstead (cimetière de)	256
Hampstead Heath	256
Hampton Court Palace	257
Harrod's	165
Hayward Gallery	242
Henley-on-Thames	261
Highgate Cemetery	256
HMS Belfast	243
Holy Trinity Church	166
Horse Guards	142
House of Detention	219
Houses of Parliament	143
Hyde Park	165

– I –

ICA (Institute of Contemporary Arts)	131
Imperial War Museum	241
Inns of Court	223
Institute of Contemporary Arts (ICA)	131

– J –

Jack l'Éventreur (balade sur les traces de)	236
Jermyn Street	148
Jewel Tower	144

– K –

Kensington Gardens	164
Kensington Palace	163
Kenwood House	256
Kew Gardens	260
King's Road	168
Knightsbridge	165

– L –

Lady Diana et Dodi al-Fayed (mémorial)	163
Lambeth Palace	146
Legoland	257
Little Venice	191
Lloyds (immeuble de la)	225
London Aquarium (The)	242
London Dungeon	242
London Planetarium	188
London Toy and Model Museum	183
London Transport Museum	131
London Zoo	191

– M –

Madame Tussaud's Museum	187
Mall	147
Marble Arch	166
Marlow	261
Marylebone	190
Michelin House	165
Monument (The)	226
Museum of London	221
Museum of the Moving Image	241

– N –

National Army Museum	162
National Gallery	125
National Maritime Museum	252
National Portrait Gallery	130
Natural History Museum	161
New Bond Street	133

– O –

Old Bond Street	133
Old Curiosity Shop	219
Old Royal Observatory	252
Osterley Park	262
Oxford Street	134

– P –

Paix (pagode de la)	167
Pall Mall	147
Photographer's Gallery	132
Piccadilly Arcade	133
Piccadilly Circus	133
Primrose Hill Park	191

– Q –

Quadrant (The)	133
Queen's Gallery	140
Queen's House	252

– R –

Ranelagh Gardens	167
Reading	261
Regent's Park	190
Regent's Street	190
Richmond Park	261
Rock Circus	131
Royal Academy of Arts	130
Royal Albert Hall	164
Royal College of Music	164
Royal Courts of Justice	223
Royal Exchange	225
Royal Hospital	166

– S –

Saatchi Gallery	190
Saint James's Church	133
Saint James's Palace	148
Saint James's Park	148
Saint James's Square	147
Saint James's Street	148
Saint Katharine Docks	230
Saint Margaret's Church	144
Saint Martin-in-the-Fields Church	141
Saint Paul's Cathedral	224
Science Museum	162
Segaworld	132
Serpentine Gallery	162
Sherlock Holmes Museum	188
Sir John Soane's Museum	219
Sloane Square	166
Soho	134
Sonning	261
Sotheby's	133
South Kensington	163
Southwark Cathedral	242
Speaker's Corner	166
Spitalfields	235
Spitalfields Farm Association	236
Stock Exchange	225

– T –

Tamise (vallée de la)	261
Tate Gallery	139
Thames Barrier	253
Thames Path (balade pédestre sur les bords de la Tamise)	243
Theatre Museum	131
Tite Street	167
Tower Bridge	227
Tower of London	226
Trafalgar Square	141
Turner Collection	139

– V –

Victoria and Albert Museum	156
Victoria Tower	144
Victoria Tower Gardens	146

– W –

Wallace Collection	188
Walton Street	165
Westminster Abbey	145
Westminster Abbey (cloître de)	146
Westminster Bridge	143
Westminster Cathedral	149
Westminster Hall	144
Whitechapel	236
Whitechapel Art Gallery	234
Wimbledon Lawn Tennis Museum	243
Windsor Castle	257

– Y –

York (colonne du duc d')	147

INDEX DES CARTES ET PLANS

Greenwich	250 et 251
La Tamise de Tower Bridge à Thames Barrier (les Docklands)	228 et 229
Londres – Plan général	**II** et **III**
Londres – Plan I	**IV** et **V**
Londres – Plan II	**VI** et **VII**
Londres – Plan III	**VIII** et **IX**
Londres – Plan IV	**X** et **XI**
Londres – Plan V	**XII** et **XIII**
Londres – Plan VI	**XIV** et **XV**
Londres – Réseau du métro urbain et suburbain	**XVI**

les **Routards** *parlent aux* **Routards**

Faites-nous part de vos expériences, de vos découvertes, de vos tuyaux pour que d'autres routards ne tombent pas dans les mêmes erreurs. Indiquez-nous les renseignements périmés. Aidez-nous à remettre l'ouvrage à jour. Faites profiter les autres de vos adresses nouvelles, combines géniales... On adresse un exemplaire gratuit de la prochaine édition à ceux qui nous envoient les lettres les meilleures, pour la qualité et la pertinence des informations. Quelques conseils cependant :
– N'oubliez pas de préciser sur votre lettre l'ouvrage que vous désirez recevoir.
– Vérifiez que vos remarques concernent l'édition en cours et notez les pages du guide concernées par vos observations.
– Quand vous indiquez des hôtels ou des restaurants, pensez à signaler leur adresse précise et, pour les grandes villes, les moyens de transport pour y aller. Si vous le pouvez, joignez la carte de visite de l'hôtel ou du resto décrit.
– À la demande de nos lecteurs, nous indiquons désormais les prix. Merci de les rajouter.
– N'écrivez si possible que d'un côté de la lettre (et non recto verso).
– Bien sûr, on s'arrache moins les yeux sur les lettres dactylographiées ou correctement écrites !

Le Guide du routard : 5, rue de l'Arrivée, 92190 Meudon

E-mail : routard@club.internet.fr
Internet : www.routard.com

36-15, code **Routard**

Les routards ont enfin leur banque de données sur Minitel : 36-15, code ROUTARD. Vols superdiscount, réductions, nouveautés, fêtes dans le monde entier, dates de parution des *GDR,* rancards insolites et... petites annonces.

Routard Assistance *2000*

Vous, les voyageurs indépendants, vous êtes déjà des milliers entièrement satisfaits de Routard Assistance, l'Assurance Voyage Intégrale sans franchise que nous avons négociée avec les meilleures compagnies. Assistance complète avec rapatriement médical illimité. Dépenses de santé, frais d'hôpital, pris en charge directement sans franchise jusqu'à 2 000 000 F + caution + défense pénale + responsabilité civile + tous risques bagages et photos + 500 000 F. Assurance personnelle accidents. Très complet ! Le tarif à la semaine vous donne une grande souplesse. Chacun des *Guides du routard* pour l'étranger comprend, dans les dernières pages, un tableau des garanties et un bulletin d'inscription. Si votre départ est très proche, vous pouvez vous assurer par fax : 01-42-80-41-57, mais vous devez, dans ce cas, indiquer le numéro de votre carte bancaire. Pour en savoir plus : ☎ 01-44-63-51-00 ; ou, encore mieux, Minitel : 36-15, code ROUTARD.

Imprimé en France par Aubin n° L59044
Dépôt légal n° 7352-10/99
Collection n° 13 - Édition n° 01
24/3182/3
I.S.B.N. 2.01.243182.8